아동 · 청소년 심리장애 및 진단시리즈 4

아동 · 청소년 로샤의 이론과 실제

신민섭 · 김은정 · 김지영 공저

학지사

머리말

아동·청소년 심리장애 및 진단시리즈를 시작한 지 벌써 4년이란 세월이 흘렀다. 투사적 그림검사를 소개한 『그림을 통한 아동의 진단과 이해』를 필두로 하여 『웩슬러 지능검사를 통한 아동 정신병리의 진단평가』, 자기-보고형 질문지 및 구조화된 면접 도구를 소개한 『소아정신병리의 진단과 평가』가 출판되었고 이번에 『아동·청소년 로샤의 이론과 실제』를 펴내게 되었다.

모든 심리검사가 아동·청소년들의 심리장애를 진단하는 데 유용한 정보를 제공해 주지만, 로샤 검사는 특히 저자들이 애착을 가지는 검사이다. 임상 장면에서 환자들이 보여 준 로샤 반응들은 그저 단순한 검사 반응이 아니라 가히 예술적이라 할 수 있을 정도로 때론 거칠고, 때론 추상적이고 상징화된 모습으로 내면의 심리적 갈등과 정신병리를 보여 주었다. 우리가 볼 수 없는 마음의 작용과 의식 상태에서는 깨달을 수 없는 무의식적 정신 기제 및 인지적, 정서적, 성격적인 특성을 10장의 카드를 통해 현란하게 보여 주는 로샤 검사의 경이로움과 신비한 반응 특성은 바쁜 임상업무에 지친 저자들을 재충전시켜 주기에 충분할 만큼 즐거움과 활력을 주었다. 시인 쉘리가 "아름다운 것은 영원한 기쁨이다."라고 말했듯이 로샤는 내게 영원한 기쁨이 될 것이다.

로샤 검사의 개요 및 심리측정적 특성, 실시 및 채점 방법 그리고 구조 요약에 관한 전반부는 김은정 교수가 저술하였고, 장애별 로샤 반응 해석에 초점을 둔 후반부는 신민섭과 임상심리전문가 과정에서 나에게 지도를 받았던 김지영 선생이 담당하였다. 사례별 로샤 반응의 해석 시 어느 정도의 깊이로 해석을 제시할지 많은 고민을 하였다. 하지만 아동 · 청소년 로샤에 대한 국내 서적이 아직 없는 실정이므로, 로샤 검사에 대한 좀 더 심층적인 임상적 사례 개념화는 임상 장면에서 수련을 받을 때 배우도록 남겨두고, 이 책에서는 심리진단을 공부하는 대학원생들에게 도움을 주고자 Exner 종합 체계에 입각하여 임상 사례의 장애별 로샤 반응 특성 및 해석을 제시하였다.

아동 · 청소년 심리장애 진단시리즈를 기획하였을 때 아낌없는 지원을 해 주시고 신뢰해 주신 학지사 김진환 사장님과 다른 책에 비해 특히 까다롭고 귀찮은 교정 작업을 불평 한마디 없이 꼼꼼하게 해 주신 편집부 이지혜 님께 특별히 감사드린다. 초고를 읽어 가며 환자들의 로샤 반응 채점을 함께 검토해 준 서울대병원 임상심리 전문가 수련생인 박세란, 설순호, 김성준, 김소연, 김하나, 박은정, 온싱글, 윤수연, 이소연, 최희영 선생은 이 책의 숨은 공신들이다. 그들의 도움이 있었기에 이 책을 완성할 수 있었다. 그리고 현재 미국에서 임상심리학 박사 과정 공부를 하고 있는 사랑하는 나의 제자 이한주, 한수정, 이순희, 김향숙 선생은 멀리서도 나에게 끊임없는 정서적 지지와 용기를 주었다. 또한 서울대학교 명예교수이시며, 저자들의 스승이신 김중술 교수님과 원호택 교수님께 진심으로 감사드린다. 임상심리학의 거목이신 두 분의 지도와 보살핌 덕분에 우리들이 로샤를 알게 되었고, 이 책을 저술하는 데 기반이 되는 풍부한 임상 경험을 할 수 있었다.

저자들을 여기까지 이끌어 주신 사랑하는 가족들과 선하시고 인자하신 하나님의 은혜에 마음 깊이 감사드린다.

2006년 가을이 물든 연건 캠퍼스에서

저자 대표 신민섭 드림

차 례

제2장 아동 및 청소년을 대상으로 하는 로샤 검사의 심리측정적 특성 _ 35

제3장 아동 · 청소년을 대상으로 하는 로샤 검사의 실시 _ 87

제4장 아동 · 청소년을 대상으로 하는 로샤 검사의 채점 _ 103

제5장 구조적 요약 _ 227

불안 장애

주의력결핍 · 과잉행동 장애

품행 장애

정신분열병

전반적 발달 장애

강박 장애

경계선 성격 장애

제1장
로샤 검사의 개요

스위스의 정신과 의사인 Herman Rorschach가 1921년 '심리적 실험' 이라는 로샤 잉크반점 검사(Rorschach Inkblot Test)를 발표한 이후, 현재에 이르기까지 정상인들과 여러 정신장애 환자 집단을 대상으로 로샤 검사의 반응 특성에 대한 많은 경험적 자료들이 축적되어 왔고, 이에 대한 수많은 실험적, 임상적, 심리측정적 연구들이 행해져 왔다.

로샤 검사에 대한 정확한 실시와 해석방법을 터득하는 것이 임상심리학자가 되기 위한 수련 과정의 핵심이라 해도 과언이 아닐 정도로 심리학적 진단 과정에서 로샤 검사가 차지하는 비중은 매우 높다고 할 수 있다. 그러나 심리진단 도구로서 로샤 검사의 인기나 중요성, 오랜 역사에 비해 검사의 본질이나 해석체계에 대해서는 잘 알려져 있지 않다. 특히, 아동과 청소년의 경우 이런 현상이 더욱 두드러진다. 아동을 대상으로 한 첫 번째 로샤 연구는 뉴욕 시립 아동학교에서 수행한 정신지체아의 성격 특성에 대한 논문이다(Beck, 1930). 그 후 아동과 청소년의 로샤 평가에 대한 수많은 논문과 문헌들이 발간되었으나, 이러한 오랜 역사와 수많은 연구에도 불구하고 어린 아동들의 로샤 반응 특성은 정신병 환자들이 보이는 반응 특성과 유사하다는 이유로(psychotic like) 아동 로샤 검사의 타당도에 대한 강한 의문과 비판이 제기되었다. 그럼에도 꾸준히 로샤 검사가 아동, 청소년들의 정신병리 평가에 매우 신뢰할 수 있고 타당하다는 증거가 축적됨에 따라, 아동과 청소년의 로샤에 대한 정보는 최근에 이르러서 다시 주목받기 시작했다.

1930년 이후부터 Exner(1974)가 '로샤 종합체계'를 발표하면서 통합하기 전까지는 단일한 로샤 검사체계가 존재하지 않았다. Beck, Klopfer, Hertz, Piotrowski, Rapaport 등 소위 로샤 대가들의 상이한 로샤 채점 및 해석 체계가 1957년까지 각기 확고하게 자리 잡았으며, 그 당시 5대 체계 간의 차이는 무시되었다. 이런 시점에서 Exner(1969)가 이 5대 로샤 체계에 대한 비교분석 결과를 *The Rorschach System*으로 출판하였으며, 여기서 5대 체계들 간의 차이가 매우 큼을 극명하게 보여 주었다. 각 체계를 만든 사람들은 반응의 부호화나 채점에서 각기 독특한 양식을 발달시켰기 때문에, 같은 잉크반점 자극 그림을 이용한다는 점과 로샤의 원래 점수와 기본적 해석 원리를 포함한다는 점을 제외하고는 각기 다른 검사방법이라고 할 수 있다. 이러한 이유로 인해 Exner(1974)가 로샤 종합체계를 개발하기 전까지는 사실상 임상 장면과 연구에서 로샤에 대한 객관적이고 체계화된 지식을 축적하기가 불가능했다. Exner(1974)는 채점과 실시를 표준화된 방식으로 실시하고 규준 자료를 이용하여 해석의 통일성을 보장하였다. 이로써 로샤에 대한 체계적이고 과학적인 연구가 가능하게 되었고, 로샤가 임상 장면에서 보다 신뢰할 수 있고 타당한 평가도구로서 확고한 자리를 차지하게 되었다.

이 책에서는 아동과 청소년의 성격 기능과 심리 장애를 평가하는 데 로샤가 얼마나 효과적이고 강력한 도구인지를 보여 주고자 한다. 이런 목적을 위해서 본 저자들이 Exner(1974)의 종합체계를 채택한 데는 다음과 같은 몇 가지 이점이 있다. 첫째, Exner의 종합체계는 전 세계적으로 임상가들이 가장 많이 사용하는 로샤 검사체계다. 둘째, 이 체계의 모든 채점방식은 상당한 평정자 간 일치도를 가지고 있는 것으로 확인되었기 때문에 임상가들 간에 서로 효과적인 의사소통과 정보의 공유가 가능하다. 셋째, 종합체계의 개발과 정교화 과정에서 방대한 자료들이 축적되어 있어서 아동과 청소년의 로샤 수행에 대한 상세한 규준 정보를 얻을 수 있다. Exner 종합체계의 발달적 규준은 5세부터 16세 연령 범위의 정상 아동, 청소년

1,870명의 프로토콜에 기초하고 있다(Exner & Weiner, 1982).

아동과 청소년들은 언어 이해 및 표현 능력, 개념화 능력, 논리적인 사고 능력, 기억 능력 등의 한계 때문에 자신의 태도, 소망, 감정, 욕구, 생각, 관심 등을 표현하기가 상당히 어렵다. 특히, 말로 표현하기 어려운 심리적 갈등, 유아적인 소망과 감정 등을 평가하기란 더욱 어렵다. 따라서 언어로 매개되는 객관적 심리검사를 보완해 주면서 아동과 청소년들의 성격이나 정서 상태에 대한 이해, 진단, 치료, 예측 등을 가능하게 해 주는 검사가 로샤 검사다. 로샤 검사는 성격의 구조적 측면과 역동적 측면을 동시에 기술해 주면서 진단적 추론을 가능하게 해 주고, 치료 계획에 대한 시사점을 제공하며, 과거 생활사건과 미래 행동에 대한 가설을 세울 수 있게 해 준다.

아동과 청소년을 대상으로 로샤 검사를 실시하고 해석할 때는 성인의 경우와 어떤 차이가 있을까? 결론적으로 말하자면, 아동, 청소년들의 로샤에서 반드시 고려해야 할 점은 다음의 두 가지 측면이다. 첫 번째는 아동과 성인 간에 로샤 검사의 채점 및 해석 방략에서 근본적인 차이는 없다는 것이다. 따라서 동일한 채점 기준과 해석 방략을 적용할 수 있으므로 성인용 로샤 검사에 익숙한 임상가는 누구나 아동과 청소년들에게도 로샤를 실시할 수 있다. 하지만 두 번째로 고려해야 할 점은 바로 아동과 성인 간에 로샤 검사를 실시하고 해석할 때는 상당한 차별적인 지식과 임상 실습이 필요하다는 것이다. 아동, 청소년들에게 로샤를 실시하고 정확히 해석하기 위해서는 아동과 청소년의 연령에 따른 발달적 규준과 아동 및 청소년기 심리 장애에 대한 해박한 지식이 필요하고, 아동의 특성에 따라 때로는 표준화된 실시방법을 융통적으로 변화시켜 적용할 필요가 있으며, 해석 시 아동, 청소년의 발달적 특성을 고려하는 것이 중요하다. 따라서 이 책에서는 임상가와 연구자들 그리고 임상심리학도들이 아동 및 청소년의 성격 기능과 심리 장애를 평가하는 도구로서 로샤 검사를 충분히 이해하고 실제 장면에서 활용할 수 있도록 돕기 위해, 아동·청소년 로샤 검사의 이론적, 심리측정적 측면을 먼저 소개한 후에 여러 가지 아동·청소년기 장애별 사례를 통해서 해석방법을 설명하고자 하였다. 제1장에서는 로샤 검사에 대한 전체적인 조망을 갖기 위하여 다음의 네 가지 측면에 대해 살펴볼 것이다. ① 로샤 검사의 본질, ② 반응 과정, ③ 어린 내담자의 로샤를 평가할 때 유의할 점, ④ 연령별 로샤 반응의 특성.

1. 로샤 검사의 본질

Weiner(1998)는 로샤의 여러 문헌들에서 상당한 관심을 받아 온 로샤의 본질에 대해서 다음의 네 가지 질문을 제기하였다.

1) 객관적 평가기법인가, 주관적 평가기법인가

Rorschach(1921, 1942)는 인지적 구조화 양식에서의 개인차를 표집하여 부호화하고 추론하는 객관적 방법을 개발하기 위해 잉크반점을 사용하여 표준화 절차, 채점 준거 및 해석적 지표를 개발하였다. 로샤를 객관적 평가기법으로 보는 관점에 따르면, 로샤 반응은 주의, 지각, 기억, 의사결정, 논리적 분석의 과정들을 포함하는 인지적 구조화 과제다. 반면, 로샤 반응의 주제 내용(theme)을 주로 분석하는 정신분석적 입장에서는 로샤를 주관적 평가기법으로 간주한다. 이 관점에서는 잉크반점을 환상에 대한 자극(stimuli to fantasy)으로 간주하며, 로샤 반응은 연합, 귀인, 상징화 과정을 나타낸다.

결론적으로 로샤는 객관적이며 주관적인 측정도구다. 로샤는 문제해결 과제이자 인지구조 양식에 대한 객관적인 측정치이면서도 주제가 있는 심상을 주관적으로 측정할 수 있는 환상에 대한 자극이다. 즉, 로샤 카드는 모호하면서도 명확하게 정의된 자극이다. 로샤 검사는 상대적으로 비구조화된 측정도구다. 그러나 로샤의 잉크반점은 어느 정도 모호성이 있으면서도 완전히 비구조화된 것은 아니며, 검사 실시에서도 자유연상 과정에서는 상당한 모호성이 있지만 질문 단계에서는 어느 정도 구조를 갖추고 있다.

2) 지각 과제인가, 연상 과제인가, 표상 과제인가

첫째는 로샤를 지각을 측정하는 도구로 보는 입장이다. Beck(1968)은 잉크반점은 시각 자극이고 로샤 해석은 지각적 특성을 양화하는 과정이라고 보았다.

Piotrowski(1957)는 로샤에서는 지각을 통해서 성격을 이해할 수 있다고 주장하였다. 환자가 인간운동 반응(M)을 정교화하는 것을 통해 그 사람의 대인관계에서의 일상적 역할과 타인에 대한 태도를 어떻게 파악할 수 있는지를 언급하였다.

둘째는 로샤를 연상을 측정하는 도구로 보는 입장이다. 환자가 보여 주는 연상을 통해서 그들이 삶의 경험에 대해 어떻게 생각하고 느끼는지가 드러나기 때문에 로샤 반응을 통해 성격 특성을 파악할 수 있다는 입장이다. 이런 입장의 학자들은 정신분석적 통찰을 사용해서 로샤 내용의 주제적 심상의 함의를 밝히고자 했다.

셋째는 지각과 연상을 통합하는 입장이다. Linder(1950)는 내용 해석이 로샤의 임상적 가치를 풍부하게 해 주지만 내용에만 의존하는 것에는 반대하며 다른 차원에 대해서도 고려해야 한다고 주장하였다. Miale(1977)은 구조와 해석을 통합해야 한다고 주장하였다. 내용의 의미를 결정하는 상징적 특징이 로샤 자극을 채점하는 의미를 결정한다고 보았다.

Exner(1991)는 로샤는 기본적으로 지각적 과제라고 간주하였다. 로샤를 문제해결 과제로 생각하고 정보처리 용어로 설명했지만, 인지/판단/선택을 포함하는 다른 과정도 관련시키고 과제 요구의 역할도 고려하였다. 그는 해석 시 부호화된 구조적 요인들을 강조했지만 내용(content) 해석을 무시한 것은 아니고, 단지 내용 변인이 덜 이해되었고 연구하기가 힘들기 때문에 자신의 해석체계에 포함시키지 못했다. 그러나 연구가 지속됨에 따라 내용에 기반한 새로운 지표들(Isolation Index, Intellectualization Index)이 개발되고 있다. 또한 환자의 자신 및 타인에 대한 태도에 관한 정보를 얻기 위해서는 반응 내용을 알아야 한다. 따라서 종합체계는 지각과 연상 모두의 측정도구로서 로샤를 다룬다.

결론적으로 로샤는 지각의 측정치자 연상의 측정치다. 대부분의 반응들은 지각 과정과 연상 과정의 통합 산물이다.

넷째는 로샤를 표상의 측정도구로 보는 입장이다. Blatt(1991)에 따르면, 로샤는 모호성을 체계적으로 제시한 후 환자가 거기에 어떻게 의미를 구축하는지를 관찰·연구할 수 있게 만드는 실험 절차다. 그는 로샤 반응을 지각적 경험보다 인지-표상 과정으로 간주하고, 성격평가 방법으로 사용할 수 있다고 주장하였다. 또한 그는 로샤 반응을 지각에서 표상으로서의 연속체로 설명하였다. 즉, 이 연속체의 지각의 극단에는 형태, 색깔, 음영에 대한 반응이 속하고, 지각과 표상 과정이 혼입되는 중간 지점에는 형태질이 속하며, 표상의 극단에는 운동 반응과 내용(개인의 인지적 구성과 의미체계를 반영하는 변인들)이 속한다고 보았다.

Leichtman(1996)은 로샤에서 표상 과정이 핵심이라고 주장하였다. 로샤 검사에서는 지각 과정도 일어나고 연상도 관련되어 있지만 이들은 표상의 맥락에서만 발생한다고 보았다. 즉, 환자는 잉크반점을 상징을 담고 있는 도구(symbolic vehicle)로 보는 것이다. 잉크반점은 그저 잉크반점일 뿐이기 때문에 로샤는 지각적 과제가 아니다. 로샤 반응에 지각 과정이 포함되고 필요하지만, 과제에서 환자에게 요구하는 것은 무엇이 있는지를 지각하는 것이 아니라 오지각하는 것이다. 그리고 연상은 이전의 지각이 없으면 일어날 수 없기 때문에 연상 하나만으로는 로샤 반응의 기반이 될 수 없다. 지각과 연상은 결합되어 잉크반점에 대한 인상을 형성하고 그것을 환자가 반응하게 된다. 여기에는 대인관계도 영향을 미친다. 이 관점에서는 로샤 채점 범주를 변화시킬 필요는 없다고 보고 오히려 형태질 채점과 같은 기존의 이론적 근거를 확고히할 수 있다고 주장하였다. 즉, 지각, 연상, 의사소통, 판단이 표상 개념에 포함될 수 있다고 보는 입장이다. 지각적 개념은 자극의 모호성을 강조한 반면, 표상적 개념은 자극의 가소성(plasticity)을 강조한다.

3) 성격 구조를 평가하는가, 성격 역동을 평가하는가

성격 구조란 현재의 생각과 느낌(성격 상태)과 특정 방식으로 행동하게 하는 영속적 성향(성격 특질)으로 정의된다. 성격 역동이란 특정 시점과 상황에서 특정한 방식으로 생각하고 느끼고 행동하게 하는 내재해 있는 욕구, 태도, 갈등, 염려들로 정의되는 인간의 성향을 말한다. 또한 이것은 개인의 상태와 특질이 상호작용하는 방식이다.

이런 구분은 지각과 연상의 구분과 통한다. 로샤를 지각 측정도구라고 생각하는 연구자들은 로샤를 성격의 구조적 요소-상태, 특질을 규명하는 방법이라고 생각한다. 반면, 로샤 해석에서 연상에 더 관심을 두는 연구자들은 로샤를 환자의 내재된 욕구, 태도, 갈등, 염려 등 성격의 역동적 측면을 밝혀내는 도구라고 간주한다.

과거에는 성격 구조는 구조적 변인들을 통해 평가되고, 성격 역동은 내용 변인들을 통해 평가된다고 생각했으나, 요즘은 이런 구분이 없어졌다. 구조적 자료의 자세한 분석을 통해 성격 구조뿐만 아니라 성격 역동의 측면도 밝혀낼 수 있고, 주제가 있는 심상을 세밀히 분석하여 내재된 욕구와 염려뿐 아니라 성격 상태와 특질에 관해서도 유용한 정보를 얻을 수 있다. 결론적으로 로샤는 성격 기능의 구조와 역동 모두를 평가하는 도구이고, 검사자의 역량에 따라 어떻게든 사용할 수 있다.

4) 로샤는 검사인가, 방법론인가

전통적으로는 로샤를 검사로 간주해 왔다. 이런 관점에서 Rorschach(1921)는 로샤를 'Diagnostic Test' 라고 하였고, Beck(1930)은 'Rorschah' s Test' 라는 명칭을 사용하였다. Kruman(1938), Ainsworth(1954)는 심리측정적 속성의 통계적 분석에 관계없이 이것이 얼마나 유용하고 생산적인가라는 정도에서 로샤를 판단하기 위해서는 방법론으로 보는 것이 유용하다고 주장하였다. 그들은 로샤가 검사보다 더 많은 것을 포함한다고 생각하였다. 또한 이런 맥락에서 Klofer(1954)는 로샤를 'Rorschach Techniquc' 리고 하었으며, Weiner(1998)는 'Rorschach Inkblot Method' 라고 명명하였다.

로샤는 복잡하고 다면적인 성격 평가도구와 같이 성격 기능의 상이한 측면을 파악할 수 있는 자료를 산출하는 방법론으로 볼 수 있다. 이런 점과 관련해서, 첫째, 검사가 어떤 현상이 나타난 정도를 측정하는 것이라고 하면 로샤도 검사로서 기능할 수 있는 여러 척도와 지표를 가지고 있지만, 로샤는 양적인 측정을 넘어서 질적 측면도 제공하기 때문에 방법론으로 보는 것이 타당하다. 둘째, 로샤를 방법론으로 규정한다면 로샤에 대한 단일 이론이 없고 여러 다른 이론적 관점에서 해석될 수 있다는 것을 의미한다. 이 경우 검사의 인지적, 주제적 특성을 적절히 사용할 수 있고, 검사자가 선호하는 어떠한 이론적 틀로도 해석할 수 있다.

2. 반응 과정

Rorschach는 검사의 반응 과정에 관심이 있었다. 그는 잉크반점의 자극도형에 의해 생기는 감각 경험이 기억 흔적들과 통합됨으로써 반응이 생성된다고 가정했다. 그는 이런 통합, 즉 자극감각을 기억 흔적과 대응시키려는 노력이 의식적인 작용임을 주장했다. 다시 말해, 수검자는 반점이 기억에 저장된 대상들과 동일하지 않음을 안다. 결과적으로 반응이 생성되려면 수검자가 반점이나 반점 영역을 바로 기억 속의 특정한 대상은 아니어도 유사성을 가진 것으로 동일시하려는 의지가 요구 된다. Rorschach는 이런 작용을 연상적 과정(associational process)으로 기술하였다. 또한 그는 자극감각을 기존의 기억 흔적과 통합·동화시키는 능력상의 역치에 개인차가 존재함을 가정하였다. 이런 가정으로 무의식적 요소들이 반응 형성에 영향을 미칠 수도 있다는 생각을 거부하고 반응 과정을 지각이나 통각의 과정으로 보았다. 반면, 상상력은 검사의 기본 과정과 거의 관련이 없으나, 반응을 정교히 하는 데서 드러날 수 있음을 주장하였다. 그는 이것이 상상력의 창조적 특성을 반영해 준다고 보았다(Exner, 1994).

이런 Rorschach의 견해에 덧붙여, Exner(1994)는 로샤 검사의 본질에 대해 두 가지 점을 추가하였다. 그에 따르면, 첫째, 로샤 검사는 문제해결 과제다. 검사 상황의 본질은 반점을 그것이 아닌 어떤 것으로 오인하게끔 수검자를 몰아간다. 실제(reality)에 대해 위반하는 반응을 하도록 요구하는 문제해결 상황이 창출된다. 동시에 수검자는 그들 자신의 성격의 통합을 유지하여야 한다. 그러므로 자극들을 오인하도록 요구하는 것은 심리적 작용의 복합체를 활성화시켜 궁극적으로 의사결정과 반응의 산출에 이르게끔 자극한다. 둘째, 반점이 제시된 후 매우 짧은 시간 동안 수검자들은 다수의 잠재 반응을 형성한다.

수검자들이 본 것을 모두 반응의 형태로 보고하지 않는다는 것이 Exner, Armbrusler, Mitten(1978)의 연구를 통해 밝혀졌다. 즉, 수검자들은 보고하는 것보다 더 많은 것을 본다는 것이다. 이 연구에서는 수검자에게 각 로샤 카드를 60초 동안 보여 주고 가능한 한 많은 것을 발견하는 것이 검사를 받는 방법이라고 말해 주었다. 11~13세를 포함한 5개 집단의 수검자가 모두 평균적인 방법보다 훨씬 더 많은 반응 수를 보고하였다. 더욱 놀라운 것은 아동 수검자도 평균 94.1개의 반응을 하였다. 연구자들은 수검자들이 보통 때보다 더 많은 반응을 한다면 반응의 많은 부분이 후반부 30초 동안 나타날 것이라고 가정하였다. 이 가정의 이론적 근거는 수검자들이 반점을 오래 볼수록 더 많은 것을 발견할 것이라는 것이었다. 그러나 결과는 반대로 나타났다. 아동을 포함한 모든 수검자 집단이 전반부 30초 동안 전체 반응 수의 2/3 이상을 보고하였다. 전반부 30초를 전반 15초, 후반 15초로 나누었을 때는 전반 15초 동안 더 많은 반응을 하였다. 또한 이 연구에서 반응 수가 증가할수록 반응의 질이 떨어질 것이라고 가정하였다. 즉, 전반 15초와 비교해서 후반 15초 동안 X−%를 유의미하게 더 많이 보일 것이라고 가정하였다. 그러나 성인 우울증과 정신분열증 입원환자들을 제외하고는 그런 경향성을 보이지 않았다. 아동의 경우에는 유의미한 수준은 아니었지만 형태질이 더 증가하였다.

11~13세의 정상 아동의 경우 평균 반응 수는 20.07이다. 카드당 첫 번째 반응이 나올 때까지의 평균 반응시간은 6.8초고, 카드당 평균 전체 반응시간은 23.02초다. 위의 실험조건에서 표준화 집단과 같은 연령대의 비환자 아동은 표준 지시조건보다 적어도 1/3 적은 시간 동안 하나 이상의 반응을 하였다. 실험조건에서는 11~13세의 아동이 처음 15초 동안 평균 35개의 반응을 한 반면, 표준화 조건에서는 8초나 더 많은 시간 동안 평균 20~21개의 반응만을 하였다. 이로 미루어 볼 때 아동들이 보고하는 것보다 상당히 더 많은 것을 본다는 것을 알 수 있다.

수검자들이 각 반점에 대해 반응을 많이 할 수 있는 잠재력을 갖고 있는데도, 표준화된 검사방식으로 실시될 때 할 수 있는 반응보다 훨씬 적게 답을 하는 이유는 무엇인가? 이에 대한 해답으로 Exner(1994)는 로샤 카드를 보고 첫 반응이 나올 때까지 일어나는 여섯 가지 심리적 조작인 3단계의 반응 과정을 제시하였다.

1단계 ① 시각적 입력과 자극 부호화
② 자극 분류와 가능한 반응들의 순위 매기기
2단계 ③ 낮은 순위의 반응을 폐기
④ 검열을 통해 반응을 폐기

3단계 ⑤ 특질이나 양식에 따라 남은 반응들 중 선택
⑥ 상태에 따라 남은 반응들 중 선택

1) 반응 과정의 1단계: 초기 입력

1단계는 입력 및 자극장의 일차적 분류 과정이다.

(1) 정보 입력 과정

자극장의 시각적 입력과 부호화를 하는 과정이다. 자극장을 주사(scanning)하는 시간은 매우 빨리 일어난다. 대부분의 반점의 경우 처음에 일어나는 주사기간은 1초 내지 그 미만이다. 카드 VIII이나 X과 같은 매우 분리된 반점의 경우에는 2초 정도 걸린다(Colligan, 1990; Colligan & Exner, 1985; Exner, 1986).

(2) 자극장의 분류

일단 자극이 입력되면 그 자극이 부호화되고 단기기억 형태로 보존되며 분류 과정이 시작된다. 장기기억 내의 자료는 자극장 및 자극 부분들을 분류하거나, 오인하기 위한 비교 자료로 이용된다. 거의 모든 수검자는 자극장에 있는 일부 요소들을 이미 알고 있거나 가상의 대상에 접근 · 비교함으로써 가능한 대답을 생성하는 분류를 하게 된다. 이런 대답 중 일부는 조잡하지만, 많은 대답은 평범한 것이다.

자극장의 어떤 부분은 다른 부분에 비해 실제 혹은 가상 대상과 훨씬 더 유사하다. 따라서 그것들을 분류하거나 오인하기가 더 쉽다. 예를 들어, 카드 VIII의 D1의 윤곽은 반점의 다른 영역이나 전체 반점보다 이미 알고 있는 대상인 네 발 달린 동물과 더 유사하다. 모양에 더하여 그 위치가 다른 부분들과 다소 분리되어 있다. 따라서 모양과 분리된 위치 그리고 반점의 다른 영역들은 보다 모호하게 인식된다는 점 때문에 이 영역을 동물로 반응하는 비율이 높다.

반점에는 어떤 반응을 형성하게 하는 결정적인 특징들이 있다. 즉, 반점의 일부 특징이 특정한 대상부류로 분류하게끔 하는 높은 유인가를 지니고 있다. 예를 들어, 카드 I의 무채색과 꼭대기의 양 옆에서 바깥쪽으로 뻗어가는 영역(Dd34)인 돌출 부분은 박쥐로 지각하는 데 중요한 역할을 한다.

2) 반응 과정의 2단계: 검사와 검사 상황에 대한 수검자의 태도

반응 과정의 2단계 동안 주사활동은 계속된다. 이 기간 동안 초기 분류에 대한 재평가 과정이 일어난다. 수검자는 검사와 검사 상황에 대해 가지고 있는 태도에 의해 여러 잠재 반응들 중에서 어느 것을 선택하고 어느 것을 기각할지를 평가하게 된다.

(1) 순서를 매겨 잠재 반응 기각하기

대다수의 수검자들은 얼마나 많은 반응을 할 것인가를 결정할 때 절약 원리의 영향을 받는다. 대부분의 수검자들은 반응을 하는 데 매우 조심스럽다. 반응을 절약하는 태도가 단순한 효율성의 문제인지, 아니면 방어적 은폐의 문제인지는 확실하지 않지만 둘 다 관련이 있는 것 같다. 실제로 모든 수검자들은 심리검사에 대해 어떤 개념을 가지고 있으며, 종종 잉크반점 검사에 대해 어떤 막연한 인식을 갖고 있다.

그러나 이러한 개념들 중 많은 경우가 잘못된 가정에 근거하고 있다. 사람들은 교육적 모델의 입장에서 검사를 생각하는 경향이 있는데, 즉 검사에는 옳은 대답과 틀린 대답, 높은 점수와 낮은 점수, 성공과 실패가 있는 것으로 생각한다. 유능한 검사자가 절차를 설명해 주고 수검자에게 적절한 피드백을 줄 때조차도 대부분의 수검자는 이전에 가졌던 검사에 대한 개념이나 경험의 영향을 받으면서 검사에 임하는 것 같다. 그러한 상황에서 검사를 빨리, 효과적으로 수행하려는 마음은 당연한 것이며, 이러한 사실은 수검자의 절약적이고 조심성 있는 태도의 일부를 설명해 줄 수 있을 것이다.

수검자의 절약적인 태도의 원인이 되는 두 번째 요인은 서열 결정 과정(rank ordering process)이다. 앞에서 보았듯이 어떤 반점 또는 반점 영역은 분류하고 선택하기가 쉽다. 또한 종종 하나의 반점 혹은 반점 영역이 한 가지 이상으로 분류되기도 한다. 예를 들어, 카드 I 전체가 박쥐, 새, 나비로 분류될 수 있다. 이 세 반응 중 두 반응을 하거나 세 반응을 모두 하는 수검자도 있지만 대부분의 수검자들은 그러한 반응 중 하나만을 한다. 이와 같이 할 때 수검자들은 나머지 반응을 보류하거나 폐기하게 된다. 세 반응 중 어느 것을 선택하는가는 적어도 부분적으로는 카드 I이 새나 나비보다는 박쥐와 더 유사하게 보인다는 것과 같은 서열 결정 형태에 근거한다. 알려진 대상과의 유사성에 기초해서 가능한 대답들 중 비교 순위 매김이 일어날 수 있다.

(2) 검열에 의해 기각하기

대부분의 수검자들은 심리검사에 임할 때 선입견이나 검사에 대한 태도를 드러낸다. 그중에는 심리검사 일반에 대한 것도 있고, 특히 로샤에 대한 특정적인 선입견도 있다. 일반적으로 그런 선입견은 수검자가 축적해 온 검사에 관한 정보들에서 비롯된다. 이보다 많은 경우 수검자가 형성해 온 보다 광범위한 가치들에서 나온다. 그 기원이 무엇이든 이런 태도의 복합이 폐기 또는 선택 절차에 매우 큰 영향을 미친다. 예를 들어, MMPI의 K척도는 사회적으로 수용 가능한 반응을 하려는 태도와 관련이 있다(Dalstorm, Welsh, & Dalhstorm, 1972). 이런 태도와 관련하여 Exner, Armbrusler 및 Mittman(1978)은 40명의 비환자 성인들을 MMPI의 K척도 점수분포의 중간값을 기초로 두 집단으로 구분하여 각 집단에게 로샤 검사를 실시하는 연구를 수행했다. 그 결과 높은 K점수를 받은 20명의 수검자들이 낮은 점수 집단에 비해 평균 17개나 더 적은 반응을 보였다. 즉, 사회적으로 바람직한 반응을 하려는 태도를 지닌 수검자들이 그렇지 않은 수검자들보다 더 많은 반응을 보류하거나 폐기하는 경향이 있었다.

Exner, Armbrusler 및 Mittman(1972)은 두 번째 연구에서 10명의 치료자들에게 그들의 환자 중 로샤 검사를 받아 본 적이 없는 2명씩을 선택해서 무선 할당하여, 한 환자는 자기가 검사하고 다른 한 환자는 이전에 접촉한 적이 없는 다른 치료자가 검사하도록 했다. 그 결과 자신의 치료자에게 검사를 받은 환자들이 다른 치료자에게 검사를 받은 집단보다 유의미하게 더 많은 성 반응을 포함해서(4.3 대 0.8) 평균 10개 이상의 반응을 했다. 또한 Leura와 Exner(1978)는 10명의 중학교 교사에게 로샤 검사 실시기법을 훈련시켜 이전의 연구와 동일한 설계로 연구하였다. 그 결과 자신의 교사에게 검사받은 학생들이 다른 집단들보다 평균 16개 이상 많은 반응을 하였다.

이와 같은 연구 결과는 정서적으로 혹은 인지적으로 자신의 검사자와 가깝다고 느낀 수검자들이 더 많은 반응을 하고 더 적게 방어하리라는 것을 추측케 한다. Exner(1974)는 검사에 익숙지 못한 검사자는 검사 실시 절차에 어려움을 느낄 수 있어서 수검자로부터 평균보다 더 적은 수의 반응을 얻을 수 있다는 것을 보여 주었다. 검사자가 불편한 기색을 보이면 수검자는 불안이 증가하여 반응을 유보하게 된다. 그러나 이런 검사자의 문제는 많은 경험을 쌓음으로써 쉽게 해결될 수 있다.

검사자와 수검자 간의 라포 형성이 가용 반응을 기각하는 데 기여하겠지만, 더 많은 검열은 검사에 관한 태도와 대답의 수용 가능성에 관련된 가치판단 때문에 일어난다. Exner와 Leura(1976)는 60명의 비환자 성인(남 30명, 여 30명)을 대상으로 반점에서 어떤 대상들이 쉽게 지각될 수 있는가에 관한 연구를 수행하였다. 비환자 성인들은 성공한 사업가들이 빈번히 성적이거나 공격적인 내용의 반응을 한다고 생각했을 때 그런 반응을 "쉽게 발견할 수 있는 반응"이라고 말했다. 반면, 통제 집단의 경우 똑같은 반응이 심하게 장해된 정신분열병 환자에게서 흔히 나오는 반응이라고 생각했을 때 그런 반응을 "발견하기 힘든 반응"이라고 대답하였다.

결론적으로 서열을 매기는 과정에서는 잠재적으로 가능한 대답들을 대상 유사성의 측면에서 순위를 매긴다면, 검열 과정에서는 검사 상황에 따른 부정적인 가치판단에 따라 반응을 폐기한다. 하지만 이외에도 서열, 검열 과정에 영향을 미치는 다른 두 요소들이 있다.

3) 반응 과정의 3단계: 반응의 마지막 선택

반응 과정의 3단계는 반응의 마지막 선택 과정이자 정교화 과정이므로 가장 복잡하다. 이 단계는 수검자의 핵심 심리가 가장 큰 영향력을 발휘하는 과정이다. 2단계에서 여러 잠재 반응에 대한 재주사와 재평가가 일어났지만, 여전히 수용 가능한 반응들은 남게 되고 3단계에서 선택해야 한다.

(1) 생활양식과 특성에 따른 선택 과정

사람들은 다양한 대처 상황에서 시간과 경험을 통해 발달된 다양한 심리적 반응양식을 가지고 있다. 그렇기 때문에 아동들조차도 일관적인 방식으로 문제해결 접근을 취한다. 아이들은 커 감에 따라 특정한 심리적 습관을 더 많이 갖게 되는데, 그 이유는 그런 습관들이 스트레스를 줄여 주고 사람들이 일상적인 생활에서 더 효과적으로 대처하도록 도와주기 때문이다. 따라서 수검자들이 로샤라는 의사결정 과제이자 문제해결 과제를 할 때, 여러 반응 중에서 어떤 반응을 선택할 때 일어나는 심리적 조작은 반복적인 심리적 특징에 의해 현저하게 영향을 받는다. 역사적으로 그러한 특성은 심리적 습관, 특질, 양식, 기질로 명명되어 왔는데, 무엇으로 불리든 간에 그것은 행동상의 선호를 드러내 주며 대처 반응을 선택하게 하는 성격 구조의 보다 두드러지는 부분의 복합체라 할 것이다.

이러한 심리적 양식이나 특성은 사람들의 심리적 작용과 외현 행동에서 나타나며, 다른 사람들이 어떤 사람에 대해 하는 기술적인 판단의 기초가 된다. 예를 들면, 사람들은 어떤 아이를 '매우 사려 깊은' '매우 정서적인' '매우 충동적인' 등으로 기술한다. 이런 기술이 얼마나 정확하든 간에 그 기술을 통해 그 아동을 충분히 파악할 수는 없다. 그보다 아동의 내현적인 지각-인지-정서 작용에 대해 연구해야만 더 풍부하고 정확한 정보를 얻을 수 있다. 로샤는 이런 심리적 작용의 산물을 부호화하거나 채점하는 방법을 사용하기 때문에 이를 통해 어떤 사람의 내현적 작용에 대해 간접적인 정보를 얻을 수 있다.

예를 들면, 어떤 사람들은 분명하게 반점을 나누며 의미 있게 재조직하는 반면(DQ+), 다른 사람들은 단순한 형태로 반점의 평범한 세부 영역만을 사용한다(DQo). 전자는 지적으로 똑똑하거나 약간 강박적이거나 성취지향적인 사람인 반면, 후자는 매우 보수적이거나 방어적이거나 심지어는 지적으로 떨어진 사람일 수 있다. 이런 점수 하나만 가지고 해석해서는 안 되지만, 이런 반응이 반복해서 일관되게 나온다면 그 사람의 의사결정에 대한 인지적 접근이나 의사결정에 영향을 미치는 정보처리 과정에 대한 단서가 될 수 있다. 전형적으로 어떤 종류의 부호화나 채점이나 관련 점수들이 보통 수준 이상으로 나타나게 되면 그것은 특징적인 성격 양식을 현저하게 드러내 주는 것이다. 예를 들면, 운동 반응을 많이 하고 유채색 반응을 적게 하는 사람은 내향적 양식을 드러내는 것으로, 이런 사람들은 행동하기 전에 생각하기를 선호한다.

이러한 특성은 특히 대처나 문제해결과 관련된 결정 과정에 영향을 미친다. 로샤 과제가 일종의 문제해결을 요구하는 과제라고 한다면, 수검자가 반응하고자 하는 가용 반응 중에서 최종적인 결정을 할 때 이러한 특징에 의해 영향받는 것은 당연한 일이다. 사실상 행동상의 중복 경향은 로샤 반응에서 특정한 종류의 반응 확률이 다른 종류의 반응 확률보다 큰 것으로 나타나게 된다. 반응 종류의 시간상의 안정성을 연구함으로써 신뢰도를 확인하였다. 즉, 사람들의 반응에서 나타나는 선호되는 반응양식이 있으며, 그러한 반응양식의 증거가 반복적 검사에서 일관적으로 명백히 드러난다.

결론적으로 긴 간격과 짧은 간격 동안에, 그리고 심지어 상이한 반응들이 창출되는 조건하에서도 로샤 점수와 비율의 일관성에 관한 모든 자료들은 수검자의 특징이나 양식이 잠재적인 응답의 선택에 아주 큰 영향을 미칠 것이라는 명제에 실질적인 지지를 제공한다.

(2) 심리 상태에 따른 선택 과정

어떤 특정한 유형의 반응이 반복된다고 해서 항상 지속적인 심리적 특질이나 양식이 나타나는 것은 아니다. 이런 종류의 응답은 일시적인 특성을 반영할 수 있다. 즉, 잠재적인 응답의 선택에 개인의 심리적인 상태가 영향을 미칠 수 있다. 욕구나 기분의 증감, 예기치 않았던 스트레스의 경험 혹은 여러 정신병리 상태의 발생이 로샤 반응의 선택에 영향을 미칠 수 있다. 대부분의 경우에 사람의 기본적인 것은 변하지 않으나 어떤 예기치 않은 행동들이 일어난다. 경우에 따라서 평소에 침착하던 사람이 인정을 받을 때 다소 소란스러워지듯이 약간의 변화를 보이는 경우도 있고, 스트레스 상황에서 공황(panic) 반응을 보이는 사람과 같이 변화의 폭이 큰 경우도 있다. 이러한 것이 상태 현상인데, 이것은 일상적인 심리 기능에 덧붙여지거나 일상적으로는 일어나지 않는 부가적인 행동을 자극하는 경향이 있다.

로샤 반응은 문제해결 행동의 표집(sample)으로 간주될 수 있다. 따라서 만약 사람의 일상적인 기능을 변경시키거나 그 기능에 덧붙여질 심리적인 상태가 존재한다면 그 상태는 검사 실시 동안 반응의 선택에 영향을 미칠 수 있을 것이다. 예를 들어, 두 가지 채점 변인인 m(무생물 운동)과 Y(확산음영 반응)는 검사 간격이 길건 짧건 간에 매우 낮은 재검사 신뢰도를 보여 준다. 즉, 시간에 걸쳐 매우 불안정하다.

비환자 표본에서 두 변인 모두 평균과 표준편차가 낮았다. 이 두 변인 모두 상황적 스트레스와 관계됨을 보여 주는 연구들이 있다(Armbrusler, Miller, & Exner, 1978; Exner, 1978; Exner, Armbrusler, Walker, & Cooper, 1975; Exner & Weiner, 1982; Shalit, 1965). 따라서 반응 기록에서 이들 혹은 어느 하나에 대한 빈도가 상승된다면 그것은 통제력 상실과 무기력감 혹은 마비와 관련된 정신적, 감정적 경험을 자극하는 어떤 상황과 관련된 현상이 존재함을 시사한다.

사실상 로샤 검사를 받고 있는 사람의 심리 상태가 응답의 최종 선택에 영향을 미친다. 선택 과정에 있어 심리 상태의 영향력은 개인에 대한 심리 상태의 영향력에 비례할 것이고, 그 상태의 계속되는 영향력은 그것의 지속성에 비례할 것이다. 이는 특질, 양식, 습관 같은 것들을 항상 대신하지는 않을 것이나 그럴 가능성이 있다.

어떤 심리적 특성은 일시적이나, 많은 다른 특성들은 나이가 들어감에 따라 좀 더 일관적이 되고 심리적 습관이나 양식의 일관성이 증가된다. 이런 것들이 대부분의 성인들의 특징인 규칙성이나 예측 가능성이다. 아동은 성인보다 시간에 걸쳐 훨씬 덜 안정적이다. 그러나 몇 가지 반응 특성은 발달 과정 초기에 오히려 더 견고한 경향이 있다. 따라서 아동이나 청소년에게 로샤를 실시할 때는 수검자의 나이를 고려하고, 검사의 어떤 변인이 안정적 특성을 나타내고 어떤 변인이 시간에 걸쳐 변하는지를 이해하는 것이 매우 중요하다.

3. 어린 내담자의 로샤를 평가할 때 유의할 점

성인을 대상으로 주로 로샤 검사를 실시해 온 임상가는 아동과 청소년을 대상으로 로샤 검사를 실시하고 해석하는 데 매우 주저하게 되는 경우가 많다. 어린 내담자에 대해 특별히 고려해야 할 점이 있기는 하지만, 로샤 기록에 대해서는 특별히 고려해야 할 것이 있지는 않다. 로샤를 잘 이해하는 임상가라면 어떤 연령의 내담자의 자료도 해석할 준비가 되어 있는 셈이다. 로샤 행동은 연령에 관계없이 의미하는 것이 같다는 이유 때문에 로샤 해석의 원리가 나이에 관계없이 적용될 수 있다.

이런 로샤 검사의 해석 원리의 보편성을 예로 들기 위해 유채색 반응을 나타내는

FC와 CF 간의 관계를 살펴보자. FC는 잘 조절되고 안정되며 꽤 억제적인 정서 경험과 표현의 양식을 나타낸다. 반면, CF는 좀 더 자발적이고 강렬하며 변동이 심한 정서성을 나타낸다. 유채색의 이런 시사점이 아동, 청소년, 성인 모두에게 동등하게 적용될 수 있다. 또한 로샤 행동의 모든 해석적 특징에도 똑같이 해당될 수 있다. 그러나 임상가가 해석에 도달한 다음 특정한 내담자 문제나 의뢰 문제를 고려하여 그 해석의 의미를 고려할 때는 수검자의 연령이 매우 중요하다. 예를 들어, CF보다 FC가 우세를 보이는 프로토콜을 보이는 7세 아동은 정서 표현이 억제되어 있고 자발적인 정서 표현을 많이 하지 않는다는 것을 시사할 수 있다. 7세 아동은 보통 이렇게 억제된 양식으로 정서를 다루지 않는다. 성인의 경우 정서적 성숙을 의미하는 잘 조절된 정서성(FC > CF)이 7세 아동의 경우는 부적응적인 정서적 억제로 파악될 수도 있다. 반대로 CF의 우세를 보이는 프로토콜은 억제되지 않고 강렬한 정서성을 나타내는 것으로, 7세 아동들에게는 흔히 기대되는 것이지만 성인의 경우에는 정서적 미성숙성을 나타내 준다.

한편으로 로샤 반응의 일반적 의미는 상이한 환경이나 연령대에 있는 사람들에게는 상이하고 특정적인 의미를 가질 수 있다. 예를 들면, 통찰 위주의 심리치료를 받고 있는 수검자에게서 높은 수준의 심리적 불편감을 나타내는 로샤 지표가 나왔다면 긍정적인 의미로 해석할 수 있다. 하지만 똑같은 지표가 종결하려고 하는 내담자에게서 나왔다면 부정적인 의미로 해석해야 한다. 이와 유사하게 상이한 연령대의 사람의 경우 로샤 반응의 똑같은 심리적 특성은 정상 발달 수준과 적응적 대처 수준의 차이를 시사할 수도 있다. 위의 예에서 CF가 FC보다 우세한 로샤 특성을 해석할 때는 7세 아동과 성인 간에 발달 수준과 대처 수준에서 차이가 나게 해석한다.

이런 점을 고려할 때 어린 내담자의 로샤를 정확하게 평가하기 위해서는, 첫째, 연령에 따른 규준에 대해 잘 알고 있어야 한다. 위의 예에서 알 수 있듯이, 어린 내담자의 로샤를 효율적으로 다루기 위한 핵심 방법은 특정한 해석적 가설들을 배우는 것이 아니라 규준적 자료에 익숙해지는 것이다. 비환자 7세 아동은 규준표에 따르면 FC보다 CF를 더 많이 보이며, 성인의 경우는 그 반대다. 로샤의 특질을 해석하기 위해서는 규준의 관점에서 프로토콜을 주의 깊게 평가해야 한다. 규준을 융통성 있고 사려 깊게 사용해야 모든 연령의 내담자의 기록을 유용하게 평가할 수 있다.

둘째, 자료를 적절하게 수집해야 한다. 이를 위해서는 표준화된 검사 절차를 이해하고 있어야 할 뿐만 아니라 특정 환경과 특정 내담자 집단에게 그 절차를 적용할 수 있는 방법에 대해서도 알고 있어야 한다. 아동들은 대체로 검사받기를 좋아하지 않는다. 어린 아동들에게 로샤는 특히 어려운 검사일 수 있다. 검사에 대해 부정적인 태도를 가진 아동이나 청소년들에게 로샤 검사를 실시하는 것이 쉬운 일은 아니나 해결 불가능한 문제도 아니다. 검사를 실시할 때 검사자는 수검자가 불안이나 불신을 줄이고 편안하게 느끼도록 충분히 시간을 갖는 것이 필요하다. 특히, 검사의 목적을 설명하고 수검자와 적절한 관계를 형성하는 것이 중요하다. 검사자가 검사를 적절히 소개한다면, 수검자는 적어도 최소한의 반응을 할 것이다. 실시방법에 대해서는 뒷장에서 상세히 다룰 것이다.

셋째, 검사자는 성격 발달과 발달정신병리에 대한 현존하는 지식에 대해서 잘 알 필요가 있다. 검사자는 정상 발달과 이상 발달을 구별할 수 있고, 연령에 따른 다양한 임상적 특징을 정의할 수 있으며, 다양한 종류의 치료 예후와 관련된 성격 특징들을 잘 알고 있어야 한다.

넷째, 검사자는 상이한 연령대의 행동들을 예측할 수 있게 하는 성격 차원에서의 안정성과 변화에 대한 경향을 잘 알고 있어야 한다. 로샤의 검사-재검사 신뢰도 연구에 따르면, 로샤는 아동과 청소년의 현재 성격 기능을 평가하는 신뢰할 수 있는 평가도구이다(Exner, Armbrusler, & Viglione, 1994). 동시에 재검사 연구는 해석에 있어서 시간적 조망에 대한 중요한 시사점을 제공해 준다. 로샤를 해석할 때는 가장 안정적인 변인(개인의 성향을 반영할 수 있는)과 상대적으로 불안정한 변인(지속적인 특질보다는 상태를 반영하는)을 구분하는 것이 중요하다. 일반적으로 성격 기능을 추론하는 데 있어서의 안정성은 아동이나 청소년이 나이가 들고 미래 예측을 위한 기간이 짧을수록 증가한다. 예를 들면, Exner, Thomas와 Mason(1985)은 57명의 아동을 2년 간격으로 5번 검사하였는데, 그 결과 m과 Y 변인이 시간에 걸쳐 매우 불안정하였다. 반면, 8세 때의 X+%는 16세의 결과와 .78의 상관을 보였고, 10세 때의 X+%, a, V, T는 16세의 결과와 .75가 넘는 상관을 보였다. 12세와 16세 간에 .75가 넘는 상관을 보인 변인은 X+%, Populars, a, V, T, M, FM이었으며, 14세와 16세 간에 .75가 넘는 상관을 보인 변인은 무려 13개나 되었다.

4. 연령별 로샤 반응의 특성

앞에서도 기술했듯이, 아동 로샤 반응을 해석할 때에는 반드시 연령과 지능 수준을 고려해야 한다. 어른의 경우에 정신병리를 시사하는 반응도 아동에게는 정상 범위로 간주될 수 있지만, 반대로 아동이 보기 드문 반응을 할 때는 오히려 성인의 경우보다 더 심한 문제를 시사하는 것으로 해석된다. 예를 들어, 10세 이하의 아동에게는 재질(texture)이나 음영(shading)과 같은 미세한 자극 특성에 입각한 반응이 드물기 때문에, 만일 7세 아동이 검은 연기 혹은 폭풍우 같다는 반응을 했다면 이것은 그 연령에서 드물다는 점에서 이탈된(deviated) 반응이므로 더 심각한 정서적 문제를 시사하는 것으로 해석될 수 있다. 연령별 로샤 반응의 특성을 정리하면 다음과 같다.

1) 2~5세

① 형태질이 저조한 전체 반응(W-)을 자주 보인다.
② 현실 상황에 대한 판단력이 부족하다.
③ 상황의 특정적 측면에 근거한 결론을 내리므로(예: Confabulation) 과거에 DW 반응으로 불렸던 과잉일반화에 기초한 전체 반응이 나타난다.

2) 6~7세

Piaget의 인지발달 단계상 구체적 조작기에 해당하는 시기로 다음과 같은 특징을 나타내게 된다.

① 이전에 보였던 모호하고 형태질이 저조한 전체 반응과는 달리, 좀 더 구체적이고 적절한 부분 반응(D)을 볼 수 있게 된다. 그러나 다소 구체적인(concrete) 경향을 특징적으로 보인다.
② 인지적인 통제 능력이 아직 미약하므로 색채를 지각하더라도 CF 반응이 우세하게 나타난다.

③ 인간운동 반응(M)보다는 동물운동 반응(FM)이 더욱 우세하게 나타난다. 그러나 자기에 대한 지각이 가능하므로 지능 수준이 양호한 아동이라면 인간운동 반응(M)을 보이기 시작한다.

3) 10세: 행동발달의 전환점

성숙도, 안정성, 심리적 평형 상태 및 비판 능력 등이 향상되면서 9세와 비교했을 때 다음과 같은 특징을 보인다.

① 내향성이 증가하여 인간운동 반응(M)이 색채 반응(C)보다 많아진다.

② 음영 반응(Y), 무채색 반응(C′), 흔히 사용되지 않는 부분 반응(Dd), 부분 인간 반응(Hd), 색채 반응(C) 등이 적다.

③ 비판 능력이 많아지면서 F+% 반응이 증가한다. 그러나 여전히 총체적인 인지 특성을 보이며 다음과 같은 특성을 보인다.

- 인간운동 반응(M)보다 동물운동 반응(FM)이 우세한 경향이 남아 있다.
- 반응이 다소 제한적(restricted)이다.
- 반응이 다소 모호하고, 반응을 정확하게 기술하기가 어렵다.

4) 11세: 비평형 상태(disequilibrium)의 시기

주변 환경과의 갈등이 많아지기 시작하는 시기다.

① 검사 시 말을 많이 하나 실제 총 반응 수는 적다.

② 활발한 언어화와 운동 반응이 나타난다.

③ 여아의 경우 형태질이 좋은 반응이 많아지기 시작한다.

5) 12세: 성숙에 이르는 과정

① 반응 수가 현저하게 증가한다.

② 성숙도가 증가하여 인간운동 반응(M)이 동물운동 반응(FM)보다 많다.

③ 반응에서 활동성과 활력이 증가한다.

④ 색채 반응, 특히 CF 반응이 증가한다.

⑤ 음영 반응과 반영 반응은 10, 11세와 유사한 수준이다.

6) 13세: 걱정이 많아지는 시기

이 시기는 스스로에 대해 내성이 증가하고 자기 안으로 위축되기 시작하며, 열정적인 모습이 줄어든다. 때때로 울적하고 비관적인 모습을 보이기 시작한다.

또한 이 시기에는 걱정하고 불안해하는 태도를 많이 보이므로 다음과 같은 반응 특성들을 보인다.

① 음영 반응이 증가하고, 부정적인 내용의 형용사로 기술한다.

② 폭발 반응이 증가한다. 이는 공격적이고 혼란스러운 행동 가능성을 시사하며, 이때는 위축과 억제가 한계에 도달했음을 의미한다.

③ 반영 반응이 증가한다.

④ 반응 수가 감소하고 거부 반응이 나오기 시작한다.

⑤ '가면' 반응이 빈번하다. 이것은 타인으로부터의 위축을 의미한다.

⑥ 추상 반응(AB)이 증가한다. 예를 들면, 선과 악의 대립을 나타내는 반응을 한다.

⑦ 전체 반응 비율(W%)이 부분 반응 비율(D%)보다 많아진다.

참고문헌

Ainsworth, M. D. (1954). Problems of validation. In B. Klopfer, M. D. Ainsworth, W. G. Kloper, & R. R. Holt (Eds.), *Developments in the Rorschach technique, Vol. 1, Technique and theory* (chapter 14). NY: World Book.

Beck, S. J. (1930). Personality diagnosis by means of the Rorschach test. *American Journal of Orthopsychiatry, 1,* 81-88.

Beck, S. J. (1968). Reality, Rorschach, and perceptual theory. In A. I. Rabin (Ed.),

Projective techniques in personality assessment (pp. 115-135). New York: Springer.

Blatt, S. J. (1990). The Rorschach: A test of perception or an evaluation of representation. *Journal of Personality Assessment, 55,* 394-416.

Exner, J. E. (1969). *The Rorschach systems.* New York; Grune & Stratton.

Exner, J. E., & Armbruster, G. L. (1974). Increasing R by altering instructions and creating a time set. *Workshops Study, 209* (unpublished). Rorschach Workshops.

Exner, J. E., Armbrusler, G. L., & Mittman, B. (1978). The Rorschach response. *Journal of personlity Assessment, 42,* 27-38.

Exner, J. E., & Weiner, I. B. (1982). *The Rorschach: A Comprehensive System. Volume 3: Assessment of Children and Adolescents.* New York: Wiley.

Exner, J. E., Thomas, & Mason (1985). Children's Rorschach: Description and prediction. *Journal of Personality Assessment, 49,* 13-20.

Exner, J. E. (1991). *The Rorschach: A comprehensive system: Vol 2. Interpretation* (2nd ed.). New York: Wiley.

Exner, J. E. (1993). *The Rorschach: A comprehensive system: Vol 1. Basic foundations* (3rd ed.). New York: Wiley.

Kruman, M. (1938). Out of the inkwell: The Rorschach method. *Rorschach Exchange, 3-4,* 91-100.

Leichtman, M. (1996). *The Rorschach: A developmental perspective.* Hillsdale. NJ: Analytic Press.

Linder, R. M. (1950). The content analysis of the Rorschach protocol. In L. E. Abt, & L. Bellak (Eds.), *Projective psychology* (pp. 75-90). New York: Knopf.

Miale, F. R. (1977). Symbolic imagery in Rorschach technique material. In M. A. Rickers-Ovsiankina (Ed.), *Rorschach Psychology* (2nd ed., pp. 421-454). Huntington. NY: Krieger.

Piotrowski, Z. (1957). *Percept analysis.* New York: Macmillan.

Rorschach, H. (1921). *Psychodiagnostik.* Bern: Bircher (Trans. Hans Huber Verlag, 1942).

Weiner, I. B. (1998). *The nature of Rorschach Interpretation* (pp. 3-28). Mahwah, NJ: Lawrence Erlbaum Associate.

제2장

아동 및 청소년을 대상으로 하는 로샤 검사의 심리측정적 특성

1. 로샤 검사의 심리측정적 특성

1) 로샤 검사에 대한 비판과 지지

잉크로 만든 카드를 보여 주고 자유롭게 반응하게 하는 로샤 검사가 과연 심리측정적인 관점에서 볼 때 좋은 도구인가? 로샤 검사의 신뢰도와 타당도에 대한 비판은 이 검사가 개발된 이래로 줄곧 있어 왔다. Zubin, Eron과 Schumer(1965)의 『투사적 기법에 대한 실험적 접근(*An Experimental Approach to Projective Techniques*)』에서 이러한 비판은 절정에 달했다. 그들은 기존 연구문헌을 개관한 결과를 토대로 로샤 검사 변인이 심리측정적으로 볼 때 제대로 된 변인이 아니며 그렇게 될 수도 없다고 주장하였다. 기존 경험적 연구 결과를 종합해 보면 로샤 검사 변인의 신뢰도와 타당도가 매우 낮았다는 것이다.

하지만 Zubin 등(1964)의 비판에 대해 여러 연구자들이 과학적인 근거를 바탕으로 논박하기 시작하면서 바로 이 시점이 로샤 검사가 심리측정적으로 우수하다는 사실이 밝혀지기 시작한 전기가 되었다. 그전에는 로샤 옹호자들도 비판에 대해 수동적으로 방어하기에 급급했던 것이 사실이다. 그러나 이때부터는 Blatt(1975)을 위시한 많은 연구자들이 학문적 · 이론적 기반을 바탕으로 로샤 검사가 심리측정적으로 건실하다는 사실을 규명하기 시작하였다. Blatt(1975), Holt(1967), Weiner (1977) 등은 이전 연구에서 로샤 검사의 심리측정적 건실함과 유용성이 밝혀지지 못한 이유는 로샤가 실제로 그러해서가 아니라 연구의 개념 설정과 설계가 부적절했기 때문이라고 지적하였다. 실제로 1970년대 중반 이후 정교한 연구설계가 도입되면서 로샤가 신뢰할 수 있고 타당한 검사도구임을 입증하는 증거들이 속속 나타나기 시작했고, 이전 연구 가운데서도 방법론이 적절한 경우에는 결과가 로샤를 지지하는 방향으로 도출되었음이 재조명되기에 이르렀다. Shontz와 Green(1992)은 로샤 연구 동향에 대한 후속 논평에서, 종합분석 개관 결과 로샤가 적절하게만 사용되면 신뢰할 수 있고 타당하다는 결론이 나왔으므로 로샤가 심리측정적으로 건실함을 단언해도 좋다고 주장하였다.

현재의 로샤 연구방법론은 이론에 근거하여 구성 개념을 바탕으로 한 과학적 가설을 세울 것을 강조하고, 로샤 변인과 상관을 보이는 구성 개념이 무엇인지에 관심을 둔다. 종합분석적 통계방법(meta-analysis)을 많이 사용하며 이형 오류(type II error)를 중시한다. 그 밖에 로샤 검사를 경험적으로 연구하는 데 있어 고려해야 할 방법론적인 문제에 대해서는 Exner(1995), Meyer(1996), Weiner(1995)에 잘 정리되어 있다.

그렇다면 과연 평가도구가 심리측정적으로 건실하다는 것은 어떤 의미인가? 이를 위해서 평가도구는 다음의 조건을 만족시켜야 한다. 첫째, 숙련된 검사자들이 검사 변인을 채점할 때 서로 충분히 일치된 결과를 보인다. 둘째, 신뢰도 추정치를 통해 그 검사가 정확한 정보를 제공함을 알 수 있다. 즉, 검사점수의 오차변량이 최소한도며 검사점수가 진점수에 가까워야 한다. 셋째, 검사 결과가 그 검사가 측정하는 바를 타당하게 반영한다. 넷째, 다양한 모집단에 대해서 적절한 기술 통계치 규준 자료가 있다(Anastasi & Urbian, 1997; Weiner, 1996). 로샤 검사를 Exner 종합체계에 따라 실시하고 채점하면 그 결과 변인들은 이러한 네 가지 심리측정적 요구를 만족시킨다. 다음에서는 이에 대한 증거를 제시할 것인데, 먼저 성인 피검자를 대상으로 한 로샤 검사의 신뢰도, 타당도, 규준 자료의 특성이 어떠한지 간략히 살펴보도록 한다.

2) 신뢰도

시간적 안정성 역시 7일에서 3년까지의 기간을 두고 재검사를 했던 많은 연구들에서 검사-재검사 상관이 상당히 양호하게 나타났다. 시간적 안정성이 어느 정도여야 적절한가에 대한 기준은 다양하지만, 대개는 재검사 간격이 길 경우 최소한 검사-재검사 상관이 .75 정도는 되어야 하며, 간격이 짧을 경우는 .80~.85 정도가 요구된다. 그 예로 한 연구에서 100명의 비환자 성인을 대상으로 3년 간격으로 두 차례에 걸쳐 로샤 검사를 실시한 결과, 13개 핵심 변인이 .80 이상의 안정계수를 보였고(Z 빈도, 람다, M, 능동운동, FC, SumC, 정서비율, SumT, SumV, X+%, 자기중심성 지수, 특수 점수합, EA), .70 이상인 변인도 6개에 달했다(반응 수, 수동운동, CF+C, 평범 반응, FM, ES; Exner & Weiner, 1995). 또 50명의 비환자 성인에게 1년 간격을 두고 재검사를 실시한 연구에서는 쌍반응, 반영 반응, 원경 반응, 고립 지표, 주지화 지표, 협동운동, 공격운동, Xu%, X-%, WSum6의 10개 변인이 .80 이상의 검사-재검사 상관을 보였으며, MOR과 복합 반응의 경우는 .70 이상이었다(Exner, 1997). 성인을 대상으로 Exner 종합체계에 근거하여 로샤 검사를 실시하고 채점할 경우, 평정자 간 일치도나 시간적 안정성의 측면에서 검사 변인의 신뢰도가 상당히 양호함을 알 수 있다.

3) 타당도

로샤 검사의 타당도 역시 여러 연구에서 분명하게 밝혀졌다. Atkinson(1986), Parker, Hanson과 Hunsley(1988) 등은 기존 연구들을 종합 분석하여 다음과 같은 결론을 내놓았다. 첫째, 개념적으로 명확한 이론에 근거하여 수행한 연구들은 이론적, 경험적 논리 없이 이루어진 연구보다 로샤 변인의 타당도 계수가 훨씬 높았다. 둘째, 개념적 타당화 연구에서 로샤 검사의 타당도 값이 거의 MMPI 수준에 이르렀다. Parker 등(1988)이 기존의 411개 연구를 종합 분석한 결과, 로샤의 수렴 타당도 계수의 모집 추정치는 .41, MMPI는 .46이었으며 이 둘 간에 통계적으로 유의미한 차이는 없었다.

Meyer와 Handler(1997)는 종합분석 연구에서 Klopfer, Kirkner, Wisham과 Baker(1951)가 개발하고 자아강도 적응잠재력의 지표로 구성타당도가 양호하다고 알려진 로샤 예후평정 척도(rorschach prognostic rating scale: RPRS)의 예언타당도를 살펴보았다. 그 결과 RPRS는 심리치료 결과의 타당한 예언 변인으로, 입원 및 외래 치료 모두에서 아동과 성인 환자의 행동 변화를 잘 예언하는 것으로 나타났다.

개별 로샤 변인의 타당화에 대한 구체적인 정보는 종합체계에 잘 나와 있다(Exner, 1991, 1993; Exner & Weiner, 1995). 이를 근거로 하여 Weiner(1997)는 임상적 타당도의 관점에서 보았을 때 로샤가 다음과 같은 기능을 할 수 있다고 주장하였다.

첫째, 로샤는 성격 구조와 역동의 여러 측면에 대한 타당하고 풍부한 가설을 제공한다. 둘째, 로샤는 감별 진단에 크게 기여할 수 있다. 로샤는 성격 양상을 포함하는 다양한 상태를 진단하는 데 도움이 될 뿐 아니라 어떤 성격 특성에 의해 결정되거나 혹은 이에 기여하는 임상적 상태를 진단하는 데도 상당한 기여를 한다. 셋째, 로샤는 심리치료에서 치료 표적과 치료에 방해가 될 만한 요소를 파악하고, 적절한 치료방법을 선택하고 시간에 따른 변화와 호전을 파악하는 데 기여한다. 넷째, 행동 예언의 측면에 있어서 로샤는 원래 예언을 하기 위한 도구가 아니기 때문에 미래를 예측하는 데 사용할 경우 신중하게, 성격에 근거하여 향후 잠재적으로 어떤 행동을 할지 추정하는 정도로만 사용해야 한다. 한편, 로샤 특질 변인은 특히 성인에서 성격양식에 대해 비교적 정확한 종단적 예언을 해 주기 때문에, 어떤 행동이 성격 특성에 의해 많이 결정되거나 예측 가능한 환경의 영향이 그 행동과 높은 관련성을 보일 경우 로샤 변인도 미래의 행동을 예언할 확률이 높아진다.

4) 규준 자료

규준 표본은 검사 결과의 의미를 쉽고 빠르게 해석할 수 있는 참조 정보를 제공하므로 매우 중요하다. 예를 들어, 규준 표본을 이루는 모든 30세 성인이 어떤 지식에 대해 알고 있다면 그것을 모르는 30세 성인은 무언가 잘못되었다는 결론을 내릴 수 있다. 이는 그 양상이 어떠한지, 혹은 그런 손상이나 결핍이 왜 생겼는지에 대해서는 말해 주지 못해도 피검자의 수행을 규준 자료와 비교해서 논리적으로 도출된 결론이다.

Exner 종합체계는 미국 비환자 성인 700명을 대상으로 한 기술 통계치를 제공하고 있다. 이 700명의 표본은 미국 인구를 대표하도록 정교한 층화 과정을 거친 피검자들이다. 또한 320명의 정신분열증 입원환자, 315명의 우울증 입원환자, 440명의 정신과 외래환자, 180명의 성격장애 환자의 자료도 제시하고 있다(Exner, 1993). 이 규준 자료 대상표본은 크기가 크고 다양하여 대부분의 다른 심리평가 측정도구보다 더욱 표준화된 정보를 제공해 준다. 국내에서는 아직 각 변인에 대한 기술 통계치나 규준 자료가 마련되어 있지 않다.

2. 아동 · 청소년 로샤 검사의 심리측정적 특성

이상의 결과를 종합해 볼 때, 성인을 대상으로 로샤 검사를 실시할 경우 그 결과는 피검자의 임상적 특성을 신뢰할 수 있고 타당하게 측정하며, 적절한 규준 자료를 통해 그 의미를 과학적으로 해석할 수 있음을 알 수 있다. 그렇다면 이러한 심리측정적 건실함이 아동 · 청소년을 대상으로 했을 때도 보장될 것인가? 이 장에서는 그에 대한 해답과 증거를 살펴보도록 한다.

1) 신뢰도

신뢰도를 시간적 안정성의 관점에서 볼 때 아동 · 청소년의 로샤 검사는 성인의 경우와 다르다. 아동기에는 발달적 변화가 급격하게 일어나기 때문에 시간 간격을 두고 검사를 여러 번 실시했을 때 비슷한 결과가 나오리라고 기대하기는 어렵다. 특히, 나이가 어릴수록 이러한 변화의 폭이 커서 5세 아동과 7세 아동의 지각적 · 인지적 · 정서적 기능의 차이는 13세와 15세 아동의 경우보다 몇 배나 크다.

Exner(1980)는 비환자 아동 30명(남 13, 여 17)을 대상으로 24개월 간격으로 두 차례에 걸쳐 로샤 검사를 시행하였다. 피검자의 연령은 모두 6세 2개월에서 5개월 사이였다. 그 결과 23개 로샤 변인 중 평범 반응, 능동운동, X+%, 자기중심성 지표의 4개만이 .75를 넘는 검사-재검사 상관을 보여, 나머지 변인은 2년의 시간 간격을 두었을 때 안정적으로 유지되지 않음을 알 수 있었다. 또 다른 연구에서는 9세의 비환자 아동 25명(남 11, 여 14)을 대상으로 30개월의 간격을 두고 재검사를 실시하였다. 그 결과 능동운동, 정서비율, SumT, X+%의 4개만이 .75 이상의 신뢰도 계수를 보였다(Exner, 1980). 이러한 연구 결과들을 종합하면, 아동의 경우 어느 한 시점에 실시한 로샤 자료에 근거하여 오랜 시간 후의 심리 구조나 기능을 예언하기는 어려움을 알 수 있다.

이러한 결론은 Exner, Thomas 및 Mason(1985)이 수행한 정교한 종단연구 결과에서도 지지된다(Exner, Thomas, & Mason, 1985). 이 연구에서는 8세 2개월에서 5개월 사이의 아동 남녀 각각 40명을 대상으로 부모 동의하에 2년 간격으로 16세까지 5회에 걸쳐 로샤 검사를 실시하였다. 네 번째부터는 검사를 한 번 할 때마다 연구 참여의 대가로 25불씩을 주었다. 전체 피검자 가운데 최종적으로 23명이 중도 탈락하였고 57명만이 5번의 검사를 모두 받았다.

분석 결과, 8년에 걸친 기간 동안 시간적 안정성을 보인 변인은 평범 반응, 능동운동, X+%의 3개뿐이었다. 12~14세에서는 7개 변인(총 반응 수, 평범 반응, 능동운동, FC, SumT, SumV, X+%)의 검사-재검사 상관이 .75를 넘어 이와 관련된 심리 기능이 시간적으로 안정화되었음을 나타내었다. 14~16세에서는 위의 7개 변인 가운데 FC가 제외되고 람다값, M, FM, 수동운동, 정서 지표가 포함되어 총 11개 변인이 .75 이상의 신뢰도 계수를 보였다. 이처럼 나이가 어릴수록 시간적 안정성을 갖는 변인 수가 더 적음을 알 수 있다.

물론 검사-재검사 상관이 낮다는 사실이 아동을 대상으로 한 로샤 검사 결과를 신뢰하지 못함을 의미하는 것은 아니다. 오히려 아동기의 발달적 변화를 로샤 검사가 잘 반영하고 있음을 이러한 연구 결과에서 알 수 있다. 단지 발달적 변화가 활발하게 일어나는 중에 얻은 로샤 자료를 가지고 일정 시간 후의 동일 피검자의 로샤 자료를 예언하기는 어렵다는 의미로 해석해야 한다.

그렇다면 어느 정도 시간 간격에서 로샤 검사 결과가 일관적으로 나타날 것인가? 이에 대한 답은 다음 연구 결과에서 찾을 수 있다(Exner, 1986, 1993). 먼저 35명의 비환자 성인을 대상으로 3주 간격으로 로샤 검사를 두 차례 실시하였다. 또 25명의 8세 아동과 35명의 9세 아동을 대상으로 각각 7일과 3주 간격으로 두 번의 로샤 검사를 시행하였다. 이 세 집단의 검사 결과를 비교해 보면, 세 집단 모두 검사-재검사 간 상관이 높고 서로 유사한 양상을 보임을 알 수 있다(〈표 2-1〉 참조). 8세 아동의 경우 23개 변인 가운데 20개의 재검사 상관이 .75 이상이었고, 9세 아동과 성인 집단의 경우는 18개 변인이 그러하였다. 그러므로 아동에 있어서 대부분의 로샤 변인이 오랜 시간 간격 후에는 안정적이지 않지만 비교적 짧은 기간을 두고는 상당한 안정성을 보임을 알 수 있다.

그렇다면 각 연령집단에 대해 검사-재검사 간 간격을 3주 이상 2년 이하로 여러 가지로 달리해 보았을 때 로샤 결과는 얼마나 신뢰할 수 있게 나타날 것인가? 이에 대한 정확한 답을 구하려면 아마도 수많은 표본을 대상으로 수많은 시간 간격에 걸쳐 수천 번의 검사를 거듭해야 할 것이다. 그러나 이와 같은 비현실적인 방법에 의지하지 않더라도 다음 연구 결과에서 얼마간의 답을 얻을 수는 있다(Exner, 1980). 연구 대상 가운데 한 집단은 연령이 7세 2개월에서 7개월 사이의 20명, 다른 한 집단은 15세 3개월에서 8개월 사이의 20명으로 이루어졌다. 10명은 도시에 거주하는 흑인 혹은 스페인계 아동이었고, 10명은 도시 외곽에 거주하는 아동이었다. 재검사는 약 10개월 간격을 두고 실시하였다. 7세 아동에 대한 재검사 결과는 8, 9세 아동의 2년 간격 결과와 별로 다르지 않다(〈표 2-4〉 참조). 평범 반응, 능동운동, SumT, X+%, Sum5 Sp. Sc.의 5개 변인만 검사-재검사 상관이 .75를 넘었다. 이를 보면 10개월이라는 기간 동안에도 어린 아동의 심리 구조와 활동에 상당한 변화가 있음을 알 수 있다. 이는 발달심리학 이론을 생각한다면 별로 놀라운 일은 아니다. 반면, 15세 집단의 경우에는 7세보다 안정적인 변인이 훨씬 더 많았다. 총 반응 수, 평범 반응, Zf, 람다, M, 능동운동, FC, 정서 지표, SumT, SumV, X+%, 자기 중심성 지표, 특수 점수 등 총 13개 변인이 .75를 넘었고 그중 .80 이상인 변인도 많았다. 이 결과는 로샤 변인이 반영하는 많은 성격 특성이 중기 청소년기에 안정화되는 중이거나 안정화됨을 시사한다.

이처럼 아동과 청소년을 대상으로 한 로샤 검사의 시간적 안정성에 대한 연구를 종합해 보면 로샤 해석에 있어 다음과 같은 점을 염두에 두어야 함을 알 수 있다. 우선 가장 명백한 사실은 아동은 시간에 따라 급격히 변화하며, 어릴수록 그 변화는 짧은 기간 동안에도 더 많이 일어난다는 것이다. 그러므로 5~10세 정도일 때 얻은 로샤 자료를 가지고 향후의 일이나 변화를 잘 예측할 수 있다고 단언해서는 안 된다. 두 번째는 피검자가 중기 혹은 후기 청소년기로 접어들면 로샤 결과가 좀 더 안정화된 심리적 특성을 반영할 확률이 높아진다는 것이다. 이는 로샤 검사의 결과 변인이 각각 어떤 성격 특성을 반영하는가에 따라 달라진다. 예를 들어, X+%가 나타내는 특징인 관습적인 사고 능력은 학령기 전에 안정되는 것으로 보인다. 반면, M 반응이 반영하는 정교한 사고를 통해 문제를 해결하는 경향은 중기 청소년기까지도 잘 안정화되지 않는 것 같다.

덧붙여 성인의 경우 시간적 안정성이 가장 높은 변인인 EB의 양상이 아동·청소년에서는 어떻게 나타나는지를 살펴보도록 한다. 이를 통해 아동·청소년의 경우 어떤 성격 변인인가에 따라 안정화 시기가 달라짐을 고려할 필요성을 좀 더 숙지할 수 있을 것이다. 앞서 언급한 8년 간의 종단연구의 결과를 보면, 57명의 피험자 중 9명만이 8세 때 내향형이었고, 그중 6명은 10세 때도 내향형이었다. 10세 때 내향형으로 나타난 아동은 14명이고 12세 때는 15명이었는데, 그중 12명은 10세 때 내향형의 결과를 보였던 아동이었다. 14세에 검사했을 때에는 16명이 내향형이었고 그중 14명이 12세 때 내향형이었다. 16세에는 21명이 내향형이었고 15명은 14세 때 내향형이던 아동이었다. 반대로 외향형의 경우는 57명 중 25명이 8세 때 외향형이었다. 10세 때는 외향형이 21명이었지만 8세 때 외향형이던 25명 중 12명만이 여기에 포함되었다. 12세 때는 21명이 외향형이었는데 그중 17명은 10세 때 외향형이던 아동이었다. 14세 때는 23명이 외향형이고 그중 12세 때 외향형이던 아동은 21명이었다. 그리고 16세 때는 26명이 외향형이었는데 그중 14세에도 외향형으로 나왔던 아동은 14명이었다.

이러한 결과는 EB 양식 중 어느 한쪽이 우세한가 여부가 아동기 초기에는 별로 중요하지 않음을 시사한다. 그러나 발달 초기에 내향적 양식이 일찍 우세하게 되면 이것이 대처와 문제해결에 도움이 되든 안 되든 지속될 확률이 높음을 알 수 있다. 그런데 내향형 양식이 너무 일찍 발달하면 여러 가지 악영향을 미칠 소지가 있다. 대개 11~12세 이하의 아동은 피질 발달이 충분히 이루어지지 않아 어떤 사상(event)의 내용을 전체적으로 개념화하지 못하며, 특히 추상적 개념이 개입될 때 그러하다. 그러므로 내향형 스타일이 조숙하게 발달하면 사고가 지나치게 구체적(concrete)인 양상을 띠게 될 위험이 있다.

종단연구 자료를 보면 대부분의 아동이 발달 초기에는 외향형과 양향형 사이를 오가는 경향이 있음을 알 수 있다. 외향형은 비환자 아동의 경우 12~13세 정도에서 안정화되는 것으로 보인다. 어린 아동은 EB에서 우세한 대처양식이 나타나는 경우가 거의 없지만, 약 13~16세가 되면 일부 예외를 제외하고는 내향형과 외향형 가운데 더 우세한 양식이 결정되며 이는 시간에 따라 좀처럼 변하지 않는다.

2) 타당도

로샤 해석 과정은 그 대상이 성인이든 아동 · 청소년이든 모두 보편적으로 적용된다. 예를 들어, FC와 CF 반응의 관계를 생각해 보면 이해가 쉽다. FC는 감정 경험과 표현이 안정적이고 잘 조절되며 다소 보수적으로 이루어짐을 의미하지만, CF는 좀 더 자발적이고 강하고 불안정한 정서성을 나타낸다. FC가 CF보다 우세한 사람은 대부분 감정을 잘 절제하고 순하게 표현하며 정서적 수준을 일정하게 유지한다. 반면, CF가 우세한 사람은 감정을 담아두기보다는 자유롭게 흘려 보내기를 좋아하며 강한 감정을 빠르게 표현한다. 감정도 안정적이기보다는 순간순간 변화하는 경우가 많다.

FC와 CF에 대한 이러한 해석적 의미는 아동, 청소년, 성인에 모두 똑같이 해당된다. 피검자의 나이는 이러한 해석을 적용할 때 고려하게 되는 것이다. 예를 들어, 7세 아동이 FC가 CF보다 높다고 하면, 이는 7세 아동뿐 아니라 누구에게나 해당되듯이 피검자가 정서 표현을 자제하며 자발적인 감정 표현을 많이 하지 않음을 반영한다. 그런데 나이가 7세라면 감정을 그렇게 보수적으로 다루지 않는 것이 일반적이기 때문에, 이 결과는 적응적 성숙보다는 피검자의 부적응적인 억제 경향을 의미할 것이다. 반대로 CF가 우세하여 절제되지 않은 강한 정서성의 징후가 나타난다면, 이는 7세 아동의 경우는 그럴 법하지만 성인이라면 정서적으로 미성숙함을 의미하는 것으로 받아들여야 한다. 여기서 알 수 있듯이 아동 · 청소년 로샤 검사를 효과적으로 해석하려면 특별한 해석적 가설을 따로 배워야 하는 것이 아니라 규준 자료에 정통하고 아동 · 청소년의 심리적 특성에 대해 잘 알고 있으면 된다.

이처럼 로샤 검사 자료의 해석이 모든 연령집단에 적용되고, 앞에서 살펴본 바와 같이 성인을 대상으로 한 로샤 검사 자료가 그것이 측정하고자 하는 바를 임상적 관점에서 타당하게 측정해 냄을 생각한다면, 아동 · 청소년의 경우도 그 심리 구조 및 기능적 특성을 로샤 검사가 타당하게 측정해 낸다고 결론지을 수 있다.

하지만 이러한 타당도가 보장되기 위해서는 두 가지 조건이 만족되어야 한다. 첫째, 아동 · 청소년에게 적절한 방법으로 검사를 실시하여 신뢰할 수 있는 자료가 수집되어야 한다. 이는 임상가가 표준검사 절차를 잘 이해하고 있어야 할 뿐 아니라 쉽게 산만해지거나 언어 표현력이 부족한 아동 · 청소년기의 특징을 충분히 고려하여, 이들이 제대로 된 로샤 반응을 할 수 있도록 융통성 있게 검사를 실시해야 한다는 뜻이다.

둘째, 성격 발달과 발달정신병리학에 대한 충분한 지식을 가지고 있어야 한다. 성격 기능을 기술할 때 아동이 정신분열증인지 우울증인지 품행 장애인지, 어떤 형태의 치료에 잘 반응할 것으로 예상되는지 등의 의견을 제시할 수 있기 위해서는 소위 '정상'이 무엇인지, 아동 · 청소년기의 정신병리는 어떠한지, 여러 치료방법의 예후와 관계된 성격 특성은 무엇인지 등에 대해 정통하고 있어야 한다.

3) 규준 자료

Exner 종합체계에서는 아동 · 청소년에 대한 규준 자료도 연령별로 마련되어 있어 객관적 기준에 근거한 과학적인 해석이 가능하다. 여기에서는 그 개발 과정을 자세히 살펴봄으로써 규준 자료의 유용성을 확인함과 동시에 이를 적용할 때 고려해야 할 점에 대해서도 알아보도록 한다.

(1) 표본 선정 과정

Exner는 규준이 될 표본을 선정하는 과정에서 다음의 세 기준을 적용하였다. 첫째, 자료가 심리측정적으로 의미가 있도록 표본 크기를 충분히 크게 하였다. 둘째, 표본은 대체로 남녀 수를 같게 했다. 셋째, 지리학적 분포와 사회경제적 지위(SES)에 근거하여 층화된 표본을 구하고자 하였다.

이에 근거하여 5~16세에 걸쳐 연령당 최소한 150명의 비환자 아동을 대상으로 하고자 하였으며, 층화 과정에는 1970년 인구조사 수치를 참조하였다. 이에 따르면 가장 적절한 기준은 연령당 적어도 남녀 75명씩을 포함하고, 65%는 도시 및 반도시 지역, 35%는 시골 및 반시골 지역에서 뽑는 것이었다. 사회경제적 지위는 Hollinshead와 Redlich의 9점 척도 수정판을 사용하여 측정하였는데, 각 집단의 16%는 2, 3(중상, 하상), 18%는 4, 5, 6(상중, 중중, 하중), 10%는 7, 8, 9(상하, 중하, 하하)로 하였다. 7, 11, 15세 연령집단에는 15%의 흑인과 20%의 스페인계 피검자가 포함되도록 하였다.

피검자는 학교나 보이스카우트, 걸스카우트 등의 단체에서 모집하였고, 이에 대한 대가로 300불에 상당하는 책, 시청각 자료, 운동장, 운동기구 등을 기부하였다. 3,100명 이상의 아동이 연구에 자원하였고 그 가운데 부모 동의서가 온 경우는 2,213명이었다. 부모 동의를 받은 모든 피험자를 검사 대상으로 하였으며, 그중 약 75%는 중학교의 수업시간에 검사를 실시하였다.

이러한 과정을 통해 총 2,200개 이상의 프로토콜을 수집하였지만 출신 지역과 SES, 남녀 분포의 기준을 적용한 결과 최종적으로 타당한 프로토콜은 1,580개였다. 결과적으로 연령당 105명(6세)에서 150명(9, 11, 16세) 정도가 표본을 이루게 되었다.

이를 토대로 1982년 비환자 아동에 대한 규준 자료가 출판되었는데(Exner, 1988), 그 후 반응 수가 14개 이하인 짧은 프로토콜의 문제를 고려하지 못했음이 밝혀졌다. 이러한 프로토콜은 시간적 일관성(신뢰도)을 보이지 못했고, 병리가 심한 경우를 제외하고는 타당하게 볼 수 없었다. 따라서 반응 수 14개 이하인 프로토콜은 성인과 아동 모두의 경우 규준 표본에서 제외되었으며, 제외된 수는 아동의 경우가 더 많았다. 아동 자료 1,580개의 프로토콜 가운데 239개(15%)가 1982년 표본에서 제외되었다.

제외된 기록의 거의 반은 5~8세의 것이었다. 그러므로 모든 연령집단이 전부 영향을 받기는 하였지만 이 연령대의 자료가 가장 많이 변화했다. 1982년 규준을 만들 당시 포함시키지 않았던 자료 일부를 더하여 제외된 자료의 약 20%를 충당했지만, 모든 연령의 표본이 원래보다 더 작아졌고 이 과정에서 층화의 양상에도 변화가 있었다. 최종적으로 개정된 표본 수는 총 1,390개였다.

로샤 기록은 87명의 검사자가 한 사람당 7개 이상씩 평균 16개를 수집하였으며, 그중 21~26개의 프로토콜을 수집한 사람은 12명이었다. 미국 33개 주와 컬럼비아 지역의 84개 학군에서 자료를 모으되, 단일 학군에서 36명 이상이 되지 않도록 하였으며 연령별로도 10명 이상은 포함하지 않았다. 소수민족에 대한 자료는 대부분 북동부, 남서부, 서부 지역에서 수집하였다.

〈표 2-5〉는 연령별로 성별, 인종, SES, 출신 지역 분포를 나타낸 인구학적 자료인데, 여기서 주의해서 볼 점은 다음 두 가지다. 첫째, 연령당 표본 크기가 그렇게 크지 않다. 9, 11, 16세의 세 집단만 피검자가 130명 이상이고 5, 6세 집단은 100명 이하다. 인접 연령끼리의 자료를 합쳐서 좀 더 대표성을 띠는 큰 표본으로 만들자는 제안도 있었으나, 아동기에는 심리적 변화가 급격하게 일어나므로 한 연령대를 대표하는 자료가 다른 연령대도 동일하게 대표한다는 가정을 할 수 없기 때문에 그렇게 하지 않았다.

또 다른 문제는 피검자 모집 과정에서 생겨난 것이다. 피검자는 모두 자원자이면서 부모의 동의를 얻은 아동에 한하였다. 그러나 본인은 원했지만 부모가 동의하지 않아서 검사 대상이 되지 못한 아동도 매우 많았다. 특히, 도시 지역에서는 한 학급에서 자원한 아동이 전체 20%에도 미치지 못하였고, 지원을 했다 하더라도 부모의 동의를 받지 못해 그 수는 더 적었다. 여기에서 자원자와 비자원자 간에, 또 동의한 부모와 그렇지 않은 부모를 둔 아동 간에 체계적인 차이가 있는가에 대한 의문이 생긴다. 검사를 받겠다고 자원한 아동은 학교나 집단에 잘 적응하여 편안하게 느끼고 있는 아동일 가능성이 높다. 부모 동의 문제만 해도 부모 동의서가 동봉되지 않은 것이 자녀가 검사받는 것을 부모가 꺼려서 그런 것인지, 아니면 단순히 실수로 빠뜨린 것인지를 알기 어렵다. 요약하면, 이 연구의 피검자가 가장 효과적으로 기능하고 부모의 지지를 받고 있는 아동만으로 구성되었을 가능성을 배제할 수 없다는 것이다.

(2) 집단 내 차이

각 표본집단 내에서도 피검자들 간에 차이가 있을 수 있다. 이러한 집단 내 차이는 표본이 대표하는 자료를 이질적으로 만들기 때문에 유용성을 떨어뜨리게 된다. 이는 층화 과정을 거치면서 나타날 수 있는 일로, 이러한 집단 내 차이가 체계적이고 유의미한지의 여부를 검증해 볼 필요가 있다. 따라서 동일 연령 내에서 각 하위집단을 성별, 지역, 사회경제적 지위(SES)에 따라 나누어 서로 여러 가지 분석을 실시해 보았다. 다행히도 대부분의 분석 결과 별다른 유의미한 집단 내 차이가 나타나지 않았다.

먼저 성별로 하위집단을 나누어 비교 분석해 보았을 때 별다른 유의미한 결과는 없었다. 다만 5, 6, 7세 집단에서 WSumC가 남아보다 여아가 더 많았고, 12, 13, 14세 집단에서는 여아가 남아보다 Y 반응이 많고 자기중심성 지표가 높았다.

SES별로 보면, 5~11세까지 SES 8~9(중하, 하하)를 합친 집단이 다른 SES 집단보다 인종, 성별, 지역을 막론하고 M 반응이 적고 람다값이 높았다. 5~9세에서는 SES 8~9를 합친 집단의 남아가 다른 SES 집단보다 자기중심성 지표가 낮았다. 13~15세에서는 SES 8~9 아동이 다른 SES 집단보다 W 반응이 적게 나타났다.

지역 분포에 따른 재미있는 결과도 나왔지만 이를 논리적으로 설명하기는 좀 어렵다. 예를 들어, 10~14세의 남서부와 서부 지역 아동이 동일 연령의 다른 지역 아동보다 WSumC 값이 높았다. 8~10세의 북동부와 중서부 지역 아동은 다른 지역 아동보다 C′ 반응이, 5~9세의 북동부와 극서부 지역의 아동은 M 반응이 더 많았다. 그러나 SES와 지역에 따라 M과 WSumC 등의 차이가 나타났음에도 불구하고 연령, SES, 지역에 따라 외향형, 내향형, 양향형의 여부에는 유의미한 차이가 나타나지 않았다.

(3) 반응한 말의 차이

위의 결과를 보면 전체 표본에 있어 연령, 지역, SES별로 여러 가지로 구분한 다양한 하위집단 간에 검사의 구조적 특성이 별로 이질적이지 않음을 알 수 있다. 그러나 여기서 좀 더 고려해야 할 것은 로샤 카드에 대한 반응, 즉 프로토콜에 적혀 있는 말에는 질적인 차이가 있을 수 있다는 사실이다. 이를 확인하기 위해 10명의 심리학과 대학원생에게 11세 아동의 135개 프로토콜 원자료만을 읽고 5개 지역(북동, 남동, 중서, 남서, 서부) 가운데 어디 출신 아동의 프로토콜인지를 분류해 보도록 하였다. 그 결과 1,350번의 분류 가운데 812번이 정확하게 이루어졌다(60%). 이는 검사에서 반응한 말에 있어서는 지역에 따른 동질성, 지역 간의 이질성이 상당히 있음을 의미하는 것이다.

비슷한 절차로 6명의 초등학교 교사에게 14, 15, 16세 표본에서 얻은 90개의 프로토콜을 시골, 도시, 도시 근교의 세 집단으로 분류해 보게 하였다. 90개의 프로토콜 가운데 30개씩이 이 세 지역에서 수집한 자료였다. 그 결과 6명의 교사들이 각각 분류한 총 540번의 분류 가운데 369번이 정확하여(68%), 어느 지역에 사는가에 따라 말이나 내용의 동질성이 크게 나타남을 알 수 있었다.

이러한 결과는 검사 과정이 구조 자료에 반영된 지각, 인지적 기능에 있어서는 매우 일관되지만, 더불어 다른 수준에서 문화적 혹은 하위문화적 요인에 상당한 영향을 받을 수 있음을 시사한다. 또한 특수 점수, 특히 DV와 DR을 해석할 때 신중하게 판단할 필요성도 제기된다. 물론 채점은 그대로 이루어져야 하지만, 단어를 비관습적으로 구사하는 것이 어떤 하위문화에서는 일반적일 수도 있음을 염두에 두어야 하겠다.

(4) 규준의 문화 간 유용성

Exner 종합체계에서 제공하는 규준 자료는 미국 표본에 근거한 것이기 때문에, 미국 외의 다른 국가의 아동 · 청소년까지 대표한다고는 단언하기 어렵다. 그러나 이 자료가 여러 다른 문화 간에도 일관되게 나타날 수 있다는 가정을 지지하는 연구들이 있다.

Ruiz, Panelos, Thomas와 Exner(1980)는 스페인어권 국가의 10세 아동을 대상

으로 로샤 검사를 실시하였다. 스페인에서 9명, 멕시코에서 13명, 파나마에서 8명을 각각 대상으로 하여 프로토콜을 수집한 다음, 미국 10세 아동 프로토콜 가운데 30개를 무선 추출하여 서로 비교해 보았다. 모든 피검자는 자기 연령에 맞는 학년에 다니고 있었고 정신과력이 없었다. 검사 결과 스페인어권 아동의 프로토콜에서 W와 DQv가 더 많고 T가 적은 것을 제외하고는 통계적으로 유의미한 결과가 나타나지 않았다. W와 DQv의 차이는 논리적으로 설명하기 어려우며 단순한 우연에 의한 것으로 보인다. T가 적게 나타난 이유는 전통 카스티야 스페인어에는 털이라는 단어가 없고 피부와 털이 같은 의미로 쓰이기 때문인 것으로 생각된다. 스페인의 비환자 성인 프로토콜에서 T 빈도가 낮았다는 연구 결과도 이러한 가정을 지지한다.

또 다른 증거로 비환자 성인을 대상으로 한 다양한 비교문화 연구가 있다. 1976~1990년의 기간 동안 아르헨티나, 프랑스, 중국, 인도, 이탈리아, 일본, 말레이시아, 미크로네시아, 노르웨이, 필리핀, 스페인 등의 다양한 국가에서 900개 이상의 프로토콜을 수집하였다. 그중 어느 한 나라의 자료만 보면 미국 비환자 규준 자료와 통계적인 비교를 할 만큼 크지 못하지만 이를 모두 합치면 비교가 가능하였다. 분석 결과 각 구조 변인의 점수 분포는 미국 표본과 대체로 유사하였다. 그러나 약간의 차이도 있었는데, 예를 들어 스페인에서 수집한 208명의 비환자 성인(Sendin, 1981)의 기록에서는 T 반응의 빈도가 낮았고, 9번 카드 D3 지역(인간 혹은 인간 같은 인물) 빈도가 평범 반응이 될 만큼 높지 않았다. 더욱 중요한 것은 각 나라의 자료를 개별적으로 살펴보면 대부분 미국 표본보다 X+%가 4~10% 정도 낮고 Xu%는 5~9% 정도 높았다는 사실이다. 이는 아마도 미국인이 자주 응답하는 내용과 기타 국가의 국민들이 자주 하는 반응이 다르기 때문일 것이다.

이 결과를 근거로 검사 규준 자료를 언어별, 국가별 혹은 문화별로 마련해야 한다는 주장이 제기될 수도 있으나, 아주 큰 표본을 대상으로 한 연구가 가능하지 않는 한 이는 비현실적이며 또 경제적이지도 않다. 그 대신 반응의 형태질을 국가별 반응의 빈도에 따라 재검토하는 방안이 더 합리적일 것이다.

(5) 규준 표본

〈표 2-5〉는 표준화 과정에서 수집한 아동과 청소년 비환자 표본의 기술 통계치다. 이를 이용하여 검사 결과를 해석할 때 다음의 몇 가지 사항을 반드시 염두에 두어야 한다.

첫째, 규준(norm)이 바로 정상성(normality)을 의미하는 것은 아니다. 어떤 점수, 비율, 백분율에 관한 규준에서 어떤 자료가 많이 벗어난다고 해도 이는 그 규준집단 내에서 흔하지 않음(uncommonness)을 의미하는 것이지 비정상이라는 뜻은 아니다. 모든 변인의 점수가 평균 범위에 해당하는 프로토콜은 임상 실제에서 드물며, 일부 영역에서는 결핍이나 장애가 있는 경우가 더 일반적이다. 구조 변인 가운데 평균 범위에서 벗어나는 자료가 많더라도 종합적으로 해석해 보면 그 피검자가 잘 적응하고 기능하고 있다고 결론짓는 경우도 많다.

둘째, 앞에서 강조했듯이 규준 자료에 한계가 있음을 인식하는 것이 중요하다. 물론 아동 · 청소년의 전체 표본은 거의 1,400명에 달하지만 연령별로는 적정 규준 표본이 되기에 부족하다. 또 동일 연령 내에서도 발달적 변화가 크게 나타날 수 있다. 발달심리학 연구 결과에 따르면 동일 연령의 아동을 하나의 기준으로 판단하는 것은 합리적이지 못하며 7세 이하일 경우에는 더욱 그러하다. 5, 6, 7세 아동을 6개월 간격으로 나누어 생각할 필요가 있으나 현재 규준에서는 연령별 표본 크기가 너무 작아 가능하지 않다.

마지막으로 규준 자료를 너무 구체적으로 적용해서는 안 된다. 어떤 변인의 자료가 정규분포하거나 모수분포를 할 때는 규준의 평균, 표준편차, 범위가 중요한 비교 기준이 될 수 있다. 그러나 그렇지 않은 경우도 있기 때문에 주의해야 한다. 이를 가장 분명하게 보여 주는 예는 로샤 해석의 중요 변인인 M과 WSumC에 대한 것이다. 예를 들어, 〈표 2-5〉에서 11세 아동의 자료를 보자. 이를 단순하게 본다면 11세 아동 대부분은 M과 WSumC 값이 거의 같게 나온다고 해석할 수 있다. 하지만 그렇지 않다. 11세 아동 표본은 135명인데 그중 41명이 내향형이다. 이들은 M 평균이 5.76이고 범위는 5~8이며, WSumC는 4.15이고 범위는 3.5~6이다. 또한 외향형은 60명으로 M 평균은 2.88(1~4)이고 WSumC는 7.45(6~8)다.

그러므로 이 연령집단에서 M과 WSumC의 분포는 양봉형이며, 검사 시 아동의 특정 반응 스타일에 따라 다르게 나타난다. EB 양식에 따라 M과 WSumC뿐 아니라 정서비율과 혼합 반응 빈도, 인간 반응 빈도도 영향을 받는다. 성인 규준 자료에 대해서는 이러한 양식의 영향에 대해 연구한 결과를 토대로 개별적 규준을 출간하였다(Exner, 1991, 1993). 아동 연령집단별로는 표본이 작으므로 이 같은 연구를 실시하기 어렵지만, 규준표를 사용하는 사람들은 어떤 구조 변인이 양봉형 분포일 수가 있다는 사실을 늘 염두에 두어야 한다.

또한 변인이 정규분포를 하지 않는 경우 규준 자료를 잘못 적용할 위험이 더 높아진다. 사실 대부분의 로샤 구조요약 변인은 정규분포를 하지 않는다. 대개 점수 범위가 5점 이하, 즉 1~4, 2~6점 정도에 해당하는 변인이 많고, 대부분의 점수가 분포의 1~2점 사이에 해당하여 J곡선을 그리는 경우도 많다. 무채색, 음영, FD, 대부분의 내용 변인, DQ점수 일부, 대부분의 특수 점수가 이 범주에 속한다. 이러한 변인의 평균과 표준편차 자료는 아무 쓸모가 없고 범위와 중간치, 최빈치, 비대칭도(skewness)와 첨도(kurtosis) 값을 기준으로 살펴보아야 한다.

한편, 국내에서는 아주대학교 병원 임상심리실에서 아동과 청소년을 대상으로 로샤 검사의 각 변인에 대한 규준 자료를 연구 중에 있으며, 현재 초등학생들을 중심으로 하여 자료가 보고되고 있다.

〈표 2-1〉 2개의 아동집단과 100명의 성인을 대상으로 23개의 변인을 고려한 재검사 상관표

변 인	집단 1; N=30 6세 때 처음 실시 8세 때 두 번째 실시	집단 2; N=25 9세 때 처음 실시 11세 때 두 번째 실시	성인; N=100 3년 후 두 번째 실시
R	.67	.61	.79
Populars	.77	.74	.73
Zf	.55	.68	.83
Lambda	.18	.39	.82
M	.48	.62	.87
FM	.49	.60	.72
m	.13	.09	.31
Active	.86	.81	.86
Passive	.42	.29	.75
FC	.38	.34	.86
CF+C	.27	.35	.79
SumC	.41	.58	.86
Afr	.51	.79	.90
SumT	.68	.84	.87
SumV	—	.91	.81
SumC′	.68	.51	.67
SumY	.09	.17	.23
SumShd	.08	.29	.66
X+%	.84	.86	.80
3r+(2)/R	.78	.74	.87
Sum5 Sp. SC.	.60	.56	.88
EA	.19	.45	.85
es	.20	.57	.72

〈표 2-2〉 8세 때 첫 번째 검사에 응한 57명의 피험자를 대상으로 2년 간격으로 5회에 걸쳐 23개의 변인을 고려한 재검사 상관표

변 인	8세와 10세 검사 1 vs. 2	10세와 12세 검사 2 vs. 3	12세와 14세 검사 3 vs. 4	14세와 16세 검사 4 vs. 5
R	.61	.57	.76	.80
Populars	.75	.81	.82	.82
Zf	.52	.40	.42	.70
Lambda	.32	.28	.68	.78
M	.53	.47	.69	.77
FM	.64	.60	.51	.81
m	.32	.11	.29	.06
Active	.77	.86	.79	.83
Passive	.62	.75	.71	.78
FC	.63	.39	.76	.73
CF+C	.70	.47	.26	.72
SumC	.76	.63	.38	.69
Afr	.69	.52	.33	.76
SumT	.73	.82	.89	.91
SumV	—	.92	.84	.92
SumC′	.58	.54	.54	.69
SumY	.44	.07	.23	.13
SumShd	.64	.51	.63	.71
X+%	.82	.84	.80	.85
3r+(2)/R	.61	.43	.54	.73
Sum5 Sp. SC.	.70	.56	.47	.68
EA	.62	.51	.63	.71
es	.42	.62	.68	.73

〈표 2-3〉 2개의 아동집단과 35명의 성인을 대상으로 23개의 변인을 고려한 재검사 상관표

변 인	7일 후 8세 재검사	3주 후 9세 재검사	3주 후 성인 재검사
R	.88	.87	.84
Populars	.86	.89	.81
Zf	.91	.92	.89
Lambda	.86	.84	.76
M	.90	.87	.83
FM	.75	.78	.72
m	.49	.20	.34
Active	.91	.91	.87
Passive	.86	.88	.85
FC	.90	.84	.92
CF+C	.89	.92	.83
SumC	.88	.87	.83
Afr	.91	.91	.85
SumT	.86	.92	.96
SumV	.96	.93	.89
SumC′	.77	.74	.77
SumY	.42	.17	.41
SumShd	.76	.68	.71
X+%	.95	.92	.87
3r+(2)/R	.94	.86	.90
Sum5 Sp. SC.	.91	.93	.94
EA	.85	.87	.84
es	.74	.70	.59

〈표 2-4〉 약 9개월 후 각각 20명인 두 아동집단을 대상으로 23개의 변인을 고려한 재검사 상관표

변 인	7세 (N=20)	15세 (N=20)
R	.71	.80
Populars	.88	.83
Zf	.62	.79
Lambda	.24	.76
M	.46	.82
FM	.53	.70
m	.06	.17
Active	.77	.85
Passive	.39	.64
FC	.28	.81
CF+C	.41	.71
SumC	.37	.70
Afr	.61	.89
SumT	.75	.87
SumV	—	.92
SumC′	.49	.73
SumY	.21	.16
SumShd	.11	.48
X+%	.86	.83
3r+(2)/R	.70	.86
Sum5 Sp. SC.	.79	.88
EA	.23	.73
es	.18	.64

〈표 2-5〉 1,390명의 정상 아동과 청소년의 연령별 기술 통계치: 5세(N=90)

VARIABLE	MEAN	SD	MIN	MAX	FREQ	MEDIAN	MODE	SK	KU
R	17.64	1.44	14.00	20.00	90	18.00	18.00	−0.83	−0.25
W	9.97	1.65	7.00	12.00	90	9.00	11.00	0.24	−1.35
D	7.10	2.61	3.00	12.00	90	8.00	6.00	−0.83	−0.24
Dd	0.58	[0.65]	0.00	2.00	44	0.00	0.00	0.70	−0.53
S	1.40	[1.14]	0.00	3.00	64	1.00	0.00	0.14	−1.39
DQ+	5.47	1.43	2.00	8.00	90	5.50	4.00	0.35	−1.29
DQo	10.72	2.07	7.00	13.00	90	12.00	13.00	−1.25	0.05
DQv	1.37	[0.62]	0.00	4.00	83	1.00	1.00	0.36	−0.63
DQv/+	0.09	[0.29]	0.00	1.00	8	0.00	0.00	2.94	6.78
FQX+	0.00	0.00	0.00	0.00	0	0.00	0.00	—	—
FQXo	11.54	2.50	6.00	15.00	90	13.00	13.00	−0.70	−0.52
FQXu	3.59	1.96	1.00	7.00	90	4.00	1.00	0.13	−1.19
FQX−	1.46	0.64	0.00	3.00	86	1.00	1.00	0.04	−0.19
FQXNone	0.87	[0.62]	0.00	2.00	63	1.00	1.00	0.36	−0.63
MQ+	0.00	0.00	0.00	0.00	0	0.00	0.00	—	—
MQo	1.13	0.34	1.00	2.00	90	1.00	1.00	2.19	2.88
MQu	0.38	0.66	0.00	2.00	25	0.00	0.00	1.53	1.00
MQ−	0.19	[0.39]	0.00	1.00	17	0.00	0.00	1.62	0.63
MQNone	0.00	[0.00]	0.00	0.00	0	0.00	0.00	—	—
S−	0.91	[0.69]	0.00	3.00	62	1.00	1.00	0.45	−0.83
M	1.70	1.00	1.00	4.00	90	1.00	1.00	1.26	0.36
FM	5.00	0.95	4.00	7.00	90	5.00	4.00	0.32	−1.20
m	0.78	0.80	0.00	3.00	49	1.00	0.00	0.43	−1.32
FM+m	5.78	1.19	4.00	9.00	90	6.00	5.00	0.65	0.50
FC	0.71	0.46	0.00	1.00	64	1.00	1.00	−0.95	−1.13
CF	3.02	1.41	1.00	6.00	90	3.00	3.00	0.53	−0.20
C	0.67	[0.62]	0.00	2.00	63	1.00	1.00	0.36	−0.63
Cn	0.00	[0.00]	0.00	0.00	0	0.00	0.00	—	—
FC+CF+C+Cn	4.40	1.10	2.00	6.00	90	4.00	4.00	−0.39	−0.11
WsumC	4.38	1.09	2.50	6.50	90	4.00	4.00	0.27	−0.73
SumC′	0.63	[0.48]	0.00	1.00	57	1.00	1.00	−0.56	−1.72
SumT	0.83	[0.48]	0.00	2.00	57	1.00	1.00	0.42	2.42
SumV	0.00	[0.00]	0.00	0.00	0	0.00	0.00	—	—
SumY	0.36	[0.33]	0.00	2.00	20	0.00	0.00	−0.65	2.71
SumShd	1.77	0.97	0.00	2.00	57	2.00	2.00	−0.56	−1.72
Fr+rF	0.38	[0.45]	0.00	2.00	29	0.00	0.00	1.01	−1.00
FD	0.28	[0.63]	0.00	1.00	16	0.00	0.00	1.77	0.58
F	6.98	1.26	4.00	9.00	90	6.00	6.00	0.19	−0.35
PAIR	9.08	1.96	5.00	11.00	90	9.00	11.00	−0.91	−0.29
3r+(2)/R	0.69	0.14	0.33	1.00	90	0.60	0.64	0.28	0.57
LAMBDA	0.86	0.15	0.36	1.25	90	0.75	0.60	0.76	−0.52
EA	5.08	1.34	2.50	8.50	90	5.50	5.00	−0.24	−0.75
es	7.04	1.14	5.00	9.00	90	7.00	7.00	0.10	−0.60
D	-0.24	0.43	-1.00	0.00	90	0.00	0.00	−1.21	−0.55
Adj D	-0.20	0.40	-1.00	0.00	90	0.00	0.00	−1.53	0.33
a(active)	6.28	0.95	5.00	8.00	90	6.00	6.00	0.38	−0.70
p(passive)	1.20	1.37	0.00	4.00	49	1.00	0.00	0.82	−0.60
Ma	1.42	0.67	1.00	3.00	90	1.00	1.00	1.32	0.47
Mp	0.28	0.45	0.00	1.00	25	0.00	0.00	1.01	−1.00
Intellect	0.17	0.38	0.00	1.00	90	0.00	0.00	1.82	1.34
Zf	10.08	2.18	8.00	14.00	90	10.00	14.00	0.15	−1.52
Zd	−1.13	2.60	−5.00	4.50	90	−1.75	−2.50	0.70	0.09
Blends	2.86	1.92	0.00	5.00	77	3.00	5.00	−0.21	−1.56
Col-Shd Blends	0.18	[0.56]	0.00	1.00	5	0.00	0.00	1.81	−2.37
Afr	0.88	0.13	0.50	1.00	90	0.90	0.80	−0.65	−0.08
Populars	4.66	1.69	3.00	10.00	90	4.00	4.00	0.55	−0.94

〈표 2-5〉 5세(계속)

VARIABLE	MEAN	SD	MIN	MAX	FREQ	MEDIAN	MODE	SK	KU
X+%	0.67	0.10	0.47	0.83	90	0.68	0.72	−0.27	−0.68
F+%	0.84	0.13	0.50	1.00	90	0.83	0.83	−0.62	0.28
X−%	0.09	0.04	0.00	0.21	86	0.07	0.11	−0.03	−0.18
Xu%	0.23	0.10	0.06	0.40	90	0.22	0.06	0.08	−1.42
S−%	0.49	[0.46]	0.00	1.00	52	0.50	0.00	0.02	−1.83
Isolate	0.17	0.06	0.11	0.27	90	0.17	0.11	0.58	−0.88
H	2.19	0.50	1.00	3.00	90	2.00	2.00	0.38	0.34
(H)	1.46	0.50	1.00	2.00	90	1.00	1.00	0.18	−2.01
Hd	0.36	0.48	0.00	1.00	32	0.00	0.00	0.61	−1.66
(Hd)	0.46	0.57	0.00	2.00	13	0.00	0.00	1.42	1.54
Hx	0.00	[0.00]	0.00	0.00	0	0.00	0.00	—	—
All H Cont	4.00	1.15	2.00	6.00	90	4.00	3.00	0.41	−0.90
A	10.69	2.32	6.00	14.00	90	11.00	12.00	−0.88	−0.28
(A)	0.37	[0.48]	0.00	1.00	33	0.00	0.00	0.56	−1.72
Ad	0.71	[0.60]	0.00	2.00	57	1.00	1.00	0.23	−0.57
(Ad)	0.00	[0.00]	0.00	0.00	0	0.00	0.00	—	—
An	0.37	[0.49]	0.00	3.00	18	0.00	0.00	0.46	2.01
Art	0.17	0.38	0.00	1.00	15	0.00	0.00	1.82	1.34
Ay	0.00	[0.00]	0.00	0.00	0	0.00	0.00	—	—
Bl	1.13	[0.46]	0.00	2.00	86	1.00	1.00	0.54	1.30
Bt	0.28	0.45	0.00	1.00	25	0.00	0.00	1.01	−1.00
Cg	3.73	1.35	2.00	6.00	90	3.00	3.00	0.62	−0.92
Cl	0.58	[0.74]	0.00	2.00	42	0.00	0.00	1.21	0.83
Ex	0.22	[0.51]	0.00	2.00	16	0.00	0.00	2.31	4.54
Fi	0.22	[0.51]	0.00	2.00	16	0.00	0.00	2.31	4.54
Fd	0.41	[0.53]	0.00	2.00	21	0.00	0.00	2.16	2.38
Ge	0.00	[0.00]	0.00	0.00	0	0.00	0.00	—	—
Hh	0.71	0.65	0.00	3.00	61	1.00	1.00	−0.48	1.96
Ls	2.68	0.63	2.00	4.00	90	3.00	3.00	0.38	−0.65
Na	0.36	[0.51]	0.00	2.00	19	0.00	0.00	1.42	−0.39
Sc	0.52	[0.43]	0.00	2.00	37	0.00	0.00	1.35	3.58
Sx	0.00	[0.00]	0.00	0.00	0	0.00	0.00	—	—
Xy	0.00	[0.00]	0.00	0.00	0	0.00	0.00	—	—
Idio	0.14	0.35	0.00	1.00	13	0.00	0.00	2.06	2.28
DV	1.16	[1.05]	0.00	4.00	83	1.00	1.00	1.00	0.57
INC	1.96	[0.70]	0.00	4.00	76	1.00	1.00	0.06	−0.93
DR	0.11	[0.21]	0.00	1.00	9	0.00	0.00	4.50	18.63
FAB	0.89	[0.57]	0.00	3.00	72	1.00	1.00	−0.02	0.06
DV2	0.00	[0.00]	0.00	0.00	0	0.00	0.00	—	—
INC2	0.09	[0.29]	0.00	1.00	8	0.00	0.00	2.94	6.78
DR2	0.09	[0.29]	0.00	1.00	8	0.00	0.00	2.94	6.78
FAB2	0.22	[0.42]	0.00	1.00	20	0.00	0.00	1.36	−0.16
ALOG	0.61	[0.50]	0.00	1.00	57	0.00	0.00	0.37	−1.91
CONTAM	0.00	0.00	0.00	0.00	0	0.00	0.00	—	—
Sum6 Sp. Sc.	6.88	2.01	3.00	9.00	90	6.00	5.00	0.45	0.65
Sum6 Sp. Sc. 2	0.40	[0.58]	0.00	2.00	32	0.00	0.00	1.12	0.30
WSum6	14.88	4.68	4.00	22.00	90	14.00	7.00	−0.10	−1.05
AB	0.00	[0.00]	0.00	0.00	0	0.00	0.00	—	—
AG	1.23	0.67	0.00	3.00	82	1.00	1.00	0.60	0.74
CFB	0.00	0.00	0.00	0.00	0	0.00	0.00	—	—
COP	1.08	0.52	0.00	3.00	81	1.00	1.00	0.10	0.67
CP	0.23	[0.81]	0.00	1.00	2	0.00	0.00	3.38	11.55
MOR	0.78	[0.75]	0.00	2.00	53	1.00	0.00	0.39	−1.10
PER	0.18	0.41	0.00	2.00	21	0.00	0.00	0.69	4.73
PSV	0.63	[0.48]	0.00	1.00	57	1.00	1.00	−0.56	−1.72

주의: [ ] 안의 값은 신뢰할 수 없는 값이므로 기대범위를 추정하는 데 사용할 수 없음. 흔히 이 변인들은 모수통계분석에 포함시키지 않음.

〈표 2-5〉 6세(N=80)

VARIABLE	MEAN	SD	MIN	MAX	FREQ	MEDIAN	MODE	SK	KU
R	18.91	0.98	14.00	20.00	80	19.00	20.00	−0.23	−1.25
W	10.79	1.17	7.00	10.00	80	11.00	9.00	−0.56	−1.16
D	7.94	1.01	7.00	11.00	80	7.00	8.00	−1.38	2.27
Dd	0.30	[0.46]	0.00	1.00	24	0.00	0.00	0.89	−1.24
S	0.79	[0.76]	0.00	3.00	51	1.00	1.00	1.09	1.67
DQ+	4.42	[0.59]	3.00	5.00	80	4.00	4.00	−0.46	−0.66
DQo	11.31	1.35	9.00	13.00	80	11.00	13.00	0.11	−1.45
DQv	2.54	[1.19]	1.00	5.00	80	3.00	3.00	0.14	−0.89
DQv/+	0.45	[0.64]	0.00	1.00	38	1.00	1.00	−1.18	−0.63
FQX+	0.00	0.00	0.00	0.00	0	0.00	0.00	—	—
FQXo	13.39	1.22	12.00	16.00	80	14.00	14.00	0.25	−0.92
FQXu	4.01	1.29	3.00	7.00	80	4.00	4.00	0.75	−0.32
FQX−	0.94	0.50	0.00	6.00	66	0.00	0.00	0.21	−2.01
FQXNone	0.74	[0.48]	0.00	2.00	68	1.00	1.00	−0.58	−1.70
MQ+	0.00	0.00	0.00	0.00	0	0.00	0.00	—	—
MQo	1.96	0.75	1.00	3.00	80	2.00	2.00	0.06	−1.22
MQu	0.00	0.00	0.00	0.00	0	0.00	0.00	—	—
MQ−	0.23	[0.67]	0.00	1.00	6	0.00	0.00	1.24	4.12
MQNone	0.00	[0.00]	0.00	0.00	0	0.00	0.00	—	—
S−	0.42	[0.78]	0.00	0.50	11	0.00	0.00	0.98	3.15
M	1.96	0.75	1.00	3.00	80	2.00	2.00	0.06	−1.22
FM	4.52	0.81	4.00	8.00	80	5.00	4.00	−1.25	2.76
m	1.40	1.48	0.00	4.00	51	1.00	0.00	0.81	−0.72
FM+m	5.92	0.99	7.00	10.00	80	8.00	8.00	1.11	0.35
FC	1.11	1.09	0.00	3.00	42	2.00	0.00	0.07	−1.72
CF	3.51	0.94	1.00	5.00	80	3.00	3.00	−0.36	0.83
C	0.94	[0.48]	0.00	2.00	68	1.00	1.00	−0.58	−1.70
Cn	0.06	[0.09]	0.00	1.00	1	0.00	0.00	4.15	35.81
FC+CF+C+Cn	5.56	1.63	1.00	7.00	80	6.00	6.00	−0.94	0.29
WsumC	5.02	1.42	1.00	6.50	80	5.50	5.50	−1.23	1.26
SumC′	0.58	[0.50]	0.00	1.00	46	1.00	1.00	−0.31	−1.95
SumT	0.83	[0.22]	0.00	1.00	69	1.00	1.00	−1.21	6.12
SumV	0.00	[0.00]	0.00	0.00	0	0.00	0.00	—	—
SumY	0.54	[0.48]	0.00	1.00	37	0.00	0.00	0.70	−1.55
SumShd	1.95	0.88	0.00	3.00	76	2.00	2.00	−0.18	−0.89
Fr+rF	0.28	[0.40]	0.00	2.00	17	0.00	0.00	1.83	0.35
FD	0.48	[0.68]	0.00	1.00	29	0.00	0.00	1.49	2.34
F	5.77	1.47	3.00	10.00	80	4.00	4.00	3.10	10.34
PAIR	9.61	1.79	5.00	12.00	80	10.00	11.00	−0.88	0.30
3r+(2)/R	0.67	0.15	0.25	0.90	80	0.66	0.60	0.38	0.61
LAMBDA	0.79	0.17	0.18	1.50	80	0.78	0.65	−1.56	0.64
EA	6.98	1.42	2.00	8.50	80	6.00	5.00	0.85	1.77
es	7.87	1.00	8.00	11.00	80	7.00	6.00	0.13	−1.52
D	−0.41	0.59	−2.00	0.00	80	0.00	0.00	−1.11	0.28
Adj D	−0.21	0.41	−2.00	0.00	80	0.00	0.00	−1.43	0.05
a(active)	6.03	1.27	5.00	9.00	80	6.00	5.00	0.43	−1.17
p(passive)	1.85	1.90	1.00	6.00	80	2.00	1.00	0.51	−1.49
Ma	0.98	0.84	0.00	2.00	51	1.00	0.00	0.05	−1.59
Mp	0.99	1.35	0.00	3.00	29	0.00	0.00	0.70	−1.44
Intellect	0.96	0.51	0.00	2.00	80	1.00	1.00	−0.06	−0.93
Zf	10.15	1.44	6.00	12.00	80	11.00	9.00	−0.45	−1.21
Zd	−1.38	2.20	−5.00	1.00	80	0.00	0.00	−0.91	−0.93
Blends	2.16	0.49	1.00	3.00	80	2.00	2.00	0.38	0.64
Col-Shd Blends	0.44	[0.64]	0.00	1.00	18	0.00	0.00	2.13	4.67
Afr	0.87	0.26	0.25	1.11	80	0.82	0.78	−0.76	−0.36
Populars	5.02	1.43	4.00	9.00	80	5.00	5.00	0.14	−0.70

〈표 2-5〉 6세(계속)

VARIABLE	MEAN	SD	MIN	MAX	FREQ	MEDIAN	MODE	SK	KU
X+%	0.71	0.07	0.45	0.84	80	0.70	0.60	−0.30	−0.89
F+%	0.74	0.25	0.50	1.00	80	0.75	0.75	0.63	1.02
X−%	0.11	0.07	0.00	0.25	80	0.06	008	0.21	−1.78
Xu%	0.18	0.09	0.16	0.35	80	0.18	0.15	0.49	−0.48
S−%	0.25	[0.67]	0.00	0.00	28	0.33	0.20	0.88	2.13
Isolate	0.24	0.08	0.12	0.39	80	0.22	0.15	0.31	−1.21
H	2.63	1.14	1.00	4.00	80	3.00	300	−0.47	−1.24
(H)	0.78	0.50	0.00	1.00	66	1.00	1.00	−0.31	−1.95
Hd	0.64	0.62	0.00	2.00	45	1.00	1.00	0.43	−0.63
(Hd)	0.23	0.63	0.00	1.00	16	0.00	0.00	1.28	3.16
Hx	0.00	[0.00]	0.00	0.00	0	0.00	0.00	—	—
All H Cont	4.28	0.68	2.00	6.00	80	4.00	4.00	0.22	−0.83
A	8.24	0.96	6.00	10.00	80	8.00	8.00	−0.06	0.32
(A)	0.30	[0.46]	0.00	1.00	24	0.00	0.00	0.89	−1.24
Ad	0.95	[0.22]	0.00	1.00	76	1.00	1.00	−4.21	16.12
(Ad)	0.00	[0.00]	0.00	0.00	0	0.00	0.00	—	—
An	0.33	[0.50]	0.00	1.00	11	0.00	0.00	0.99	2.02
Art	0.96	0.51	0.00	2.00	68	1.00	1.00	−0.06	0.93
Ay	0.00	[0.00]	0.00	0.00	0	0.00	0.00	—	—
Bl	0.25	[0.44]	0.00	1.00	20	0.00	0.00	1.18	−0.63
Bt	1.52	0.60	0.00	2.00	76	2.00	2.00	−0.84	−0.25
Cg	1.02	0.70	0.00	3.00	49	1.00	1.00	0.47	−0.68
Cl	0.11	[0.32]	0.00	1.00	9	0.00	0.00	2.50	4.36
Ex	0.20	[0.40]	0.00	1.00	16	0.00	0.00	1.53	0.35
Fi	0.64	[0.48]	0.00	1.00	51	1.00	1.00	−0.58	−1.70
Fd	0.58	[0.50]	0.00	1.00	46	1.00	1.00	−0.31	−1.95
Ge	0.05	[0.22]	0.00	1.00	4	0.00	0.00	4.21	16.12
Hh	1.26	0.55	1.00	3.00	80	1.00	1.00	2.01	3.16
Ls	1.27	0.78	0.00	3.00	80	1.00	1.00	2.21	3.84
Na	0.81	[0.75]	0.00	2.00	49	1.00	1.00	0.32	−1.14
Sc	0.69	[0.57]	0.00	2.00	51	1.00	1.00	0.08	−0.59
Sx	0.00	[0.00]	0.00	0.00	0	0.00	0.00	—	—
Xy	0.00	[0.00]	0.00	0.00	0	0.00	0.00	—	—
Idio	0.15	0.36	0.00	1.00	12	0.00	0.00	2.00	2.04
DV	0.26	[0.24]	0.00	2.00	35	0.00	0.00	0.68	1.87
INC	2.35	[0.48]	2.00	3.00	80	2.00	2.00	0.64	−1.63
DR	0.78	[0.56]	0.00	2.00	36	0.00	0.00	0.57	2.76
FAB	0.58	[0.50]	0.00	1.00	46	1.00	1.00	−0.31	−1.95
DV2	0.00	[0.00]	0.00	0.00	0	0.00	0.00	—	—
INC2	0.15	[0.36]	0.00	2.00	13	0.00	0.00	1.94	2.56
DR2	0.00	[0.00]	0.00	0.00	0	0.00	0.00	—	—
FAB2	0.20	[0.45]	0.00	1.00	10	0.00	0.00	1.74	0.96
ALOG	0.64	[0.48]	0.00	1.00	51	1.00	1.00	−0.58	−1.70
CONTAM	0.00	0.00	0.00	0.00	0	0.00	0.00	—	—
Sum6 Sp. Sc.	6.63	1.38	2.00	8.00	80	6.00	5.00	−0.03	−1.54
Sum6 Sp. Sc. 2	0.72	[0.98]	0.00	2.00	20	0.00	0.00	1.94	2.05
WSum6	13.30	5.03	4.00	20.00	80	13.00	10.00	−0.33	−1.71
AB	0.00	[0.00]	0.00	0.00	0	0.00	0.00	—	—
AG	0.30	0.56	0.00	3.00	20	0.00	0.00	1.74	2.11
CFB	0.00	0.00	0.00	0.00	0	0.00	0.00	—	—
COP	2.40	0.54	0.00	3.00	76	2.00	2.00	−4.21	16.12
CP	0.18	[0.30]	0.00	1.00	2	0.00	0.00	2.73	11.95
MOR	0.60	[0.57]	0.00	3.00	37	0.00	0.00	0.55	2.15
PER	0.23	1.06	0.00	3.00	14	0.00	0.00	0.78	3.24
PSV	0.64	[0.77]	0.00	2.00	28	0.00	0.00	1.21	3.85

주의: [ ] 안의 값은 신뢰할 수 없는 값이므로 기대범위를 추정하는 데 사용할 수 없음. 흔히 이 변인들은 모수통계분석에 포함시키지 않음.

〈표 2-5〉 7세(N=120)

VARIABLE	MEAN	SD	MIN	MAX	FREQ	MEDIAN	MODE	SK	KU
R	19.93	1.25	14.00	24.00	120	19.00	19.00	−0.10	−0.50
W	10.33	2.01	5.00	12.00	120	9.00	9.00	0.02	−1.34
D	9.09	2.86	7.00	15.00	120	9.00	7.00	0.07	−1.77
Dd	0.82	[0.32]	0.00	3.00	74	0.00	0.00	0.42	2.91
S	1.44	[1.06]	0.00	4.00	102	2.00	2.00	−0.49	−0.38
DQ+	6.48	0.80	6.00	9.00	120	6.00	6.00	0.11	−0.41
DQo	11.15	0.98	10.00	13.00	120	11.00	11.00	0.36	−0.92
DQv	1.63	[0.58]	0.00	3.00	89	2.00	1.00	0.28	−0.71
DQv/+	0.28	[0.45]	0.00	1.00	33	0.00	0.00	1.02	−0.98
FQX+	0.00	0.00	0.00	0.00	0	0.00	0.00	—	—
FQXo	14.37	1.46	12.00	18.00	120	15.00	14.00	0.24	−1.28
FQXu	2.08	0.69	1.00	3.00	120	2.00	2.00	−0.10	−0.86
FQX−	1.99	1.27	0.00	4.00	117	2.00	1.00	0.36	−1.18
FQXNone	1.10	[0.30]	0.00	3.00	72	1.00	1.00	2.70	5.38
MQ+	0.00	0.00	0.00	0.00	0	0.00	0.00	—	—
MQo	2.51	1.16	2.00	6.00	120	3.00	2.00	1.25	0.67
MQu	0.56	0.34	0.00	1.00	13	0.00	0.00	2.20	4.96
MQ−	0.45	[0.22]	0.00	2.00	28	0.00	0.00	2.18	11.75
MQNone	0.00	[0.00]	0.00	0.00	0	0.00	0.00	—	—
S−	0.12	[0.32]	0.00	1.00	14	0.00	0.00	2.42	3.91
M	3.02	1.22	2.00	6.00	120	3.00	2.00	1.15	0.12
FM	5.92	1.20	3.00	7.00	120	6.00	6.00	−1.11	0.14
m	1.06	0.40	0.00	2.00	114	1.00	1.00	0.52	3.35
FM+m	6.08	1.14	5.00	8.00	120	7.00	8.00	−0.08	−0.79
FC	2.17	0.93	1.00	4.00	120	2.00	2.00	0.27	−1.82
CF	3.19	0.98	1.00	6.00	120	3.00	3.00	−0.71	0.47
C	0.99	[0.30]	0.00	3.00	72	0.00	0.00	2.70	5.38
Cn	0.00	[0.00]	0.00	0.00	0	0.00	0.00	—	—
FC+CF+C+Cn	6.15	1.39	4.00	10.00	120	5.00	5.00	0.70	−1.11
WsumC	4.97	1.14	3.00	7.00	120	4.00	4.00	0.16	−1.17
SumC′	1.25	[0.86]	0.00	2.00	87	2.00	2.00	−0.51	−1.47
SumT	0.93	[0.78]	0.00	2.00	110	1.00	1.00	0.42	4.14
SumV	0.00	[0.00]	0.00	0.00	0	0.00	0.00	—	—
SumY	0.23	[0.42]	0.00	1.00	37	0.00	0.00	1.33	−0.23
SumShd	2.48	1.12	1.00	4.00	120	3.00	3.00	−0.05	−1.37
Fr+rF	0.30	[0.39]	0.00	2.00	22	0.00	0.00	2.70	5.38
FD	0.13	[0.70]	0.00	1.00	14	0.00	0.00	1.31	−2.94
F	7.62	1.60	3.00	10.00	120	7.00	8.00	−0.68	−0.31
PAIR	9.73	1.94	7.00	12.00	120	9.00	8.00	0.03	−1.75
3r+(2)/R	0.65	0.12	0.33	0.90	120	0.62	0.60	0.14	0.28
LAMBDA	0.79	0.16	0.20	1.25	120	0.70	0.62	−0.17	−0.32
EA	7.48	1.04	4.00	9.00	120	8.00	7.00	−0.41	−1.07
es	8.56	1.67	4.00	12.00	120	8.00	7.00	0.01	−0.98
D	−0.53	0.67	−2.00	0.00	120	0.00	0.00	−0.92	−0.32
Adj D	−0.47	0.58	−2.00	0.00	120	0.00	0.00	−0.79	−0.35
a(active)	6.97	1.24	4.00	8.00	120	7.00	8.00	−1.00	−0.19
p(passive)	3.03	1.28	2.00	6.00	120	2.00	2.00	0.91	−0.50
Ma	2.82	0.87	2.00	5.00	120	3.00	2.00	0.84	−0.07
Mp	0.20	0.40	0.00	1.00	24	0.00	0.00	1.52	0.31
Intellect	0.27	0.44	0.00	1.00	120	0.00	0.00	1.07	−0.87
Zf	11.51	1.46	10.00	15.00	120	11.00	14.00	−0.08	−1.14
Zd	−1.04	2.41	−3.50	3.00	120	−1.00	−3.50	0.39	−1.46
Blends	5.11	0.65	3.00	7.00	120	4.00	5.00	−0.72	0.74
Col-Shd Blends	0.36	[0.64]	0.00	1.00	20	0.00	0.00	2.12	8.35
Afr	0.79	0.09	0.45	0.83	120	0.67	0.75	0.02	−1.21
Populars	4.75	0.79	2.00	8.00	120	6.00	4.00	−0.35	−0.16

〈표 2-5〉 7세(계속)

VARIABLE	MEAN	SD	MIN	MAX	FREQ	MEDIAN	MODE	SK	KU
X+%	0.74	0.09	0.45	0.89	120	0.71	0.72	−0.62	−0.39
F+%	0.66	0.17	0.33	0.88	120	0.63	0.88	−0.08	−0.98
X−%	0.12	0.07	0.05	0.30	107	0.09	0.12	0.33	−1.09
Xu%	0.14	0.08	0.05	0.28	120	0.11	0.11	−0.68	−0.56
S−%	0.15	[0.14]	0.00	0.50	24	0.00	0.00	2.60	5.18
Isolate	0.25	0.05	0.17	0.35	120	0.25	0.25	0.41	−1.08
H	1.87	0.79	1.00	3.00	120	1.00	1.00	0.65	−1.10
(H)	1.64	0.88	0.00	3.00	93	2.00	2.00	−0.29	−1.00
Hd	0.38	0.49	0.00	1.00	45	0.00	0.00	0.52	−1.76
(Hd)	0.74	0.87	0.00	3.00	63	1.00	0.00	1.15	0.71
Hx	0.00	[0.00]	0.00	0.00	0	0.00	0.00	—	—
All H Cont	4.63	0.89	2.00	7.00	120	5.00	4.00	0.17	−0.94
A	9.26	0.77	8.00	10.00	120	9.00	10.00	−0.48	−1.16
(A)	1.18	[0.81]	0.00	2.00	90	1.00	2.00	−0.35	−1.39
Ad	0.68	[0.79]	0.00	2.00	57	0.00	0.00	0.65	−1.10
(Ad)	0.05	[0.22]	0.00	1.00	6	0.00	0.00	4.18	15.75
An	0.37	[0.48]	0.00	1.00	44	0.00	0.00	0.56	−1.72
Art	0.10	0.30	0.00	1.00	12	0.00	0.00	2.70	5.38
Ay	0.17	[0.37]	0.00	1.00	20	0.00	0.00	1.81	1.30
Bl	0.48	[0.45]	0.00	2.00	43	0.00	0.00	1.02	−0.98
Bt	2.11	0.56	1.00	3.00	120	2.00	2.00	0.03	0.12
Cg	1.15	0.36	1.00	2.00	120	1.00	1.00	1.98	1.97
Cl	0.38	[0.57]	0.00	1.00	21	0.00	0.00	2.78	6.10
Ex	0.41	[0.64]	0.00	2.00	19	0.00	0.00	2.46	4.84
Fi	0.48	[0.50]	0.00	1.00	57	0.00	0.00	0.10	−2.02
Fd	0.20	[0.40]	0.00	1.00	24	0.00	0.00	1.52	0.31
Ge	0.00	[0.00]	0.00	0.00	0	0.00	0.00	—	—
Hh	1.45	0.88	0.00	3.00	58	1.00	1.00	0.73	1.40
Ls	1.21	0.93	0.00	3.00	92	1.00	1.00	0.93	1.59
Na	0.96	[0.77]	0.00	2.00	82	1.00	1.00	0.07	−1.31
Sc	1.54	[1.14]	0.00	4.00	96	1.00	1.00	0.39	−0.62
Sx	0.00	[0.00]	0.00	0.00	0	0.00	0.00	—	—
Xy	0.00	[0.00]	0.00	0.00	0	0.00	0.00	—	—
Idio	0.53	0.59	0.00	2.00	57	0.00	0.00	0.64	−0.53
DV	1.39	[0.49]	1.00	2.00	120	1.00	1.00	0.45	−1.83
INC	1.39	[0.58]	0.00	2.00	114	1.00	1.00	−0.34	−0.71
DR	0.46	[0.63]	0.00	2.00	56	0.00	0.00	1.06	0.06
FAB	0.49	[0.46]	0.00	3.00	55	0.00	0.00	0.93	−1.16
DV2	0.00	[0.00]	0.00	0.00	0	0.00	0.00	—	—
INC2	0.29	[0.57]	0.00	1.00	13	0.00	0.00	2.58	5.05
DR2	0.10	[0.34]	0.00	1.00	7	0.00	0.00	2.98	7.45
FAB2	0.08	[0.26]	0.00	1.00	9	0.00	0.00	3.27	8.83
ALOG	0.48	[0.49]	0.00	2.00	55	0.00	0.00	0.52	−1.76
CONTAM	0.01	0.09	0.00	1.00	1	0.00	0.00	10.95	120.00
Sum6 Sp. Sc.	5.92	1.25	1.00	7.00	120	5.00	5.00	−0.31	−0.12
Sum6 Sp. Sc. 2	0.18	[0.26]	0.00	1.00	19	0.00	0.00	3.27	8.83
WSum6	12.18	4.66	1.00	29.00	120	10.00	4.00	0.86	0.69
AB	0.00	[0.00]	0.00	0.00	0	0.00	0.00	—	—
AG	1.20	0.40	1.00	2.00	120	1.00	1.00	1.52	0.31
CFB	0.00	0.00	0.00	0.00	0	0.00	0.00	—	—
COP	1.57	0.59	0.00	4.00	108	2.00	2.00	−0.06	−0.28
CP	0.00	[0.00]	0.00	0.00	0	0.00	0.00	—	—
MOR	1.64	[0.58]	1.00	3.00	120	2.00	2.00	0.23	−0.70
PER	2.22	0.57	1.00	4.00	120	1.00	2.00	2.51	4.94
PSV	0.54	[0.50]	0.00	1.00	65	1.00	1.00	−0.17	−2.01

주의: [ ] 안의 값은 신뢰할 수 없는 값이므로 기대범위를 추정하는 데 사용할 수 없음. 흔히 이 변인들은 모수통계분석에 포함시키지 않음.

〈표 2-5〉 8세(N=120)

VARIABLE	MEAN	SD	MIN	MAX	FREQ	MEDIAN	MODE	SK	KU
R	18.73	2.46	14.00	23.00	120	18.00	16.00	0.21	−1.57
W	10.03	1.01	6.00	11.00	120	11.00	8.00	0.55	−1.05
D	7.00	1.28	7.00	11.00	120	7.00	7.00	0.41	−1.12
Dd	1.70	[0.84]	0.00	3.00	104	1.00	0.00	0.40	−1.47
S	1.73	[0.53]	1.00	3.00	119	2.00	2.00	0.08	−0.43
DQ+	6.80	1.74	4.00	10.00	120	6.00	6.00	0.64	−0.57
DQo	11.27	1.40	9.00	14.00	120	12.00	12.00	−0.04	−0.68
DQv	0.90	[0.62]	0.00	3.00	99	1.00	1.00	0.50	−0.59
DQv/+	0.17	[0.25]	0.00	1.00	19	0.00	0.00	3.56	11.07
FQX+	0.00	0.00	0.00	0.00	0	0.00	0.00	—	—
FQXo	13.22	1.83	10.00	17.00	120	13.00	12.00	0.44	−0.37
FQXu	3.47	1.37	2.00	6.00	120	4.00	2.00	0.24	−1.34
FQX−	1.72	0.76	1.00	4.00	120	2.00	1.00	0.53	−1.07
FQXNone	0.43	[0.48]	0.00	1.00	43	0.00	0.00	0.73	−1.53
MQ+	0.00	0.00	0.00	0.00	0	0.00	0.00	—	—
MQo	3.12	1.62	1.00	6.00	120	2.00	2.00	0.68	−0.97
MQu	0.20	0.40	0.00	1.00	24	0.00	0.00	1.54	0.38
MQ−	0.07	[0.25]	0.00	1.00	10	0.00	0.00	3.56	11.07
MQNone	0.00	[0.00]	0.00	0.00	0	0.00	0.00	—	—
S−	0.13	[0.34]	0.00	1.00	29	0.00	0.00	2.21	3.00
M	3.38	1.85	1.00	7.00	120	3.00	2.00	0.79	−0.49
FM	4.72	1.37	3.00	8.00	120	4.00	4.00	0.71	−0.30
m	0.57	0.50	0.00	3.00	57	0.00	0.00	0.14	−2.05
FM+m	5.28	1.56	3.00	8.00	120	5.00	4.00	0.20	−1.29
FC	1.80	0.84	1.00	3.00	120	2.00	1.00	0.40	−1.47
CF	2.73	0.78	1.00	4.00	120	3.00	3.00	−0.38	−0.01
C	0.43	[0.48]	0.00	1.00	43	0.00	0.00	0.73	−1.53
Cn	0.00	[0.00]	0.00	0.00	0	0.00	0.00	—	—
FC+CF+C+Cn	4.87	0.72	3.00	6.00	120	5.00	5.00	−0.90	1.37
WsumC	4.13	0.77	3.00	6.00	120	4.00	3.50	0.80	0.22
SumC′	1.30	[0.89]	0.00	3.00	102	1.00	1.00	0.92	−0.26
SumT	1.08	[0.60]	0.00	2.00	107	1.00	1.00	0.76	2.58
SumV	0.00	[0.00]	0.00	0.00	0	0.00	0.00	—	—
SumY	0.92	[0.85]	0.00	2.00	68	1.00	0.00	0.37	−1.54
SumShd	2.90	1.47	1.00	5.00	120	2.00	2.00	0.18	−1.46
Fr+rF	0.33	[0.48]	0.00	1.00	33	0.00	0.00	0.73	−1.53
FD	0.53	[0.34]	0.00	2.00	39	0.00	0.00	2.21	3.00
F	6.98	1.64	5.00	10.00	120	7.00	7.00	0.67	−0.58
PAIR	7.97	1.19	6.00	10.00	120	8.00	8.00	0.07	−0.60
3r+(2)/R	0.62	0.12	0.30	0.90	120	0.67	0.60	0.28	0.39
LAMBDA	0.77	0.27	0.29	1.35	120	0.65	0.70	0.91	−0.21
EA	7.51	1.45	4.00	11.50	120	7.00	6.50	0.48	−0.31
es	8.18	2.51	4.00	12.00	120	7.00	6.00	0.07	−1.31
D	−0.22	0.64	−2.00	1.00	120	0.00	0.00	−1.38	2.44
Adj D	−0.15	0.61	−2.00	1.00	120	0.00	0.00	−1.82	4.40
a(active)	6.73	1.63	4.00	10.00	120	6.00	6.00	0.15	−0.34
p(passive)	1.93	1.30	0.00	5.00	112	2.00	1.00	0.89	0.20
Ma	3.12	1.66	1.00	6.00	120	3.00	2.00	0.52	−1.01
Mp	0.37	0.45	0.00	2.00	46	0.00	0.00	1.08	−0.86
Intellect	0.46	0.98	0.00	1.50	120	0.00	0.00	2.46	3.15
Zf	11.27	1.49	10.00	15.00	120	12.00	11.00	0.28	−1.27
Zd	−0.70	1.93	−4.50	5.00	120	−1.00	0.00	1.23	3.73
Blends	4.88	1.03	3.00	6.00	120	5.00	5.00	−0.54	−0.82
Col-Shd Blends	0.30	[0.40]	0.00	1.00	34	0.00	0.00	1.54	0.38
Afr	0.69	0.09	0.36	0.90	120	0.68	0.63	0.64	0.00
Populars	5.68	0.80	3.00	7.00	120	6.00	6.00	−0.57	−1.22

〈표 2-5〉 8세(계속)

VARIABLE	MEAN	SD	MIN	MAX	FREQ	MEDIAN	MODE	SK	KU
X+%	0.69	0.07	0.45	0.82	120	0.67	0.63	0.44	-0.76
F+%	0.59	0.07	0.43	0.71	120	0.60	0.60	-0.47	0.10
X-%	0.10	0.04	0.05	0.25	120	0.09	0.06	0.82	-0.25
Xu%	0.20	0.06	0.13	0.32	120	0.18	0.13	0.86	-0.07
S-%	0.06	[0.15]	0.00	0.50	24	0.00	0.00	2.38	4.02
Isolate	0.23	0.04	0.14	0.27	120	0.24	0.19	-0.66	-0.44
H	1.87	1.03	1.00	4.00	120	1.00	1.00	0.66	-1.06
(H)	1.47	0.62	1.00	3.00	120	1.00	1.00	1.00	0.00
Hd	0.27	0.45	0.00	1.00	32	0.00	0.00	1.08	-0.86
(Hd)	1.20	0.55	1.00	3.00	120	1.00	1.00	2.69	6.06
Hx	0.00	[0.00]	0.00	0.00	0	0.00	0.00	—	—
All H Cont	4.80	1.92	3.00	9.00	120	4.00	3.00	0.89	-0.41
A	9.27	1.45	7.00	12.00	120	9.00	8.00	0.35	-1.06
(A)	1.73	[0.58]	1.00	3.00	120	2.00	2.00	0.08	-0.43
Ad	0.33	[0.48]	0.00	1.00	40	0.00	0.00	0.73	-1.53
(Ad)	0.13	[0.34]	0.00	1.00	16	0.00	0.00	2.21	3.00
An	0.20	[0.40]	0.00	1.00	24	0.00	0.00	1.54	0.38
Art	0.59	0.64	0.00	1.00	13	0.00	0.00	2.41	4.58
Ay	0.10	[0.35]	0.00	1.00	4	0.00	0.00	4.87	11.65
Bl	0.33	[0.48]	0.00	1.00	40	0.00	0.00	0.73	-1.53
Bt	1.45	0.65	0.00	3.00	118	1.00	1.00	0.77	0.10
Cg	1.80	1.18	1.00	4.00	120	1.00	1.00	0.92	-0.92
Cl	0.13	[0.34]	0.00	1.00	16	0.00	0.00	2.21	3.00
Ex	0.43	[0.34]	0.00	2.00	35	0.00	0.00	2.20	3.13
Fi	0.33	[0.48]	0.00	1.00	40	0.00	0.00	0.73	-1.53
Fd	0.20	[0.40]	0.00	1.00	41	0.00	0.00	1.54	0.38
Ge	0.00	[0.00]	0.00	0.00	0	0.00	0.00	—	—
Hh	0.45	0.36	0.00	3.00	48	0.00	0.00	1.01	2.11
Ls	0.93	0.25	0.00	1.00	112	1.00	1.00	-3.56	11.07
Na	0.80	[0.40]	0.00	1.00	96	1.00	1.00	-1.54	0.38
Sc	2.45	[0.62]	1.00	3.00	120	3.00	3.00	-0.68	-0.46
Sx	0.00	[0.00]	0.00	0.00	0	0.00	0.00	—	—
Xy	0.00	[0.00]	0.00	0.00	0	0.00	0.00	—	—
Idio	0.53	0.62	0.00	2.00	56	0.00	0.00	0.74	-0.40
DV	1.33	[0.71]	0.00	2.00	104	1.00	2.00	-0.58	-0.80
INC	2.07	[0.45]	1.00	3.00	120	2.00	2.00	0.32	2.18
DR	0.47	[0.62]	0.00	2.00	48	0.00	0.00	1.00	0.00
FAB	0.55	[0.89]	0.00	3.00	84	1.00	1.00	1.63	1.78
DV2	0.07	[0.25]	0.00	1.00	7	0.00	0.00	3.56	11.07
INC2	0.13	[0.34]	0.00	1.00	15	0.00	0.00	2.21	3.00
DR2	0.00	[0.00]	0.00	0.00	0	0.00	0.00	—	—
FAB2	0.13	[0.34]	0.00	1.00	16	0.00	0.00	2.21	3.00
ALOG	0.73	[0.45]	0.00	1.00	88	1.00	1.00	-1.08	-0.86
CONTAM	0.00	0.00	0.00	0.00	0	0.00	0.00	—	—
Sum6 Sp. Sc.	6.15	1.96	2.00	10.00	120	6.00	5.00	0.74	0.52
Sum6 Sp. Sc. 2	0.33	[0.48]	0.00	1.00	27	0.00	0.00	0.73	-1.53
WSum6	14.33	5.12	5.00	28.00	120	14.00	13.00	0.72	1.86
AB	0.00	[0.00]	0.00	0.00	0	0.00	0.00	—	—
AG	0.93	0.58	0.00	4.00	96	1.00	1.00	-0.00	0.11
CFB	0.00	0.00	0.00	0.00	0	0.00	0.00	—	—
COP	1.93	1.01	1.00	4.00	120	2.00	1.00	0.55	-1.05
CP	0.08	[0.40]	0.00	1.00	2	0.00	0.00	3.17	16.45
MOR	1.13	[0.34]	1.00	3.00	120	1.00	1.00	2.21	3.00
PER	0.33	0.48	0.00	2.00	40	0.00	0.00	0.73	-1.53
PSV	0.46	[0.78]	0.00	2.00	18	0.00	0.00	2.74	9.86

주의: [ ] 안의 값은 신뢰할 수 없는 값이므로 기대범위를 추정하는 데 사용할 수 없음. 흔히 이 변인들은 모수통계분석에 포함시키지 않음.

〈표 2-5〉 9세(N=140)

VARIABLE	MEAN	SD	MIN	MAX	FREQ	MEDIAN	MODE	SK	KU
R	20.53	2.46	14.00	26.00	140	21.00	19.00	0.41	0.57
W	10.33	1.57	6.00	12.00	140	11.00	9.00	0.55	0.55
D	9.00	1.28	7.00	13.00	140	9.00	8.00	0.41	0.84
Dd	1.02	[0.84]	0.00	4.00	102	1.00	0.00	0.40	3.47
S	1.73	[0.58]	0.00	4.00	108	2.00	1.00	1.78	3.43
DQ+	6.40	1.94	3.00	12.00	138	7.00	6.00	0.64	2.57
DQo	11.67	1.80	7.00	14.00	140	11.00	10.00	−0.04	−0.68
DQv	1.61	[0.65]	0.00	4.00	72	1.00	0.00	0.50	−0.59
DQv/+	0.45	[0.65]	0.00	1.00	23	0.00	0.00	3.56	11.07
FQX+	0.26	0.31	0.00	1.00	5	0.00	0.00	4.18	13.67
FQXo	14.22	1.83	10.00	18.00	140	14.00	12.00	0.44	−0.37
FQXu	3.49	1.37	2.00	6.00	140	4.00	2.00	0.24	−1.34
FQX−	2.04	0.76	1.00	3.00	140	2.00	1.00	0.53	−1.07
FQXNone	0.38	[0.48]	0.00	2.00	31	0.00	0.00	0.73	−1.53
MQ+	0.00	0.00	0.00	0.00	0	0.00	0.00	—	—
MQo	3.12	1.62	1.00	6.00	140	2.00	2.00	0.68	−0.97
MQu	0.20	0.40	0.00	1.00	22	0.00	0.00	1.54	0.38
MQ−	0.37	[0.25]	0.00	2.00	7	0.00	0.00	3.27	10.61
MQNone	0.00	[0.00]	0.00	0.00	0	0.00	0.00	—	—
S−	0.13	[0.34]	0.00	1.00	29	0.00	0.00	2.21	3.00
M	3.12	1.85	1.00	7.00	140	3.00	2.00	0.79	−0.49
FM	4.22	1.47	3.00	9.00	140	4.00	4.00	0.71	0.64
m	0.67	0.58	0.00	3.00	66	0.00	0.00	0.14	3.65
FM+m	5.64	1.86	2.00	9.00	140	6.00	4.00	0.20	0.59
FC	1.89	0.86	0.00	3.00	131	2.00	1.00	0.40	2.47
CF	2.79	0.78	1.00	4.00	140	3.00	2.00	−0.38	2.01
C	0.43	[0.48]	0.00	2.00	22	0.00	0.00	0.73	2.53
Cn	0.00	[0.00]	0.00	0.00	0	0.00	0.00	—	—
FC+CF+C+Cn	4.15	0.72	3.00	9.00	140	6.00	5.00	−0.90	1.37
WsumC	5.13	1.07	2.50	7.50	140	4.00	3.50	0.80	0.22
SumC′	1.16	[0.79]	0.00	4.00	104	1.00	1.00	0.92	1.66
SumT	0.97	[0.63]	0.00	2.00	123	1.00	1.00	0.24	3.58
SumV	0.00	[0.00]	0.00	0.00	0	0.00	0.00	—	—
SumY	0.83	[0.85]	0.00	3.00	102	1.00	1.00	0.37	−1.76
SumShd	2.96	1.27	1.00	6.00	140	2.00	2.00	0.18	−1.46
Fr+rF	0.42	[0.43]	0.00	1.00	26	0.00	0.00	0.73	2.53
FD	0.63	[0.34]	0.00	1.00	64	0.00	0.00	2.45	3.13
F	9.14	1.84	5.00	11.00	140	8.00	8.00	0.67	−0.58
PAIR	8.97	1.69	5.00	12.00	140	9.00	8.00	0.07	−0.60
3r+(2)/R	0.57	0.12	0.30	0.88	140	0.60	0.55	0.18	0.54
LAMBDA	0.81	0.37	0.29	1.45	140	0.85	0.70	0.91	0.21
EA	8.25	1.95	4.00	11.50	140	8.00	6.50	0.38	0.56
es	8.60	2.59	4.00	13.00	140	7.00	6.00	0.07	1.31
D	−0.18	0.54	−3.00	1.00	140	0.00	0.00	1.18	1.44
Adj D	−0.10	0.41	−2.00	1.00	140	0.00	0.00	−1.32	3.44
a(active)	6.26	1.23	3.00	11.00	140	7.00	6.00	0.12	0.30
p(passive)	2.51	1.40	0.00	5.00	76	2.00	1.00	0.89	0.70
Ma	2.72	1.36	1.00	6.00	134	3.00	2.00	0.52	−1.01
Mp	0.27	0.45	0.00	1.00	61	0.00	0.00	1.28	1.86
Intellect	1.03	0.98	0.00	1.00	140	0.00	0.00	2.68	10.89
Zf	11.16	1.54	7.00	15.00	140	11.00	11.00	0.28	0.47
Zd	0.40	2.03	−4.50	6.00	140	0.00	0.00	0.23	0.73
Blends	4.38	1.23	2.00	7.00	140	5.00	5.00	−0.44	−0.92
Col-Shd Blends	0.90	[0.56]	0.00	3.00	59	0.00	0.00	1.04	0.34
Afr	0.79	0.13	0.38	1.05	140	0.76	0.68	−0.44	0.03
Populars	5.78	0.63	4.00	7.00	140	6.00	5.00	−0.52	−1.02

〈표 2-5〉 9세(계속)

VARIABLE	MEAN	SD	MIN	MAX	FREQ	MEDIAN	MODE	SK	KU
X+%	0.74	0.09	0.53	0.90	140	0.76	0.71	−0.02	0.64
F+%	0.70	0.08	0.43	1.00	140	0.75	0.67	−0.37	0.15
X−%	0.09	0.06	0.05	0.25	140	0.07	0.09	−0.32	0.25
Xu%	0.17	0.07	0.10	0.33	140	0.18	0.15	0.81	−0.15
S−%	0.06	[0.15]	0.00	1.00	29	0.00	0.00	1.34	4.22
Isolate	0.16	0.05	0.06	0.32	140	0.14	0.17	−0.67	−0.34
H	2.87	1.03	0.00	6.00	138	2.00	2.00	0.66	−1.06
(H)	1.32	0.61	1.00	3.00	140	1.00	1.00	0.84	1.25
Hd	0.57	0.40	0.00	2.00	46	0.00	0.00	1.58	0.36
(Hd)	0.74	0.58	0.00	2.00	62	0.00	0.00	1.60	4.06
Hx	0.00	[0.00]	0.00	0.00	0	0.00	0.00	—	—
All H Cont	5.50	1.62	2.00	8.00	140	5.00	4.00	0.59	−0.41
A	8.28	1.59	5.00	13.00	140	9.00	8.00	0.35	0.06
(A)	0.73	[0.68]	0.00	3.00	101	1.00	1.00	0.28	1.63
Ad	0.53	[0.98]	0.00	2.00	80	1.00	1.00	−0.63	2.73
(Ad)	0.23	[0.39]	0.00	1.00	13	0.00	0.00	3.27	4.00
An	0.36	[0.60]	0.00	3.00	34	0.00	0.00	2.54	2.38
Art	0.32	0.71	0.00	2.00	31	0.00	0.00	1.38	3.09
Ay	0.13	[0.28]	0.00	1.00	11	0.00	0.00	3.94	8.28
Bl	0.33	[0.48]	0.00	1.00	28	0.00	0.00	1.03	1.33
Bt	1.45	0.65	0.00	3.00	129	1.00	1.00	0.97	1.10
Cg	1.84	1.08	1.00	4.00	133	1.00	1.00	0.92	1.92
Cl	0.16	[0.39]	0.00	1.00	40	0.00	0.00	2.01	3.34
Ex	0.26	[0.54]	0.00	1.00	21	0.00	0.00	1.93	4.06
Fi	0.69	[0.68]	0.00	1.00	68	0.00	0.00	0.33	2.73
Fd	0.18	[0.46]	0.00	1.00	15	0.00	0.00	2.54	4.38
Ge	0.00	[0.00]	0.00	0.00	0	0.00	0.00	—	—
Hh	0.59	0.36	0.00	1.00	49	0.00	0.00	2.11	2.07
Ls	0.93	0.59	0.00	3.00	107	1.00	1.00	−0.28	0.83
Na	0.70	[0.48]	0.00	2.00	96	1.00	1.00	−0.54	1.38
Sc	1.55	[0.72]	0.00	3.00	102	2.00	1.00	0.68	2.46
Sx	0.00	[0.00]	0.00	0.00	0	0.00	0.00	—	—
Xy	0.00	[0.00]	0.00	0.00	0	0.00	0.00	—	—
Idio	0.63	0.42	0.00	1.00	48	0.00	0.00	0.84	1.40
DV	1.01	[0.61]	0.00	2.00	97	1.00	1.00	−0.08	2.80
INC	1.37	[0.75]	0.00	3.00	81	1.00	1.00	0.32	2.18
DR	0.67	[0.72]	0.00	2.00	91	1.00	1.00	−0.73	2.00
FAB	1.05	[0.89]	0.00	3.00	102	1.00	1.00	0.63	1.68
DV2	0.07	[0.21]	0.00	1.00	6	0.00	0.00	1.56	12.07
INC2	0.11	[0.59]	0.00	1.00	7	0.00	0.00	1.27	11.40
DR2	0.00	[0.00]	0.00	0.00	0	0.00	0.00	—	—
FAB2	0.05	[0.39]	0.00	1.00	3	0.00	0.00	0.68	13.00
ALOG	0.61	[0.49]	0.00	1.00	56	0.00	0.00	1.08	3.86
CONTAM	0.00	0.00	0.00	0.00	0	0.00	0.00	—	—
Sum6 Sp. Sc.	5.95	2.16	1.00	9.00	140	6.00	6.00	0.74	0.52
Sum6 Sp. Sc. 2	0.27	[0.51]	0.00	2.00	14	0.00	0.00	0.63	6.53
WSum6	13.06	4.72	3.00	26.00	140	12.00	11.00	0.92	0.86
AB	0.00	[0.00]	0.00	0.00	0	0.00	0.00	—	—
AG	1.37	0.78	0.00	4.00	128	2.00	1.00	0.67	1.11
CFB	0.00	0.00	0.00	0.00	0	0.00	0.00	—	—
COP	2.03	1.14	0.00	5.00	136	2.00	2.00	0.18	1.05
CP	0.00	[0.00]	0.00	0.00	0	0.00	0.00	—	—
MOR	0.87	[0.64]	0.00	4.00	116	1.00	1.00	−0.41	1.87
PER	1.16	0.78	0.00	6.00	99	1.00	1.00	0.73	−1.53
PSV	0.26	[0.61]	0.00	2.00	29	0.00	0.00	1.04	4.14

주의: [ ] 안의 값은 신뢰할 수 없는 값이므로 기대범위를 추정하는 데 사용할 수 없음. 흔히 이 변인들은 모수통계분석에 포함시키지 않음.

〈표 2-5〉 10세(N=120)

VARIABLE	MEAN	SD	MIN	MAX	FREQ	MEDIAN	MODE	SK	KU
R	20.97	1.92	18.00	25.00	120	19.00	19.00	0.85	−0.39
W	9.52	0.87	9.00	12.00	120	9.00	9.00	1.59	1.46
D	10.10	1.48	8.00	13.00	120	10.00	9.00	0.31	−1.32
Dd	1.35	[0.44]	0.00	3.00	119	0.00	0.00	1.17	−0.64
S	1.48	[0.70]	1.00	3.00	107	1.00	1.00	1.12	−0.08
DQ+	7.68	0.96	3.00	9.00	120	8.00	7.00	−0.48	−0.18
DQo	12.07	1.78	9.00	17.00	120	12.00	11.00	0.08	0.01
DQv	0.53	[0.50]	0.00	2.00	64	1.00	1.00	−0.14	−2.02
DQv/+	0.38	[0.28]	0.00	1.00	36	0.00	0.00	3.05	7.45
FQX+	0.30	0.50	0.00	1.00	11	0.00	0.00	4.04	9.15
FQXo	15.80	1.98	13.00	21.00	120	15.00	15.00	0.81	0.33
FQXu	2.95	0.79	1.00	4.00	120	3.00	3.00	−0.54	0.12
FQX−	1.58	1.03	0.00	6.00	104	2.00	2.00	1.74	6.56
FQXNone	0.13	[0.34]	0.00	1.00	29	0.00	0.00	2.19	2.82
MQ+	0.08	0.21	0.00	1.00	2	0.00	0.00	4.80	13.25
MQo	3.23	1.48	1.00	6.00	120	3.00	3.00	0.22	−0.78
MQu	0.25	0.44	0.00	1.00	30	0.00	0.00	1.17	−0.64
MQ−	0.17	[0.37]	0.00	2.00	21	0.00	0.00	1.81	1.30
MQNone	0.00	[0.00]	0.00	0.00	0	0.00	0.00	—	—
S−	0.12	[0.32]	0.00	1.00	14	0.00	0.00	2.42	3.91
M	3.65	1.63	1.00	7.00	120	4.00	3.00	−0.04	−0.69
FM	5.53	1.46	3.00	7.00	120	6.00	7.00	−0.43	−1.38
m	1.08	0.28	1.00	2.00	120	1.00	1.00	3.05	7.45
FM+m	6.62	1.40	4.00	8.00	120	7.00	8.00	−0.56	−1.06
FC	2.55	0.96	1.00	4.00	120	2.00	2.00	0.44	−1.03
CF	3.68	1.29	2.00	6.00	120	3.50	5.00	0.14	−1.27
C	0.13	[0.34]	0.00	2.00	29	0.00	0.00	2.19	2.82
Cn	0.00	[0.00]	0.00	0.00	0	0.00	0.00	—	—
FC+CF+C+Cn	6.37	1.50	4.00	8.00	120	7.00	8.00	−0.41	−1.30
WsumC	5.16	1.25	3.00	7.00	120	5.00	4.00	−0.23	−1.26
SumC′	0.79	[0.85]	0.00	4.00	73	1.00	1.00	0.41	0.44
SumT	0.98	[0.39]	0.00	2.00	106	1.00	1.00	−0.16	3.86
SumV	0.02	[0.13]	0.00	1.00	2	0.00	0.00	7.65	57.43
SumY	0.43	[0.65]	0.00	2.00	34	0.00	0.00	0.82	−0.37
SumShd	1.83	1.32	1.00	6.00	120	3.00	4.00	0.06	−1.16
Fr+rF	0.35	[0.36]	0.00	1.00	36	0.00	0.00	1.98	1.97
FD	0.67	[0.58]	0.00	2.00	78	1.00	1.00	1.33	0.81
F	6.38	2.04	3.00	12.00	120	5.50	5.00	0.57	−0.73
PAIR	9.62	1.36	6.00	12.00	120	9.00	9.00	−0.29	0.09
3r+(2)/R	0.54	0.07	0.29	0.68	120	0.52	0.47	−0.71	6.30
LAMBDA	0.49	0.23	0.19	1.11	120	0.36	0.36	0.90	−0.23
EA	8.81	1.36	4.00	11.00	120	9.00	7.00	−0.37	1.09
es	8.45	1.90	5.00	12.00	120	8.00	7.00	−0.33	−0.89
D	−0.15	0.44	−2.00	1.00	120	0.00	0.00	−1.89	5.07
Adj D	−0.12	0.49	−2.00	1.00	120	0.00	0.00	−1.17	3.81
a(active)	7.15	1.37	6.00	11.00	120	8.00	7.00	0.32	−0.74
p(passive)	3.27	0.66	1.00	4.00	120	2.00	2.00	1.46	1.91
Ma	2.82	1.09	1.00	5.00	120	3.00	3.00	−0.10	−0.63
Mp	0.98	0.83	0.00	3.00	88	1.00	1.00	0.93	0.76
Intellect	0.53	0.56	0.00	2.00	120	0.50	0.00	0.44	−0.81
Zf	13.52	1.19	11.00	16.00	120	13.50	13.00	−0.19	−0.27
Zd	−0.13	2.32	−5.00	5.00	120	0.00	−3.00	0.22	−0.35
Blends	5.80	1.05	3.00	7.00	120	6.00	7.00	−0.39	−0.70
Col-Shd Blends	0.42	[0.13]	0.00	1.00	22	0.00	0.00	7.65	57.43
Afr	0.63	0.09	0.50	0.85	120	0.58	0.58	0.94	−0.05
Populars	6.07	0.84	3.00	7.00	120	6.00	6.00	−1.01	1.55

〈표 2-5〉 10세(계속)

VARIABLE	MEAN	SD	MIN	MAX	FREQ	MEDIAN	MODE	SK	KU
X+%	0.76	0.08	0.45	0.88	120	0.79	0.75	−0.86	1.39
F+%	0.55	0.14	0.33	0.82	120	0.50	0.50	0.39	−1.03
X−%	0.08	0.06	0.00	0.25	104	0.07	0.05	1.46	5.42
Xu%	0.15	0.05	0.05	0.21	120	0.16	0.16	−0.44	−0.53
S−%	0.12	[0.14]	0.00	1.00	34	0.00	0.00	2.82	6.34
Isolate	0.19	0.03	0.14	0.26	120	0.19	0.16	0.67	−0.53
H	2.47	1.12	1.00	5.00	120	3.00	3.00	0.01	−0.83
(H)	1.48	0.74	0.00	2.00	102	2.00	2.00	−1.06	−0.37
Hd	0.25	0.47	0.00	2.00	28	0.00	0.00	1.65	1.80
(Hd)	0.85	0.36	0.00	1.00	102	1.00	1.00	−1.98	1.97
Hx	0.00	[0.00]	0.00	0.00	0	0.00	0.00	—	—
All H Cont	5.05	1.64	2.00	8.00	120	6.00	6.00	−0.59	−0.59
A	8.92	1.18	7.00	11.00	120	9.00	9.00	0.54	−0.43
(A)	1.20	[0.77]	0.00	3.00	96	1.00	1.00	−0.14	−0.88
Ad	1.35	[1.08]	0.00	3.00	76	2.00	2.00	−0.25	−1.49
(Ad)	0.07	[0.25]	0.00	1.00	8	0.00	0.00	3.52	10.56
An	0.67	[0.57]	0.00	2.00	74	1.00	1.00	0.14	−0.66
Art	0.53	0.56	0.00	2.00	60	0.50	0.00	0.44	−0.81
Ay	0.23	[0.41]	0.00	1.00	12	0.00	0.00	2.95	11.25
Bl	0.60	[0.59]	0.00	2.00	66	1.00	1.00	0.37	−0.70
Bt	2.17	0.74	1.00	4.00	120	2.00	2.00	0.49	0.33
Cg	1.48	1.03	0.00	3.00	102	1.00	1.00	0.33	−1.10
Cl	0.08	[0.28]	0.00	1.00	10	0.00	0.00	3.05	7.45
Ex	0.08	[0.28]	0.00	1.00	10	0.00	0.00	3.05	7.45
Fi	0.75	[0.44]	0.00	1.00	90	1.00	1.00	−1.17	−0.64
Fd	0.53	[0.50]	0.00	1.00	64	1.00	1.00	−0.14	−2.02
Ge	0.00	[0.00]	0.00	0.00	0	0.00	0.00	—	—
Hh	0.60	0.49	0.00	1.00	72	1.00	1.00	−0.41	−1.86
Ls	1.00	0.45	0.00	2.00	108	1.00	1.00	0.00	2.14
Na	0.30	[0.46]	0.00	1.00	36	0.00	0.00	0.88	−1.24
Sc	2.85	[0.40]	2.00	4.00	120	3.00	3.00	−1.17	1.62
Sx	0.00	[0.00]	0.00	0.00	0	0.00	0.00	—	—
Xy	0.00	[0.00]	0.00	0.00	0	0.00	0.00	—	—
Idio	0.08	0.28	0.00	1.00	10	0.00	0.00	3.05	7.45
DV	1.03	[0.61]	1.00	3.00	112	1.00	1.00	1.72	4.91
INC	1.35	[0.51]	1.00	3.00	103	1.00	1.00	1.01	−0.16
DR	0.18	[0.28]	0.00	1.00	30	0.00	0.00	3.05	7.45
FAB	0.65	[0.48]	0.00	1.00	82	0.00	0.00	0.64	−1.62
DV2	0.00	[0.00]	0.00	0.00	0	0.00	0.00	—	—
INC2	0.23	[0.43]	0.00	1.00	5	0.00	0.00	1.28	−0.38
DR2	0.02	[0.13]	0.00	1.00	2	0.00	0.00	7.65	57.43
FAB2	0.02	[0.09]	0.00	1.00	1	0.00	0.00	8.31	69.82
ALOG	0.47	[0.48]	0.00	1.00	49	0.00	0.00	0.56	-1.72
CONTAM	0.00	0.00	0.00	0.00	0	0.00	0.00	—	—
Sum6 Sp. Sc.	5.15	1.20	2.00	8.00	120	4.00	4.00	1.37	0.95
Sum6 Sp. Sc. 2	0.09	[0.44]	0.00	1.00	10	0.00	0.00	1.17	−0.64
WSum6	10.22	3.79	3.00	17.00	120	7.00	7.00	1.08	0.65
AB	0.08	[0.28]	0.00	1.00	2	0.00	0.00	4.15	10.34
AG	1.57	0.62	1.00	3.00	120	1.50	1.00	0.61	−0.55
CFB	0.00	0.00	0.00	0.00	0	0.00	0.00	—	—
COP	1.73	0.84	1.00	4.00	120	2.00	2.00	1.41	1.94
CP	0.00	[0.00]	0.00	0.00	0	0.00	0.00	—	—
MOR	0.75	[0.62]	0.00	3.00	78	1.00	1.00	0.67	−0.50
PER	0.75	0.44	0.00	1.00	90	1.00	1.00	−1.17	−0.64
PSV	0.05	[0.22]	0.00	1.00	6	0.00	0.00	4.18	15.75

주의: [ ] 안의 값은 신뢰할 수 없는 값이므로 기대범위를 추정하는 데 사용할 수 없음. 흔히 이 변인들은 모수통계분석에 포함시키지 않음.

〈표 2-5〉 11세(N=135)

VARIABLE	MEAN	SD	MIN	MAX	FREQ	MEDIAN	MODE	SK	KU
R	21.29	2.43	15.00	27.00	135	22.00	19.00	0.93	0.29
W	9.61	0.95	9.00	12.00	135	9.00	9.00	1.49	1.06
D	10.01	1.31	9.00	13.00	135	11.00	11.00	0.05	−1.09
Dd	1.67	[1.13]	0.00	4.00	128	0.00	0.00	2.12	3.75
S	1.75	[0.68]	1.00	3.00	135	2.00	2.00	0.36	−0.81
DQ+	8.07	1.22	6.00	10.00	135	8.00	7.00	0.10	−1.08
DQo	12.08	2.14	9.00	17.00	135	12.00	11.00	0.73	0.25
DQv	0.64	[0.88]	0.00	3.00	63	0.00	0.00	1.57	1.99
DQv/+	0.50	[0.69]	0.00	2.00	41	0.00	0.00	1.98	2.39
FQX+	0.21	0.38	0.00	1.00	9	0.00	0.00	3.08	11.42
FQXo	15.83	1.40	13.00	18.00	135	16.00	17.00	−0.29	−1.09
FQXu	3.18	1.26	1.00	6.00	135	3.00	3.00	0.52	0.49
FQX−	2.20	1.87	0.00	7.00	125	2.00	2.00	1.73	2.02
FQXNone	0.18	[0.27]	0.00	1.00	18	0.00	0.00	3.09	7.69
MQ+	0.11	0.45	0.00	1.00	3	0.00	0.00	4.24	13.85
MQo	3.59	1.38	1.00	6.00	135	4.00	3.00	−0.15	−0.69
MQu	0.33	0.47	0.00	1.00	44	0.00	0.00	0.75	−1.46
MQ−	0.20	[0.40]	0.00	1.00	27	0.00	0.00	1.52	0.30
MQNone	0.00	[0.00]	0.00	0.00	0	0.00	0.00	—	—
S−	0.31	[0.46]	0.00	1.00	52	0.00	0.00	0.82	−1.34
M	4.12	1.67	1.00	7.00	135	4.00	3.00	0.08	−0.56
FM	4.48	1.21	2.00	7.00	135	6.00	4.00	−0.51	−0.65
m	1.00	0.89	0.00	2.00	122	1.00	1.00	0.84	1.69
FM+m	5.48	1.21	4.00	8.00	135	7.00	7.00	−0.51	−0.65
FC	2.93	0.95	1.00	4.00	135	3.00	4.00	−0.19	−1.29
CF	3.43	1.13	2.00	6.00	135	4.00	4.00	0.10	−1.14
C	0.28	[0.27]	0.00	1.00	17	0.00	0.00	3.09	7.69
Cn	0.00	[0.00]	0.00	0.00	0	0.00	0.00	—	—
FC+CF+C+Cn	6.44	1.39	4.00	8.00	135	7.00	7.00	−0.57	−0.93
WsumC	4.02	1.15	2.50	8.00	135	5.00	4.00	−0.36	−1.06
SumC′	1.06	[0.71]	0.00	2.00	105	1.00	1.00	−0.09	−0.99
SumT	0.94	[0.47]	0.00	2.00	116	1.00	1.00	−0.20	1.55
SumV	0.00	[0.00]	0.00	0.00	0	0.00	0.00	—	—
SumY	0.85	[0.70]	0.00	2.00	91	1.00	1.00	0.21	−0.92
SumShd	2.85	1.10	1.00	4.00	135	3.00	4.00	−0.32	−1.31
Fr+rF	0.21	[0.41]	0.00	1.00	29	0.00	0.00	1.40	−0.03
FD	0.91	[0.84]	0.00	2.00	92	0.00	0.00	0.59	−1.34
F	6.70	2.37	4.00	12.00	135	6.00	5.00	1.12	0.09
PAIR	9.90	1.08	7.00	12.00	135	10.00	10.00	−0.31	0.86
3r+(2)/R	0.53	0.04	0.35	0.75	135	0.58	0.50	0.44	0.38
LAMBDA	0.68	0.22	0.27	1.50	135	0.69	0.60	0.89	−0.62
EA	8.14	1.37	7.00	12.00	135	8.00	7.00	0.57	−0.53
es	8.33	1.72	4.00	12.00	135	9.00	7.00	−0.22	−1.08
D	−0.09	0.29	−1.00	0.00	135	0.00	0.00	−2.92	6.63
Adj D	−0.06	0.34	−1.00	1.00	135	0.00	0.00	−1.00	5.32
a(active)	7.89	1.42	6.00	11.00	135	8.00	7.00	0.67	−0.27
p(passive)	2.79	1.60	2.00	8.00	135	2.00	2.00	2.08	3.12
Ma	2.81	1.01	1.00	5.00	135	3.00	3.00	0.29	−0.01
Mp	1.38	1.33	0.00	5.00	104	1.00	1.00	1.26	0.76
Intellect	0.77	0.65	0.00	2.00	135	1.00	1.00	0.26	−0.67
Zf	13.70	1.22	11.00	16.00	135	14.00	15.00	−0.30	−0.72
Zd	0.60	2.74	−4.50	4.50	135	1.00	4.50	−0.07	−1.15
Blends	6.04	1.41	3.00	8.00	135	6.00	7.00	−0.28	−1.05
Col-Shd Blends	0.00	[0.00]	0.00	0.00	0	0.00	0.00	—	—
Afr	0.62	0.09	0.47	0.80	135	0.58	0.58	0.33	−0.90
Populars	6.06	0.86	4.00	9.00	135	7.00	5.00	−0.76	−0.78

〈표 2-5〉 11세(계속)

VARIABLE	MEAN	SD	MIN	MAX	FREQ	MEDIAN	MODE	SK	KU
X+%	0.75	0.08	0.52	0.90	135	0.77	0.79	−1.65	2.46
F+%	0.54	0.16	0.27	1.00	135	0.50	0.60	0.75	0.92
X−%	0.10	0.07	0.00	0.26	125	0.09	0.09	1.42	1.41
Xu%	0.15	0.05	0.05	0.24	135	0.16	0.14	−0.35	−0.35
S−%	0.11	[0.19]	0.00	0.50	42	0.00	0.00	1.47	0.42
Isolate	0.20	0.05	0.14	0.37	135	0.18	0.17	2.07	4.31
H	2.80	1.27	1.00	5.00	131	3.00	3.00	0.23	−0.71
(H)	1.51	0.66	0.00	2.00	123	2.00	2.00	−1.01	−0.12
Hd	0.52	0.66	0.00	2.00	58	0.00	0.00	0.90	−0.30
(Hd)	0.87	0.33	0.00	1.00	118	1.00	1.00	−2.28	3.25
Hx	0.00	[0.00]	0.00	0.00	0	0.00	0.00	—	—
All H Cont	5.70	1.80	2.00	9.00	135	6.00	6.00	−0.22	0.04
A	8.58	1.25	7.00	11.00	135	8.00	8.00	0.83	−0.19
(A)	1.00	[0.83]	0.00	2.00	89	1.00	0.00	0.00	−1.54
Ad	1.54	[0.95]	0.00	3.00	101	2.00	2.00	−0.75	−0.78
(Ad)	0.16	[0.36]	0.00	1.00	21	0.00	0.00	1.92	1.72
An	0.73	[0.64]	0.00	2.00	85	1.00	1.00	0.30	−0.66
Art	0.56	0.50	0.00	1.00	76	1.00	1.00	−0.26	−1.96
Ay	0.21	[0.59]	0.00	2.00	17	0.00	0.00	2.62	5.19
Bl	0.44	[0.57]	0.00	2.00	54	0.00	0.00	0.87	−0.24
Bt	2.10	0.67	1.00	4.00	135	2.00	2.00	0.65	1.16
Cg	1.60	0.99	0.00	3.00	122	1.00	1.00	0.26	−1.15
Cl	0.16	[0.24]	0.00	1.00	18	0.00	0.00	3.77	12.44
Ex	0.23	[0.17]	0.00	2.00	14	0.00	0.00	3.61	9.92
Fi	0.85	[0.36]	0.00	1.00	72	1.00	1.00	−2.00	2.04
Fd	0.64	[0.48]	0.00	1.00	67	1.00	1.00	−0.61	−1.65
Ge	0.10	[0.27]	0.00	1.00	6	0.00	0.00	3.97	13.57
Hh	0.81	0.46	0.00	2.00	106	1.00	1.00	−0.65	0.55
Ls	1.28	0.61	0.00	2.00	124	1.00	1.00	−0.23	−0.58
Na	0.35	[0.48]	0.00	1.00	47	0.00	0.00	0.64	−1.61
Sc	2.96	[0.36]	2.00	4.00	135	3.00	3.00	−0.57	4.57
Sx	0.00	[0.00]	0.00	0.00	0	0.00	0.00	—	—
Xy	0.09	[0.29]	0.00	1.00	9	0.00	0.00	2.92	6.63
Idio	0.06	0.34	0.00	2.00	4	0.00	0.00	5.61	29.92
DV	1.21	[0.41]	1.00	2.00	135	1.00	1.00	1.46	0.13
INC	1.44	[0.63]	0.00	3.00	131	1.00	1.00	0.42	−0.06
DR	0.22	[0.32]	0.00	1.00	26	0.00	0.00	2.39	3.75
FAB	0.46	[0.48]	0.00	2.00	48	0.00	0.00	0.61	−1.65
DV2	0.00	[0.00]	0.00	0.00	0	0.00	0.00	—	—
INC2	0.12	[0.32]	0.00	1.00	16	0.00	0.00	2.39	3.75
DR2	0.03	[0.17]	0.00	1.00	4	0.00	0.00	5.61	29.92
FAB2	0.00	[0.00]	0.00	0.00	0	0.00	0.00	—	—
ALOG	0.28	[0.43]	0.00	1.00	39	0.00	0.00	1.20	−0.56
CONTAM	0.00	0.00	0.00	0.00	0	0.00	0.00	—	—
Sum6 Sp. Sc.	4.36	1.16	2.00	6.00	135	3.00	3.00	0.69	−0.54
Sum6 Sp. Sc. 2	0.15	[0.36]	0.00	1.00	20	0.00	0.00	2.00	2.04
WSum6	8.93	3.04	3.00	16.00	135	8.00	7.00	0.78	1.10
AB	0.21	[0.39]	0.00	1.00	8	0.00	0.00	3.38	11.45
AG	1.42	0.57	1.00	4.00	135	1.00	1.00	0.94	−0.11
CFB	0.00	0.00	0.00	0.00	0	0.00	0.00	—	—
COP	1.56	0.50	1.00	4.00	135	2.00	2.00	−0.23	−1.98
CP	0.00	[0.00]	0.00	0.00	0	0.00	0.00	—	—
MOR	0.72	[0.57]	0.00	3.00	82	0.00	0.00	0.94	−0.11
PER	0.88	0.53	0.00	2.00	107	1.00	1.00	−0.11	0.38
PSV	0.09	[0.25]	0.00	1.00	8	0.00	0.00	4.47	18.26

주의: [ ] 안의 값은 신뢰할 수 없는 값이므로 기대범위를 추정하는 데 사용할 수 없음. 흔히 이 변인들은 모수통계분석에 포함시키지 않음.

〈표 2-5〉 12세(N=120)

VARIABLE	MEAN	SD	MIN	MAX	FREQ	MEDIAN	MODE	SK	KU
R	21.40	2.05	14.00	23.00	120	20.00	22.00	−1.03	0.96
W	8.79	1.85	1.00	14.00	120	9.00	9.00	−1.94	7.05
D	10.85	1.96	1.00	13.00	120	11.00	12.00	−3.26	12.20
Dd	1.76	[1.11]	0.00	5.00	117	1.00	1.00	3.51	16.47
S	1.92	[0.76]	0.00	5.00	118	2.00	2.00	1.30	4.92
DQ+	8.16	1.90	2.00	10.00	120	8.00	10.00	−1.42	2.39
DQo	12.12	1.07	9.00	15.00	120	12.00	12.00	−0.13	1.90
DQv	1.03	[0.26]	0.00	2.00	72	1.00	1.00	0.65	2.43
DQv/+	0.38	[0.38]	0.00	2.00	16	0.00	0.00	3.62	13.45
FQX+	0.30	0.54	0.00	2.00	10	0.00	0.00	4.16	16.95
FQXo	15.34	2.32	5.00	17.00	120	16.00	17.00	−2.40	6.80
FQXu	3.77	0.89	1.00	5.00	120	4.00	3.00	−0.95	1.08
FQX−	1.95	1.04	1.00	7.00	120	2.00	2.00	3.71	16.47
FQXNone	0.43	[0.26]	0.00	2.00	42	0.00	0.00	2.65	7.43
MQ+	0.10	0.30	0.00	1.00	5	0.00	0.00	7.45	45.23
MQo	3.21	1.52	1.00	5.00	120	3.00	5.00	−0.33	−1.26
MQu	0.67	0.51	0.00	2.00	78	1.00	1.00	−0.32	−1.01
MQ−	0.22	[0.41]	0.00	1.00	26	0.00	0.00	1.39	−0.06
MQNone	0.02	[0.13]	0.00	1.00	2	0.00	0.00	7.65	57.43
S−	0.57	[0.62]	0.00	3.00	63	1.00	1.00	1.02	2.14
M	4.21	2.06	1.00	7.00	120	4.00	4.00	−0.22	−1.07
FM	5.02	1.66	0.00	9.00	118	6.00	4.00	−1.34	1.64
m	1.00	0.45	0.00	3.00	112	1.00	1.00	2.26	12.57
FM+m	6.02	1.70	1.00	9.00	120	7.00	7.00	−1.44	1.83
FC	2.87	1.17	0.00	4.00	106	3.00	3.00	−1.61	1.77
CF	3.14	1.40	0.00	5.00	112	3.00	3.00	−0.55	−0.30
C	0.39	[0.13]	0.00	1.00	38	0.00	0.00	1.65	7.43
Cn	0.00	[0.00]	0.00	0.00	0	0.00	0.00	—	—
FC+CF+C+Cn	6.03	2.29	0.00	8.00	119	7.00	7.00	−1.49	1.26
WsumC	4.05	1.78	0.00	6.50	120	5.00	6.50	−1.17	0.69
SumC′	1.08	[0.88]	0.00	3.00	99	1.00	1.00	0.38	−0.47
SumT	0.88	[0.32]	0.00	1.00	106	1.00	1.00	−2.42	3.91
SumV	0.07	[0.36]	0.00	2.00	4	0.00	0.00	5.27	26.16
SumY	1.01	[0.67]	0.00	2.00	108	2.00	2.00	−1.04	−0.13
SumShd	3.74	1.37	0.00	6.00	114	4.00	4.00	−0.98	1.25
Fr+rF	0.20	[0.13]	0.00	1.00	15	0.00	0.00	3.65	17.43
FD	1.48	[0.83]	0.00	2.00	94	2.00	2.00	−1.11	−0.61
F	5.84	1.65	5.00	13.00	120	5.00	5.00	2.75	7.47
PAIR	9.09	1.89	1.00	10.00	120	10.00	10.00	−2.89	9.00
3r+(2)/R	0.54	0.08	0.10	0.50	120	0.55	0.50	−3.53	16.28
LAMBDA	0.66	0.58	0.29	4.25	120	0.70	0.50	5.18	30.28
EA	8.26	2.38	1.00	12.00	120	8.50	7.00	−1.38	1.99
es	8.97	2.59	1.00	13.00	120	8.00	6.00	−2.08	3.95
D	−0.21	0.53	−2.00	1.00	120	0.00	0.00	−1.17	2.25
Adj D	−0.11	0.67	−2.00	2.00	120	0.00	0.00	−0.04	1.74
a(active)	6.53	1.45	2.00	8.00	120	7.00	6.00	−1.34	2.04
p(passive)	4.00	2.01	0.00	8.00	118	3.00	2.00	0.50	−0.57
Ma	2.47	0.80	0.00	4.00	118	2.00	2.00	0.32	0.24
Mp	1.73	1.60	0.00	5.00	92	2.00	2.00	−0.06	−1.04
Intellect	1.05	0.59	0.00	4.00	120	1.00	1.00	2.96	12.69
Zf	13.14	1.96	5.00	16.00	120	14.00	14.00	−2.25	6.48
Zd	1.67	2.11	−4.50	5.00	120	1.50	1.50	−0.24	−0.26
Blends	6.67	2.29	0.00	9.00	118	7.00	8.00	−1.79	2.12
Col-Shd Blends	0.05	[0.22]	0.00	1.00	6	0.00	0.00	4.18	15.75
Afr	0.65	0.11	0.21	0.67	120	0.69	0.67	−0.80	0.75
Populars	6.22	1.10	2.00	7.00	120	7.00	6.00	−1.53	2.56

〈표 2-5〉 12세(계속)

VARIABLE	MEAN	SD	MIN	MAX	FREQ	MEDIAN	MODE	SK	KU
X+%	0.75	0.09	0.29	0.88	120	0.77	0.77	−3.33	14.09
F+%	0.54	0.11	0.18	0.88	120	0.60	0.60	−0.10	1.95
X−%	0.10	0.05	0.05	0.41	120	0.09	0.09	4.05	19.33
Xu%	0.15	0.04	0.05	0.29	120	0.15	0.14	−0.27	2.29
S−%	0.27	[0.28]	0.00	1.00	63	0.33	0.00	0.42	−0.71
Isolate	0.15	0.04	0.00	0.33	120	0.16	0.18	0.19	5.42
H	3.38	1.64	1.00	5.00	120	3.00	5.00	−0.37	−1.42
(H)	1.24	0.84	0.00	4.00	97	1.00	1.00	0.38	0.53
Hd	0.59	0.69	0.00	3.00	61	1.00	0.00	1.37	2.75
(Hd)	0.78	0.41	0.00	1.00	94	1.00	1.00	−1.39	−0.06
Hx	0.13	[0.34]	0.00	1.00	2	0.00	0.00	7.57	46.38
All H Conx	6.00	2.56	2.00	11.00	120	5.00	5.00	−0.24	−1.18
A	7.70	1.29	4.00	13.00	120	8.00	7.00	0.65	4.48
(A)	0.47	[0.50]	0.00	1.00	57	0.00	0.00	0.10	−2.02
Ad	1.97	[0.45]	0.00	3.00	116	2.00	2.00	−2.44	11.96
(Ad)	0.36	[0.54]	0.00	2.00	20	0.00	0.00	3.10	5.86
An	1.14	[0.60]	0.00	2.00	106	1.00	1.00	−0.06	−0.27
Art	0.92	0.28	0.00	1.00	110	1.00	1.00	−3.05	7.45
Ay	0.03	[0.18]	0.00	1.00	4	0.00	0.00	5.27	26.16
Bl	0.26	[0.44]	0.00	1.00	31	0.00	0.00	1.12	−0.76
Bt	1.52	0.65	0.00	2.00	110	2.00	2.00	−1.04	−0.03
Cg	1.90	1.06	0.00	4.00	116	1.00	1.00	0.12	−1.63
Cl	0.22	[0.13]	0.00	1.00	12	0.00	0.00	7.65	57.43
Ex	0.47	[0.38]	0.00	2.00	40	0.00	0.00	3.16	4.84
Fi	0.57	[0.26]	0.00	2.00	81	1.00	1.00	−1.61	12.13
Fd	0.37	[0.34]	0.00	1.00	29	0.00	0.00	2.19	4.82
Ge	0.02	[0.13]	0.00	1.00	2	0.00	0.00	7.65	57.43
Hh	0.88	0.32	0.00	1.00	106	1.00	1.00	−2.42	3.91
Ls	1.36	0.60	0.00	2.00	112	1.00	1.00	−0.36	−0.65
Na	0.10	[0.35]	0.00	2.00	10	0.00	0.00	3.79	14.82
Sc	2.47	[0.87]	0.00	3.00	112	3.00	3.00	−1.72	2.12
Sx	0.02	[0.13]	0.00	1.00	2	0.00	0.00	7.65	57.43
Xy	0.06	[0.12]	0.00	1.00	7	0.00	0.00	4.95	21.11
Idio	0.15	0.51	0.00	3.00	12	0.00	0.00	4.02	17.31
DV	1.21	[0.55]	0.00	2.00	112	1.00	1.00	0.08	−0.13
INC	1.35	[0.57]	0.00	3.00	116	1.00	1.00	0.34	−0.10
DR	0.44	[0.43]	0.00	1.00	39	0.00	0.00	1.22	−0.51
FAB	0.46	[0.53]	0.00	2.00	36	0.00	0.00	1.95	2.99
DV2	0.02	[0.16]	0.00	1.00	3	0.00	0.00	6.16	36.58
INC2	0.17	[0.56]	0.00	3.00	13	0.00	0.00	3.54	12.65
DR2	0.02	[0.16]	0.00	1.00	3	0.00	0.00	6.16	36.58
FAB2	0.04	[0.20]	0.00	1.00	5	0.00	0.00	4.65	19.91
ALOG	0.41	[0.68]	0.00	2.00	27	0.00	0.00	1.94	3.61
CONTAM	0.00	0.00	0.00	0.00	0	0.00	0.00	—	—
Sum6 Sp. Sc.	4.06	0.95	1.00	6.00	120	3.00	4.00	−0.47	−1.06
Sum6 Sp. Sc. 2	0.27	[0.68]	0.00	4.00	22	0.00	0.00	3.47	14.40
WSum6	8.86	3.85	2.00	19.00	120	8.00	4.00	2.33	9.04
AB	0.05	[0.22]	0.00	1.00	6	0.00	0.00	4.18	15.75
AG	1.08	0.66	0.00	2.00	99	1.00	1.00	−0.09	−0.65
CFB	0.00	0.00	0.00	0.00	0	0.00	0.00	—	—
COP	1.93	0.53	0.00	4.00	114	3.00	2.00	0.18	-0.19
CP	0.00	[0.00]	0.00	0.00	0	0.00	0.00	—	—
MOR	0.67	[0.37]	0.00	3.00	58	0.00	0.00	1.81	1.30
PER	0.93	0.36	0.00	2.00	108	1.00	1.00	−0.89	4.40
PSV	0.03	[0.18]	0.00	1.00	4	0.00	0.00	5.27	26.16

주의: [ ] 안의 값은 신뢰할 수 없는 값이므로 기대범위를 추정하는 데 사용할 수 없음. 흔히 이 변인들은 모수통계분석에 포함시키지 않음.

〈표 2-5〉 13세(N=110)

VARIABLE	MEAN	SD	MIN	MAX	FREQ	MEDIAN	MODE	SK	KU
R	21.20	3.30	14.00	33.00	110	20.00	20.00	1.07	3.51
W	8.57	2.15	1.00	14.00	110	9.00	9.00	−1.07	3.04
D	11.15	3.09	1.00	21.00	110	11.00	12.00	−0.25	3.08
Dd	1.46	[1.66]	0.00	6.00	93	1.00	1.00	2.74	7.81
S	1.33	[1.16]	0.00	7.00	106	2.00	1.00	1.93	5.93
DQ+	7.70	2.54	2.00	15.00	110	8.00	8.00	0.24	1.27
DQo	12.40	2.02	8.00	20.00	110	12.00	12.00	0.73	2.74
DQv	0.45	[0.99]	0.00	4.00	24	0.00	0.00	2.31	4.70
DQv/+	0.24	[0.57]	0.00	2.00	18	0.00	0.00	2.33	4.18
FQX+	0.20	0.59	0.00	3.00	14	0.00	0.00	3.25	10.63
FQXo	15.24	3.04	5.00	23.00	110	15.00	17.00	−0.70	2.09
FQXu	3.27	1.53	0.00	8.00	106	3.00	3.00	0.42	1.24
FQX−	2.00	1.42	0.00	7.00	108	2.00	2.00	2.15	4.81
FQXNone	0.07	[0.32]	0.00	2.00	6	0.00	0.00	4.81	23.90
MQ+	0.13	0.43	0.00	2.00	10	0.00	0.00	3.52	11.76
MQo	3.23	1.66	1.00	8.00	110	3.00	5.00	0.34	−0.38
MQu	0.54	0.66	0.00	3.00	51	0.00	0.00	1.23	2.00
MQ−	0.14	[0.51]	0.00	2.00	12	0.00	0.00	2.08	3.61
MQNone	0.02	[0.13]	0.00	1.00	2	0.00	0.00	7.31	52.42
S−	0.52	[0.81]	0.00	4.00	43	0.00	0.00	2.16	5.84
M	4.14	2.24	1.00	11.00	110	4.00	4.00	0.50	−0.01
FM	4.42	1.94	0.00	8.00	108	4.00	6.00	−0.25	−0.89
m	1.25	0.94	0.00	5.00	98	1.00	1.00	1.88	4.46
FM+m	5.67	2.10	1.00	11.00	110	6.00	7.00	−0.28	−0.34
FC	2.95	1.72	0.00	9.00	96	3.00	3.00	0.42	1.72
CF	2.70	1.50	0.00	5.00	102	3.00	3.00	−0.07	−0.98
C	0.07	[0.26]	0.00	1.00	8	0.00	0.00	3.34	9.30
Cn	0.00	[0.00]	0.00	0.00	0	0.00	0.00	—	—
FC+CF+C+Cn	5.73	2.61	0.00	10.00	110	6.50	8.00	−0.71	−0.33
WsumC	4.29	1.94	0.00	7.50	110	4.75	6.50	−0.61	−0.49
SumC′	1.20	[0.89]	0.00	3.00	87	1.00	1.00	0.48	−0.37
SumT	0.97	[0.51]	0.00	3.00	90	1.00	1.00	0.64	4.99
SumV	0.14	[0.48]	0.00	2.00	10	0.00	0.00	3.31	9.70
SumY	1.02	[0.81]	0.00	2.00	80	1.00	2.00	−0.22	−1.44
SumShd	3.34	1.44	0.00	6.00	104	4.00	4.00	−0.55	−0.07
Fr+rF	0.45	[0.23]	0.00	1.00	32	0.00	0.00	2.98	4.08
FD	1.27	[0.87]	0.00	3.00	82	2.00	2.00	−0.39	−1.25
F	6.90	2.52	3.00	13.00	110	6.00	5.00	0.93	−0.20
PAIR	8.64	2.30	1.00	14.00	110	9.50	10.00	−1.18	2.59
3r+(2)/R	0.49	0.10	0.20	0.66	110	0.48	0.50	−1.84	4.97
LAMBDA	0.67	0.61	0.20	4.33	110	0.38	0.33	4.44	24.00
EA	8.43	2.69	1.00	15.00	110	9.00	7.50	−0.60	0.64
es	9.01	3.01	1.00	14.00	110	10.00	8.00	−0.83	−0.02
D	−0.09	0.82	−2.00	3.00	110	0.00	0.00	0.78	3.45
Adj D	0.10	0.84	−2.00	3.00	110	0.00	0.00	0.74	2.06
a(active)	6.23	1.89	2.00	11.00	110	6.00	6.00	−0.34	0.13
p(passive)	3.61	2.11	0.00	8.00	104	3.00	3.00	0.45	−0.49
Ma	2.49	1.30	0.00	8.00	106	2.00	2.00	1.80	6.06
Mp	1.67	1.44	0.00	5.00	84	2.00	2.00	0.12	−0.80
Intellect	1.22	0.95	0.00	4.00	110	1.00	1.00	1.24	1.45
Zf	12.64	3.02	5.00	23.00	110	13.00	11.00	0.05	2.17
Zd	1.37	2.27	−4.50	5.00	110	1.50	−0.50	−0.35	−0.40
Blends	5.81	2.43	0.00	9.00	108	7.00	7.00	−0.90	−0.34
Col-Shd Blends	0.16	[0.37]	0.00	1.00	18	0.00	0.00	1.84	1.42
Afr	0.69	0.15	0.28	1.00	110	0.58	0.67	0.10	0.52
Populars	6.19	1.34	2.00	9.00	110	7.00	6.00	−0.59	0.79

〈표 2-5〉 13세(계속)

VARIABLE	MEAN	SD	MIN	MAX	FREQ	MEDIAN	MODE	SK	KU
X+%	0.76	0.11	0.30	1.00	110	0.77	0.77	−1.86	5.39
F+%	0.61	0.18	0.18	1.00	110	0.60	0.60	0.39	0.14
X−%	0.10	0.07	0.00	0.38	108	0.09	0.09	2.67	8.99
Xu%	0.16	0.07	0.00	0.33	106	0.15	0.14	−0.03	0.76
S−%	0.20	[0.28]	0.00	1.00	43	0.00	0.00	1.11	0.35
Isolate	0.16	0.06	0.00	0.33	110	0.16	0.18	0.59	1.30
H	3.09	1.72	1.00	8.00	110	3.00	5.00	0.42	−0.57
(H)	1.25	1.02	0.00	5.00	84	1.00	1.00	1.06	2.35
Hd	0.68	0.83	0.00	3.00	55	0.50	0.00	1.24	1.11
(Hd)	0.56	0.53	0.00	2.00	60	1.00	1.00	0.11	−1.21
Hx	0.00	[0.00]	0.00	0.00	0	0.00	0.00	—	—
All H Cont	5.59	2.46	2.00	11.00	110	5.00	5.00	0.13	−1.03
A	7.96	1.81	4.00	13.00	110	8.00	7.00	0.63	0.65
(A)	0.37	[0.49]	0.00	1.00	41	0.00	0.00	0.53	−1.75
Ad	2.00	[0.81]	0.00	4.00	106	2.00	2.00	0.42	1.71
(Ad)	0.00	[0.00]	0.00	0.00	0	0.00	0.00	—	—
An	0.84	[0.69]	0.00	2.00	74	1.00	1.00	0.22	−0.89
Art	0.85	0.48	0.00	2.00	88	1.00	1.00	−0.36	0.78
Ay	0.11	[0.31]	0.00	1.00	12	0.00	0.00	2.54	4.55
Bl	0.19	[0.39]	0.00	1.00	21	0.00	0.00	1.59	0.55
Bt	1.74	0.98	0.00	5.00	98	2.00	2.00	0.44	1.35
Cg	1.62	1.10	0.00	4.00	98	1.00	1.00	0.47	−0.93
Cl	0.05	[0.23]	0.00	1.00	6	0.00	0.00	3.98	14.08
Ex	0.09	[0.29]	0.00	1.00	10	0.00	0.00	2.89	6.44
Fi	0.76	[0.54]	0.00	2.00	78	1.00	1.00	−0.12	−0.23
Fd	0.42	[0.52]	0.00	2.00	46	1.00	0.00	−0.10	−1.15
Ge	0.04	[0.19]	0.00	1.00	4	0.00	0.00	5.02	23.65
Hh	1.07	0.81	0.00	4.00	90	1.00	1.00	1.35	2.87
Ls	1.10	0.97	0.00	6.00	84	1.00	1.00	2.28	10.32
Na	0.22	[0.50]	0.00	2.00	20	0.00	0.00	2.25	4.39
Sc	1.97	[1.14]	0.00	5.00	96	2.00	3.00	−0.18	−0.48
Sx	0.07	[0.42]	0.00	3.00	4	0.00	0.00	6.43	42.22
Xy	0.00	[0.00]	0.00	0.00	0	0.00	0.00	—	—
Idio	0.78	1.14	0.00	4.00	44	0.00	0.00	1.26	0.28
DV	1.01	[0.07]	0.00	3.00	86	1.00	1.00	0.32	0.05
INC	1.07	[0.79]	0.00	3.00	84	1.00	1.00	0.33	−0.33
DR	0.30	[0.66]	0.00	4.00	27	0.00	0.00	3.54	16.72
FAB	0.42	[0.71]	0.00	3.00	34	0.00	0.00	1.71	2.45
DV2	0.02	[0.13]	0.00	1.00	2	0.00	0.00	7.31	52.42
INC2	0.22	[0.60]	0.00	3.00	16	0.00	0.00	3.06	9.49
DR2	0.04	[0.19]	0.00	1.00	4	0.00	0.00	5.02	23.65
FAB2	0.07	[0.32]	0.00	2.00	3	0.00	0.00	4.81	23.90
ALOG	0.34	[0.19]	0.00	1.00	18	0.00	0.00	5.02	23.65
CONTAM	0.00	0.00	0.00	0.00	0	0.00	0.00	—	—
Sum6 Sp. Sc.	2.94	1.46	0.00	9.00	110	3.00	2.00	1.55	5.03
Sum6 Sp. Sc. 2	0.34	[0.77]	0.00	4.00	24	0.00	0.00	2.73	8.42
WSum6	7.54	6.99	0.00	40.00	108	6.00	3.00	2.89	9.56
AB	0.13	[0.33]	0.00	1.00	14	0.00	0.00	2.27	3.20
AG	1.18	0.91	0.00	4.00	85	1.00	1.00	0.67	0.48
CFB	0.00	0.00	0.00	0.00	0	0.00	0.00	—	—
COP	1.84	1.22	0.00	6.00	101	2.00	1.00	1.59	3.11
CP	0.02	[0.13]	0.00	1.00	1	0.00	0.00	7.31	52.42
MOR	0.49	[0.74]	0.00	3.00	40	0.00	0.00	1.42	1.38
PER	1.05	0.89	0.00	5.00	90	1.00	1.00	2.31	7.82
PSV	0.04	[0.21]	0.00	1.00	5	0.00	0.00	3.68	14.48

주의: [ ] 안의 값은 신뢰할 수 없는 값이므로 기대범위를 추정하는 데 사용할 수 없음. 흔히 이 변인들은 모수통계분석에 포함시키지 않음.

〈표 2-5〉 14세(N=105)

VARIABLE	MEAN	SD	MIN	MAX	FREQ	MEDIAN	MODE	SK	KU
R	21.72	3.36	14.00	33.00	105	20.00	20.00	1.11	3.43
W	8.92	2.19	4.00	14.00	105	9.00	9.00	−1.01	2.83
D	11.13	3.16	1.00	21.00	105	11.00	10.00	−0.23	2.82
Dd	1.67	[1.70]	0.00	6.00	98	2.00	1.00	2.67	7.31
S	1.32	[1.09]	0.00	7.00	101	2.00	2.00	1.89	5.56
DQ+	7.81	2.55	2.00	15.00	105	8.00	8.00	0.33	1.36
DQo	12.69	2.06	8.00	20.00	105	12.00	12.00	0.73	2.58
DQv	0.58	[1.01]	0.00	4.00	27	0.00	0.00	2.23	4.30
DQv/+	0.65	[0.58]	0.00	2.00	48	0.00	0.00	2.25	3.79
FQX+	0.14	0.50	0.00	2.00	11	0.00	0.00	3.16	9.97
FQXo	15.17	3.09	5.00	23.00	105	15.00	15.00	−0.64	1.93
FQXu	3.27	1.56	0.00	8.00	101	3.00	3.00	0.42	1.10
FQX−	1.84	1.25	0.00	5.00	103	2.00	2.00	2.10	4.46
FQXNone	0.02	[0.53]	0.00	1.00	4	0.00	0.00	4.69	22.65
MQ+	0.11	0.44	0.00	2.00	6	0.00	0.00	3.42	11.04
MQo	3.21	1.66	1.00	8.00	105	3.00	1.00	0.43	−0.26
MQu	0.51	0.67	0.00	3.00	46	0.00	0.00	1.34	2.18
MQ−	0.13	[0.50]	0.00	2.00	11	0.00	0.00	2.18	4.01
MQNone	0.00	[0.00]	0.00	0.00	0	0.00	0.00	—	—
S−	0.39	[0.82]	0.00	3.00	31	0.00	0.00	2.24	6.00
M	4.06	2.24	1.00	11.00	105	4.00	4.00	0.59	0.16
FM	4.35	1.96	0.00	8.00	103	4.00	6.00	−0.17	−0.92
m	1.27	0.96	0.00	5.00	93	1.00	1.00	1.81	4.08
FM+m	5.62	2.14	1.00	11.00	105	6.00	7.00	−0.21	−0.42
FC	2.93	1.76	0.00	9.00	91	3.00	3.00	0.45	1.59
CF	2.70	1.53	0.00	5.00	97	3.00	3.00	−0.08	−1.05
C	0.10	[0.27]	0.00	1.00	9	0.00	0.00	3.14	7.67
Cn	0.00	[0.00]	0.00	0.00	0	0.00	0.00	—	—
FC+CF+C+Cn	5.71	2.67	1.00	10.00	105	7.00	8.00	−0.69	−0.44
WsumC	4.29	1.98	0.50	7.50	105	5.00	6.50	−0.60	−0.58
SumC′	1.11	[0.91]	0.00	3.00	82	1.00	1.00	0.44	−0.50
SumT	0.99	[0.52]	0.00	3.00	85	1.00	1.00	0.66	4.71
SumV	0.13	[0.50]	0.00	2.00	8	0.00	0.00	3.21	9.06
SumY	0.88	[0.84]	0.00	2.00	75	1.00	2.00	−0.14	−1.44
SumShd	3.10	1.47	0.00	6.00	99	4.00	4.00	−0.49	−0.19
Fr+rF	0.38	[0.43]	0.00	1.00	15	0.00	0.00	3.97	10.25
FD	1.24	[0.87]	0.00	3.00	71	1.00	2.00	−0.31	−1.30
F	6.96	2.56	3.00	13.00	105	6.00	5.00	0.87	−0.35
PAIR	8.59	2.34	1.00	14.00	105	9.00	10.00	−1.12	2.38
3r+(2)/R	0.47	0.10	0.05	0.56	105	0.45	0.50	−1.79	4.60
LAMBDA	0.67	0.62	0.20	4.33	105	0.38	0.33	4.34	22.96
EA	8.34	2.70	1.00	15.00	105	9.00	7.50	−0.55	0.60
es	8.92	3.06	1.00	13.00	105	9.00	9.00	−0.76	−0.15
D	−0.09	0.84	−2.00	3.00	105	0.00	0.00	0.78	3.19
Adj D	0.09	0.86	−2.00	3.00	105	0.00	0.00	0.74	1.95
a(active)	6.20	1.92	2.00	11.00	105	6.00	7.00	−0.32	0.06
p(passive)	3.49	2.07	0.00	8.00	99	3.00	3.00	0.52	−0.35
Ma	2.59	1.32	0.00	8.00	101	2.00	2.00	1.81	5.93
Mp	1.49	1.36	0.00	5.00	89	2.00	2.00	0.17	−0.74
Intellect	1.23	0.97	0.00	4.00	105	1.00	1.00	1.18	1.22
Zf	12.56	3.06	5.00	23.00	105	13.00	14.00	0.12	2.11
Zd	1.27	2.26	−4.50	5.00	105	1.50	−0.50	−0.30	−0.38
Blends	5.74	2.46	0.00	9.00	103	7.00	7.00	−0.84	−0.47
Col-Shd Blends	0.17	[0.38]	0.00	1.00	18	0.00	0.00	1.77	1.15
Afr	0.69	0.16	0.31	0.89	105	0.68	0.67	0.03	0.47
Populars	6.02	1.17	3.00	9.00	105	7.00	6.00	−0.53	0.67

〈표 2-5〉 14세(계속)

VARIABLE	MEAN	SD	MIN	MAX	FREQ	MEDIAN	MODE	SK	KU
X+%	0.76	0.12	0.49	0.95	105	0.79	0.75	−1.81	5.01
F+%	0.69	0.18	0.38	1.00	105	0.60	0.60	0.34	0.03
X−%	0.09	0.07	0.00	0.27	105	0.09	0.05	2.60	8.43
Xu%	0.16	0.07	0.00	0.33	105	0.15	0.14	−0.03	0.61
S−%	0.19	[0.28]	0.00	1.00	38	0.00	0.00	1.27	0.76
Isolate	0.16	0.06	0.00	0.33	105	0.16	0.16	0.60	1.15
H	3.00	1.71	1.00	8.00	105	3.00	1.00	0.54	−0.35
(H)	1.23	1.03	0.00	5.00	79	1.00	1.00	1.14	2.44
Hd	0.67	0.85	0.00	3.00	52	0.00	0.00	1.28	1.07
(Hd)	0.56	0.54	0.00	2.00	57	1.00	1.00	0.13	−1.19
Hx	0.00	[0.00]	0.00	0.00	0	0.00	0.00	—	—
All H Cont	5.46	2.44	2.00	11.00	105	5.00	5.00	0.22	−0.91
A	7.97	1.85	4.00	13.00	105	8.00	7.00	0.60	0.49
(A)	0.39	[0.49]	0.00	1.00	41	0.00	0.00	0.46	−1.83
Ad	2.00	[0.83]	0.00	4.00	101	2.00	2.00	0.41	1.50
(Ad)	0.23	[0.41]	0.00	1.00	13	0.00	0.00	4.16	29.15
An	0.84	[0.71]	0.00	2.00	49	1.00	0.00	0.24	−0.97
Art	0.85	0.50	0.00	2.00	83	1.00	1.00	−0.32	0.62
Ay	0.15	[0.32]	0.00	1.00	14	0.00	0.00	2.46	4.13
Bl	0.20	[0.40]	0.00	1.00	20	0.00	0.00	1.52	0.32
Bt	1.73	1.00	0.00	5.00	91	2.00	2.00	0.44	1.22
Cg	1.55	1.08	0.00	4.00	94	1.00	1.00	0.60	−0.69
Cl	0.06	[0.23]	0.00	1.00	8	0.00	0.00	3.87	13.24
Ex	0.09	[0.29]	0.00	1.00	19	0.00	0.00	2.80	5.94
Fi	0.75	[0.55]	0.00	2.00	63	1.00	1.00	−0.06	−0.32
Fd	0.30	[0.53]	0.00	2.00	31	1.00	1.00	−0.02	−1.16
Ge	0.04	[0.19]	0.00	1.00	3	0.00	0.00	4.90	22.40
Hh	1.08	0.83	0.00	4.00	82	1.00	1.00	1.30	2.58
Ls	1.06	0.97	0.00	6.00	79	1.00	1.00	2.47	11.28
Na	0.23	[0.50]	0.00	2.00	24	0.00	0.00	2.18	4.01
Sc	1.93	[1.15]	0.00	5.00	96	2.00	3.00	−0.10	−0.48
Sx	0.08	[0.43]	0.00	1.00	3	0.00	0.00	6.27	40.17
Xy	0.04	[0.20]	0.00	1.00	5	0.00	0.00	5.18	31.60
Idio	0.82	1.16	0.00	4.00	44	0.00	0.00	1.19	0.10
DV	0.98	[0.69]	0.00	3.00	81	1.00	1.00	0.38	0.22
INC	1.05	[0.79]	0.00	3.00	79	1.00	1.00	0.39	−0.24
DR	0.29	[0.66]	0.00	4.00	25	0.00	0.00	3.61	16.99
FAB	0.44	[0.72]	0.00	3.00	34	0.00	0.00	1.64	2.18
DV2	0.02	[0.14]	0.00	1.00	2	0.00	0.00	7.14	49.92
INC2	0.12	[0.60]	0.00	3.00	6	0.00	0.00	3.06	9.40
DR2	0.03	[0.17]	0.00	1.00	2	0.00	0.00	5.74	31.57
FAB2	0.08	[0.33]	0.00	1.00	3	0.00	0.00	4.69	22.65
ALOG	0.11	[0.19]	0.00	1.00	10	0.00	0.00	4.90	22.40
CONTAM	0.00	0.00	0.00	0.00	0	0.00	0.00	—	—
Sum6 Sp. Sc.	2.89	1.38	0.00	8.00	103	3.00	2.00	1.61	5.11
Sum6 Sp. Sc. 2	0.14	[0.38]	0.00	1.00	9	0.00	0.00	2.75	8.37
WSum6	7.42	7.14	0.00	20.00	105	6.00	3.00	2.85	9.12
AB	0.13	[0.34]	0.00	1.00	12	0.00	0.00	2.19	2.84
AG	1.30	0.92	0.00	4.00	89	1.00	1.00	0.63	0.36
CFB	0.00	0.00	0.00	0.00	0	0.00	0.00	—	—
COP	1.75	1.14	0.00	5.00	95	1.00	1.00	1.57	2.91
CP	0.00	[0.00]	0.00	0.00	0	0.00	0.00	—	—
MOR	0.61	[0.75]	0.00	3.00	48	0.00	0.00	1.35	1.17
PER	1.01	0.81	0.00	4.00	80	1.00	1.00	2.25	7.32
PSV	0.03	[0.12]	0.00	1.00	3	0.00	0.00	5.87	23.24

주의: [ ] 안의 값은 신뢰할 수 없는 값이므로 기대범위를 추정하는 데 사용할 수 없음. 흔히 이 변인들은 모수통계분석에 포함시키지 않음.

〈표 2-5〉 15세(N=110)

VARIABLE	MEAN	SD	MIN	MAX	FREQ	MEDIAN	MODE	SK	KU
R	21.94	4.21	14.00	32.00	110	21.00	20.00	0.94	1.14
W	8.87	2.20	3.00	20.00	110	9.00	9.00	1.57	9.58
D	11.42	3.66	0.00	20.00	109	12.00	12.00	−0.31	1.91
Dd	1.65	[1.31]	0.00	7.00	91	1.00	1.00	1.31	3.76
S	1.44	[1.31]	0.00	5.00	104	2.00	1.00	2.66	12.86
DQ+	7.88	2.02	2.00	13.00	110	8.00	8.00	−0.33	0.15
DQo	12.67	3.62	5.00	29.00	110	12.00	12.00	1.49	5.43
DQv	0.75	[1.29]	0.00	4.00	40	0.00	0.00	1.84	2.46
DQv/+	0.14	[0.42]	0.00	2.00	12	0.00	0.00	3.22	10.13
FQX+	0.36	0.70	0.00	3.00	27	0.00	0.00	1.81	2.20
FQXo	16.35	3.34	7.00	29.00	110	16.00	15.00	0.60	2.79
FQXu	3.08	1.57	0.00	11.00	108	3.00	3.00	1.37	5.75
FQX−	1.60	0.91	0.00	6.00	99	2.00	2.00	0.81	3.89
FQXNone	0.04	[0.25]	0.00	2.00	4	0.00	0.00	6.07	39.81
MQ+	0.25	0.57	0.00	3.00	22	0.00	0.00	2.46	6.34
MQo	3.54	2.01	0.00	8.00	108	3.00	1.00	0.20	−0.91
MQu	0.44	0.52	0.00	2.00	48	0.00	0.00	0.43	−1.36
MQ−	0.12	[0.32]	0.00	1.00	13	0.00	0.00	2.40	3.82
MQNone	0.00	[0.00]	0.00	0.00	0	0.00	0.00	—	—
S−	0.38	[0.57]	0.00	2.00	37	0.00	0.00	1.22	0.52
M	4.35	2.17	1.00	9.00	110	4.00	4.00	0.06	−0.97
FM	4.82	1.73	1.00	9.00	110	5.00	6.00	−0.20	−0.80
m	1.17	0.78	0.00	4.00	97	1.00	1.00	1.49	3.79
FM+m	5.99	1.78	2.00	10.00	110	6.00	7.00	−0.14	−0.67
FC	3.14	1.14	0.00	6.00	107	3.00	3.00	−0.56	0.76
CF	2.85	1.53	0.00	6.00	101	3.00	2.00	−0.11	−0.73
C	0.03	[0.16]	0.00	1.00	3	0.00	0.00	5.88	33.24
Cn	0.02	[0.13]	0.00	1.00	2	0.00	0.00	7.31	52.42
FC+CF+C+Cn	6.04	2.01	1.00	10.00	110	7.00	8.00	−0.62	−0.37
WsumC	4.47	1.68	0.50	8.00	110	4.50	3.50	−0.33	−0.64
SumC′	1.63	[1.35]	0.00	10.00	94	1.00	1.00	2.49	12.61
SumT	1.06	[0.51]	0.00	3.00	101	1.00	1.00	2.62	13.12
SumV	0.18	[0.49]	0.00	2.00	12	0.00	0.00	2.75	6.73
SumY	1.30	[1.27]	0.00	10.00	83	1.00	2.00	3.35	20.69
SumShd	4.17	2.55	0.00	23.00	109	4.00	4.00	4.04	27.31
Fr+rF	0.50	[0.45]	0.00	2.00	26	0.00	0.00	6.67	53.57
FD	1.33	[0.97]	0.00	5.00	83	1.50	2.00	0.35	0.78
F	6.48	2.71	2.00	17.00	110	5.00	5.00	1.31	2.02
PAIR	9.10	2.00	1.00	14.00	110	10.00	10.00	−1.37	4.47
3r+(2)/R	0.44	0.10	0.05	0.79	110	0.45	0.50	−0.58	4.63
LAMBDA	0.65	0.22	0.14	1.71	110	0.36	0.33	2.27	8.94
EA	8.82	2.34	2.00	13.50	110	9.50	9.50	−0.69	0.39
es	9.16	3.40	4.00	17.00	110	10.00	9.00	2.13	12.31
D	−0.45	1.39	−10.00	2.00	39	0.00	0.00	−3.73	20.85
Adj D	−0.25	1.07	−5.00	2.00	43	0.00	0.00	−1.71	5.14
a(active)	6.99	1.73	3.00	12.00	110	7.00	8.00	0.18	0.32
p(passive)	3.36	1.93	0.00	9.00	106	3.00	3.00	0.75	0.31
Ma	2.58	1.44	1.00	7.00	110	2.00	2.00	0.96	0.38
Mp	1.77	1.46	0.00	5.00	81	2.00	2.00	0.48	−0.51
Intellect	1.04	0.83	0.00	4.00	110	1.00	1.00	1.59	3.76
Zf	12.68	2.59	5.00	23.00	110	13.00	13.00	0.01	2.61
Zd	1.03	2.96	-6.50	9.00	110	0.50	−0.50	0.17	0.11
Blends	6.34	2.16	1.00	12.00	110	7.00	7.00	−0.63	0.03
Col-Shd Blends	0.22	[0.51]	0.00	2.00	19	0.00	0.00	2.35	4.69
Afr	0.65	0.18	0.27	1.29	110	0.67	0.67	0.97	1.69
Populars	6.33	1.23	3.00	9.00	110	7.00	7.00	−0.59	0.22

〈표 2-5〉 15세(계속)

VARIABLE	MEAN	SD	MIN	MAX	FREQ	MEDIAN	MODE	SK	KU
X+%	0.78	0.07	0.50	0.90	110	0.77	0.75	−0.46	2.72
F+%	0.62	0.18	0.29	1.00	110	0.60	0.60	0.54	−0.44
X−%	0.07	0.05	0.00	0.43	99	0.09	0.05	3.29	23.26
Xu%	0.14	0.06	0.00	0.37	108	0.15	0.14	0.45	1.97
S−%	0.18	[0.27]	0.00	1.00	37	0.00	0.00	1.28	0.76
Isolate	0.15	0.07	0.00	0.47	110	0.15	0.16	1.76	8.18
H	3.42	1.96	0.00	8.00	109	3.00	5.00	0.49	−0.51
(H)	1.04	0.90	0.00	4.00	75	1.00	1.00	0.52	−0.15
Hd	0.57	0.82	0.00	4.00	48	0.00	0.00	1.97	5.02
(Hd)	0.54	0.50	0.00	1.00	59	1.00	1.00	−0.15	−2.01
Hx	0.00	[0.00]	0.00	0.00	0	0.00	0.00	—	—
All H Cont	5.57	2.28	1.00	9.00	110	5.00	5.00	−0.15	−0.95
A	7.98	1.96	3.00	15.00	110	8.00	7.00	0.55	1.91
(A)	0.36	[0.55]	0.00	3.00	37	0.00	0.00	1.55	3.35
Ad	2.08	[1.20]	0.00	9.00	102	2.00	2.00	2.26	11.70
(Ad)	0.05	[0.30]	0.00	2.00	4	0.00	0.00	5.80	34.15
An	0.43	[0.79]	0.00	3.00	43	1.00	0.00	0.24	−1.02
Art	0.85	0.63	0.00	4.00	82	1.00	1.00	1.01	4.67
Ay	0.14	[0.34]	0.00	1.00	15	0.00	0.00	2.15	2.66
Bl	0.22	[0.41]	0.00	1.00	24	0.00	0.00	1.38	−0.09
Bt	1.68	0.82	0.00	4.00	102	2.00	2.00	−0.05	−0.06
Cg	1.47	1.11	0.00	4.00	93	1.00	1.00	0.59	−0.80
Cl	0.09	[0.35]	0.00	2.00	8	0.00	0.00	4.12	17.53
Ex	0.12	[0.32]	0.00	1.00	13	0.00	0.00	2.40	3.82
Fi	0.69	[0.52]	0.00	2.00	73	1.00	1.00	−0.23	−0.72
Fd	0.30	[0.51]	0.00	2.00	25	1.00	1.00	−0.20	−1.47
Ge	0.01	[0.09]	0.00	1.00	1	0.00	0.00	10.49	110.00
Hh	0.89	0.60	0.00	4.00	88	1.00	1.00	1.36	7.28
Ls	1.12	0.71	0.00	2.00	88	1.00	1.00	−0.18	−1.00
Na	0.12	[0.35]	0.00	2.00	12	0.00	0.00	3.02	9.12
Sc	1.70	[1.34]	0.00	6.00	77	2.00	3.00	0.03	−0.83
Sx	0.11	[0.44]	0.00	3.00	8	0.00	0.00	4.64	23.43
Xy	0.04	[0.19]	0.00	1.00	4	0.00	0.00	5.02	23.65
Idio	1.09	1.47	0.00	7.00	52	0.00	0.00	1.49	2.28
DV	0.98	[0.70]	0.00	3.00	84	1.00	1.00	0.35	0.03
INC	0.88	[0.74]	0.00	4.00	76	1.00	1.00	0.75	1.58
DR	0.13	[0.33]	0.00	1.00	14	0.00	0.00	2.27	3.20
FAB	0.23	[0.46]	0.00	2.00	23	0.00	0.00	1.87	2.73
DV2	0.03	[0.16]	0.00	1.00	3	0.00	0.00	5.89	33.24
INC2	0.01	[0.09]	0.00	1.00	1	0.00	0.00	10.49	110.00
DR2	0.01	[0.09]	0.00	1.00	1	0.00	0.00	10.49	110.00
FAB2	0.04	[0.19]	0.00	1.00	4	0.00	0.00	5.02	23.65
ALOG	0.05	[0.26]	0.00	2.00	5	0.00	0.00	5.37	31.19
CONTAM	0.00	0.00	0.00	0.00	0	0.00	0.00	—	—
Sum6 Sp. Sc.	2.27	1.36	0.00	5.00	110	2.00	2.00	−0.11	−0.96
Sum6 Sp. Sc. 2	0.08	[0.27]	0.00	1.00	9	0.00	0.00	3.09	7.71
WSum6	4.71	3.33	0.00	15.00	110	4.00	3.00	0.60	0.27
AB	0.03	[0.16]	0.00	1.00	3	0.00	0.00	5.89	33.24
AG	1.14	0.91	0.00	4.00	82	1.00	1.00	0.53	−0.05
CFB	0.00	0.00	0.00	0.00	0	0.00	0.00	—	—
COP	1.54	0.97	0.00	5.00	98	1.00	1.00	0.75	0.98
CP	0.00	[0.00]	0.00	0.00	0	0.00	0.00	—	—
MOR	0.54	[0.83]	0.00	4.00	41	0.00	0.00	1.74	3.06
PER	0.92	0.65	0.00	5.00	89	1.00	1.00	2.31	14.11
PSV	0.04	[0.19]	0.00	1.00	4	0.00	0.00	5.02	23.65

주의: [ ] 안의 값은 신뢰할 수 없는 값이므로 기대범위를 추정하는 데 사용할 수 없음. 흔히 이 변인들은 모수통계분석에 포함시키지 않음.

〈표 2-5〉 16세(N=140)

VARIABLE	MEAN	SD	MIN	MAX	FREQ	MEDIAN	MODE	SK	KU
R	22.89	5.16	14.00	31.00	140	21.00	20.00	0.94	1.70
W	8.96	2.37	3.00	20.00	140	9.00	9.00	1.70	8.32
D	11.91	3.74	0.00	21.00	139	12.00	12.00	−0.23	1.41
Dd	2.02	[1.82]	0.00	7.00	121	2.00	1.00	3.49	15.11
S	1.24	[1.23]	0.00	5.00	132	2.00	2.00	2.70	14.04
DQ+	7.94	2.04	2.00	13.00	140	8.00	8.00	−0.28	−0.13
DQo	13.12	3.47	5.00	27.00	140	12.00	12.00	1.23	4.58
DQv	0.89	[1.35]	0.00	5.00	59	0.00	0.00	1.59	1.62
DQv/+	0.84	[0.53]	0.00	2.00	46	0.00	0.00	2.21	3.98
FQX+	0.54	0.83	0.00	3.00	48	0.00	0.00	1.26	0.31
FQXo	16.43	3.36	7.00	29.00	140	16.00	15.00	0.59	2.16
FQXu	3.19	1.56	0.00	11.00	138	3.00	3.00	1.18	4.32
FQX−	1.58	0.91	0.00	5.00	126	2.00	2.00	0.70	2.97
FQXNone	0.06	[0.26]	0.00	2.00	7	0.00	0.00	5.01	27.20
MQ+	0.35	0.64	0.00	3.00	38	0.00	0.00	1.96	3.75
MQo	3.50	2.01	0.00	8.00	138	3.00	1.00	0.29	−0.86
MQu	0.37	0.50	0.00	2.00	51	0.00	0.00	0.71	−1.07
MQ−	0.09	[0.29]	0.00	1.00	13	0.00	0.00	2.84	6.13
MQNone	0.00	[0.00]	0.00	0.00	0	0.00	0.00	—	—
S−	0.34	[0.55]	0.00	2.00	43	0.00	0.00	1.32	0.81
M	4.31	2.13	1.00	9.00	140	4.00	4.00	0.20	−0.88
FM	4.58	1.66	1.00	9.00	140	4.00	4.00	0.04	−0.73
m	1.14	0.80	0.00	4.00	117	1.00	1.00	1.10	2.43
FM+m	5.72	1.78	2.00	10.00	140	6.00	7.00	0.03	−0.73
FC	3.43	1.34	0.00	8.00	137	3.00	3.00	0.14	1.16
CF	2.78	1.45	0.00	6.00	130	3.00	3.00	−0.05	−0.59
C	0.04	[0.20]	0.00	1.00	6	0.00	0.00	4.56	19.10
Cn	0.01	[0.12]	0.00	1.00	2	0.00	0.00	8.27	67.44
FC+CF+C+Cn	6.26	2.08	1.00	11.00	140	7.00	8.00	−0.56	−0.16
WsumC	4.56	1.66	0.50	8.00	140	5.00	3.50	−0.42	−0.49
SumC′	1.15	[1.27]	0.00	6.00	118	1.00	1.00	2.48	13.59
SumT	1.02	[0.48]	0.00	3.00	128	1.00	1.00	2.44	13.39
SumV	0.19	[0.51]	0.00	2.00	20	0.00	0.00	2.64	6.03
SumY	1.04	[1.21]	0.00	5.00	95	2.00	1.00	3.25	20.79
SumShd	3.44	2.35	0.00	23.00	139	4.00	4.00	4.25	31.18
Fr+rF	0.48	[0.41]	0.00	3.00	32	0.00	0.00	6.27	48.14
FD	1.31	[0.93]	0.00	5.00	108	1.00	2.00	0.33	0.77
F	6.85	2.69	2.00	17.00	140	6.00	5.00	0.96	0.93
PAIR	9.04	2.00	1.00	14.00	140	9.00	10.00	−0.90	3.36
3r+(2)/R	0.43	0.09	0.05	0.79	140	0.45	0.50	−0.32	3.89
LAMBDA	0.65	0.21	0.24	1.71	140	0.68	0.63	1.85	7.03
EA	8.87	2.23	2.00	13.50	140	9.00	8.50	−0.59	0.63
es	9.21	3.29	4.00	17.00	140	10.00	8.00	2.09	12.09
D	−0.31	1.31	−10.00	2.00	140	0.00	0.00	−3.70	22.64
Adj D	−0.11	1.04	−5.00	2.00	140	0.00	0.00	−1.56	5.47
a(active)	6.82	1.71	3.00	12.00	140	7.00	6.00	0.25	0.13
p(passive)	3.22	1.89	0.00	9.00	133	3.00	2.00	0.70	0.33
Ma	2.62	1.42	1.00	7.00	140	2.00	2.00	0.88	0.20
Mp	1.69	1.38	0.00	5.00	106	2.00	2.00	0.55	−0.32
Intellect	1.14	0.93	0.00	5.00	140	1.00	1.00	1.38	2.72
Zf	12.61	2.64	5.00	23.00	140	13.00	13.00	0.37	3.18
Zd	1.12	2.96	−6.50	9.00	140	0.75	−0.50	0.09	0.15
Blends	6.11	2.13	1.00	12.00	140	7.00	7.00	−0.44	−0.26
Col-Shd Blends	0.24	[0.50]	0.00	2.00	28	0.00	0.00	2.08	3.56
Afr	0.65	0.17	0.27	1.29	140	0.67	0.67	0.80	1.61
Populars	6.46	1.27	3.00	10.00	140	7.00	7.00	−0.35	0.39

〈표 2-5〉 16세(계속)

VARIABLE	MEAN	SD	MIN	MAX	FREQ	MEDIAN	MODE	SK	KU
X+%	0.78	0.07	0.50	0.90	140	0.79	0.75	−0.42	2.27
F+%	0.74	0.18	0.29	1.00	140	0.70	0.67	0.36	−0.58
X−%	0.07	0.05	0.00	0.25	126	0.07	0.05	3.08	22.84
Xu%	0.14	0.06	0.00	0.37	138	0.15	0.15	0.45	1.42
S−%	0.16	[0.27]	0.00	1.00	43	0.00	0.00	1.48	1.38
Isolate	0.16	0.07	0.00	0.47	140	0.16	0.16	1.31	4.09
H	3.39	1.94	0.00	8.00	139	3.00	3.00	0.62	−0.28
(H)	1.07	0.89	0.00	4.00	97	1.00	1.00	0.36	−0.43
Hd	0.59	0.81	0.00	4.00	62	0.00	0.00	1.79	4.08
(Hd)	0.46	0.50	0.00	1.00	64	0.00	0.00	0.17	−2.00
Hx	0.00	[0.00]	0.00	0.00	0	0.00	0.00	—	—
All H Cont	5.51	2.12	1.00	9.00	140	5.00	5.00	−0.06	−0.76
A	8.04	1.97	3.00	15.00	140	8.00	7.00	0.46	1.18
(A)	0.32	[0.54]	0.00	3.00	41	0.00	0.00	1.73	3.69
Ad	2.11	[1.15]	0.00	9.00	131	2.00	2.00	1.98	10.34
(Ad)	0.07	[0.33]	0.00	2.00	7	0.00	0.00	4.94	24.56
An	0.41	[0.79]	0.00	4.00	32	1.00	0.00	0.45	−0.96
Art	0.83	0.68	0.00	4.00	97	1.00	1.00	0.79	2.33
Ay	0.19	[0.41]	0.00	2.00	25	0.00	0.00	1.95	2.75
Bl	0.21	[0.43]	0.00	2.00	29	0.00	0.00	1.68	1.61
Bt	1.87	1.03	0.00	6.00	130	2.00	2.00	0.62	1.27
Cg	1.39	1.06	0.00	4.00	116	1.00	1.00	0.65	−0.57
Cl	0.11	[0.36]	0.00	2.00	14	0.00	0.00	3.33	11.30
Ex	0.31	[0.32]	0.00	1.00	26	0.00	0.00	2.45	4.06
Fi	0.39	[0.57]	0.00	2.00	42	1.00	0.00	0.20	−0.76
Fd	0.31	[0.52]	0.00	2.00	31	0.50	0.00	0.13	−1.62
Ge	0.01	[0.12]	0.00	1.00	2	0.00	0.00	8.28	67.44
Hh	0.91	0.67	0.00	4.00	108	1.00	1.00	1.14	3.97
Ls	1.07	0.74	0.00	3.00	108	1.00	1.00	−0.00	−0.87
Na	0.17	[0.41]	0.00	2.00	22	0.00	0.00	2.36	5.03
Sc	1.51	[1.31]	0.00	6.00	93	2.00	0.00	0.23	−0.82
Sx	0.11	[0.41]	0.00	3.00	11	0.00	0.00	4.58	23.67
Xy	0.04	[0.19]	0.00	1.00	5	0.00	0.00	5.06	23.93
Idio	1.31	1.45	0.00	7.00	81	1.00	0.00	1.07	1.04
DV	0.99	[0.71]	0.00	3.00	107	1.00	1.00	0.39	0.11
INC	0.83	[0.75]	0.00	4.00	91	1.00	1.00	0.81	1.34
DR	0.14	[0.37]	0.00	2.00	19	0.00	0.00	2.48	5.51
FAB	0.21	[0.44]	0.00	2.00	28	0.00	0.00	1.89	2.75
DV2	0.02	[0.14]	0.00	1.00	3	0.00	0.00	6.68	43.26
INC2	0.01	[0.12]	0.00	1.00	2	0.00	0.00	8.28	67.44
DR2	0.01	[0.08]	0.00	1.00	1	0.00	0.00	11.83	140.00
FAB2	0.04	[0.19]	0.00	1.00	5	0.00	0.00	5.06	23.93
ALOG	0.05	[0.25]	0.00	2.00	6	0.00	0.00	5.49	32.88
CONTAM	0.00	0.00	0.00	0.00	0	0.00	0.00	—	—
Sum6 Sp. Sc.	2.22	1.34	0.00	8.00	124	3.00	2.00	0.03	−0.90
Sum6 Sp. Sc. 2	0.08	[0.27]	0.00	1.00	11	0.00	0.00	3.17	8.14
WSum6	4.57	3.23	0.00	15.00	140	4.00	3.00	0.67	0.32
AB	0.06	[0.25]	0.00	1.00	9	0.00	0.00	3.59	11.06
AG	1.20	0.99	0.00	5.00	106	1.00	1.00	1.03	1.98
CFB	0.00	0.00	0.00	0.00	0	0.00	0.00	—	—
COP	1.60	1.10	0.00	5.00	120	1.00	1.00	0.69	0.45
CP	0.00	[0.00]	0.00	0.00	0	0.00	0.00	—	—
MOR	0.58	[0.81]	0.00	4.00	59	0.00	0.00	1.57	2.57
PER	0.96	0.72	0.00	5.00	110	1.00	1.00	1.60	7.12
PSV	0.04	[0.20]	0.00	1.00	4	0.00	0.00	4.56	29.10

주의: [ ] 안의 값은 신뢰할 수 없는 값이므로 기대범위를 추정하는 데 사용할 수 없음. 흔히 이 변인들은 모수통계분석에 포함시키지 않음.

〈표 2-6〉 35개 변인의 빈도: 1,390명의 정상 아동과 청소년(5~10세)

	5세 (N=90)		6세 (N=80)		7세 (N=120)		8세 (N=120)		9세 (N=140)		10세 (N=120)	
	빈도	%	빈도	%	빈도	%	빈도	%	빈도	%	빈도	%
EB STYLE												
Introversive	2	2%	1	1%	9	8%	16	13%	33	24%	26	22%
Super-Introversive	0	0%	0	0%	0	0%	0	0%	3	2%	0	0%
Ambitent	24	27%	20	25%	44	37%	48	40%	51	36%	38	32%
Extratensive	64	71%	59	74%	67	56%	56	47%	56	40%	56	47%
Super-Extratensive	62	69%	46	58%	40	33%	32	27%	15	11%	26	22%
EA-es DIFFERENCES : D-SCORES												
D Score > 0	0	0%	0	0%	0	0%	6	5%	7	5%	2	2%
D Score=0	68	76%	51	64%	69	58%	90	75%	117	84%	100	83%
D Score < 0	22	24%	29	36%	51	43%	24	20%	16	11%	8	15%
D Score < −1	4	4%	4	5%	12	10%	8	7%	9	6%	2	2%
Adj D Score > 0	0	0%	0	0%	0	0%	6	5%	9	6%	6	5%
Adj D Score=0	72	80%	63	79%	69	58%	98	82%	121	86%	96	80%
Adj D Score < 0	18	20%	17	21%	51	43%	16	13%	10	7%	18	15%
Adj D Score < −1	3	3%	4	5%	5	4%	8	7%	7	5%	22%	Z%
Zd > +3.0(Overincorp)	3	3%	0	0%	0	0%	8	7%	28	20%	30	25%
Zd < −3.0(Underincorp)	23	26%	27	34%	32	27%	19	16%	22	16%	19	16%
FORM QUALITY DEIVIATIONS												
X+% > .89	0	0%	0	0%	0	0%	0	0%	1	1%	0	0%
X+% < .70	51	57%	28	35%	22	18%	56	47%	48	34%	12	10%
X+% < .61	25	28%	13	16%	12	10%	16	13%	11	8%	13	11%
X+% < .50	4	4%	0	0%	0	0%	3	3%	3	2%	3	3%
F+% < .70	15	17%	27	34%	81	68%	68	57%	67	48%	92	77%
Xu% > .20	49	54%	59	74%	0	0%	32	27%	36	26%	22	18%
X−% > .15	9	10%	12	15%	12	10%	14	12%	21	15%	17	14%
X−% > .20	1	1%	1	1%	6	5%	2	2%	2	1%	8	7%
X−% > .30	0	0%	0	0%	0	0%	0	0%	0	0%	0	0%
FC : CF+C RATIO												
FC > (CF+C)+2	0	0%	0	0%	9	8%	1	1%	0	0%	1	1%
FC > (CF+C)+1	0	0%	0	0%	12	10%	9	8%	10	7%	14	12%
(CF+C) > FC+1	87	97%	71	89%	17	14%	48	40%	30	21%	60	50%
(CF+C) > FC+2	43	48%	49	61%	11	9%	32	27%	19	14%	21	18%

〈표 2-6〉 5~10세(계속)

	5세 (N=90)		6세 (N=80)		7세 (N=120)		8세 (N=120)		9세 (N=140)		10세 (N=120)	
	빈도	%	빈도	%	빈도	%	빈도	%	빈도	%	빈도	%
CONSTELLATIONS & INDICES												
HVI Positive	0	0%	0	0%	0	0%	0	0%	0	0%	0	0%
OBS Positive	0	0%	0	0%	0	0%	0	0%	0	0%	0	0%
SCZI=6	0	0%	0	0%	0	0%	0	0%	0	0%	0	0%
SCZI=5	0	0%	0	0%	0	0%	0	0%	0	0%	0	0%
SCZI=4	0	0%	0	0%	0	0%	0	0%	0	0%	0	0%
DEPI=7	0	0%	0	0%	0	0%	0	0%	0	0%	0	0%
DEPI=6	0	0%	0	0%	0	0%	0	0%	0	0%	0	0%
DEPI=5	0	0%	0	0%	0	0%	0	0%	0	0%	0	0%
CDI=5	1	1%	2	2%	3	3%	3	3%	0	0%	0	0%
CDI=4	11	12%	10	13%	13	11%	8	7%	9	6%	18	15%
MISCELLANEOUS VARIABLES												
Lambda>.99	12	12%	9	11%	14	12%	20	17%	20	14%	13	11%
S>2	21	23%	4	5%	37	31%	9	8%	12	9%	14	12%
SumT=0	33	37%	11	14%	10	8%	8	7%	17	12%	14	12%
SumT>1	0	0%	0	0%	2	2%	8	7%	6	4%	8	7%
3r+(2)/R<.33	0	0%	4	5%	0	0%	1	1%	7	5%	4	3%
3r+(2)/R>.44	86	96%	68	85%	86	72%	82	68%	56	40%	110	92%
Pure C>1	14	16%	31	39%	9	8%	3	3%	9	6%	2	2%
Afr<.40	0	0%	12	15%	0	0%	1	1%	8	6%	2	2%
Afr<.50	13	14%	19	24%	9	8%	12	10%	16	11%	16	13%
(Fm+m)<SumShd	0	0%	0	0%	2	2%	10	8%	14	10%	8	7%
Populars<4	6	7%	8	10%	3	3%	4	3%	0	0%	4	3%
COP=0	13	14%	13	16%	12	10%	6	5%	4	3%	6	5%
COP>2	6	6%	5	6%	16	13%	30	25%	37	26%	21	18%
AG=0	8	9%	40	50%	0	0%	24	20%	12	9%	3	3%
AG>2	4	4%	4	5%	3	3%	13	11%	19	14%	18	15%
MOR>2	3	3%	5	6%	6	5%	3	3%	11	8%	13	11%
Level 2 Sp. Sc. >0	32	36%	16	20%	19	16%	13	11%	14	10%	10	8%
Sum6 Sp. Sc. >6	19	21%	22	27%	22	18%	32	27%	23	16%	21	18%
Pure H<2	4	4%	24	30%	63	52%	32	27%	31	22%	36	30%
Pure H=0	1	1%	8	10%	2	2%	4	3%	2	1%	4	3%
p>a+1	7	8%	5	6%	16	13%	10	8%	19	14%	12	10%
Mp>Ma	9	10%	9	11%	11	9%	14	12%	17	12%	14	12%

〈표 2-6〉 11~16세

	11세 (N=135)		12세 (N=120)		13세 (N=110)		14세 (N=105)		15세 (N=110)		16세 (N=140)	
	빈도	%	빈도	%	빈도	%	빈도	%	빈도	%	빈도	%
EB STYLE												
Introversive	41	30%	38	32%	34	31%	36	34%	41	37%	52	37%
Super-Introversive	0	0%	8	7%	10	9%	10	10%	8	7%	12	9%
Ambitent	34	25%	39	33%	39	35%	26	25%	23	21%	27	19%
Extratensive	60	44%	43	36%	37	34%	43	41%	46	42%	61	44%
Super-Extratensive	14	10%	22	18%	18	16%	18	17%	18	16%	23	16%
EA-es DIFFERENCES : D-SCORES												
D Score>0	0	0%	4	3%	14	13%	10	10%	9	8%	14	10%
D Score=0	123	91%	90	75%	70	64%	69	66%	71	65%	110	79%
D Score<0	12	9%	26	22%	26	24%	26	25%	30	27%	16	11%
D Score<−1	5	4%	3	3%	4	4%	3	3%	10	9%	9	6%
Adj D Score>0	4	3%	14	12%	25	23%	21	20%	16	15%	17	12%
Adj D Score=0	119	88%	80	67%	65	59%	70	67%	67	61%	86	61%
Adj D Score<0	11	8%	26	22%	20	18%	14	13%	27	25%	12	9%
Adj D Score<−1	4	3%	2	2%	2	2%	2	2%	6	5%	7	5%
Zd>+3.0(Overincorp)	36	27%	34	28%	30	27%	21	20%	25	23%	30	21%
Zd<−3.0(Underincorp)	14	10%	20	17%	15	14%	16	15%	16	15%	14	10%
FORM QUALITY DEIVIATIONS												
X+%>.89	2	1%	0	0%	2	2%	1	1%	7	6%	8	6%
X+%<.70	21	16%	18	15%	16	15%	16	15%	7	6%	12	9%
X+%<.61	14	10%	6	5%	8	7%	8	8%	3	3%	3	2%
X+%<.50	0	0%	4	3%	6	5%	4	4%	0	0%	0	0%
F+%<.70	117	87%	91	76%	82	75%	57	54%	77	70%	72	51%
Xu%>.20	26	19%	16	13%	16	15%	14	13%	9	8%	16	11%
X−%>.15	20	15%	6	5%	12	11%	10	10%	2	2%	2	1%
X−%>.20	18	13%	4	3%	6	5%	4	4%	2	2%	2	1%
X−%>.30	0	0%	2	2%	2	2%	0	0%	1	1%	0	0%
FC : CF+C RATIO												
FC>(CF+C)+2	3	2%	8	7%	6	5%	4	4%	10	9%	18	13%
FC>(CF+C)+1	17	13%	12	10%	12	11%	8	8%	20	18%	38	27%
(CF+C)>FC+1	45	33%	24	20%	19	17%	16	15%	23	21%	23	16%
(CF+C)>FC+2	14	10%	0	0%	3	3%	3	3%	2	2%	2	1%

〈표 2-6〉 11~16세(계속)

	11세 (N=135)		12세 (N=120)		13세 (N=110)		14세 (N=105)		15세 (N=110)		16세 (N=140)	
	빈도	%	빈도	%	빈도	%	빈도	%	빈도	%	빈도	%
CONSTELLATIONS & INDICES												
HVI Positive	3	2%	4	3%	3	3%	1	1%	0	0%	1	1%
OBS Positive	0	0%	0	0%	0	0%	0	0%	1	1%	1	1%
SCZI=6	0	0%	0	0%	0	0%	0	0%	0	0%	0	0%
SCZI=5	0	0%	0	0%	0	0%	0	0%	0	0%	0	0%
SCZI=4	0	0%	0	0%	0	0%	0	0%	0	0%	0	0%
DEPI=7	0	0%	0	0%	0	0%	0	0%	0	0%	0	0%
DEPI=6	0	0%	0	0%	0	0%	0	0%	0	0%	0	0%
DEPI=5	0	0%	1	1%	1	1%	0	0%	0	0%	0	0%
CDI=5	0	0%	0	0%	0	0%	0	0%	1	1%	1	1%
CDI=4	12	9%	29	24%	14	13%	13	12%	11	10%	12	9%
MISCELLANEOUS VARIABLES												
Lambda > .99	16	12%	10	8%	10	9%	7	7%	8	7%	9	6%
S > 2	18	13%	10	8%	16	15%	13	12%	17	15%	18	13%
SumT=0	19	14%	14	12%	20	18%	17	16%	6	5%	12	9%
SumT > 1	11	8%	0	0%	4	4%	2	2%	9	8%	11	8%
3r+(2)/R < .33	0	0%	6	5%	18	16%	18	17%	7	6%	10	7%
3r+(2)/R > .44	123	91%	85	71%	62	56%	59	56%	49	45%	74	53%
Pure C > 1	0	0%	0	0%	0	0%	0	0%	0	0%	0	0%
Afr < .40	0	0%	6	5%	8	7%	6	6%	5	5%	6	4%
Afr < .50	13	10%	45	38%	33	30%	24	23%	19	17%	21	15%
(Fm+m) < SumShd	10	7%	12	10%	11	10%	9	9%	17	15%	20	14%
Populars < 4	0	0%	4	3%	4	4%	1	1%	3	3%	4	3%
COP=0	6	4%	6	5%	10	9%	13	12%	12	11%	20	14%
COP > 2	13	10%	19	16%	16	15%	18	17%	15	14%	24	17%
AG=0	5	4%	21	18%	25	23%	19	18%	28	25%	34	24%
AG > 2	10	7%	15	13%	8	7%	10	10%	8	7%	11	8%
MOR > 2	6	4%	6	5%	2	2%	5	5%	4	4%	5	4%
Level 2 Sp. Sc. > 0	20	15%	22	18%	13	12%	9	9%	9	8%	7	5%
Sum6 Sp. Sc. > 6	22	16%	17	14%	16	15%	12	11%	9	8%	9	6%
Pure H < 2	27	20%	30	25%	28	25%	18	17%	23	21%	14	10%
Pure H=0	4	3%	0	0%	0	0%	0	0%	1	1%	1	1%
p > a+1	12	9%	10	8%	7	6%	13	12%	13	12%	15	11%
Mp > Ma	20	15%	18	15%	9	8%	8	8%	16	15%	17	12%

참고문헌

Anastasi, A., & Urbina, S. (1997). *Psychological testing* (7th ed.). New York: Grune & Stratton.

Atkinson, L. (1986). The comparative validities of the Rorschach and MMPI. *Canadian Psychology, 27*, 238-347.

Blatt, S. J. (1975). The validity of projective techniques and their clinical and research contributions. *Journal of Personality Assessment, 39*, 327-343.

Exner, J. E., Jr. (1980). But it' s only an inkblot. *Journal of Personality Assessment, 44*, 562-577.

Exner, J. E., Jr. (1986). Some Rorschach data comparing schizophrenics with borderline and schizotypal personality disorders. *Journal of Personality Assessment, 50*, 455-471.

Exner, J. E., Jr. (1991). *The Rorschach: A comprehensive system: Vol. 2. Interpretation* (2nd ed.). New York: Wiley.

Exner, J. E., Jr. (1993). *The Rorschach: A comprehensive system: Vol. 1. Basic foundations* (3rd ed.). New York: Wiley.

Exner, J. E., Jr. (1995). *Issues and methods in Rorschach research*. Mahwah, NJ: Lawrence Erlbaum Associates.

Exner, J. E., Jr. (1997). *Empirical quality of the Comprehensive System*. Paper presented at Society for Personality Assessment Annual Meeting. San Diego: CA.

Exner, J. E., Jr., Thomas, E. E., & Mason, B. (1985). Children' s Rorschach: Description and prediction. *Journal of Personality Assessment, 49*, 13-20.

Exner, J. E., Jr., & Weiner, I. B. (1995). *The Rorschach: A comprehensive system: Vol. 3. Assessment of children and adolescents* (2nd ed.). New York: Wiley.

Holt, R. R. (1967). Diagnostic testing: Present status and future prospects. *Journal of Nervous and Mental Disease, 144*, 444-465.

Klopfer, B., Kirkner, F., Wisham, W., & Baker, G. (1951). Rorschach Prognostic Rating Scale. *Journal of Projective Techniques and Personality Assessment, 15*, 425-428.

Meyer, G. J. (1996). Assessing reliability: Critical correlations for a critical examination of the Rorschach Comprehensive System. *Psychological Assessment, 9*, 480-489.

Meyer, G. J., & Handler, L. (1997). The ability of the Rorschach to predict subsequent outcome: Meta-analysis of the Rorschach Prognostic Rating Scale. *Journal of Personality Assessment, 69*, 1-38.

Parker, K. C. H., Hanson, R. K., & Hunsley, J. (1988). MMPI, Rorschach and WAIS: A meta-analytic comparison of reliability, stability, and validity. *Psychological Bulletin, 103*, 367-373.

Ruiz, F., Panelos, M. L., Thomas, E. A., & Exner, J. E. (1980). *A comparison of 30 protocols from children in three Spanish speaking countries with normative data for the Comprehensive System* [Workshops Study No. 267 (unpublished)]. Rorschach Workshops.

Sendin, C. (1995). Nonpatient transcultural comparison. *In Proceedings Book, 14th International Congress of Rorschach and Projective Techniques*. Lisbon, Portugal: Gulbenkian.

Shontz, F. C., & Green, P. (1992). Trends in research on the Rorschach: Review and recommendations. *Applied and Preventive Psychology, 1*, 149-156.

Weiner, I. B. (1977). Approaches to Rorschach validation. In M. A. Rickers-Ovsiankina (Ed.), *Rorschach psychology* (2nd ed., pp. 575-608). Huntington, NY: Krieger.

Weiner, I. B. (1995). Methodological considerations in Rorschach research. *Psychological Assessment, 7*, 330-337.

Weiner, I. B. (1996). Some observations on the validity of the Rorschach Inkblot Method. *Psychological Assessment, 8*, 206-213.

Weiner, I. B. (1997) Current status of the Rorschach Inkblot Method. *Journal of Personality Assessment, 68*, 5-19.

Zubin, J., Eron, L. D., & Schumer, F. (1965). *An experimental approach to projective techniques*. New York: Wiley.

제3장 아동 · 청소년을 대상으로 하는 로샤 검사의 실시

모든 검사가 그러하듯이 로샤 검사도 제대로 실시되어야만 좋은 자료를 얻을 수 있다. 특히, 로샤 검사는 적절한 절차에 따라 정확하게 실시해야만 채점도 정확하게 할 수 있고, 따라서 의미 있는 해석이 가능해진다. 로샤를 실시하는 동안 검사자가 중요한 결정과 판단을 내려야 하는 경우가 여러 번 있으며 이것이 채점에 매우 중요한 영향을 미치게 된다. 이 때문에 로샤 실시 과정의 모든 측면에 대해서 잘 알고 있어야만 피검자의 심리적 기능을 정확하게 평가할 수 있다.

아동 · 청소년을 대상으로 할 때에도 실시 절차와 실시 과정에서 고려해야 할 점은 성인의 경우와 대부분 동일하다. 이 장에서는 기본적인 로샤 실시방법에 대해 기술하고, 피검자가 아동 · 청소년일 때 특히 유의할 점에 대해 설명하기로 한다.

1. 로샤 검사를 실시할지 여부에 대한 결정

피검자에게 로샤 검사를 실시할지 여부는 검사를 통해 검사자가 어떠한 답을 얻고자 하는가, 그리고 피검자가 로샤 검사에서 신뢰할 수 있는 정보를 제공할 만한가에 달려 있다. 로샤 검사는 피검자의 대처방식, 가용한 대처 자원, 스트레스 인내력, 정서적 어려움, 정서조절 능력, 문제해결 방식, 정신증적 문제의 여부, 현실 검증력, 지각적 정확성, 대인지각, 자기지각, 동기나 욕구 등 개인 내적인 문제 등에 대해 훌륭한 임상적 정보를 제공해 준다. 따라서 피검자의 문제에 대한 진단, 내적인 성격 구조에 대한 파악, 감별 진단에 유용할 뿐만 아니라 치료 계획을 수립하거나 치료 효과와 변화 과정을 검토하는 데에도 많은 도움이 된다. 또한 피검자가 모호한 상황에 어떻게 대처하는지에 대해서도 평가할 수 있다.

아동 · 청소년의 경우도 이러한 유용한 정보를 로샤 검사를 통해 얻을 수 있다. 그러나 그들에게는 로샤 검사와 같이 불확실한 자극에 대해 답해 보도록 하는 절차가 성인보다 더 부담스러울 수 있다. 나이가 어릴수록 좋은 인상을 줘야 한다거나 협조적인 태도를 취해야 한다는 사회적 부담감을 적게 느낄 뿐만 아니라 낯선 사람에게서 자신을 보호하고자 하는 욕구나 불안감을 더 크게 느끼기 때문이다. 따라서 검사를 실시하기에 앞서 협조적인 태도를 이끌어 내고 불안감을 감소시키기 위해 좀 더 많은 시간을 할애하고, 피검자의 눈높이에 맞는 방식으로 대하여 편안한 분위기를 유도하는 것이 더욱 중요하다.

2. 검사 환경 조성하기

1) 검사도구

(1) 로샤 카드

10장의 로샤 카드를 앞면이 보이지 않도록 뒤집어서 카드 I이 제일 위에 오도록 배열해 둔다. 그리고 차례로 카드를 뒤집어서 피검자에게 제시한다.

(2) 기록지

로샤 검사의 반응 단계와 질문 단계에서 나온 말, 카드 번호와 반응 영역을 기록하는 기록지가 있고, 피검자가 로샤 카드의 어느 부분을 보고 반응한 것인지를 기록하는 반응 영역 기록지(location chart)가 있다. 반응 영역 기록지는 10장의 로샤 카드를 한 장에 축소 복사해 놓은 것이다.

2) 검사 환경과 좌석 배치

가장 이상적인 검사 환경은 다른 사람에게 방해받을 염려가 없는 조용하고 편안한 검사실이다. 교도소나 학교에서 검사를 실시하는 경우처럼 이러한 조건이 충족되지 못하는 경우도 많이 있지만, 어떠한 경우라도 가능한 한 이상적인 상황과 비슷한 조건을 조성해야 한다. 특히, 다른 사람이 들어오거나 하여 방해가 되면 피검자가 긴장하고 위축되어 검사에 진지하게 몰입하려는 동기가 저하되므로 검사 자료에 좋지 못한 영향을 미치게 된다.

자리는 검사자가 피검자 옆에 앉도록 하는 것이 가장 표준적인 절차다. 그 이유는, 첫째, 검사자에게서 비롯되는 부주의하고 원치 않는 단서가 피검자에게 영향을 미칠 수 있는 영향을 줄일 수 있고, 둘째, 피검자가 언급하는 반점의 특징을 더 잘 볼 수 있기 때문이다. 또한 피검자보다 약간 뒤쪽에 앉는 것도 좋다. 그러나 5~6세의 어린 피검자의 경우 아동의 상태나 검사 상황에 맞게 다소 변경할 수 있다. 검사자와 피검자가 마주 보고 앉아서는 안 되는데, 그러한 배치가 피검자의 반응에 어떠한 방식으로든 영향을 미칠 수 있기 때문이다.

로샤 검사를 할 때 절대로 서둘러서는 안 된다. 검사자는 충분한 시간을 두고 반응을 정확히 기록하고 적절한 질문을 해야 한다. 검사는 대개 40~55분 가량이 소요되며, 검사자가 편안하게 느끼는 빠르기로 진행한다. 보통 로샤 반응 단계에서는 20분이 걸리며, 질문 단계에서는 피검자가 얼마나 협조적이고 분명하게 대답하는가에 따라 약 30분 정도가 소요된다. 10세 이하의 아동의 경우는 언어적 표현력이 성인보다 부족하고 검사자가 하는 질문의 의미를 이해시키기가 더 어려우므로 약 60분 정도의 시간이 필요하다.

3) 피검자와 관계 형성하기

피검자가 검사를 받는 동안 편안하게 느낄 수 있도록 해 주는 것이 매우 중요하다. 검사를 시작하기에 앞서 검사자가 피검자와 어떻게 상호작용을 맺고 피검자를 어떻게 준비시키는가에 따라 피검자의 자발성과 진지한 태도가 촉진될 수도 있고 불안과 방어가 높아질 수도 있다.

또한 검사를 하는 동안에도 긍정적인 라포를 유지할 수 있어야 한다. 불필요한 대화를 많이 할 필요는 없지만 서로 간의 교류가 유쾌하고 편안해야 한다. 로샤 검사의 성질이 모호하기 때문에 피검자들은 여러 가지를 궁금해하는 경우가 있다. 피검자의 검사 반응에 영향을 미치지 않도록 하면서 이러한 질문에 적절히 대답하는 방법을 알아두어야 피검자와의 관계를 자연스럽고 유연하게 맺어 갈 수 있다.

라포를 맺는 가장 좋은 방법은 예전에 검사를 받아 본 경험이 있는지, 있다면 어떠했는지를 물어 보는 것이다. 피검자의 대답에 따라 혹시 과거에 심리평가와 관련한 부정적인 경험이나 기억을 가지고 있는지 여부를 알 수 있다. 만약 그렇다면 피검자가 지금 검사 상황에서는 어떤 반응을 보이고 있는지 예리하게 주시할 필요가 있다. 예전 검사 경험이 왜 좋지 못했는지에 대해 얘기하고 검사에 대해 지금 느끼는 감정에 대해서 좀 더 공감을 해 주는 것이 좋다. 로샤 검사에 대해 가지고 있는 사전 지식과 인상에 대해 질문함으로써 불안을 완화시키고 오해도 풀어 줄 수 있다.

검사에 대해 간단히 소개하는 것도 라포를 형성하는 데 중요하다. 로샤가 임상적으로 어떻게 유용하며, 피검자가 어떻게 하면 되는지를 설명하는 것이 좋다. 예를 들면, "이제 잉크반점 검사를 할 거야. 이 검사는 ○○에 대해 잘 알아보기 위한 검사야. 이런 검사를 통해 우리는 ○○를 좀 더 잘 알게 되어서 좀 더 잘 도와줄 수 있게 될 거야."와 같이 말할 수 있다. 또한 앞으로 피검자가 할 일이 무엇인지도 구체적으로 설명해 준다. "앞으로 10장의 잉크반점으로 만든 카드를 보여 줄 텐데, 그것이 무엇처럼 보이는지를 나한테 말해 주면 돼."가 그 한 예다.

일단 검사가 시작되면 검사자는 불필요한 말을 피해야 한다. 하지만 피검자에게 계속해서 편안한 분위기를 만들어 주려면 검사 중에 피검자가 하는 질문에 자연스럽고도 분명하게 답변을 해 주어야 한다. 흔히 피검자들은 자신이 제대로 하고 있는지, 정답을 말하고 있는지에 대한 염려나 그림을 보고 무슨 답을 말하는 것이 어떤 정보를 줄 수 있는지에 대한 의구심을 표현하곤 한다. 이에 대해 가장 좋은 대처 방법은 일단 그 질문에 대해 대답은 하면서도 정보를 최대한 적게 주는 것이다. 검사 전에 더 자세한 설명은 피하는 것이 좋다. 대신에 자료 수집이 모두 끝난 후 더 질문할 기회를 주는 것이 가장 좋다.

예를 들어, "여기에서 무엇을 봐야 하는데요?"라고 묻는다면 검사자는 "어떤 것이든 다 볼 수 있어."라고 대답해 준다. 이러한 대답은 피검자의 반응에 영향을 미치지 않는다. 그러나 카드를 돌려서 보라는 언급이나 옳고 그른 반응 또는 반응 수에 대한 언급은 피해야 한다. 피검자가 "이런 검사를 해서 뭘 알 수 있다는 건지 모르겠군요."라고 말한다면 검사자는 "일단 우리가 검사를 모두 끝낼 때까지 그 질문에 대한 답은 미루어 놓는 것이 좋겠어. 모두 끝나고 나면 결과를 자세하게 알려 줄게."라고 대답할 수 있다. 이러한 대답은 피검자에게 로샤 검사 자체에 대한 정보는 많이 주지 않으면서 피검자를 안심시킬 수 있다. 검사자는 검사에 대해 많은 것을 알려 주지 않으면서도 피검자의 경험에 민감하고 공감적이어야 함을 명심해야 한다. 피검자가 너무 불안해한다면 잠시 멈추고 그 이유에 대해 탐색하는 것이 좋을 때도 있다. 몇 분간 피검자와 조용히 대화를 나누는 것만으로도 그의 불안과 염려를 누그러뜨리는 데 충분하다.

4) 아동 · 청소년을 대상으로 할 때

아동 · 청소년을 검사할 때에도 가능한 한 표준적인 실시 절차에 따라야 한다. 특히, 아동 · 청소년의 경우 라포를 맺는 것이 검사에 대한 협조를 얻고 불안을 완화시켜 타당한 검사 결과를 얻는 데 가장 중요하다. 로샤 검사가 검사 배터리의 일부로 실시될 때 아동이 너무 힘들어하지는 않는지를 살펴야 한다. 지능 검사와 같이 힘든 검사를 실시한 직후에 바로 로샤 검사를 시행하는 것은 좋지 않다. 자유놀이나 대화 혹은 색칠하기 등 검사와 무관한 시간을 잠시 보내고 난 다음에 실시하거나 두세 회기에 걸쳐 검사를 나누어 실시하는 것이 좋다.

또한 아동들은 주의폭이 짧고 산만하기 때문에 성인보다 자주 쉬어야 하고, 아동이 자리에 앉거나 일어서고 싶어 하면 허용한다. 만약 아동이 지나치게 산만하거나 과잉행동을 보인다면 로샤 검사를 실시하는 것 자체가 부적절할 수도 있다.

반항적이고 협조적이지 않는 어린 내담자와 검사할 경우 검사를 해야 할지 말아야 할지를 결정해야 한다. 로샤 자료가 그 내담자의 진단 및 치료에 필수적이라면, 다음으로 표준적인 절차로 시행할지 혹은 절차를 변경할지를 고려해야 한다. 아동이나 청소년은 검사에 대한 저항 때문이기보다는 불안이나 과잉활동성 때문에 검사하기 힘든 경우가 더 많다.

이런 경우라면 검사자는 표준적인 절차보다는 각 카드에 대해 반응을 하게 한 다음 바로 질문 단계로 들어가는 수정된 절차를 사용할 수 있다. Leura와 Exner(1977)의 연구에 따르면, 표준화된 절차보다는 수정된 절차를 사용할 때 D와 F 반응이 증가하여 반응 수가 다소 많아진다. 이처럼 수정된 절차를 사용할 때 아동들은 자극을 과잉 단순화하거나 좀 더 복잡한 자극 특성을 처리하지 않게 된다는 것을 알 수 있다. D와 F 반응의 증가는 주로 카드 IV에서 X 사이에서 일어났다.

이런 수정된 절차는 원칙보다는 예외로 생각해야 하며, 이런 절차를 사용할 때는 다음과 같은 지시문을 사용해서 각 카드 다음에 질문해야 함을 명심한다.

"이것을 보고 나에게 무엇처럼 보이는지 말해 주고, 내가 그것을 볼 수 있도록 보여 주면 돼. 네가 본 대로 나도 볼 수 있도록 그것이 어디에 있고 무엇 때문에 그렇게 보이는지를 말해 주면 돼."

수정된 절차를 사용할 때는 질문을 엄격하게 제한하고, 혹시 하더라도 검사에 대해 다시 상기시키는 질문이나 핵심 반응을 묻는 질문으로 국한해야 한다. 이 경우 역시 내담자가 자발적으로 말한 핵심 반응에 국한해서 질문해야 한다. 5~6세의 어린 아동은 대부분 검사에 그다지 협조적이지 않지만, 이런 때에도 수정된 절차보다는 표준화된 절차를 사용하는 것이 바람직하고 예외적인 경우에만 수정된 절차를 사용해야 한다.

3. 실시방법

1) 반응 단계(연상 단계)

피검자와 라포를 형성하고 검사 목적과 지시사항을 잘 설명하고 나면 반응 단계에 들어간다. 여기에서는 피검자의 심리적 기능에 대한 타당한 기술적 자료를 얻을 수 있을 만큼 충분한 수의 반응을 얻는 것이다. 피검자는 카드를 보고 나서 잠재적인 반응들을 형성하고 내적 검열을 통해 선택한 다음 최종적으로 검사자에게 반응을 하게 된다. 이러한 과정은 성인과 아동·청소년 모두에게 동일하게 일어난다.

(1) 로샤 카드 제시

10장의 로샤 카드를 I번부터 차례로 제시한다. 검사 동안 다른 카드는 피검자가 보지 못하도록 엎어 놓아야 한다. 먼저 첫 번째 카드를 뒤집어서 피검자에게 건네주고 "이게 무엇처럼 보이니?"라고 묻는다. 이 기본적인 지시문 외에 덧붙일 것은 없으나, 피검자가 검사 전의 설명에도 불구하고 단순히 "잉크반점인데요."라고 말한다면, "그래, 이것은 잉크반점 검사야. 이 잉크반점이 무엇처럼 보이는지 내게 말해 주겠니?"라는 식으로 다시 잘 설명해 줄 필요가 있다.

피검자가 반응을 하기 시작하면 말이 다소 앞뒤가 안 맞더라도 그 말 그대로 받아 적는 것이 중요하다. 때로 외견상 앞뒤가 안 맞는 말도 결정인이나 특수 점수로 채점에 포함되기도 하고 중요한 행동 관찰의 일부가 되기도 한다. 피검자가 너무 빨리 말해서 검사자가 피검자의 말을 놓친 경우 좀 더 천천히 말해 줄 것과 방금 말한 것을 다시 한 번 말해 줄 것을 요청할 수 있다. "잠깐만, 잘 못 따라가겠어." 혹은 "좀 더 천천히 말해 주겠니?" "미안하지만 다 못 들었어. 두 사람이 모자를 쓰고 그 다음에 뭐라고 했지?" 등의 질문을 할 수 있다. 피검자는 카드를 검사자에게 돌려주거나 검사자가 다음 순서를 진행하도록 잠시 기다려 줌으로써 자신이 반응을 마쳤다는 표시를 할 수 있다(Rose, Kaser-Boyd, & Maloney, 2001).

(2) 질문에 대한 응답

피검자의 질문에 대해 검사자의 응답은 비지시적이어야 하고, '사람들이 반점에 대해 여러 가지 방식으로 반응한다.' 는 일반적인 생각을 담고 있어야 한다.

몇 개의 반응을 하느냐에 대한 질문이 있을 수 있다. 반응 전이나 카드 I에 대한 반응을 하나 한 후에 피검자가 반응을 몇 개나 해야 하는지 물을 경우, 표준적인 대답은 "천천히 보면 하나 이상의 것을 볼 수 있을 거야." 라고 이야기해 주고, 카드 I에 대해 하나의 반응만 하고 그만두려 할 때는 카드를 다시 돌려주고 "천천히 보면 뭔가를 더 볼 수 있을 거야." 라고 말해 주는 것이다.

이는 타당한 해석을 할 수 있을 만큼 피검자가 충분한 반응을 하도록 하려는 것이다. 그러나 카드 I에 대한 두 번째 반응이 나오지 않을 경우에는 이를 받아들인다. 카드 I에 대해 둘 이상의 반응을 하고는 "몇 개를 보아야 하나요?" 하고 물을 경우 기본 대답은 "하고 싶은 만큼 하면 돼." 라고 말하는 것이다.

아동들은 성인들보다 검사에 대해 더 많은 질문을 하므로 그에 대한 대답을 해주어야 한다. 다음은 아동이 흔히 묻는 질문들과 그에 대한 적절한 대답들이다.

S: 이거 돌려도 돼요?
E: 네 마음대로 해.

S: 이거 전부를 사용해야 하나요?
E: 좋을 대로 해. 사람들마다 서로 다른 것들을 봐.

S: 내가 이걸 본 곳을 선생님한테 보여 줘야 하나요?
E: 좋으면 그렇게 해. (이 시점에서 질문 단계에 대한 언급을 피하는 것이 중요하다.)
S: 꼭 상상을 동원해야 해요?
E: 음, 나에게 네가 본 것을 말해 주기만 하면 돼. (이런 종류의 질문에서는 연상이 아닌 지각을 강조하면서 '상기시키다' 라는 말보다는 '보다' 라는 말을 사용하는 것이 더 좋다.)

S: (반응을 한 후에) 이게 선생님이 원하는 거예요?
E: 네가 본 것이라면 무엇이든지 돼.

S: 제가 말한 것이 맞나요?

E: 어떤 종류의 답이라도 괜찮아.

S: 선생님은 무엇이 보여요?

E: 우선 네가 본 것을 보자. 그러고 나서 네가 원하면 선생님이 본 것을 말해 줄게.

S: 다른 사람들은 무엇을 보죠?

E: 사람들은 서로 다른 많은 것들을 본단다.

S: 이게 선생님에게도 그렇게 보여요?

E: 나는 많은 것들을 볼 수 있어.

S: 어떻게 내가 본 것으로 무언가를 만들 수 있지요?

E: 다할 때까지 기다려 봐. 그러면 내가 좀 더 설명해 줄게.

S: 선생님이 이것을 만들었어요?

E: 아니, 다른 사람이 만들었단다.

S: 사람들에게 항상 같은 것들을 보여 주나요?

E: 그렇단다.

S: 이것들이 얼마나 많이 있지요?

E: 10개야.

S: 얼마나 오래 걸리죠?

E: 별로 오래 걸리지 않아.

S: 왜 선생님은 말한 것을 다 적으세요?

E: 네가 본 것을 기억하기 위해서란다

(3) 적절한 격려

피검자를 적절히 격려함으로써 충분한 수의 반응을 유도해 낼 수 있다. 카드 I에서 피검자는 하나 이상의 반응을 해야만 한다. 피검자가 한 개의 반응만 하고 다음으로 넘어가려고 하면, "대부분은 여기에서 한 가지 이상을 봐."라고 말해 주면서 반응을 더 하도록 격려하고 시간을 준다.

피검자가 더 이상 반응을 하지 않거나 못하겠다고 하면 "천천히 보면 돼. 좀 더 볼 수 있을 거야."라고 격려한다. 피검자가 '무엇을 보아야 하느냐? 몇 개나 대답해야 하느냐? 혹은 카드를 돌려보아도 되느냐?' 등을 물으면 "카드에서 보이는 것을 말해 주면 돼." "○○ 마음대로 하면 돼." "대부분 하나 이상을 봐." 혹은 "어떤 종류의 것이든 다 볼 수 있어."라고 대답해 준다.

카드에 반응을 하지 못하고 피검자가 어려워하는 것처럼 보이면 검사자는 "천천히 보면 돼. 서두를 필요 없어. 누구나 무언가를 볼 수 있어."라고 격려할 수도 있다. 하지만 아무리 격려하고 기다려도 피검자가 14개 이상의 반응을 보이지 못하는 경우가 있다. 이때는 채점을 할 수 없기 때문에 카드 I부터 다시 시작해야 한다. 검사자는 피검자에게 다음과 같은 말로 격려하기도 한다. "이제 어떻게 하는지 잘 알았지. 근데 한 가지 문제가 있어. ○○가 본 것이 충분치 않아. 그래서 처음부터 다시 한 번 해야겠어. 전과 똑같은 반응을 해도 좋지만 이번에는 좀 더 많이 해야 해. 알겠지?"와 같이 설명한 다음 똑같은 방식으로 로샤 반응 단계를 다시 실시한다.

반대로 피검자가 카드 I에서 다섯 개의 반응을 하고도 더 하려고 하면 카드를 회수하면서 "됐어, 다음으로 넘어가자."라고 말해야 한다. 카드 II에서도 다섯 개 이상의 반응을 하려고 하면 마찬가지로 대처한다. 그러나 카드 II 이후에 피검자가 다섯 개의 반응을 하고 자발적으로 멈추면 이러한 절차를 반복하지 않는다(Rose, Kaser-Boyd, & Maloney, 2001).

(4) 반응의 기록

검사자는 피검자가 반응을 시작하는 그 순간부터 하는 모든 반응을 받아 적어야 한다. 반응을 정확하게 기록하는 것이 이후 채점과 해석에 매우 중요하다.

카드 번호는 기록지의 왼쪽 칸에 적고, 그 다음 칸에 반응 번호를 적는다. 새로운 페이지를 시작할 때는 반응 수를 적는 것이 특히 중요하다. 실시가 끝날 무렵 충분한 수의 반응을 했는지를 알기 위해서다. 반응 번호는 카드 I번부터 X번까지 연속하여 매긴다. 예를 들어, 피검자가 카드 I에서 세 개의 반응을 했다면 카드 II의 첫 반응의 번호는 4번이 된다.

그 다음 두 칸은 반응과 질문 칸이다. 반응 칸에는 먼저 피검자가 카드 방향을 어떻게 해서 보았는지를 기록한다. <는 카드 위쪽을 왼쪽으로 해서 보았을 때, >는 오른쪽으로, ∨는 아래쪽으로 해서 보았을 때를 각각 나타내며 한 바퀴 돌려서 보았을 때는 o 표시를 한다. 아무 표시도 하지 않은 것은 똑바른 방향으로 놓고 보았다는 의미가 된다.

카드 방향을 표시하고 나서 검사자는 피검자가 한 말을 그대로 받아 적는다. 모든 단어와 구문이 나중에 검사를 해석하는 데 중요할 수 있다. 약자를 사용하면 받아 적기가 훨씬 쉬워진다. 차후 검사 자료를 다른 임상가가 보아야 할 경우가 생길 수 있으므로 Exner식 약자를 사용하는 것이 좋다. 질문 단계를 위해 각 반응 사이에는 공간을 충분히 남겨 둔다.

질문 단계에서 나온 말은 반응 칸의 오른쪽에 기록한다. 검사자는 E(examiner), 피검자는 S(subject)를 써서 둘 간의 대화를 기록한다. 동시에 반응 영역 기록지에 피검자가 한 반응의 부분을 동그라미 친다. 반응 영역을 정확히 기록하고 번호를 매긴 다음 반응을 구체적으로 확인해 놓으면 채점이 훨씬 수월하고 정확해진다.

(5) 행동 관찰 기록

로샤 카드에 대한 피검자의 언급뿐 아니라 행동과 몸짓도 기록한다. 예를 들어, 의사를 자주 놀리거나 손을 흔들거나 눈물을 흘리거나 언성을 높이는 등의 모습을 모두 반응 기록지 여백에 적어 둘 수 있다. 이는 검사자와 검사 상황에 대한 피검자 반응의 부가적인 정보, 특정 카드에 대한 피검자 반응의 부가적인 자료를 제공해 준다.

2) 질문 단계

반응 단계가 끝나면 질문 단계가 시작되는데, 이때는 반응 단계에서 피검자가 한 반응을 가능한 한 정확하게 채점할 수 있도록 피검자로부터 정보를 얻는 것이다. 질문 단계 동안 검사자는 피검자가 반응 단계에서 한 대로 어느 부분을 보았는지, 무엇을 보았는지, 그런 반응을 낳게 한 특성 혹은 결정인은 무엇인지 등에 대해 이해할 수 있어야 한다.

(1) 질문과 채점

질문 단계에서 반응에 대한 부가적인 정보를 얻지 않으면 대부분의 반응은 정확히 채점할 수가 없다. 채점의 세 가지 요소, 즉 내용(무엇을 보았는가), 반응 영역(어디를 보았는가), 결정인(무엇이 그렇게 보이게 한 것인가)을 완전히 이해하고 있어야 반응을 정확히 채점하는 데 필요한 정보를 얻을 수 있고 질문 단계를 시행할 수 있다. 때로 피검자는 질문 단계를 거치지 않아도 이러한 세 가지 정보를 모두 담고 있는 반응을 하기도 한다. 예를 들어, "이 전체가 박쥐처럼 보여요. 왜냐하면 색이 까맣고 날개와 몸통 모양이 그래서요." 등이다. 하지만 이런 경우는 매우 드물기 때문에 대부분 질문 단계가 필요하다.

(2) 지시와 절차

카드 X에 대한 피검자의 마지막 반응이 끝나면 질문 단계를 시작한다. 검사자는 카드 I이 제일 위에 오도록 하여 카드를 차례로 엎어 놓은 다음 다음과 같은 말로 질문 단계를 시작한다. "응. 다 잘했어. 이제 카드를 처음부터 다시 한 번 보도록 하자. 오래 걸리지는 않을 거야. 좀 전에 ○○가 본 것을 선생님도 ○○가 본 것처럼 볼 수 있도록 해 주면 되는 거야. 선생님이 한 번에 하나씩 방금 네가 봤던 것을 불러 줄 건데, 그러고 나면 ○○는 그것이 카드의 어디를 본 건지, 어떤 점이 그렇게 보이게 한 것인지를 선생님에게 말해 주면 돼. ○○가 본 것처럼 선생님도 볼 수 있도록 하면 돼. 무슨 말인지 알겠니?" 그런데 검사자가 이렇게 자세히 알려 주어도 피검자는 다음과 같은 질문을 하기도 하는데, 일반적으로 이에 대해서는 다음 예시대로 답해 주면 된다.

피검자: 이걸 왜 해야 되죠?

검사자: ○○가 본 것을 선생님도 볼 수 있도록 하기 위해서야.

피검자: 제게 어떤 말을 하라는 거지요?

검사자: 어디를 봤는지, 그리고 무엇이 그렇게 보이게 하는지(즉, 왜 그렇게 보이는지)를 말해 주면 된단다.

피검자: 다른 것도 더 보아야 하나요?

검사자: 아니. 좀 전에 말한 것에 대해서만 하면 돼.

피검자가 질문 단계를 잘 이해하면 검사자는 카드 I을 피검자에게 준 다음 한 번에 한 가지 반응씩 읽어 준다. 그리고는 피검자가 반응에 대해 설명하도록 하고 이를 질문 칸에 기록한다. 검사자는 항상 질문 단계의 목적, 즉 채점의 세 요소인 내용, 반응 영역, 결정인에 대해 정보를 얻어야 함을 염두에 두고 있어야 한다. 피검자가 자발적으로 충분한 정보를 내놓지 않거나 아직도 채점하기에 불분명하면 검사자는 피검자의 반응을 유도하지 않도록 조심하면서 추가 질문을 해야 한다.

채점의 세 요소 가운데 내용은 반응 자체에 나와 있는 경우가 대부분이다. 두 번째로 반응 영역을 명확히 하기 위해서 검사자는 "어느 부분을 본 것인지 정확히 모르겠구나. 손가락으로 한 번 짚거나 그 부분을 동그라미 쳐 볼래?"라고 말할 수 있다. 마지막으로 결정인에 대한 정보를 얻는 것이 가장 힘든데, 그것은 피검자가 자신의 지각을 형성하는 데 사용된 반점 특성(예: 색채, 모양, 음영, 운동)을 분명하게 언급하지 않는 경우가 많기 때문이다. 로샤 카드에서 지각된 대상은 그 색깔 때문일 수도, 모양 때문일 수도, 움직임 때문일 수도, 아니면 이들의 조합으로 이루어질 수도 있다. 이를 명확히 하기 위해 검사자는 "어떤 점이 그렇게 보이게 만들었을까?" 혹은 "네가 본 것처럼 선생님도 볼 수 있도록 해 주렴."이라고 말할 수 있다. 결정인을 명백하게 말하지 않거나 피검자의 기술에서 충분히 유추해 낼 수 없으면 그 반응은 채점할 수 없다. 검사자는 피검자에게 어떠한 결정인들이 가능한지에 대한 예를 절대로 말해 주어서는 안 된다. 예를 들어, "모양이 그래 보이니, 아니면 색깔 때문이니?"와 같은 유도 질문은 해서는 안 된다.

(3) 암시어를 사용한 적절한 질문

암시어(key words)는 피검자가 반응 혹은 질문 단계에서 했던 말 가운데 결정인을 분명하게 말하지는 않았지만 이를 암시하는 말을 가리킨다. 예를 들어, 빛나는, 사랑스러운, 커다란 등의 형용사나 서커스, 축제, 연회 등의 명사 등이 있다. 다음의 예를 통해 암시어에 대해 구체적으로 질문하는 방법을 알아보도록 한다.

- "이것은 사랑스러운 꽃이에요."
- "동물들과 곡예사들이 가득한 서커스 같은데요."

- "발이 커다랗고 번쩍거리는 코트를 입은 괴물이네요."

첫 번째 문장에서 '사랑스러운' 은 카드 반점의 모양 이상의 것에 대한 추가적 정보를 제공한다. '사랑스러운' 은 색채 사용 가능성과 모양 사용 가능성 모두를 가지고 있다. 이를 명확히 하기 위하여 검사자는 암시어 '사랑스러운' 에 대해 다음과 같이 질문할 수 있다. "사랑스럽다고 했는데 말이야." "어떤 점이 사랑스럽게 보이는지 잘 모르겠네." "카드의 어떤 점이 사랑스럽게 보이게 하니?" 등으로 물을 수 있다. 두 번째 문장에서 '서커스' 는 색채와 움직임 등의 특성을 조합했다는 의미일 수 있다. 세 번째 문장의 '커다란' 과 '번쩍거리는' 은 차원, 모양 혹은 재질을 의미할 수 있다. 이러한 암시어들에 대해서는 첫 번째 문장과 마찬가지로 비지시적인 방식으로 반드시 질문해 보아야 한다.

(4) 저항을 다루는 적절한 질문

피검자의 저항이 질문 단계를 더욱 어렵게 만들 수도 있다. 저항은 "저 그렇게 말한 적 없는데요." "그냥 그렇게 보이는데요." "그렇게 안 보이는데요." 등의 형태로 나타날 수 있다. 이에 대해 검사자는 단호하고 적절한 태도로 다음과 같이 반응해야 한다. "자, 다시 한 번 해 보자. 여길 보렴. 선생님이 적었지. 그러니까 이번에도 다시 볼 수 있을 거야. 천천히 봐도 된단다." "시간은 충분해. 아까 한 번 본 것이니 이번에도 볼 수 있을 거야." "그냥 그렇게 보이는 걸 잘 알고 있어. 근데 선생님도 그렇게 볼 수 있어야 하거든. 선생님을 도와줄래? 그렇게 보이게 만든 것이 무엇인지 말해 주렴." 등이 그 예다.

(5) 부적절한 질문

질문 단계 동안 직접적인 질문, 유도 질문 혹은 채점과 무관한 질문을 해서는 안 된다. 이러한 질문의 예를 보면, "모양 때문이니?" "색깔이 영향을 주었니?" "이게 좀 더 크기가 컸다면 그렇게 보였을까?" "좀 더 얘기해 줄 것 없니?" "남자니, 여자니?" 등이 있다.

검사자는 피검자가 명확하게 말하지는 않았지만 어떤 결정인이 사용되었다는 심증이 갈 때, 혹은 임상적으로 흥미롭다고 생각될 때 이러한 종류의 질문을 하고 싶은 유혹에 빠지게 된다. 그러나 이런 질문은 로샤 프로토콜의 타당도를 훼손시키게 된다.

(6) 아동 · 청소년의 경우

특히, 지나치게 저항적이거나 비협조적인 아동 및 청소년의 경우 표준적인 절차로 실시했을 때 검사를 끝까지 다 시행하지 못하여 충분한 기록을 얻지 못할 수도 있다. Ames, Metraux, Rodell 및 Walker(1974)는 이러한 피검자에 대해 카드마다 반응을 듣고 난 다음, 바로 질문 단계를 실시하면 좀 더 유용한 기록을 얻을 수 있다고 제안하였다. 이러한 문제를 연구하기 위하여 Leura와 Exner(1977)는 5~7세의 아동 40명을 대상으로 로샤 검사를 실시하였다. 무선 할당된 20명에게는 표준 절차대로, 나머지 20명에게는 카드마다 반응 다음에 바로 질문을 하는 방식으로 시행하였다. 그 결과 후자의 반응 수가 유의미하게 더 많은 것으로 나타났으나(20.4 vs. 16.2, $p < .05$), 구조 요약 자료에서 유의미하게 나타난 차이는 D와 F 반응이 더 많아진다는 것뿐이었다. 이를 볼 때 카드마다 바로 질문을 하게 되면 아동이 자극을 과잉 단순화하거나, 복잡하게 처리하고 정교화하기를 꺼려하게 됨을 알 수 있다. 그러므로 Ames 등이 제안한 바와 같이 실시하게 되면, 로샤 검사의 정확성이 저하되는 결과를 낳을 수 있다.

하지만 이것이 카드마다 질문을 바로 하는 방법을 반드시 포기해야 함을 의미하는 것은 아니다. 아동이 검사 전에 보이는 태도로 미루어 표준적인 질문 단계를 거부하거나 하기 힘들 것으로 보이는 경우가 분명히 있기 때문이다. 마지막 판단은 검사자가 하지만 표준 절차를 다소 변용해야 할 때에는 아주 신중해야 한다.

3) 한계 검증

한계 검증(Testing Limits)은 로샤 검사 표준 절차의 일부는 아니며 실시 여부를 신중하게 생각해야 한다. 한계 검증은 질문 단계가 끝난 후 검사자가 반응 채점에는 사용하지 않을 것이지만 다음과 같은 추가적인 질문을 하는 것이다. 피검자가 평범 반응을 보이지 않은 두세 개의 카드를 골라 "때로 여기에서 박쥐(혹은 사람 등)를 보기도 합니다. ○○ 씨도 그런 것이 보이시나요?"라고 묻는다. 이러한 절차는 평범 반응이 거의 없을 때, 혹은 검사자가 지각적 왜곡이 있는지 아니면 지각적으로 문제가 없으나 좀 더 창의적이고 독특한 반응을 하고자 하는지를 변별할 때 특히 유용하다. 하지만 한계 검증은 나중에 로샤 검사를 재실시할 때 반응이 오염될 위험을 고려하더라도 어떤 이득이 있을 때에만 사용해야 한다. 피검자에게 '박쥐나 사람' 등을 보았느냐고 물으면 검사자는 피검자가 보리라고 기대되는 것이 무엇인지를 전달하는 셈이 된다. 그러면 나중에 검사를 다시 받을 때 검사자가 언급했던 평범 반응을 할 수 있어서 로샤 검사의 정확성이 저하된다.

참고문헌

Rose, T., Kaser-Boyd, N., & Michael, P. M. (2001). *Essentials of Rorschach Assessment*. New York: Wiley.

제4장

아동 · 청소년을 대상으로 하는 로샤 검사의 채점

로샤 반응을 채점하는 것은 어렵고도 복잡한 과정이다. 이것은 검사를 실시하면서 받아 적은 모든 질적 자료를 취하여 이를 추후 해석에 필요한 구조 요약 수치점수라는 양적 정보로 전환하는 작업이다. 먼저 각 반응을 채점한 다음 이를 반응순서 기록지에 옮겨 적는 순서로 이루어진다. 이 두 단계를 마치고 나면 구조 요약 점수와 지표를 계산하게 된다.

소아 · 청소년을 대상으로 하는 경우도 구조 요약 점수와 지표를 해석하는 기준이 달라지는 것일 뿐 채점 방법과 과정은 성인의 경우와 동일하다. 그러므로 이 장에서는 성인과 소아 · 청소년 모두에게 해당되는 일반적인 로샤 검사의 채점방법에 대해 소개하도록 한다.

1. 채점 과정

로샤 반응을 채점하는 것은 초보 검사자에게 특히 힘든 일이다. 이를 정확하게 채점할 수 있으려면 숙련된 검사자의 지도와 오랜 연습이 필요하다. 로샤 검사자라면 누구나 일정한 수업을 듣고 유경험자의 지도감독을 받아야 할 것이다.

실제 채점체계를 논의하기 전에 로샤 채점 과정의 두 가지 중요한 측면을 강조할 필요가 있다. 첫째, 검사자는 로샤 채점의 근간이 되는 이론적 목표를 이해하고 있어야 한다. 둘째, 검사자는 정확한 채점을 위해 Exner 종합체계의 채점 규칙을 따라야 한다.

1) 채점 과정 기저의 이론적 목표

로샤 검사가 기반하고 있는 이론적 근거를 이해하는 것은 채점을 하는 데 매우 유익하다. 숙련된 검사자라면 검사와 채점 과정의 이론적 틀에 기반하여 최종적인 결정과 판단을 내릴 수 있어야 한다.

기본적으로 로샤 검사는 피검자의 특성과 스타일이 표현될 수 있도록 하는 자극으로 이루어져 있다. 이러한 검사 자료를 해석할 때 검사자는 피검자의 작은 한 부분이나 하나의 작은 변인 혹은 지표에만 초점을 두어서는 안 된다. 각 측면은 피검자의 또 다른 특성들의 맥락에서만 이해될 수 있다. 피검자에 대한 전체적인 그림이 그려져야 하는데 이는 초심자들에게는 상당히 어려운 일이다. 채점의 목표는 프로토콜에 나타난 "여러 가지 복잡한 상호관계 속에서 그 사람의 특성이 어떻게 어우러져 나타나는가?" (Exner, 1993: 85)를 이해하는 것이다.

또한 로샤 반응 채점에 있어 가장 기본적인 규칙은 "로샤 채점 부호나 점수는 피검자가 반응을 한 그 시점에서의 인지적 작업을 나타내야 한다."는 것이다. 즉, 반응 단계에서 피검자가 그 반응을 했을 때의 내용과 반응 영역과 결정인이 무엇이었는지를 반영하는 채점을 해야 한다는 것이다. 그러므로 질문 단계에서 가장 처음 피검자가 한 말을 가지고 채점을 해서는 안 되며 반응 단계와 질문 단계의 자료를 모두 잘 살펴야 한다. 검사자는 반응 단계와 질문 단계에서 나온 정보가 서로 연속적이라고 간주하고 싶은 유혹을 떨쳐 버려야 한다. 이는 비논리적인 가정이다. 원래 반응 단계와 질문 단계 사이에는 많은 일들이 일어나며, 질문 단계는 반응 단계와 아주 다른 구조하에서 발생한다(Exner, 1993: 87). 다시 말하면, 반응과 질문 단계에서 피검자가 하는 경험은 서로 다르며, 검사자는 그 차이를 잘 알아야 한다.

채점 과정에서 두 번째로 중요한 규칙은 "반응에 나타난 모든 요소가 채점에 나타나야 한다."(Exner, 1993: 87)는 것이다. 다시 말하면, 채점되지 않은 요소를 남겨 두어서는 안 된다. 이렇게 빠뜨리게 되는 것이 검사자들 간의 채점의 불일치보다 훨씬 중요한 결과를 낳는 경우가 많다. 이것이 피검자의 심리적 특성에 대한 왜곡된 그림을 제공할 수 있기 때문이다(Rose, Kaser-Boyd, & Maloney, 2001).

2) 무엇을 채점해야 하는가

피검자의 모든 반응을 여러 해당 범주에 근거하여 모두 채점해야 한다. 각 반응을 정확히 채점하기 위하여 검사자는 질적 정보를 어떻게 범주화하는가에 대한 규칙을 적어 놓은 코드북(codebook)을 사용해야 한다. 코드북은 검사자로 하여금 반응을 신뢰롭게 채점할 수 있도록 해 준다. 로샤 검사 코드북은 Exner 종합체계(1993), 1권 4~9장에 나와 있다. Exner의 워크북(1995)은 보기에는 더 편하지만 정확한 채점에 필요한 정보가 모두 나와 있지는 않다.

2. 채점 단계

로샤가 복잡하고 정교한 채점체계를 가지고 있음은 분명하지만, 이는 제대로만 알면 명확하고 처리하기 쉬운 절차다. 반응 범주에는 반응 영역과 발달질, 결정인, 형태질, 내용, 평범 반응, 조직화 활동(Z 점수), 특수 점수의 7개가 있으며 이를 단계적으로 채점해 나간다.

1) 반응 영역과 발달질

(1) 반응 영역

반응 영역(location)이란 특정 반응에 카드 반점의 어느 부분이 사용되었는지를 말한다. 반응 영역 정보를 통해 피검자가 로샤 카드에 어떤 식으로 접근하고 있는지를 알 수 있다. 즉, 반점의 전체를 사용하였는지(W), 보통 흔히 보는 부분을 사용하였는지(D), 흔히 보지 않는 일부분을 본 것인지(Dd), 혹은 반점 외에 공백 부분을 본 것인지(S)를 판단한다. 이를 근거로 W, D, Dd, S 기호를 결정하고 반응 영역 번호를 찾아서 적어야 한다.

반점 전체가 사용된 경우에는 W를 기록하고, 반응 영역 번호란은 비워 두거나 – 표시를 해 둔다. 반점의 일부가 사용되었다면 Exner 종합체계, 1권 195쪽에서 시작하는 표 A를 보고 반응 영역 코드와 반응 번호를 찾는다. 그 부분이 흔히 사용되는 영역이면 D, 사용되는 경우가 드문 영역이면 Dd를 매긴다. 그런 다음 반응에 공백 부분이 사용되었는지를 보고 그러할 경우 W, D, Dd 뒤에 S를 붙인다. 반응에 사용된 반점 부분과 표 A를 비교하여 반응 영역 번호를 정한다. 정확한 영역이 표에 나와 있지 않으면 반응 영역 번호는 99다(예: Dd27, D7 혹은 Dd99).

〈표 4-1〉 반응 영역 채점표

기호	정 의	기 준	예
W	Whole Response	• 카드 반점의 전체가 반응에 사용되었을 때	박쥐
D	Common Detail Response	• 흔히 사용되는 반점 영역을 사용하였을 때(표 A에 나와 있는 것만 D임) • 반점 크기는 다양함	개의 머리
Dd	Unusual Detail Response	• 잘 사용되지 않는 반점 영역을 사용하였을 때 • 반점 크기는 중요하지 않음	장수하늘소
S	Space Response	• 카드의 흰 공백 부분을 사용하였을 때 • 항상 다른 반응 영역 기호와 같이 사용함(WS, DS, DdS)	가면의 눈

Tip **D와 Dd 채점 규칙**

1. 둘 이상의 D 영역이 조합되었을 때: D
2. 둘 이상의 D 영역 두 개가 개별적으로 사용되었을 때: D
3. 둘 이상의 D가 조합되었지만 비평범 반응일 때: Dd
4. 둘 이상의 영역이 조합되고 그것이 둘 이상의 대상일 때: Dd

*Rose, Kaser-Boyd, & Maloney(2001)에서 인용함.

(2) 발달질

발달질(developmental quality)은 반응에서 의미 있는 조직화 혹은 통합이 일어난 정도를 말한다. 이는 반응을 하면서 카드 반점에 대한 정보처리의 질적인 수준이 어떠한지를 반영한다. 형태가 분명한 서로 다른 대상이 서로 관련을 맺고 있는지(+), 단일한 반점 영역이 일정한 형태를 가지고 있는지(o), 형태가 불분명한 서로 다른 대상이 서로 관련을 맺고 있는지(v/+) 혹은 구체적인 형태가 없는 대상을 본 것인지(v)의 네 가지 수준으로 채점이 가능하며 반응 영역 기호에 붙여 쓴다.

〈표 4-2〉 발달질 채점표

기호	정 의	기 준	예
+	Synthesized Response	반응에 포함된 둘 이상의 대상이 서로 관련을 맺고 있고 그중 적어도 하나는 분명한 형태가 있을 경우	곰 두 마리가 손을 맞대고 있다.
o	Ordinary Response	단일 반점 영역이 형태를 가지고 있는 단일한 대상을 나타낼 경우	박쥐
v/+	Synthesized Response	반응에 포함된 둘 이상의 대상이 서로 관련을 맺고 있고 그들이 모두 분명한 형태가 없는 경우	왼쪽과 오른쪽의 구름이 서로 뭉쳐지고 있다.
v	Vague	반응에서 형태를 가지고 있지 않은 단일 대상이 나타난 경우	구름

Tip '개별적이지만 관련된'의 의미

1. 하나 이상의 대상이 개입되어야 하고, 반응에 나온 다른 대상들과 의미 있는 관계를 가져야 한다.
   예) 담장 위에 앉은 두 마리 새: + 반응
   두 마리 새: o 반응
2. 개별적인 대상들이 사람의 의복과 관련된다면, 의복은 그 사람의 원래 윤곽을 바꾸어 놓는 방식이거나, 분리된 반점 영역이 사용되어야 한다.
   예) 카드 III에서 턱시도를 입고 있는 두 사람: o 반응
   재킷을 입은 두 사람(Dd27이 재킷과 재킷의 깃): + 반응
   사람이 벙어리장갑(Dd31)을 끼고 있다: + 반응

Tip 반응에 나타난 대상이 특정 형태를 요하는지 여부(specific form demand)

발달질 채점에서는 반응에 나온 대상이 일반적으로 일정한 형태와 모양이 있는지 여부가 중요하다. 예를 들어, 사람, 의자, 집과 같은 대상은 어느 정도 차이가 있기는 하지만 구체적인 특정한 형태를 가지고 있으므로 o로 채점하거나 서로 관련을 맺고 있으면 +로 채점하게 된다. 반대로 구름, 호수, 피와 같은 대상은 특정한 형태를 가지고 있지 않다. '타원형 모양의 산정호수처럼 생긴 호수' 혹은 '불가사리 모양으로 말라붙은 피' 와 같이 구체적인 형태를 언급한 경우에는 o로 채점하지만, 그렇지 않을 경우에는 v, 혹은 서로 관련을 맺고 있다면 v/+로 채점해야 한다.

▶ 반응에서 한 대상이라도 특정한 형태를 가지고 있으면, 다른 대상이 특정한 형태를 가졌는지 여부에 상관없이 o로 채점
게다가 그 대상이 다른 대상과 의미 있게 결합되면 +로 채점

▶ 반응에서 어떤 대상도 특정한 형태가 없으면 v로 채점
특정한 형태가 없는 대상들끼리 의미 있게 결합되어 있으면 v/+로 채점

〈표 4-3〉 반응 영역 및 발달질 채점의 예

카드	반 응	위치 부호
I	한 여자 주위에서 춤을 추는 두 승려(W)	W+
	돌 조각(D1)	Dv
	언덕을 오르고 있는(Dd24) 두 명의 마술사(DdS30)	DdS+
II	코를 맞대고 있는 두 마리 곰(D6)	D+
	어떤 종류의 색깔 있는 지도(W)	Wv
	종유석(Dd25)	Ddo
III	퍼즐 몇 조각(W)	Wv
	거울에 비친 자기 모습을 보고 있는 여자(D1)	D+
	쏘가리(D2)	Do
IV	나무 그루터기에 앉아 있는 거인(W)	W+
	몰려오고 있는 어떤 폭풍 구름(W)	Wv/+
	장화 한 켤레, 한쪽에 하나씩(D6)	Do

〈계속〉

V	나비(W)	Wo
	어떤 부위의 엑스레이(W)	Wv
	중국 지도(W)	Wo
VI	털 깔개	Dv
	여우가죽 깔개(D1)	Do
	언덕 위의 나무(D3)	Dv/+
VII	부메랑(W)	Wo
	바다의 한 섬(WS)	WSv/+
	새집(D6)을 향해 휙 날아가는 제비(Dd25)	Dd+
VIII	환히 켜진 연등(W)	Wo
	해부된 개구리(W)	Wv
	막대기에 걸려 있는 찢어진 천 조각(D5)	Dv/+
IX	큰 폭발(W)	Wv
	원자폭탄 폭발 때의 버섯구름(W)	Wo
X	말라붙은 핏자국(Dd28)	Ddv
	많은 바다 속 생물들(W)	W+
	물 속에서 보이는 많은 것들, 물고기(D2)와 게(D1) 그리고 다른 것들(W)	Wo

2) 결정인

결정인(determinant)이란 피검자가 반응한 반점의 특성이나 측면, 즉 그러한 반응이 나오게 만든 반점의 특징이 무엇인가를 의미한다. 결정인 채점은 피검자가 반점의 형태에 반응한 것인지, 움직임, 색채, 음영 혹은 대칭에 반응한 것인지를 파악하는 것이다. 결정인이 해석에 주는 함의가 가장 크기 때문에 로샤 채점에서 가장 중요한 측면이라고 보는 연구자들도 있다. 결정인은 다음과 같은 7개 범주의 24가지 채점이 가능하다. 주의할 점은 하나의 반응에 똑같은 결정인을 두 번 이상 채점할 수 없다는 것이다.

〈표 4-4〉 결정인

범 주	기호	기 준	예
형태 (Form)	F	**형태 반응.** 반점의 형태에만 근거하여 나온 반응. F는 다른 결정인과 함께 사용 가능(FC, TF 등). 단, 예외적으로 M과 m은 형태를 포함하더라도 F 채점을 하지 않는다.	모양이 나비처럼 생겨서 나비다.
운동 (Movement)	M	**인간운동 반응.** 반응이 사람의 움직임을 담고 있을 때. 대상이 동물이나 가공의 인물이라도 보통 사람이 하는 동작을 하고 있다고 반응할 때에도 M으로 채점한다.	사람이 지휘를 하고 있다. 곰 두 마리가 하이파이브를 하고 있다.
	FM	**동물운동 반응.** 반응이 그 동물의 종 특유적이고 자연스러운 움직임을 포함하고 있을 때. 단, 종 특유의 행동이 아닌 경우 인간의 상상이 개입된 것으로 M으로 채점한다.	곰이 산을 기어올라가고 있다. 뱀이 날고 있다. 곰들이 포커를 한다.
	m	**무생물운동 반응.** 무생물의 운동을 포함하고 있는 반응.	화산이 폭발하고 있다. 출혈, 낙수
	※ 모든 운동 반응은 그 운동이 능동인지(a), 수동인지(p), 아니면 둘 다인지(a-p)를 기술하는 부호를 운동 결정인 옆에 소문자로 표시한다(예: Ma, Mp).		
유채색 (Chromatic Color)	C	**순수색채 반응.** 반응이 반점의 색채에만 근거한 경우.	색이 빨개서 피다. 물감, 물
	CF	**색채-형태 반응.** 반응이 주로 색채에 근거하고 이차적으로 형태가 사용된 경우.	색도 빨갛고 말라붙은 모양이 피 같다.
	FC	**형태-색채 반응.** 반응이 주로 형태에 근거하고 이차적으로 색채가 사용된 경우.	잎의 모양이 비슷하고 색깔도 비슷해서 장미꽃이다.
	Cn	**색채명명 반응.** 반점의 색채를 명명한 경우.	빨간색이다.
무채색 (Achromatic Color)	C′	**순수무채색 반응.** 반응이 반점의 무채색, 즉 흰색, 회색, 검정색에만 근거한 경우.	색이 검어서 연기다.
	C′F	**무채색-형태 반응.** 반응이 주로 무채색에 근거하고 이차적으로 형태가 사용된 경우.	색도 검고 뭉게뭉게 올라가는 모양이 연기 같다.
	FC′	**형태-무채색 반응.** 반응이 주로 형태에 근거하고 이차적으로 색채가 사용된 경우.	날개와 발 모양이 비슷하고 색깔도 검어서 박쥐다.

〈계속〉

음영-재질 (Shading-Texture)	T	**순수재질 반응.** 반응이 반점의 음영 특징 가운데 촉감에만 근거한 경우.	느낌이 보들보들해서 털 같다.
	TF	**재질-형태 반응.** 반응이 주로 촉감에 근거하여 이차적으로 형태가 사용된 경우.	느낌이 보들보들하고 잘라 놓은 윤곽이 털가죽 같다.
	FT	**형태-재질 반응.** 반응이 주로 형태에 근거하여 이차적으로 촉감이 사용된 경우.	수염과 얼굴 모양이 비슷하고 털의 부드러운 느낌도 나서 고양이다.
음영-차원 (Shading-Dimension)	V	**순수차원 반응.** 반응이 반점의 음영 특징으로 인해 깊이가 느껴지는 데에만 근거한 경우.	울퉁불퉁 솟아나온 느낌이어서 산맥을 위에서 바라본 것 같다.
	VF	**차원-형태 반응.** 음영 특징을 근거로 깊이에 근거하여 반응하고 이차적으로 형태가 사용된 경우.	울퉁불퉁 솟아나온 느낌이고 산맥의 모양을 닮아서 산맥 같다.
	FV	**형태차원 반응.** 주로 형태에 근거하고 음영 특징에 의한 깊이를 이차적으로 사용한 경우.	산맥의 모양이고 울퉁불퉁 솟아나온 느낌도 난다.
음영-확산 (Shading-Diffuse)	Y	**순수음영 반응.** 반응이 반점의 음영에만 근거한 경우.	얼룩덜룩한 것이 붓질을 해 놓은 것 같은 느낌이라서 추상화요. 안개, 구름, 연기
	YF	**음영-형태 반응.** 반응이 주로 음영에 근거하고 이차적으로 형태가 사용된 경우.	얼룩덜룩한 것이 붓질을 해 놓은 것 같은 느낌이고 바깥의 윤곽도 그래서 산을 대충 그린 그림이요.
	FY	**형태-음영 반응.** 반응이 주로 형태에 근거하고 이차적으로 음영이 사용된 경우.	모양도 그렇고 여기 얼룩덜룩한 느낌도 나무 같다.
형태차원 (Form Dimension)	FD	**형태에 근거한 차원 반응.** 음영이 개입되지 않고 반점의 모양이나 크기에만 근거하여 깊이 및 거리를 지각한 경우.	발이 크고 머리가 작아서 거인을 아래에서 위로 올려다 보는 것 같다.
쌍반응과 반사 반응 (Pairs & Reflection)	(2)	**쌍반응.** 반점의 대칭성에 근거하여 두 개의 동일한 대상을 보았을 경우.	양옆에 곰 두 마리가 있다.
	rF	**반사-형태 반응.** 반점의 대칭성 때문에 반쪽이 다른 반쪽이 거울이나 호수 등에 반사되거나 비친 것이라고 보았으며 대상의 형태가 분명치 않은 경우.	구름이 호수에 비친 것
	Fr	**형태-반사 반응.** 반점의 대칭성 때문에 반쪽이 다른 반쪽이 거울이나 호수 등에 반사되거나 비친 것이라고 보았으며 대상의 형태가 분명한 경우.	사람이 거울을 보고 있어 자신의 모습이 비친 것
	※ 쌍반응 기호(2)는 다른 결정인과 형태질 기호의 오른쪽에 표시한다. 반사 반응은 당연히 두 개이므로 쌍반응으로 이중 채점하지 않는다.		

Tip 형태와 기타 결정인 간의 관계

1. 형태만 사용된 경우: 형태 혹은 모양만 기술된 경우 F로 채점한다.
2. 형태와 운동이 함께 사용된 경우: 운동만 채점한다(M, FM, m).
3. 형태가 우세한 경우: 형태가 주된 결정 요인이고 다른 요인들에 의해 반응이 더 정교화된 것이라면 형태를 먼저 채점한다(FC, FC′, FT, FY, Fr).
4. 형태가 이차적인 경우: 형태가 약간만 거론되고 다른 측면에 의해 반응이 더 많이 정교화되었다면 형태를 나중에 채점한다(CF, C′F, TF, VF, YF, rF).
5. 형태가 없는 경우: 형태가 전혀 기술되지 않으면 형태를 채점하지 않는다(C, C′, T, V, Y).
6. 형태와 형태가 없는 것이 같이 있는 경우: 형태가 없는 대상이 형태가 있는 대상과 서로 관계를 맺고 있다면 하향식 법칙(step-down principle)을 적용하여 형태를 두 번째로 적는다(예: 곰의 몸에 피가 묻어 있다는 반응은 CF로 채점).
7. 반사 반응: 반사는 일차적이든 이차적이든 어떤 형태의 측면을 늘 포함하고 있다(Fr 혹은 rF).

*Rose, Kaser-Boyd, & Maloney(2001)에서 인용함.

Tip 운동 반응 결정인 채점 시 유의사항

1. M 점수가 주어질 때는 F는 사용되지 않는다. 보통 M은 형태를 가정(assume)하며, '우울' '행복'과 같은 추상적인 개념이나 '큰 소리가 들리는 것 같다.'와 같은 감각적인 경험도 M으로 채점한다.
2. M은 단순히 사람이 지각되었기 때문에 주어지는 것은 아니며, 연상이나 질문 단계에서 운동이 포함되어야 한다. 그리고 질문 단계에서는 피검자의 자발적인 반응이어야 하지 검사자의 질문에 의해 유도된 것이어서는 안 된다.
3. 그 종의 동물에게 흔치 않은 반응이나 자연스럽지 않은 반응일 경우 M으로 채점한다.
4. 정적인 운동도 m으로 채점한다. '옷걸이에 걸려 있는 코트' '말리기 위해 걸어 놓은 가죽'과 같은 반응은 자연스럽지 않은 긴장 상태이므로 m으로 채점한다.
5. 운동 결정인의 능동/수동인지의 결정 여부는 '이야기하고 있다'라는 동사를 기준으로 사용하여 결정하며, 이 동사는 항상 수동으로 채점한다. 예를 들어, '속삭이다' '쳐다보다' '구부리다' 등은 기준 동사와 비교해서 수동으로 채점하고, '논쟁하다' '노려 보다' '손을 들다' 등은 능동으로 채점한다.

6. 보고된 운동이 정적인 것일 때는 항상 p가 주어진다. 정적인 반응은 흔히 추상화, 만화, 그림으로 대답을 한정하는 경우다. 즉, '~하는 그림' 식의 반응이다. 이 경우 내용에 능동적인 운동이 포함되더라도 p가 주어진다(예: 명절날 터뜨리는 폭죽을 나타낸 추상화 → mp).
7. 두 가지 이상의 대상이 운동하고 있고 그중 한 대상은 능동적 운동, 다른 대상은 수동적 운동을 하고 있을 때는 동시에 채점한다(예: 중간에 서 있는 사람 주위에 두 사람의 승려가 춤을 춘다 → Ma-p).
8. 동일한 대상이 능동과 수동 운동을 하고 있을 때는 능동 운동만 채점한다(예: 한 사람이 서서 울부짖는다 → Ma).

〈표 4-5〉 세 가지 종류의 운동 반응 예

카드 번호	위 치	반 응	채 점
I	D4	팔을 올리고 서 있는 여자	Mp
I	W	어떤 상징 주위에서 춤추고 있는 두 마녀들	Ma
I	W	활강하는 나비	FMp
I	W	급상승하는 쥐	FMa
I	Dd24	울리고 있는 교회 종(Dd31은 종의 추)	ma
I	W	해체되는 낙엽	mp
II	W	두 명의 광대가 서커스에서 춤추고 있어요.	Ma
II	D3	월경	Mp
II	D6	두 마리의 개가 싸우고 있다.	FMa
II	D4	곧추선 페니스	Ma
II	DS5	회전하고 있는 윗부분	ma
III	D1	두 사람이 무언가에 기대고 있다.	Mp
III	D1	두 사람이 무언가를 들고 있다.	Ma
III	D3	절벽 사이를 날고 있는 나비	FMa
III	D2	박쥐가 거꾸로 걸려서 잠을 자고 있다.	FMp
III	D2	벽을 타고 흐르는 피	mp
IV	W	나무 밑동(그루터기)에 앉아 있는 남자	Mp
IV	W	당신 위로 어렴풋이 나타나는 거인	Ma

〈계속〉

IV	D1	송충이가 기어가고 있다.	FMa
V	W	공중에 떠 있는 나비	FMp
V	W	토끼처럼 옷을 입고 발레를 추고 있는 사람	Ma
V	W	두 사람이 서로 기대어 쉬고 있다.	Mp
VI	D3	곧추선 페니스	Ma
VI	<D4	한밤에 고요히 지나가는 배	mp
VI	Dd19	스피드 보트가 강을 거슬러 올라가고 있다.	ma
VII	D2	작은 소년이 거울을 바라보고 있다.	Mp
VII	∨W	두 여자가 춤추고 있다.	Ma
VIII	Dd	(D1 영역을 포함하는 반점의 반) 무언가를 기어올라가는 동물	FMa
VIII	D4	개구리가 무언가를 뛰어넘고 있다.	FMa
VIII	D5	깃발 두 개가 바람에 나부끼고 있다.	mp
IX	W	성교(D9는 남성, 나머지 부분은 여성)	Ma
IX	>D1	여자가 아이를 뒤쫓아 가고 있다.	Ma
IX	∨W	원자폭탄 폭발	ma
IX	DS8	폭포	mp
X	D1	무언가(D12)를 쥐고 있는 게	FMa
X	D2	콜리종의 개가 앉아 있다.	FMp
X	Dd	(D9 상부 각 부분) 두 소년이 서로에게 얘기함.	Mp
X	∨D10	누군가가 그네를 타고 있다(D5는 사람, D4는 그네).	Ma
X	∨D6	두 사람이 서로에게 팔을 뻗고 있다.	Ma
X	W	불꽃놀이	ma
X	D7	사슴이 뛰어오른다.	FMa
X	D3	씨앗이 땅에 떨어지고 있다.	mp
X	W	둥둥 떠다니는 많은 해초들	mp
X	Dd	태양을 향해 활짝 피고 있는 꽃(D9, D3, D6, D10을 포함하는 중심 부분)	mp
X	D11	두 마리의 동물이 막대에 기어오르려 애쓰고 있다.	FMa

Tip 유/무채색 반응 채점 시 유의사항

1. C 반응은 반점의 천연색 특징에만 기초를 둔 반응이다. 형태는 전혀 사용되지 말아야 한다(예: 피, 물감, 물, 아이스크림 등).
2. 대다수의 FC 반응은 '빨간 나비(#3)' 와 같은 특정 형태를 갖는다. 그 밖의 예로는 허파의 해부도(#8), 흉곽과 그 아래 기관(#8), 수선화(#10) 등이 있다. 그러나 특정 형태를 갖고 있지 않는 대상에 대해서도 FC로 채점할 수 있다(예: 해부도, 바다동물, 혈액세포와 같은 애매한 형태를 가진 내용들도 형태 특징을 강조하면서 색은 이차적으로 참조하는 식으로 제시될 수 있는데, 이때는 FC로 채점한다.).
3. 형태와 형태가 없는 것이 같이 있을 경우에는 하향식 법칙(step-down principle)을 적용하여, 형태가 없는 분명한 C 반응이라도 C로 채점하는 대상이 형태를 가지고 있 다면 한 단계 낮추어 CF로 채점한다(예: 이 붉은 것은 피군요. 싸우는 두 마리 곰에서 흐르네요.). 그러나 "두 마리 곰이 싸우고 있군요. 그들은 아마 상처를 입었나 봐요. 이쪽에 있는 것이 피예요."라고 반응하면 피와 곰이 관련이 있어도 곰에 피가 묻어 있지 않기 때문에 C로 채점한다.
4. 위치를 명세화하기 위해 색채(유채색, 무채색)를 사용하는 경우와 색채가 결정인으로 사용되는 경우를 변별해야 한다(예: 이 파란 부분은 거미 같다.).
5. 색채가 사용되었는지를 확인하기 위해 질문할 필요가 있다. 하지만 피검자의 자발적인 언어적 표현만을 채점해야 한다.
6. 무채색 부호화에서 핵심적인 단어들은 '검다' '희다' '회색' '어둡다' '밝다' 이다. 그러나 특히 '어둡다' 와 '밝다' 라는 단어는 음영을 나타낼 때 사용될 수 있다(예: "여기가 더 어두운 걸 보니 더 깊을 것 같아요." → 음영-차원, "이 부분이 구름의 윗부분처럼 밝아요." → 음영-확산). 무채색인지 음영-확산인지 피검자의 의도가 분명하지 않다면 음영-확산으로 채점하는 것이 더 적절하다.
7. 연기와 엑스레이 반응은 거의 대부분 무채색이나 음영-확산의 특징을 포함한다.

〈표 4-6〉 4가지 유형의 유채색 반응 예

카드	위 치	반 응	질문 단계	채 점
II	D3	이 빨간 부분이 피 같아요.	S: 온통 빨개요.	C
II	D3	빨간 나비		FC
II	D2	불꽃, 큰 횃불 같아요.	S: 음, 위로 타오르는 횃불처럼 빨갛군요.	CF.ma
II	W	서커스의 두 광대	S: 그 빨간 모자 때문에 서커스 같아요.	FC
III	D2	상한 음식	S: 색깔 때문에 상한 듯 보여요.	C
III	∨D2	피가 벽을 타고 흐른다.	S: 빨갛지요, 당신도 흐르는 게 보일 거예요.	CF.mp
III	D3	머리 리본	S: 아주 예쁜 빨간 리본이요.	FC
VIII	W	죽은 동물	S: 동물 내부 같아요. 모두 부패했어요. E: 부패했다고요? S: 예, 색색깔로 있는 것이 부패한 것처럼 보여요. 당신도 뼈들이 보일 거예요.	CF
VIII	D5	두 마리 푸른 개구리		FC
VIII	W	분홍색, 오렌지색, 파란색		Cn
VIII	D4	개구리	S: 음, 다리가 밖으로 펴져 있고, 개구리 같은 몸통에 개구리 같은 색이잖아요.	FC
VIII	D2	아이스크림 선데	S: 오렌지색, 라즈베리 아이스크림처럼 보여요. 두 덩어리요.	CF
IX	W	숲에 난 불	S: 여기 불(D3)이 나무들 위로 올라오잖아요. E: 나무들이라고요? S: 보세요, 여기 초록 부분이 나무고 여기는 관목 같아요.	ma.CF
IX	D9	분홍색이요.	S: 바로 여기요.	Cn
IX	D4	새로 태어난 아기	S: 당신도 머리가 보이죠. 그게 다예요. 분홍색인 것으로 보아 신생아가 틀림없어요.	FC
IX	∨W	원자폭탄 폭발	S: 윗부분은 버섯구름이고, 아래 여기 오렌지색은 불꽃 폭발이고, 초록색 부분은 연기죠.	ma.CF
X	∨D4	해마	S: 해마는 요런 모양이고, 초록색이죠.	FC
X	D9	산호	S: 산호 같은 색깔이에요.	C
X	W	정말로 뛰어난 어떤 추상화	S: 음, 미술가가 매우 고생해서 양쪽이 같도록 해 놓았군요. 양쪽 모양이 똑같아요. 그는 여러 가지 색으로 자신의 여러 가지 생각을 표현했어요.	FC

〈계속〉

X	W	어떤 추상화	S: 정말로 뛰어나요. 내 생각엔 추상적인 것 같고, 매우 잘했어요.	CF
X	D13	감자칩	S: 음, 감자칩 모양으로 생겼고 색깔도 같군요.	FC
X	D15	꽃	S: 어떤 종류인지는 모르겠어요. 노랗고, 줄기가 별로 없어서 꽃 부분만 보여요. 꽃잎같이 생긴.	FC
X	D12	나뭇잎	S: 나뭇잎 같은 녹색이에요.	CF

Tip 음영 반응 채점 시 유의사항

1. 음영-재질 반응은 대상이 부드럽고, 딱딱하고, 매끈하고, 거칠고, 비단 같고, 나무결 같고, 복슬복슬한, 차가운, 뜨거운, 끈적끈적한, 기름기 있는, 젖은 등과 같은 결 특징에 의해 구별된다. 그러나 단순히 이런 단어들을 사용했다고 결이라고 생각하면 안 되며 질문 기술이 매우 중요하다.
2. 음영-차원 반응은 '깊다' '조망' '튀어나왔다' '~의 아래에 있다' '~뒤에 있다' '가장자리 주변에' '높다' '~을(를) 밑/위에서 본 것 같다' 등과 같이 깊이나 차원을 나타내기 위해 음영을 사용한다.
3. 재질과 차원 반응을 구별하는 것은 명확하지 않으며 어렵기도 하다. 예를 들어, 카드 VI이 중앙 부분을 '뇌의 굴곡'이라고 하면 3차원을 강조했기 때문에 보통 VF로 채점한다. 그러나 똑같은 반응이 "울퉁불퉁하게 보여요. 만져 보면 울퉁불퉁한 느낌이 들 것 같아요."와 같이 정교화될 수 있다. 이 경우 결 해석을 강조하기 때문에 TF로 채점된다.
4. 깊이나 차원의 사용이 음영에 의한 것인지, 반점의 크기나 윤곽 특징에 근거한 것인지를 결정해야 한다. 반점의 크기나 윤곽 특징에 의한 것이라면 차원 반응이 아니라 FD로 채점한다.
5. 재질이나 차원이 아닌 음영 반응은 대부분 음영-확산 반응으로 채점한다. 음영-확산 반응은 재질이나 차원보다 구체적이지 않고 더 일반적인 방식으로 자주 사용된다.
6. 무채색인지 음영-확산인지 확실하지 않은 경우 음영-확산 반응으로 채점한다.
7. 음영-확산 반응이 때로 색깔이 대비되어 나타나기도 한다(예: 붉은색 때문에 더러워보인다, 색채를 보니 피가 말라붙은 것 같다, 여러 색깔이 혼합되어 있다.).
8. 형태차원 반응은 전적으로 형태에 기초한 조망 또는 3차원 반응이며, 크기 또는 다른 반점 영역과 관련해서 해석된다. 가장 일반적인 형태차원 반응은 카드 IV의 사람 모양으로, '뒤로 기댄 것'이나 '누워 있는 것'으로 보는 경우다.

〈표 4-7〉 음영-재질과 음영-차원 반응의 예

카드	위 치	반 응	질 문	부 호
I	W	마른 잎사귀	S: 부분부분 떨어져 나갔고 주름졌어요. E: 주름졌어요? S: 거칠게 보여요. 색깔이 그래요.	FT
I	D4	커튼 뒤에 있는 여자	S: 그녀를 다 볼 수는 없고 하반신만 보여요(D3). 그리고 이것은 비치는 커튼 같아요.	FV
I	W	기름 자국이 있는 오래된 찢어진 누더기	S: 전부 까맣고 기름투성이 같아요.	TF
II	D4	포경수술한 성기	S: 왼쪽에 자국이 있어요.	FV
II	D1	장난감 곰	S: 모양이 그렇고 털이 있어요.	FT
II	DS5	뭔가 깊은 것, 아마 구멍 같은 것	S: 가장자리가 동그랗고 바닥이 없는 구덩이 같아요. 내려갈수록 어두워지고 바닥이 보이지 않아요.	VF
II	D1	벨벳 양복을 입은 두 명의 신사	E: 벨벳 양복이라고요? S: 예, 벨벳처럼 보여요. 까맣고 빛나는 벨벳이요.	FT
III	D3	나비넥타이	S: 가운데 크고 불룩한 매듭이 있어요.	FV
IV	W	말뚝에 걸쳐 놓은 사냥꾼의 부츠	S: 기둥이 뒤로 멀리 있기 때문에 부츠 뒤에 있어요. E: 멀리 있다고요? S: 음, 기둥이 뒤에 있는 것처럼 부츠가 겹치는 곳에 색깔이 달라요.	FV
IV	W	낡은 곰가죽	S: 털이 꽤 낡아 보이고 매끄럽게 보여요. 《문지름》	FT
IV	Dd30	빨갛고 뜨거운 못	S: 아주 뜨거운 금속처럼 가장자리가 훨씬 밝아요.	FT
V	W	털망토를 입은 사람	S: 대부분 망토고, 털처럼 보여요. 《손가락으로 카드를 문지름》	FT
V	W	만지면 끈적거릴 것 같아요.	S: 끈적거리는 덩어리 같아요.	FT
V	W	오른쪽 반이 왼쪽보다 낮아요.	S: 중간에서 바로 오른쪽에 깊은 틈이 있고 더 어두운 부분이 있어요. 오른쪽이 더 낮게 보여요.	V
V	W	커다란 바위 뒤에 있는 토끼 머리	S: 다 보이지 않지만 여기(D6)가 토끼머리고 어두운 부분이 바위예요.	FV

〈계속〉

VI	D1	관개 수로	S: 가운데 부분으로 물이 흘러 내려오고 있어요.	FV
VI	W	털 있는 가죽	S: 대부분이 털가죽처럼 보이고, 여기가 머리부분이에요.	TF
VI	∨Center Dd	깊은 골짜기	S: 이 부분(D12)이 바닥이고 옆으로 갈수록 꼭대기예요.	VF
VII	>D2	스코틀랜드 개	S: 턱과 앞발에 털이 더 많고 그 부분이 더 검어요.	FT
VII	W	바위들	S: 바로 옆에 바위가 4개 있는 것으로 보여요. 둥글고, 특히 아래쪽 2개 바위가 더 검어요.	VF
VII	Dd25	댐처럼 보여요.	S: 음, 여기가 댐이고 이 밝은 부분(Dd25 center)과 앞쪽이 물이 떨어지는 곳이거나 강이 흘러내리는 곳인 것 같아요.	FV
VII	∨W	머리, 숱 많은 머리	S: 전부 머리 같아요. 《문지름》	T
VII	D5	공중에서 본 숲	S: 예, 이 어두운 부분에 더 큰 나무들이 모여 있어요.	VF
VII	D2	아이스크림 서벗	S: 서벗 표면이 거친 것처럼 이것도 거칠어 보여요.	TF
IX	D6	솜사탕, 온통 솜털 같아요.	S: 둥글둥글하고 솜사탕처럼 보풀거려요.	VF
IX	DS8	유리 안에 식물이 있어요.	S: 이게 가지고요(D5), 유리나 그릇 안을 들여다보는 것처럼 흐릿하게 보여요.	FV
IX	DS8	동굴 같은 것을 들여다보고 있는 것 같아요.	S: 열려 있고 안을 볼 수 있는 것 같아요. 동굴 입구처럼 더 어두워요.	VF
IX	D9	이 분홍색 부분이 산맥의 지도처럼 보여요.	S: 산의 모습을 보여 주기 위해 학교 같은 데서 쓰는 지도 같아요. 어떤 부분은 다른 부분, 더 어두운 부분보다 더 높게 보여요.	VF
X	D13	가죽 한 장	S: 거칠어요. 무두질을 안 한 것 같아요. E: 거칠어요? S: 색깔이 서로 달라 보여요. 그래서 그렇게 보여요.	TF
X	D13	단풍나무 씨앗	S: 꼬투리가 더 어두운 색이고, 그 부분이 더 두껍고 둥글게 보여요.	FV

〈표 4-8〉 음영-확산 반응의 예

카드	위 치	반 응	질 문	부 호
I	W	골반 엑스레이	S: 엑스레이처럼 검고 골반처럼 보여요.	FY
I	<D8	밤의 크리스마스 트리	S: 밤인 것처럼 어두워요.	FY
I	W	잉크	S: 잉크가 검은 것처럼 모두 어두워요.	Y
II	D3	아주 섬세한 나비	E: 섬세하다고 했지요. S: 색깔이 서로 달라요. 날개 부분에 음영이 서로 달라요.	FY
II	D4	교회 첨탑	S: 꼭대기가 밝게 보이고, 햇빛이 거기 비치는 것처럼 더 밝아요.	FY
II	D7	일종의 엑스레이	S: 엑스레이처럼 색깔이 달라요.	YF
IV	W	어둠	S: 그냥 어둠처럼 보여요. 왜 그런지는 모르겠어요.	Y
IV	D3	색색의 꽃	S: 여러 가지 색깔이 있어요. 꽃잎들이 가운데 부분부터 여러 가지 색깔인 것 같아요.	FY
V	W	썩은 고기 조각	S: 어떤 부분이 나머지 부분보다 더 썩었어요. E: 더 썩었어요? S: 색깔이 달라요.	YF
VI	D2	광이 나는 침대 기둥	S: 아주 빛나는 것으로 보여요.	FY
VI	D4	밤에 순항하는 범선	S: 전부 어둑어둑하니까 밤일 거예요.	mp.FY
VII	W	내 생각에 구름일 거예요.	S: 구름처럼 상당히 불규칙하고 어둡고 밝은 색깔이에요. 아마 적운(積雲) 같아요.	FY
VII	W	폭풍우 구름	S: 폭풍우 구름이 어두운 것처럼 어두워요.	YF
VII	D2	화강암 조각상	S: 화강암처럼 어두워요.	FY
VIII	D1	얼굴이 더러운 동물	S: 이 어두운 부분이 눈 주위에 먼지가 있는 것 같아요. 거기에는 먼지가 더 있어요.	FY
IX	∨W	많은 연기와 불꽃	S: 오렌지색 부분이 불이고 나머지가 연기예요. 색깔을 보면 알 수 있어요.	CF.YF
X	D11	마른 뼈	S: 뼈가 말라 있는 것 같아요. 이 부분이 더 밝으니까 더 말라 있을 거예요.	YF

〈표 4-9〉 형태차원 반응의 예

카드	위 치	반 응	질 문	부 호
I	<D2	언덕 위에 떨어져 있는 나무	S: 훨씬 작으니까 멀리 있을 거예요.	FD
II	D4+DS5	호수 끝에 있는 절	S: 이게(DS5) 호수고, 여기가(D4) 절이에요. 멀리서 보는 걸로 생각해야 돼요.	FD
III	∨Dd20	언덕 위에 떨어져 있는 두 그루 나무와 그 나무로 가는 길	S: 이게(D4) 나무고, 이게(D11) 길이에요. E: 떨어져 있다고 했지요. S: 꼭 언덕은 아니고, 그냥 나무는 작고 길은 꽤 넓어서 길에서 떨어져 있는 거예요.	FD
IV	W	누워 있는 사람	S: 나를 향한 것처럼 발이 앞으로 나와 있고, 머리는 저 뒤쪽에 있어요. 누워 있는 것 같아요.	Mp.FD
V	D4	수풀 뒤로 점프하는 동물. 다리만 보여요.	S: 음, 여기가 수풀 가장자리고 이게 다리니까 수풀 뒤에 있는 거예요.	FMa.FD
VI	W	언덕 위에 있는 하나의 종교적인 조각	S: 음, 이게 훨씬 더 작으니까 멀리 떨어져 있는 거예요. 상상력을 발휘한다면 언덕으로 보일 거예요.	FD
VII	Dd19	멀리 떨어져 있는 도시	S: 빌딩들을 볼 수 있어요. E: 멀리 떨어져 있다고 했지요. S: 아주 작으니까 멀리 떨어져 있을 거예요.	FD
VIII	D4	언덕 위에 서 있는 두 사람	S: 이게 사람이고(Dd24), 이게 언덕이에요.	Mp.FD
IX	<Dd26	바위 위에 서 있는 사람	S: 음, 이게 암벽이고(D3 대부분) 이게 사람인데 나무나 어떤 것에 기대어 서 있어요. 꽤 멀리 있어요. E: 꽤 멀다고요? S: 사람이 아주 작아요. 보기도 어려워요.	Mp.FD
X	∨D6	사람 두 명이 그들 앞에 있는 무언가를 밀고 있어요.	S: 사람 몸이 앞으로 구부리고 있는 것처럼 생겼고, 팔은 앞으로 나와서 앞에 있는 물건을 미는 것 같아요.	Ma.FD

Tip 쌍반응과 반사 반응 채점 시 유의사항

1. 쌍반응과 반사 반응은 동일한 두 대상을 나타내기 위해 반점의 대칭을 사용한다.
2. 쌍반응은 실제로 '쌍' 이라고 하지만, 대개 '두 개' '사람들' '하나는 여기 있고 하나는 저기 있다.' 는 식으로 대답한다.
3. 피검자가 "두 마리의 곰이 있다." 라고 말한 다음, "한 마리는 암놈이고 다른 한 마리는 숫놈이다." 와 같이 구분하여 말하면, 쌍반응으로 채점하지 않는다.
4. 반사 반응은 직접적으로 반사라는 말로 나타날 수도 있고, '거울에 비친 상' '호수에 비친 자신을 보는 것' 과 같은 말로 나타날 수도 있다.
5. 반사 반응은 마지막에 적는다.
6. 반사 반응은 일차적이든 이차적이든 어떤 형태의 측면을 늘 포함하고 있다(Fr 혹은 rF).

〈표 4-10〉 쌍반응과 반사 반응의 예

카드	위 치	반 응	질 문	부 호
I	<D2	당나귀 두 마리. 한쪽에 한 마리씩 있어요.		F(2)
I	D1	둥지 밖으로 머리를 살짝 내밀고 있는 작은 새 두 마리		FMp(2)
II	<D6	얼음이 언 연못에 미끄러지는 토끼. 얼음에 몸이 비쳐요.	S: 여기 하얀 것이 얼음이고 얼음에 반사된 것을 볼 수 있어요.	FMa.Fr
II	W	서커스를 하는 곰 두 마리	S: 서커스를 하는 것처럼 빨간 모자를 쓰고 있고 발을 대고 있어요.	FMa.FC(2)
III	D1	두 사람이 뭔가 들고 있어요.		Ma(2)
III	D1	거울에 자신을 비춰 보고 있는 사람	S: 자기를 보고 있는 것처럼 앞으로 구부리고 있어요.	Mp.Fr
IV	<W	이렇게 돌리면 무언가 비춰진 것 같아요. 아마도 구름	S: 음, 한쪽에 있는 것이 전부 다 여기 비춰져 있어요. 아마 구름인 것 같아요. E: 그게 왜 구름인지 잘 모르겠는데요. S: 음, 밤에 구름처럼 모두 어두워요. 모양은 별로 없어요.	YF.rF

〈계속〉

IV	D6	부츠 한 켤레		F(2)
V	W	두 사람이 등을 맞대고 누워 있어요.		Mp(2)
VI	>W	여기 있는 게 전부 아래랑 똑같아요.	S: 이게 뭔지는 모르겠어요. 아마 바위 같은 것. 반사된 것처럼 양쪽이 똑같아요.	rF
VI	<D1	밤에 잠수함이 물에 비춰진 것처럼 보여요.	S: 밤처럼 모두 검고, 전망탑이고 선체예요. 그리고 모두 반사되었어요.	FC′.Fr
VII	D2	어린 소녀처럼 보여요. 한쪽에 한 명씩 있어요.		F(2)
VII	D2	작은 소녀가 거울을 보고 있어요.		Mp.Fr
VIII	D5	한쌍의 깃발		F(2)
VIII	<W	어떤 동물이 시냇물 같은 데 있는 바위 같은 것을 건너가고 있어요. 그 동물이 비춰져 있고, 자기를 내려다보고 있어요.		FMa.Fr
IX	<D5	해변가에 나온 것 같아요. 멀리서 해안선을 볼 수 있어요.	S: 음, 물에 비춰져 있고, 이게 해안선이고 《가운데 선을 가리킴》 모두 작기 때문에 멀리 있을 거예요. 쉽게 구별은 안 되겠지만 아마 나무 같은 거예요.	FD.rF
IX	D3	두 명의 할로윈 마녀	S: 할로윈 때처럼 모두 오렌지색이고, 웃는 것처럼 뒤로 젖히고 있어요.	Ma.FC(2)
X	D1	한 쌍의 게	S: 한쪽에 한 마리씩 있고, 양쪽이 똑같아요.	F(2)
X	D7	사슴. 점프하고 있는 것 같아요.	S: 하나는 여기 있고 하나는 여기 있고 똑같아요. 점프하는 것처럼 다리가 뻗어 있어요.	FMa(2)

Tip 혼합 반응

하나의 반응에 한 가지 이상의 결정인이 사용되었을 때를 말한다. 이때는 다음과 같은 방법으로 적는다.

1. 운동 반응(M, FM, m)을 먼저 적는다.
2. 형태, 색채, 음영을 그 다음에 적는다. 이들 간에 특별한 순서는 없다.
3. 반영 반응(rF, Fr)을 마지막에 적는다.
4. 각 결정인 간에는 마침표를 찍는다(예: Mp.CF.rF).
   (이 방법은 현재 일반적으로 사용되는 방법이다. 그러나 반응에서 나온 결정인의 순서대로 혼합 반응을 채점하는 검사자들도 있다.)

*Rose, Kaser-Boyd, & Maloney(2001)에서 인용함.

〈표 4-11〉 혼합 반응의 예

카드	위 치	반 응	질 문	부 호
I	W	어떤 여자가 손을 들고 서 있는데 주위에는 연기가 자욱해요	E:《따라함》 S: 여기 이것들이 팔이구요, 여기는 몸인데,《양옆을 가리키며》이것들은 다 어둡고 희미한 연기예요.	Mp.YF
II	W	두 마리 곰이 싸워요. 앞발을 서로 부딪치고 머리하고 뒷발에는 피가 묻었네요.	E:《따라함》 S: 머리, 앞발, 몸통, 뒷발이구요, 붉은 부분은 피예요.	FMa.CF
III	W	집사 두 사람이 맞절을 하고 있어요.	E:《따라함》 S: 파티 같아요. 이건 붉은 장식이고, 이들은 정장을 입은 집사들인데 절을 하는 것처럼 몸을 숙이고 있어요. E: 정장이요? S: 네. 검은색이잖아요. 턱시도처럼요. E: 붉은 장식이라고 하셨죠? S: 네에. 뭔가 붉은 것들이요.	Ma.FC.FC′

〈계속〉

IV	W	나뭇잎 밑에서 뱀이나 벌레 같은 것이 기어나오고 있어요.	E: 《따라함》 S: 여기 머리가 보이죠. 제 생각엔 뱀 같아요. 얼룩이 있잖아요. E: 그리고 나뭇잎은요? S: 네. 나머지는 다 나뭇잎인데, 말라서 죽은 거예요. E: 말라서 죽었다구요? S: 네. 죽은 나뭇잎이 시간이 좀 지나면 이것처럼 검정색이 되잖아요. E: 나뭇잎 밑에서 기어나오고 있다고 말씀하셨는데요. S: 네. 머리밖에 안 보이니까 아마 그 밑에 있는 걸 거예요. E: 《따라함》	FMa.FY. C′F.FD
V	W	한 남자가 그루터기에 털코트를 입고 앉아 있는데, 낡은 너구리털 코트인 것 같아요.	S: 이 사람은 뒤로 기대고 있는데, 아마 웃고 있거나 하는 것 같구요. 여기 보이는 부분은 발, 커다란 발, 머리, 작은 팔이에요. E: 털코트라는 말씀을 하셨는데요, 낡은 너구리털 코트 같다구요. S: 네. 굉장히 부드러운 털 같아 보여요. 《카드를 문지름》	Mp.FT.FD
VI	D1	추측하건대, 강물이 흐르는 깊은 골짜기 같아요. 얼마 전에 범람했기 때문에 이런 것 같아요.	E: 《따라함》 S: 이 가운데 부분은 진짜 깊어 보여요. 얼마나 어두운지 보이시죠. 그래도 그 주변 땅들은 다른 색이에요. 마치 군데군데 물에 젖은 것처럼 보여요.	FV.YF
VII	D2	아이 두 명이 얼굴에 진흙 아니면 먼지 같은 걸 묻히고서 서로에게 얼굴을 찡그리고 있는 것 같아요.	E: 《따라함》 S: 여기 윗부분을 보세요. 여자애 둘이 얼굴을 찡그리는 것처럼 입술을 삐죽 내민 것 같아요. E: 그 애들 얼굴에 진흙이나 먼지가 묻었다고 말씀하셨는데요. S: 마른 진흙이나 먼지처럼 시커멓잖아요.	Mp.FY
VIII	D2	여기 아래 부분은 딸기랑 오렌지 빙수 같아요.	E: 《따라함》 S: 여기 보이는 분홍색이 딸기랑 오렌지 같아요. E: 빙수라고 하셨죠.	CF.TF

〈계속〉

VIII	D2		S: 맞아요. 그랬어요. 제게는 빙수 같아 보여요. 아이스크림 같은 건 아니구요, 얼음조각 같아요. 여기 여러 색깔 때문에 얼음같이 차갑게 보여요.	CF.TF
IX	W	와! 폭발이군요. 불이랑 연기가 많이 나고 있어요.	E: 《따라함》 S: 네. 폭발하고 있어요. 여기 불꽃이 보이죠. 주황색이구요, 여기 녹색들은 다 연기예요. E: 왜 그게 연기인지 잘 모르겠는데요. S: 음, 여러 색깔들이 섞여 있는 게 보이죠. 마치 불과 연기가 뒤섞인 것 같아요.	ma.CF.YF
X	D9	이것들은 피가 마르고 있는 거예요.	E: 《따라함》 S: 피같이 붉죠. 그렇죠, 그건 의심의 여지가 없어요. 그리고 여기 이 바깥쪽이 어두운 색이기 때문에 마르고 있는 거라고 말할 수 있죠.	mp.C.Y.

3) 형태질

형태질(form quality)은 피검자가 기술한 대상의 형태와 반응에 사용된 반점 영역이 얼마나 서로 잘 부합하는가를 말한다. 즉, 반점 영역이 대상과 부합하는 정도에 대한 평가다. 이를 통해 피검자의 지각이 얼마나 현실적인가 혹은 관습적인가를 알 수 있다.

형태질의 부호는 결정인 기호의 제일 마지막에 표기한다. 예를 들어, 전적으로 형태에 근거한 반응들은 F+, Fo, Fu, F−로 표기된다. 마찬가지로 다른 결정인들이 포함된 경우에도 형태질 부호의 위치는 변하지 않는다.

형태 기술이 매우 정확하여 반응의 질적 수준이 향상된 경우(+, superior-overelaborated), 일반적 형태 특징이 분명하게 사용된 경우(o, ordinary), 반점과 대상이 서로 잘 부합하지 않지만 어느 정도 그렇게 보이는 경우(u, unusual) 그리고 반응에서 나타난 대상과 반점 영역이 전혀 부합하지 않는 경우(−, minus)의 네 가지로 나누어 채점한다.

〈표 4-12〉 형태질 채점표

기호	정 의	기 준	예
+	우수하고 정교한	반점의 형태에 맞게 아주 정확히 기술하였거나 형태 사용이 적절하여 반응의 질적 수준이 향상되었을 경우. 반드시 독창적일 필요는 없지만 형태를 설명하는 방식이 독특해야 한다.	날개를 펴고 있는 나비인데, 흔히 보기 힘든 희귀종입니다. 삼각형 모양의 흰 무늬, 아주 작은 더듬이, 둥글게 생긴 머리, 뾰족한 꼬리를 가지고 있으니까요.
o	보통의	일반적인 형태 특징을 분명하고 정확하게 사용한 반응	날개를 편 모양과 가운데 몸통 부분 모양이 나비다.
u	드문	반응에 나온 대상의 형태와 반점의 형태가 잘 맞지는 않지만 어느 정도는 그렇게 볼 수 있는 반응	날개를 편 모양과 가운데 몸통 모양이 모기 같다.
−	왜곡된	반응에 나온 대상의 형태와 반점의 형태가 전혀 맞지 않고 왜곡된 반응	사람들이 많이 모여 있다. (카드 I)

어떤 부호를 사용할 것인지 결정하는 과정은 Exner(1993), 종합체계 1권 195쪽 표 A 혹은 워크북(1995) 101쪽에 제시된 형태질 범주 기준을 참고한다. 표 A는 7,500개의 프로토콜(16만 2,427반응)을 사용해서 구성한 것이다. 여기에는 2,500명의 비환자 정상 성인(5만 6,478반응)과 2,500명의 비정신분열증 외래환자(5만 7,898반응) 및 2,500명의 비정신분열증-비정신병 입원환자들(4만 8,051반응)의 기록들이 포함되었다.

표 A의 각 항목들은 보통(o), 드문(u), 왜곡된(−) 중 하나에 해당된다. 만약 보통(o)으로 기록되고 W나 D 영역을 포함한다면, 그 대상은 7,500개의 기록들 중에서 적어도 2%(150개 이상)에서 보고된 것이고 실제로 존재하는 반점 윤곽을 포함하였다는 것을 의미한다. 또한 어떤 항목이 보통(o)으로 기록되고 Dd 위치를 포함한다면, 그 영역은 적어도 50명의 피험자에 의해 사용된 것이고, 그 대상은 그 영역을 사용한 사람들의 2/3 정도에 의해 보고된 것이며 존재하는 반점 윤곽을 포함한 것이라고 생각할 수 있다.

표 A에서 보통(ordinary)으로 명시된 반응들의 경우, 형태질의 채점은 반드시 o 또는 +가 된다. + 반응의 빈도가 모든 집단에서 낮기 때문에 대부분의 반응은 o로

부호화된다. +로 채점되는 반응들은 피검자가 통상적인 수준보다 훨씬 많은 형태 특징들(form details)까지 세밀하게 기술하므로 쉽게 확인할 수 있다. 예를 들어, 인간을 기술할 때 머리, 몸뿐 아니라 얼굴 표정, 발, 구두 등과 같은 3~4개의 특징을 더 많이 기술한다. 하지만 +나 o의 결정은 채점자의 주관적 판단에 달려 있다. Exner(1993), 1권 255쪽과 워크북(1995) 162쪽 표 B에는 +(superior-overelaborated)로 채점되어야 하는 반응의 목록이 제시되어 있다.

만약 표 A에서 항목이 드문(unusual, u)으로 지정되어 있고 W 혹은 D 영역을 포함한 것이라면, 이는 7,500명의 피험자들 중 2% 이하에서 보고된 것임을 의미하지만, 독자적으로 작업한 적어도 세 명의 판단자들이 쉽고 빠르게 그 대상을 볼 수 있었고 윤곽 사용이 적절한 것이라는 데 동의한 것이다. 또한 항목이 u로 기록되고 Dd 영역을 포함한 것이라면, 이는 50명 이하의 피험자에 의해 보고됐다는 것을 의미하지만, 쉽고 빠르게 그 대상을 볼 수 있고 윤곽 사용이 적절한 것이라고 동의된 것이다. 비록 부록에 많은 반응들을 포함하고 있지만, 가능한 모든 반응들을 포함하는 것은 아니다.

표 A에 포함되어 있지 않은 반응을 접하였다면 검사자는 두 단계의 판단을 해야 한다. 첫 번째 단계는 표에 있는 대답들을 확장시켜 볼 때 적용 가능한지를 살펴보는 것이다. 예를 들어, '회전의(回轉儀)' 라는 항목은 없지만 '팽이' 라는 항목은 목록 안에 있다. 이처럼 매우 유사한 대상들일 경우에는 같은 기호로 채점할 수 있을 것이다. 하지만 응답 내용이 표 A에 있는 것과 유사하지 않은 경우에는 두 번째 단계로 넘어가야 한다. 반응이 표 A에 제시된 것들과 유사하지 않다면 u나 −의 여부를 신중하게 판단한다. 만약 반응이 쉽고 빠르게 지각될 수 있다면 u로 채점하고, 그렇지 않으면 −로 채점한다. 어떤 검사자들은 − 부호를 주는 것을 굉장히 꺼리는데, − 점수가 중요한 해석적 의미를 가지고 있을 것이라는 잘못된 생각 때문에 그렇다. 하지만 사실은 그렇지 않다. 대다수의 피검자들이 하나 이상의 − 반응을 보이고 있다. − 반응은 그 빈도가 유의미하게 높을 때나 모든 − 반응이 단 한 가지 내용을 포함하는 경우에만 해석적으로 중요하게 이해된다. 일반적인 지침은 대체로 의문시되는 반응을 −로 채점하는 것이 좋다는 것이다. 그것은 한두 개의 − 반응이 전체 기록의 해석에 유의미하게 영향을 미치지는 않는다는 원칙 때문이다.

또한 한 반응에 여러 가지 대상들이 포함되어 있고 각 대상의 형태질이 모두 다를 경우, 형태질 점수는 가장 보수적으로 매기게 된다. 다시 말하면, 여러 대상의 형태질 점수 가운데 가장 낮은 점수를 주는 것이다. 그러나 형태질이 가장 낮은 대상이 전체 반응에 중요한 영향을 미치고 있을 때에만 그렇게 한다. 예를 들어, '벌레를 바라보는 두 마리의 개' 라는 반응에서 벌레는 개보다 덜 중요한 대상이므로 벌레보다는 개에 근거하여 형태질을 판단한다. 그리고 구름이나 연기와 같이 반응이 형태가 없는 것이라면 형태질을 채점하지 않는다.

4) 내용

내용(content)은 반응에 나온 대상이 무엇이며 어떤 종류인지를 말한다. 이 내용 범주에는 〈표 4-13〉에 제시된 바와 같이 27가지가 있다. 이 가운데 어느 범주에도 속하지 않는 경우는 독특한 반응으로 분류하고 Id(idiographic) 기호를 주며 그 내용을 기록지에 직접 적는다.

하나의 반응에 둘 이상의 내용이 포함되는 경우가 많지만, 하나의 내용 부호는 한 반응에서 한 번만 채점한다. 다음의 예외를 제외하고는 한 반응에서 여러 가지 내용 부호가 모두 포함될 수 있다. 첫째, 반응에 Na, Bt, Ls가 함께 포함되면 Na만 채점한다. 둘째, 반응에 Bt와 Ls가 들어가고 Na가 없을 경우 하나만 채점한다.

5) 평범 반응

평범 반응(populars)이란 카드마다 일반적으로 자주 나오는 반응을 말한다. 여기에서 피검자가 관습적이고 일반적인 종류의 반응을 보이는지를 알 수 있다. 피검자의 반응이 평범 반응과 같은 내용이라 하더라도 반드시 지각한 위치가 평범 반응의 위치와 똑같은지를 확인해야 한다. 예를 들어, 카드 I에서 박쥐를 보았다고 해도 W가 아닌 D7과 Dd21 영역만을 합하여 박쥐라고 하는 경우도 있기 때문이다. 피검자의 반응이 평범 반응으로 확인되면 P라고 채점하며, 그렇지 않을 경우 아무런 기호도 부여하지 않는다.

6) 조직화 활동

조직화 활동(organizational activity)이란 반응에 나타난 형태를 통합하는 데 조직화의 정도가 어느 정도로 필요한지를 의미한다. 즉, 반응에 사용된 반점의 구성 요소들이 각기 서로 의미 있게 연관되어 있는 경우에 조직화 활동 점수(Z 점수)를 주게 된다.

조직화 활동이 나타나면 반점의 구성 요소들 간의 관계가 형성된다. 경제적인 사람은 하나의 대상을 보고하거나 대칭을 사용해서 반응할 것이며 조직화 활동을 보이지 않는다. 반면, 피검자가 반점 영역들을 조직화하려고 노력할 때 조직화 활동이 나타난다. 예를 들면, 카드 Ⅷ에서 D1 영역을 단순히 "곰"이라고 하지 않고 "곰이 산을 오르고 있다."라고 말한다면 조직화 활동이 나타난 것이다. 이런 반응은 보다 정교하게 자극 영역을 조직화하려는 인지적 활동 수준이 높다고 할 수 있으며 Z 점수를 주게 된다.

Z 점수는 반응에 형태가 반드시 포함되면서 다음 표에 제시된 기준 중 하나를 만족시킬 때 채점한다. 즉, 형태가 없는 순수 C, C′, T, V, Y 반응에는 Z 점수가 주어지지 않는다.

〈표 4-13〉 내용 채점표

범 주	기호	기 준
Whole Human	H	사람의 전체 모양. 나폴레옹, 잔다르크처럼 역사적 실존 인물이 포함되면 Ay도 부가한다.
Whole Human, Fictional or Mythological	(H)	가공 인물 혹은 신화에 나오는 인물의 전체 모양. 광대, 요정, 거인, 악마, 유령, 공상과학적인 인물이나 인간을 닮은 괴물
Human Detail	Hd	사람의 신체 일부. 팔, 다리, 손, 머리가 없는 사람 등
Human Detail, Fictional or Mythological	(Hd)	가공의 인물 혹은 신화에 나오는 인물의 신체 일부. 악마의 머리, 마녀의 팔, 모든 종류의 가면 등
Human Experience	Hx	사랑, 증오, 우울, 행복, 소리, 냄새, 공포 등 인간의 정서나 감각 경험과 관련되는 내용. 특수 점수 AB도 포함됨. 추상적이지 않으면서도 인간의 감정이나 감각 경험이 분명히 포함된 반응에서도 이차 내용 점수로 채점한다. 슬픈 고양이, 화가 난 두 사람 등
Whole Animal	A	동물의 전체 모양

〈계속〉

Whole Animal, Fictional or Mythological	(A)	가공 동물 혹은 신화에 나오는 동물의 전체 모양. 유니콘, 용, 갈매기 조나단 리빙스톤 등
Animal Detail	Ad	동물의 일부. 말발굽, 가재의 집게발, 개의 머리, 모피 등
Animal Detail, Fictional or Mythological	(Ad)	가공 동물 혹은 신화에 나오는 동물의 일부. 페가수스의 날개, 푸우의 다리 등
Anatomy	An	신체 내부기관. 뼈, 근육, 심장, 간, 척추, 뇌 등. 현미경으로 본 조직 슬라이드라면 Art 기호를 부가한다.
Art	Art	예술작품. 동상, 보석, 샹들리에, 촛대, 배지, 인장, 장식품 등을 그린 것. 인디언이 꽂은 깃털은 Art지만 아이가 머리에 꽂은 것은 Ad로 채점한다. 두 마녀의 조각상(Art, (H))과 같이 이차적인 내용을 포함하는 경우가 많다.
Anthropology	Ay	역사 문화적 의미를 담고 있는 내용. 로마 시대의 투구, 나폴레옹의 모자 등
Blood	Bl	인간이나 동물의 피
Botany	Bt	식물의 전체 혹은 일부. 나무, 꽃, 나무뿌리, 새둥지 등
Clothing	Cg	의복류. 재킷, 모자, 넥타이, 벨트, 장화 등
Clouds	Cl	구름. 안개나 노을 등은 Na로 채점한다.
Explosion	Ex	폭발. 불꽃, 폭탄, 폭풍 등
Fire	Fi	불이나 연기
Food	Fd	사람이 먹는 음식 혹은 동물이 주식으로 먹는 음식. 통닭, 아이스크림, 새우튀김 혹은 새가 먹는 벌레나 곤충 등
Geography	Ge	지도. 지명을 말하거나 말하지 않은 경우 모두를 포함한다.
Household	Hh	가구용품. 고기 써는 칼, 의자, 컵, 유리잔, 램프
Landscape	Ls	풍경. 산, 산맥, 언덕, 섬, 동굴, 바위, 사막, 늪, 산호초, 바다 속 풍경 등
Nature	Na	Bt, Ls로 채점되지 않는 다양한 자연적 대상. 태양, 달, 하늘, 강, 얼음, 눈, 비, 안개, 노을, 무지개 등
Science	Sc	직·간접적인 과학적 산물 혹은 공상과학과 관련된 내용. 비행기, 건물, 다리, 전구, 현미경, 악기, 기차, 무기 등
Sex	Sx	성기관이나 성적인 행동과 관련된 반응. 남근, 질, 엉덩이, 유방, 고환, 월경, 유산, 성관계 등. H, Hd, An에 이차적으로 부가되는 경우가 많다.
X-ray	Xy	엑스레이 촬영한 사진을 지각한 반응으로 뼈나 내부기관을 포함할 수 있다. Xy로 채점하면 An은 채점하지 않는다.

〈표 4-14〉 평범 반응 채점표

카드	위 치	기 준
I	W	박쥐. 반점 위쪽을 박쥐 위쪽으로 보아야 한다.
I	W	나비. 반점 위쪽을 나비 위쪽으로 보아야 한다.
I	D1	곰, 개, 코끼리, 양 등의 구체적인 동물 전체
III	D9	인간의 모습. 인형이나 만화도 가능하다.
IV	W 혹은 D7	인간이나 거인. 괴물, 공상과학에 나오는 생물체 등 인간을 닮은 대상
V	W	박쥐. 반점 위쪽을 박쥐 위쪽으로 보아야 한다.
V	W	나비. 반점 위쪽을 나비 위쪽으로 보아야 한다.
VI	W 혹은 D1	동물가죽, 짐승가죽, 융단이나 모피
VII	D9	사람의 머리나 얼굴
VIII	D1	개, 고양이, 다람쥐 같은 종류의 동물 전체. D4와 가까운 부분을 머리로 본다.
IX	D3	인간이나 마녀, 거인, 괴물 등 인간과 유사한 대상
X	D1	게. 모든 부속기관이 D1 영역에 한정되어야 한다.
X	D1	거미. 모든 부속기관이 D1 영역에 한정되어야 한다.

〈표 4-15〉 조직화 활동 채점표

범주	정 의	예
ZW	반응에 사용된 영역이 전체고 발달질이 +, o, v/+ 일 때(W+, Wo, Wv/+)	카드 I. 박쥐
ZA	서로 다른 대상을 나타내는 서로 인접해 있는 반점 영역이 의미 있는 관계를 맺고 있을 때	카드 II. 곰 두 마리가 손을 맞대고 있다.
ZD	서로 다른 대상을 나타내는 멀리 떨어져 있는 반점 영역이 서로 의미 있는 관계를 맺고 있을 때	카드 X. D1이 서로 대화하고 있다.
ZS	반점 영역과 공백 부분을 통합시켜 반응한 경우	카드 I. 가면. 공백 부분이 눈 부분

가중치 방법을 적용하여 카드마다 산출되어 있는 Z 점수에 따라 조직화 점수를 주게 된다. 조직화 반응에 할당되는 특정한 Z 점수는 채점 준거들 중에서 어느 것에 충족되었는가와 어떤 카드에서 나온 반응인가에 따라 가중치가 다르다. 네 가지 유형의 조직화 활동 각각에 대해 가중치가 부여된 Z 점수가 〈표 4-16〉에 제시되어 있다. Z 점수는 반응의 복잡성과 피검자가 노력한 정도에 따라 증가한다.

〈표 4-16〉 각 카드에 해당되는 조직화 점수(Z)

카드	조직화 활동의 유형			
	W(DQ+, v/+, o)	인접 부분	원격 부분	공백 부분
I	1.0	4.0	6.0	3.5
II	4.5	3.0	5.5	4.5
III	5.5	3.0	4.0	4.5
IV	2.0	4.0	3.5	5.0
V	1.0	2.5	5.0	4.0
VI	2.5	2.5	6.0	6.5
VII	2.5	1.0	3.0	4.0
VIII	4.5	3.0	3.0	4.0
IX	5.5	2.5	4.5	5.0
X	5.5	4.0	4.5	6.0

Tip Z 점수 채점 시 유의사항

1. 반응이 위의 준거들 중 두 가지 이상을 충족시키는 경우에는 그중에서 높은 수치가 할당된다. 예를 들어, 카드 I에 대해 전체 반응(W)이 사용되는 경우에는 보통 1.0의 Z 점수가 할당된다. 하지만 "한 여자가 가운데 서 있고 두 형체들이 그 여자 주변에서 춤을 추고 있어요."라는 반응처럼 인접 세부 영역들이 조직화되는 방식으로 전체 반점이 사용된다면 4.0의 점수가 부여될 것이다.
2. 반응에 나타난 조직화가 의미 있는 것인가(meaningfulness)의 문제는 Z 점수를 결정하는 데 있어서 매우 중요하다. 반응에 사용된 반점의 요소 부분들이 어떤 의미 있는 방식으로 서로 간에 관련성을 가지고 있음이 명백해야 한다. 예를 들어, 카드 VII에 대해 "두 사람이 다른 방향을 가리키고 있군요."라는 반응은 Z 점수로 채점되지 않으나, "두 사람이 어느 방향으로 가야 할 것인지의 문제로 싸우고 있군요."라는 반응은 Z 점수로 채점된다.
3. 반점의 흰 공간과 다른 영역이 통합되어 있다고 가정할 때 유의하자. 흰 공간을 포함시켜 대상 영역의 테두리를 그릴 수 있으나 흰 공간이 대상의 어느 부분인지 구체적으로 말하기 어려울 때는 Z 점수를 채점하지 않는다. 예를 들어, 카드 X에서 얼굴 윤곽을 말할 때 흰 공간을 일부 포함할 수 있으나, 조직화보다는 형태주의 폐쇄성 원리에 의해 일어난 것이므로 Z 점수를 채점하지 않는다. 반면, "얼굴에 흰 칠을 하고 있다."처럼 흰 공간을 구체적으로 사용할 경우에는 Z 점수를 채점한다.

7) 특수 점수

특수 점수(special score)는 반응에 평범하지 않은 특성이 있을 때 이를 반영하는 점수로, 〈표 4-17〉과 같은 14가지의 범주가 있다. 이것은 크게 특이한 언어 반응, 부적절한 조합, 부적절한 논리, 반응 반복, 통합 실패, 특수 내용 그리고 기타 특수 반응으로 나누어진다.

(1) 특이한 언어 반응(unusual verbalizations)

일탈된 언어 반응들은 인지 과정, 특히 인지적 결손의 연구에 중요한 요소다. 인지적인 문제가 생길 경우에는 언어적으로 표출되는 경우가 흔하다.

특히, 일탈된 표현(DV)과 일탈된 반응(DR), 모순적 결합(INCOM), 우화적 결합(FABCOM) 및 오염 반응(CONTAM)에서는 인지적 오류(cognitive slippage) 혹은 기괴함이 심한 정도에 따라 수준 1과 수준 2로 구분하여 채점한다. 수준 1과 2를 구분할 때는 반응의 기괴성과 단순한 부적절성을 근거로 구분하며 피검자가 현실을 무시하는 정도를 판단해야 한다. 즉, 반응에 나타난 인지적 오류가 피검자의 무관심하고 부주의한 관념 작용 때문인지, 아니면 현실과 동떨어진 분열되고 부적절하며 비논리적인 사고 때문인지를 구분해야 한다. 수준 1은 사고의 비논리적이고 유동적이며 우회적이고 특이한 정도가 가볍거나 두드러지지 않은 수준일 때 채점한다. 이는 반응의 질 자체가 기이하지는 않다. 수준 1 반응은 미성숙, 낮은 교육 수준, 부주의한 표현이나 판단 등에서 비롯된 것처럼 보이게 된다. 수준 2는 사고의 비논리적이고 유동적이며 우회적이고 특이한 정도가 중등도 이상으로 심한 수준일 때 채점한다. 이는 반응의 기괴성 때문에 확연히 구분된다. 수준 2의 반응인지 확실히 판단되지 않을 때는 수준 1의 반응을 준다. 수준 1과 수준 2를 채점함에 있어 나이, 교육 수준, 문화적 배경 등의 외적인 요소는 고려하지 않는다.

〈표 4-17〉 특수 점수

범주	기호명	수 준	설 명	예
특이한 언어 반응 수준 1과 2로 나뉜다)	일탈된 표현 (Deviant Verbalization: DV)	신조어 (Neologism)	부적절한 단어나 신조어를 사용하는 경우	망원경으로 본 세균(DV1), 뛰면서 난다는 뒤날이(DV2)
		동어 반복 (Redundancy)	말을 두 번 불필요하게 반복하는 경우	한 쌍의 두 마리 나비(DV1), 세 사람의 트리오(DV2)
	일탈된 반응 (Deviant Response: DR)	부적절한 어구 (Inappropriate phrases)	부적절하고 아무 관련이 없는 구절을 써서 반응하는 경우	이게 게 같은데 요즘은 게 철이 아닌데요.
		우회적 반응 (Circumstantial responses)	부절적한 정교화 때문에 나타나는 유동적 혹은 산만한 반응	동물의 코 같은데 열정이 가득한 연극과 사이코드라마 같네요.
부적절한 결합 (수준1과 2로 나뉜다)	모순적 결합 (Incongruent Combination: INCOM)		반점 부분이 부적절하게 하나의 대상으로 결합된 것	닭의 머리를 한 여자, 다리가 네 개인 닭(INCOM2), 빨간 곰, 오렌지 인간(INCOM1)
	우화적 결합 (fabulized Combination: FABCOM)		둘 이상의 대상이 서로 불가능한 양상의 관계를 맺고 있는 경우	두 마리 닭이 농구를 한다(FABCOM1). 사람이 있는데 그 사람 심장이 뛰는 것이 보인다(FABCOM2).
	오염 반응 (Contamination: CONTAM)		둘 이상의 인상이 비현실적으로 하나의 반응에 중첩된 것	피흘리는 섬, 새 코, 나비꽃, 벌러지소의 얼굴(합성된)
부적절한 논리 (Inappropriate Logic: ALOG)			자신의 반응을 정당화하기 위해 비합리적인 논리를 말할 때	카드 위쪽에 있으니까 북극, 녹색은 상치인데 토끼 옆에 있으니깐 상치다.
반응 반복과 통합 실패	반응 반복 (Perseveration: PSV)	카드 내 반응 반복	동일한 카드 내에서 위치, 발달질, 결정인, 형태질, 내용 및 Z 점수가 동일한 반응이 연속적으로 나타날 경우	카드 I에서 박쥐(F), 나비 등을 차례로 말하는 경우
		내용 반복	앞 카드에서 말한 대상을 뒤 카드에서도 동일하게 반복할 때	카드 II에서 두 사람이 싸운다고 하고, 카드 III에서 그 사람들이 싸우지 않는다고 한다.
		기계적 반복	동일한 대상을 기계적으로 반복할 때	카드마다 연속해서 박쥐라고 대답할 경우

〈계속〉

반응 반복과 통합 실패	작화 반응 (Confabulation: CONFAB)	반점의 일부분에 근거하여 보다 큰 영역 혹은 전체로 반응을 일반화하는 경우	집게발이 있으므로 가재다.
특수 내용	공격적 운동 (Aggressive Movement: AG)	주체적인 내용의 공격적 운동	싸우기, 파괴하기, 폭발, 찢기, 화나 보이는 것
	협동적 운동(Cooperative movement: COP)	둘 이상의 대상이 적극적이고 협동적인 상호작용을 하는 운동	두 사람이 무엇을 들어올리고 있다.
	병적 내용 (Morbid content: MOR)	죽은, 파괴된, 손상된 대상을 지각하거나 우울한 감정이나 특징을 부과한 경우	죽은 개, 썩은 잎사귀, 깨진 거울, 울고 있는 사람, 침울한 집
기타 특수 반응	추상적 내용 (Abstract content: AB)	인간 경험 혹은 분명하고 구체적인 상징적 표현을 사용한 경우	우울을 상징, 악마를 상징하는 마스크, 여성의 아름다움을 드러내는 무용, 순수를 향한 인간 열망에 대한 그림
	개인적 반응 (Personal: PER)	자신의 반응을 명료화하고 정당화하는 과정에서 개인적 경험이나 지식을 언급한 경우	예전에 이것과 비슷한 그림을 책에서 본 적이 있어요.
	색채투사(Color projection: CP)	무채색 영역에서 유채색을 보고	카드 V. 아름다운 자주색 나비

Tip 특수 점수 배제 규칙

1. CONFAB가 있을 경우 반응에 ALOG가 있더라도 이를 채점하지 않는다(COMFAB는 매우 심각한 인지적 역기능을 의미하므로).
2. CONTAM이 있을 경우 설령 반응에 있다 하더라도 DV, DR, INCOM, FABCOM, ALOG를 채점하지 않는다(CONTAM이 매우 심각한 인지적 장애를 나타내고 다른 것을 포함하므로).
3. DV, DR, INCOM, FABCOM, ALOG가 있을 때
   a. 각 특수점수에 해당하는 반응 내용이 서로 완전히 별개의 것이어야 한다.
   b. 기준이 겹칠 때는 하나의 특수점수만을 주며 상향식 규칙(step-up principle)에 따른다. 즉, WSum6에서 가장 가중치가 높은 점수를 준다(가중치: ALOG 5, FABCOM 4, 7, DR 3, 6, INCOM 2, 4, DV 1, 2).

*Rose, Kaser-Boyd, & Maloney(2001)에서 인용함.

Tip 특이한 언어 반응 채점 시 유의사항

1. DV에 비해 보다 많은 요소들을 포함한 반응으로 DV처럼 간단하고 짧은 반응은 아니다. DR에 DV가 포함될 수 있으며, 이럴 경우 DR만 기록한다.
2. 적절하게 정교화된 응답과 우회적인 DR 반응을 혼동하지 말아야 한다. 적절하게 정교화된 반응의 경우, 피검자는 주제를 벗어나지 않고 단지 주제를 상세하게 구성하여 표현한다. 우회적 반응의 경우, 피검자는 주제에서 벗어나고 목적에 도달하지 못한다. 이러한 반응은 과제로부터 거리를 상실한 것(loss of distance)이라고 Rappaport는 제안하였다. 우회적 반응은 일종의 관념적 간섭으로 피검자가 적절한 관념적 통제를 하지 못하고 있다는 것을 의미한다.

   예) 우회적 반응: "나는 과학자예요. 나는 곤충의 다리와 머리, 꼬리를 볼 수 있어요. 하지만 잘 안 보이네요. 그것은 대칭되어 있는데 계통발생학적 입장에서 보면 매우 재미있군요. 그러나 내가 알고 있는 형태는 아니네요. 그냥 곤충이라고 하지요(DR2)."

   적절히 정교화, 체계화된 반응: "이것은 어떤 꽃과 산책길 같군요. 공원이나 정원 안에 있는 것처럼요. 이 꼭대기 부분은 그 자체로만 보면 마치 탑이나 분수처럼 보이기도 하는군요. 사실 많은 예쁜 꽃이 있는 공원을 가로질러 에펠탑을 바라보는 것처럼 말할 수도 있을 것 같네요."

① **일탈된 표현**(deviant verbalization: DV)

다음의 두 가지 특징 중에 한 가지를 보인다.

- 신조어(neologism): 피검자의 언어 능력으로 볼 때 충분히 정확하게 할 수 있음에도 불구하고 부정확한 말이나 신조어를 사용하는 것이다.

  예) 망원경으로 볼 수 있는 세균들(DV1), 당신 귀에서 파낸 것 같은 sexsnot (DV2)

- 동어 반복(redundancy): 피검자가 어법에 맞지 않게 대상의 특성을 2번 반복하는 것이다.

  예) 한 쌍의 새 두 마리(DV1), 세 사람의 트리오(DV2), 조그만 작은 개(DV1)

② 일탈된 반응(deviant response: DR)

이상하고 별난 성질을 가진 응답이다. DV에 비해 보다 많은 요소들을 포함한 반응으로 DV처럼 간단하고 짧은 반응은 아니다. DR에 DV가 포함될 수 있으며, 이럴 경우 DR만 기록한다. 다음의 두 가지 방식 중 하나로 드러난다.

- 부적절 어구(inappropriate phrases): 반응에 부적절하거나 관련되지 않은 어구를 포함한다.
  예) 새예요. 하지만 나는 나비를 보고 싶었어요(DR2). 고양이요. 우리 아버지는 언제나 고양이를 싫어하셨어요(DR1). 분홍빛 치마에, 파란 브라에 녹색 티셔츠를 입은 댄서예요. 그녀는 완전히 익명이에요. 왜냐면 자신의 몸을 볼 수 없기 때문이에요(DR2). 이 그림을 민주적인 관점에서 보면 카터 대통령의 추상적 작품이에요(DR2).
- 우회적인 반응(circumstantial responses): 대상을 정의하는 데 뚜렷한 어려움을 보이거나, 부적절하게 정교화된 유동적이고 산만한 대답을 한다.

(2) 부적절한 결합 반응(inappropriate combinations)

이 반응은 인상이나 생각들이 현실성을 무시하고 부적절하게 조합되는 반응이다. 대상에 귀속되는 심상들, 대상들, 활동들 사이에 비현실적인 관계가 추론된다.

① 모순적 결합(incongruous combination: INCOM)

- 반점 영역이나 심상들이 부적절하게 하나의 대상으로 결합된 경우를 말한다. DV, DR 반응처럼 기괴성 정도에 따라 수준 1과 수준 2로 구분해서 채점한다. INCOM 수준 1 반응은 우연적으로 나타나는 반면, 수준 2 반응은 이상하고 비현실적이다.
  예) 박쥐인데, 이게 날개고 이게 몸이고 손이다(INCOM1), 다리가 네 개인 닭(INCOM2), 수염 달린 개구리(INCOM2), 닭 머리를 지닌 여자(INCOM2) 등
- 때때로 색깔과 형태의 부적절한 조합으로 나타나기도 한다.
  예) 빨간색 곰(INCOM1), 까만색 눈(INCOM1), 오렌지 인간(INCOM1)

② 우화적 결합(fabulized combination: FABCOM)

이 반응은 반점에서 보이는 2개 이상의 대상들 사이에 받아들이기 어려운 관련성을 짓는 경우를 말한다. 이 반응은 항상 분명하게 분리되어 있는 2개 이상의 반점을 포함한다. 수준 1 반응은 주로 만화에서 묘사되는 것과 같은 반응이지만, 수준 2 반응은 현실성이 없다. 또한 불가능한 투시적 응답을 할 경우에는 FABCOM2를 준다.

예) 농구공을 붙잡고 있는 두 마리 닭(FABCOM1), 잠수함을 공격하고 있는 여자(FABCOM2), 야구방망이와 싸우고 있는 두 마리 개미(FABCOM1)
거기 큰 사람이 앉아 있는데, 그 사람 심장이 뛰는 것이 보인다. 이것은 여자들의 질이고, 이것은 이 여자의 나팔관이다.

③ 오염 반응(contamination: CONTAM)

이 반응은 가장 기괴하고 부적절한 조합으로 2개 이상의 인상이 비현실적으로 단일 반응으로 합쳐지는 것이다. 이는 다음과 같은 특징이 있다. 첫째, 두 가지 인상이 각각 보고되었을 때에 비하면, 중첩 과정에 의하여 인상의 적절성은 각각 손상되어 나타난다. 둘째, INCOM이 분리된 반점 영역들이 '있을 수 없는 하나의 대상'으로 합치는 반면, CONTAM은 단일한 반점 영역에서 나오는 반응이다. 마치 이중노출로 상이 겹쳐진 합성 사진처럼 두 개의 반응이 심리적으로 겹쳐진다. 셋째, CONTAM 반응은 종종 신조어나 다른 특이한 언어를 통해 대상을 기술한다. 넷째, COMTAM 반응은 다른 특수 점수보다 우선적이다. 어떤 반응을 CONTAM으로 채점하였다면 COMTAM 이외의 다른 특수 점수는 채점하지 않는다.

예) – 신조어적 CONTAM 반응의 예: 벌레의 안면과 소의 안면을 합친 '벌러지소의 얼굴'
– 카드 III을 똑바로 한 번 보고 뒤집어 한 번 보고서는 "아, 이것은 나비꽃이에요(꽃과 나비의 합성)."
– "여기는 피 같아 보여요. 아…… 그리고 섬이에요. 이것은 피섬이에요."
– "이것은 새–개예요. 왜냐하면 개같이 생기고 새코 같으니까요."

과거에는 모든 CONTAM 반응을 형태질로서 부호화해야 한다고 제안된 적이 있는데 이는 잘못된 규칙이다. 형태질은 지각적 정확성에 관련된 반면, CONTAM 반응은 지각적 왜곡을 포함할 수도 있고 포함하지 않을 수도 있는 인지적 혹은 관념적 손상을 나타낸다. 만일 형태질로 본다면 벌러지소 같은 비존재 대상은 '−' 로 채점될 것이며, 나비라는 평범 반응과 얼굴 반응을 결합시킨다면 형태질은 'o' 로 채점될 것이다.

(3) 부적절한 논리(inappropriate logic: ALOG)

이 반응은 피검자가 그의 대답을 정당화하기 위해 단서도 없이 비합리적 논리를 사용하는 것이다. 이때 논리는 확실히 타당하지 않고 연상이 이완되거나 사고가 지나치게 단순할 때 채점한다. 보통 ALOG 반응은 쉽게 확인될 수 있는데, 이는 피검자들이 반점의 크기, 공간, 색채, 모양을 매우 구체적인 방식으로 사용하기 때문이다.

예) − "이 녹색은 상치예요. 그 옆에 토끼가 있기 때문이지요."
− "둘이 같이 있기 때문에 이 둘은 남자와 여자가 틀림없어요."
− "그것은 그림의 일부이므로 매우 작은 사자입니다."

피검자가 자발적으로 논리의 손상을 보일 때만 ALOG로 채점된다는 것이 중요하다. 질문 단계에서 검사자가 피검자에게 지각된 것을 명세화하라고 요구한 후 어떤 '부자연스러운' 논리가 나타나는 경우가 자주 있는데, 이렇게 검사자의 질문에 의해 '자발성' 이 없는 대답에서 나온 반응일 경우에는 ALOG로 채점해서는 안 된다.

(4) 반응 반복과 통합 실패(perseveration and integration failure)

이 반응은 인지적 장애나 심리적 집착을 나타낸다. 다음과 같은 경우에 채점한다. 첫째, 하나의 반점에 거의 동일한 둘 이상의 반응을 한다. 둘째, 하나의 반응이 상이한 반점에도 지속된다. 셋째, 동일한 반응이 여러 반점을 거쳐 반복적으로 나타난다. 넷째, 일부 반점의 반응을 전체로 확대시켜 과잉 일반화하여 응답한다.

① **반응 반복**(perseveration: PSV)

최소한 다음의 세 가지 형태가 있으나 모두 PSV로 채점된다.

• **카드 내 반응 반복**(within card perseveration)

한 카드 내에서 이전 반응과 정확하게 동일한 위치, 발달질, 결정인, 형태질, 내용으로 반응하는 것을 말한다. 내용 반응은 다소 변화할 수 있으나 동일한 일반적 내용 범주에 속한다. 카드 I과 카드 V에서 자주 일어나는 반응이다.

예) –이것은 분명히 박쥐예요(형태 반응 W. 부호화하면 Wo Fo A P 1.0).

–어쩌면 나비일지도 모르겠어요(형태 반응 W. 부호화하면 Wo Fo A P 1.0 PSV).

피검자가 단순히 대안을 제시하려고 했던 것이 아니라 두 개의 반응을 하려 했다는 사실을 분명히 할 필요가 있다. 대안적인 대답을 하려고 할 경우에는 보통 두 대답 중 더 적절한 반응 하나를 선택하는 식으로 반응할 것이다. "더 자세히 보니까 박쥐보다는 나비 같네요."

카드 내 보속 반응의 경우 평범 반응이 반복될 필요는 없다. 하지만 특수 점수를 제외한 모든 기호들이 동일해야 하고, 반응이 중간에 다른 반응 없이 연속적이어야 한다.

• **내용 반복**(content perseveration)

이 반응은 반드시 동일한 카드 내에서나 연속적인 카드에 대한 반응일 필요는 없으나, 그 내용을 이전에 보았던 것과 동일한 것으로 인식하는 반응이다. 새로운 반응의 부호화는 그 대상이 처음 부호화되었을 때와는 꽤 다른 대답일 수 있지만, 피검자는 그것이 동일한 대상임을 분명히 밝힌다. 이 경우 피검자가 다른 카드의 새로운 대상을 이전에 보고했던 대상과 동일하게 보고하는 것이 중요하다. 예를 들어, 카드 II에서 "싸우고 있는 두 사람"이라 반응하고, 카드 III에서 "동일한 두 사람인데, 싸움은 이제 끝나고 서로 절을 하고 있다."라고 반응하는 것이다.

• **기계적 반복**(mechanical perseveration)

이 반응은 지적으로 장애가 있고 신경학적 손상이 있는 피검자에게 자주 일어나는 반응이다. 이 경우 기록이 매우 짧고 간단한 것이 특징으로, 피검자가 거의 기계적으로 동일한 반응을 계속해서 하기 때문에 쉽게 확인할 수 있다. 예를 들면, 카드 Ⅶ까지는 "박쥐."라고 대답하고, 카드 Ⅷ에는 "오! 이 박쥐는 색이 칠해졌군요."라고 대답하고, 카드 Ⅸ에는 "박쥐가 어디론가 가버렸어요." 혹은 "더 이상 그곳에 없어요."라고 대답한다. 이 피검자들은 종종 무심코 자신의 지각적 경직성을 드러낸다.

② 작화 반응(confabulation: CONFAB)

드문 경우지만 피검자는 단지 반점의 세부 영역만을 보고 더 큰 영역이나 전체 반점으로 반응을 일반화한다. 반응에 사용된 부분적인 반점 영역은 대체로 적절히 사용되고 기술될 수 있으나 전체 영역에 대한 반응으로는 부적절하다. 예를 들어, 카드 I의 D1 영역에 초점을 맞추어, "그것은 집게발이군요. 가재예요."라고 했다. 피검자는 전체 반점을 사용하여 대답했다고 주장하지만 다른 반점 영역과는 의미 있는 통합을 이루지 못한다. 이 반응의 부호화는 Wo F− A CONFAB이다. 또한 작화 반응 시에는 Z 점수를 주지 않는다.

작화 반응이 의심될 때 검사자는 정말로 통합의 실패가 일어났는지를 확인해야 한다. 특히, 청소년의 경우, 저항적인 피검자들은 질문 단계의 요구에 의해 동요되거나 위협을 받는다. 때때로 그들은 "어떤 점 때문에 그렇게 보입니까?"라는 질문에 "잘 모르겠어요. 그냥 그렇게 보여요."라는 매우 애매한 반응을 한다.

또한 그들은 인간이나 동물의 전체에서 한 부분만 지칭한 반응 "거기에 발이 있군요."와 같은 식으로 반응할 수 있다. 이것은 작화 반응이 아니고 대답을 분명히 하는 데 굼뜨거나 저항하는 경우다. 보통 검사자는 피검자에게 주의를 주어 문제를 명확히 할 수 있다. "보세요, 당신에게 그렇게 보인다는 건 알겠어요. 그런데 나도 그렇게 볼 수 있도록 도와주세요. 천천히, 급하진 않으니까요. 자, 이제……."

작화 반응은 기계적이며, 피검자들은 검사자들이 잘 이해하지 못하는 것을 보면서 의아해하는 것처럼 보인다. 처음 연상 자료에서 작화 반응의 힌트가 암시되기도 한다. 그러나 작화 반응의 대답은 질문 단계까지 확인되지 않을 수 있는데, 이는 피검자들이 처음 연상에서 단지 단일 단어의 반응을 제시하기 때문이다. 예를 들어, 피검자가 연상 단계에서 "가재."라고 반응하고 질문 단계에서 "집게발이 있으니깐

가재예요."라고 할 수 있다.

때때로 피검자는 반응을 방어하기 위해 매우 비합리적인 논리를 사용할 수 있으나 이를 ALOG로 부호화하지 않는다. 그것은 CONFAB 반응이 심각한 병리적 특성 지각적 · 인지적 손상을 반영하기 때문이다.

예) 봐요. 집게발을 봐요. 이건 가재예요. 이것은 집게발을 가졌어요. 이것은 가재임에 틀림이 없어요. 왜냐하면 이것들은 집게발을 가졌기 때문이에요.

(5) 특수한 내용들(special content characteristics)

로샤 연구재단은 특수한 반응 내용 중 특히 투사적 성격을 반영한다고 볼 수 있는 반응들의 특징들에 초점을 맞추어 연구를 수행하였다. 이 중 사고, 자기상, 대인관계적 특징과 관련된 반응 특징은 내용 수준을 넘어서 별도의 채점이 필요하다.

① 공격적 운동(aggresive movement: AG)

공격적 운동의 채점은 행위가 명백히 공격적인 운동 반응에 사용된다. 대상이 공격을 받는 경우는 AG 반응이 아니다. 총을 맞은 곰, 폭격된 배는 AG 반응이 아니다. 유사하게 폭발 자체는 AG가 아니지만, 폭발에 의해 무언가가 파괴되는 것은 AG다.

예) 싸우기, 파괴하기, 폭발, 찢기, 화나 보이는 것

② 협동적 운동(cooperative movement: COP)

둘 이상의 대상이 명백하게 긍정적이고 협동적인 상호작용을 하는 운동 반응에 사용된다. M, FM 또는 m 반응에 부여되는 코드다. COP를 채점하기 위해서는 명백한 행동만 포함하므로 바라보기, 말하기 등은 채점되지 않는다.

예) 무언가를 들어올리는 두 사람, 새끼에게 먹이를 주고 있는 새, 서로 기대고 비밀을 이야기하고 있는 사람, 세 사람이 춤을 같이 추고 있다, 아기 새를 먹이고 있는 어미 새, 시소를 타고 있는 두 아이, 어떤 동물을 공격하고 있는 두 마리의 늑대

③ **병적 내용**(morbid content: MOR)

MOR 부호화는 대상이 다음 두 부류의 특징 중 어느 하나에 속하는 반응일 때 사용된다.

- 대상을 죽은, 파괴된, 파멸된, 오염된, 손상된, 충격받은, 상처 입은, 깨어진 등으로 묘사한다.
  예) 깨어진 거울, 죽은 개, 찢어진 코트, 썩은 잎, 닳아빠진 신발, 다친 곰, 상처 등
- 우울한 감정이나 특징을 대상에 부여하는 것이다.
  예) 침울한 집, 슬픈 나무, 불행한 사람, 울고 있는 사람, 우울 등

(6) 기타 특수 반응(other special feature of responses)

세 가지 유형이 있으며 피검자를 이해하는 데 중요한 방어적인 심리적 활동을 반영한다.

① **추상적 내용**(abstract content: AB)

이 반응에는 두 종류가 있다.

- 인간의 정서나 감각 경험을 표현하기 위해 사용하는 인간 경험과 관련된 것이다.
- 명백하고 구체적인 상징적 표현을 한 경우다. 이 반응에서는 형태가 사용되고 대상에 대한 상징적 의미가 부여된다. 또한 구체적인 표상을 내놓지 않으면 AB로 채점하지 않는다.

예) –"그걸 보면 우–울해져요." "이것은 전부 분노예요." "이것은 지독한 냄새예요." "제발 치워 주세요."

–사회주의 혁명을 상징하는 동상, 여성의 아름다움을 드러내는 현대 무용, 뮤지컬 코러스 라인의 두 댄서 포스터, Blake의 순수를 향한 인간 열망에 대한 그림, 악을 드러내는 가면

② 개인적 반응(personalized answers: PER)

많은 개인적 반응들이 인칭대명사를 포함한다(나, 우리, 나의, 우리의 등). 대부분은 반응을 형성하는 과정에서 자연스럽게 사용된다. "아, 내가 보기에는 박쥐 같은데요." 그러나 이러한 자기 참조가 다소 다르게 사용될 때는 방어성을 시사하므로 특수 점수가 주어진다. 개인적 반응(PER)은 피검자가 반응을 정당화하고 명확하게 하는 근거로서 자신의 지식이나 경험을 참조할 때 채점한다.

예) "나는 들에서 항상 그런 것들을 본다." "나는 잡지에서 그런 걸 본 기억이 있다."

어떤 경우 개인적 지식이나 경험에 사적인 대명사가 사용되지 않고 PER 반응이 나타날 수 있다. 예를 들어, "그것은 아메바예요. 만일 당신이 생물학 강의를 들어본 적이 있다면 그걸 보았을 겁니다." "군대에서는 그들이 당신에게 이와 같은 것을 입게 만들지요." 등과 같은 것이다.

어느 경우든 간에 검사자는 피검자가 설명(comment)보다는 개인적인 지식이나 경험을 주입하여 반응을 정당화 · 구체화하려 하고 있다는 점에 주목해야 한다. "내가 보지는 못했지만 이것은 무엇 같아요. 내 생각엔 구식 옷이에요. 20년 전에 유행하던 것이지요."와 같은 반응은 수검자의 설명이지 개인적 반응은 아니다.

③ 색채투사(color projection: CP)

이것은 무채색 영역에서 유채색 반응을 하는 경우를 말한다. 대부분 피검자들은 색채를 정확하게 구분해 내지만, 드문 경우 어떤 피검자는 유채색의 식별을 잘하지 못한다. 이 경우 검사자는 언어적 실수에 의한 것인지, 아니면 색채 시의 문제인지 질문 단계에서 주의 깊게 다루어야 한다. 만약 그 반응이 언어적 실수에 의한 것이라면 언어적 실수를 나타내기 위해 DV로 부호화되어야 한다. 만약 피검자가 반응을 적절히 교정하지 않을 경우에는 색채 시에 대한 적절한 검사를 실시해야 한다.

색채투사는 피검자가 무채색의 영역을 유채색으로 반응할 때 주어진다. 이 반응은 희귀한 반응이며, 카드 V와 VI에서 가장 자주 일어난다. 대부분의 경우 원반응에서 암시는 되지만 잘 명세화되지는 않는다. 질문 단계에서는 핵심 단어를 탐색해야 할 것이다. 예를 들면, 카드 V에서 "오, 예쁜 나비군요."라고 반응할 경우 핵심 단어인 '예쁜' 이 질문 단계에서 탐색되어야 하는데, 어떤 피검자들은 반점이 '유쾌한 보라색' 이라고 반응한다.

색채투사는 피검자가 무채색 반점 영역에 유채색 반응을 했을 때만 채점된다. CP 반응을 하는 대부분의 피검자들은 유채색 반응을 할 경우에 음영 특성을 사용한다. 그러므로 음영-확산(FY, YF, Y)에 대한 결정인 채점이 필요하다.

※다중적 특수 점수

여러 가지 특수 점수가 동시에 채점될 수 있다. 특히, 14가지 특수 점수 중에서 8가지(PSV, CONFAB, AB, AG, COP, MOR, PER, CP)는 서로 독립적이기 때문에 기준을 만족시키려면 모두 채점한다. 그러나 다음의 예외 규칙이 있다. 6가지 특수 점수(DV, DR, INCOM, FABCOM, ALOG, CONTAM)는 상호 관련되어 있으므로 채점에 주의해야 한다. 이를 잘 명심해야 불필요하게 특수 점수가 상승되는 오류를 피할 수 있다.

참고문헌

Exner, J. E., Jr. (1993). *The Rorschach: A Comprehensive System: Vol. 1. Basic foundations* (3rd ed.). New York: Wiley.

Rose, T., Kaser-Boyd, N., & Michael, P. M. (2001). *Essentials of Rorschach Assessment*. New York: Wiley.

〈표 A〉 카드별 반응 영역, 평범 반응, Z값 및 반응별 형태질

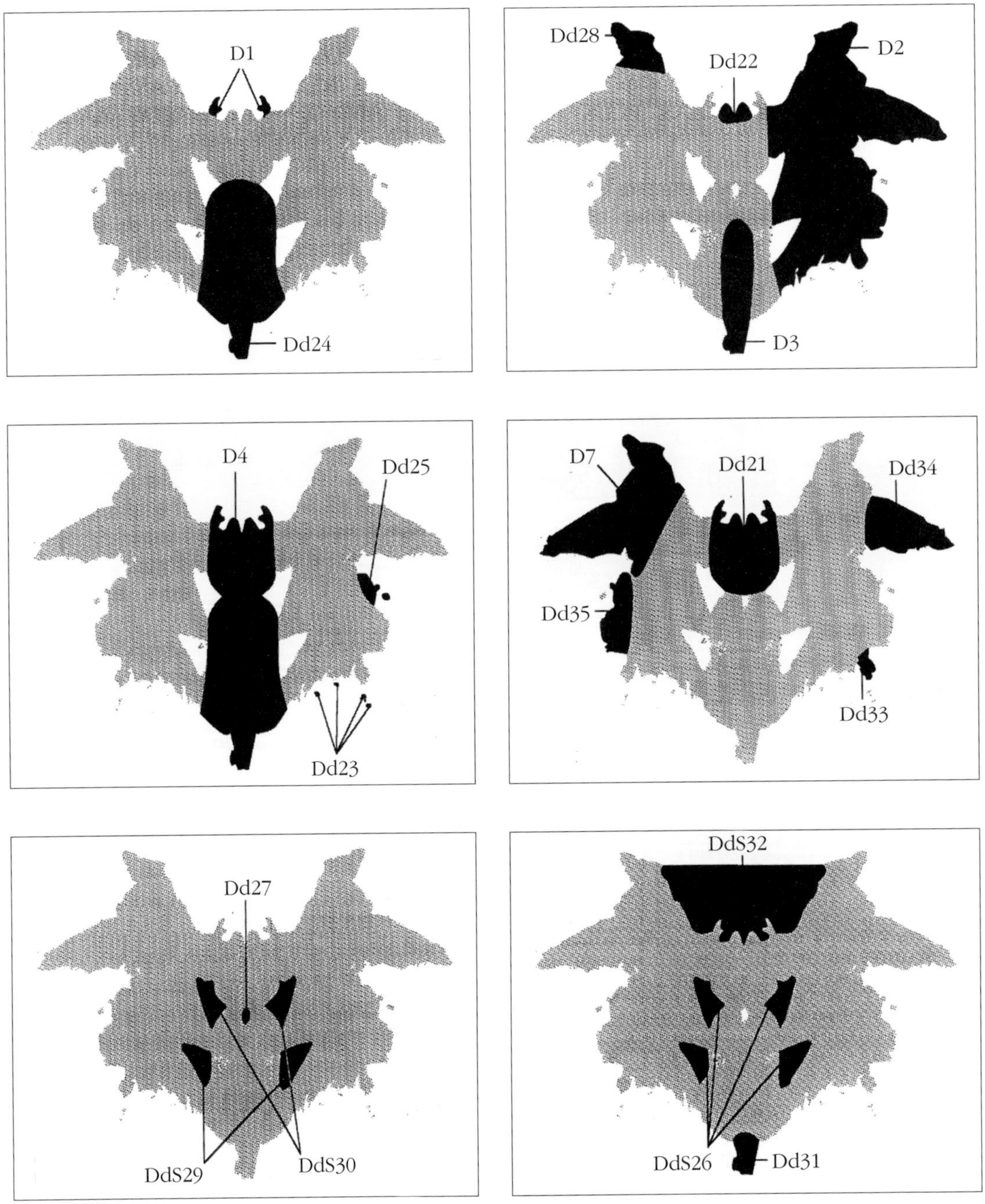

[그림 1] 카드 I의 D와 Dd 영역

CARD I

평범 반응: 반점 전체를 박쥐 또는 나비로 반응한 경우

Z값: W = 1.0　인접 부분 = 4.0　비인접 부분 = 6.0　공간 반응 = 3.5

W

o		가면(주의: 여러 동물들의, 할로윈, 파티, 주술에서 사용되는 가면, 괴물의 가면)
–		가슴, 흉곽
u		가재
u		각다귀, 모기
–		갈매기형 견장(chevron)
–		감귤나무
–		개구리
–		개미
–		개미핥기
–		개코원숭이
		거미
u		게
–		계란
–		고기
–		고양이
u		누에고치(날개를 가진 곤충이 나오는)
–		곤충(날개 없는)
o		곤충(날개 달린)
–		곤충(불특정, 날개 없는)
–		골격(불특정)
o		골반(뼈)
–		곰
u	∨	괴물
u		구름(들)
–		그물
–		기구(氣球)
u	∨	기차(D4가 버팀대로 가로지르는)
–		깃발
o		까마귀
–		깔개
		(현관문 앞의 매트), 양탄자
–		꼬마요정
u		꽃병
–		꿈
		나무, 목재(wood)
–		나무(tree)
–		눈송이
o		나방
o		나비
–		날개다랑어
u		노젓는 사람(ㅂ ㅌ)
–		뇌
–		뇌(위에서 본 모습)
u		뇌(단면도)
u	∨	눈 내린 꼭대기 (cap, snow)
–		늑골, 갈비뼈
u		다람쥐(나는)
–		다리(인공의)
u		다리(자연의)
–		단지, 항아리
–		담요
–		닻
–		대구(魚)
–		대바구니
–		도로 지도
u		돌(조각된)
o		독수리
o		두개골(인간 또는 동물)
u	∨	둥근 지붕(dome)
u	∨	동굴(앞에서 본 모습)
u		동물(날개 달린, 불특정)
–		동물(주의: 곰, 고양이, 개, 사자 등과 같이 날개나 지느러미가 없는 동물)
–		둥지
u		드라큘라
–		느레스
u	∨	드릴프레스
o		디스크(해부)
u		딱정벌레(날개 달린)
u	∨	뗏목배(앞에서 본 모습)
–		램프
u		로봇
u	∨	로켓선

o 마녀(두세 명)
– 마차(2륜 경마차)
u 말벌
u 망토(cloak)
u ∨ 머리(모양을 갖춘)
o ∨ 머리장식
u 먼지(얼룩)
u 먼지, 쓰레기
u 메두사
– 멜론
u 모기
o ∨ 모자(여자용)
머리(얼굴을 보라)
– 목
– 목뼈
u 무늬, 도안
o 무용수(D4를 의상 또는 망토로 반응)
– 문
u 문장 또는 장식을 한 옷 (coat of arms)
– 물탱크
– 미제 자동차 플리머스의 문장
– 민들레
– 바다거북
o 바다동물(D2나 Dd34를 지느러미로 반응)
– 바닷가재
u ∨ 바위
– 바이올린
– 버클(혁대)
o 박쥐
– 배
– 배(바닥이 평평한 보트, keel)
o 뱃지
– 밸브
u 벌
o 벌레(날개 달린)
o 벌레(산산조각 난)
– 벌집(곤충)
– 범선, 요트
u 벼룩
– 보트(지붕이 없는 작은 배)
– 복부
– 분화구
– 불
– 비행기(위에서 본)
u 비행기(앞에서 본)
u ∨ 빌딩
u 뼈(해골)
u ∨ 산
u 산호
o 새
u ∨ 새(선사시대의)
o ∨ 샘
o ∨ 샹들리에
– 서표(書標), 북마크
u 석탄(조각)
– 선인장
– 선풍기
u 섬
u ∨ 성(城)
– 세탁기
o 소녀(들)(춤을 추거나 원형을 이룬)
– 소떼
– 소리굽쇠
u 솜털(조각)
– 송곳, 드릴
u 숯, 재
– 숲
– 스토브(난로)
– 스폰지
– 스프링(금속)
– 시계
– 식물
– 신체
– 신체(분리된)
– 씨앗
u 아메바
u 악마(망토를 걸친, 날개 달린)
u 안개
– 양치류 식물
u 어깨망토(cape)
u ∨ 언덕
얼굴(주의: 대부분의 얼굴 반응은 o 또는 u고, Dd34는 귀, DdS29와 DdS30은 눈과 입, 반응 내용은 (Hd), Ad 또는 (Ad)이지만 반점의 윤곽과는 일치하지 않음. 아래에 있는 것들이 그 예임)
u 얼굴, 개
– 얼굴, 개미
o 얼굴, 고양이
u 얼굴, 곤충(불특정)

–	얼굴, 곤충(구체적)
u	얼굴, 곰
u	얼굴, 괴물(작은 악마, 외계인)
o	얼굴, 늑대
u	얼굴, 뿔 달린 동물
o	얼굴, 동물(불특정)
u	얼굴, 로봇
u	얼굴, 마녀
–	얼굴, 말
–	얼굴, 물고기
–	얼굴, 미국 너구리
–	얼굴, 바다거북
u	얼굴, 벌레
–	얼굴, 새
o	얼굴, 여우
–	얼굴, 염소
–	얼굴, 인간
u	얼굴, 젖소
u	얼굴, 쥐
u	얼굴, 토끼(늘어진 귀)
u	얼굴, 해골(동물)
–	얼굴, 해골(인간)
o	얼굴, 호랑이
–	얼음
o	여자(날개 달린, 망토를 걸친)
u	연(kite)
u	예술(추상적)
u	오리
–	오스트레일리아(지도)
o	오페라가수(두세 명)

–	올빼미
o ∨	왕관
–	요리(Pau)
–	요트
u	용(대개는 날개 달린)
–	우거진 잎
–	우리(cage)
u ∨	우주선
–	웃음
–	원주판
u ∨	원형 천막
–	음식
–	음표(음악)
–	음핵, 클리토리스
–	인간
o	인간(날개 달린, 망토를 걸친)
u	인간(두 사람이 마주 보는)
–	인간(두 사람이 등을 돌린)
o	인간(들)(세 명)
–	인쇄기
u	잉크
u	잉크반점
o	잎
–	자동차
u ∨	작은 집, 오두막집
–	작은 새우
u	잔(손잡이가 있는)
u	잠자리
–	잡초
o	장신구
u ∨	전망대
–	전복

–	전함
–	정원
–	정자(sperm)
–	정향나무(백합, 마늘)
–	젖가슴
–	젖소
o	조각상(둘 또는 셋)
–	종(鐘)
–	주차요금 징수기
–	중국 예술품(chinese art)
u ∨	중국 집(가옥)
–	지도(구체적)
u	지도(불특정)
u	진흙
u ∨	집
–	책
u ∨	천막
o	천사
o	천사(D4를 다른 대상으로 보고 두 명의 천사라고 반응)
u ∨	천측창(天測窓: 비행기 상부의 천체 관측용 유리창)
–	첨탑
–	총알
u	추상화
o	춤추는 두 사람
–	케이크
–	코
–	코트, 외투
–	콩팥(들)
–	클램프, 꺾쇠
–	배의 키(rudder)

–		탱크(군용)
–		턱받이
–		턱수염
u		털(조각)
o		토템(날개 달린)
–		톱질용 괨목(sawhorse)
–		파도
u		파리
–		폐
–		폭발
u	∨	풀무(바람을 불어넣는 자루)
u		풍경(주의: 바위, 암석이 많은 지대나 산허리와 같은 광활한 풍경)
–		풍향계
–		피크(기타)
u		항아리, 단지
–		해시계
–		해파리
–		헬리콥터
o	∨	헬멧
–	∨	호박
u		화석
–		회오리바람(tornado)
o		휘장(emblem)
o		X-ray(가슴)
o		X-ray(골반)
–		X-ray(심장)
–		X-ray(위)
–		X-ray(폐)
o		X-ray(불특정)

D1

o	갈고리 발톱(동물)
–	갑각류(게)
–	개미(들)
–	곤충(들)
u	괴물(들)
u	귀신(들)
–	깃발(들)
–	꼬마요정
u	꼭두각시(들)(puppets)
–	나무
u	나비
–	남근(penis)
o	더듬이(feeler)
u	독수리 머리(들)
–	로켓
u	머리(들)(곤충)
u	머리(들)(괴물)
–	머리(들)(동물)
o	머리(들)(새)
u	머리(들)(파충류)
u	무용수(들)
u	바위(들)
–	벌레(들)
o	벙어리장갑
o	집게
–	뼈(들)
–	뿌리(들)
o	뿔
u	뿔(사슴)
–	새(들)
o	새의 머리(들)
o	손가락(들)
o	손(들)
u	악마
u	엄지손가락
u	오리 머리(들)
–	원숭이
–	이빨
o	인간 또는 인간과 비슷한 모습
–	작은 새우
u	조각품(추상적)
o	촉각, 안테나
–	총
–	클립
–	파도(들)
–	포크

D2

		개(동물을 보라)
–		고양이
o		곡예사
u		괴물 모습의 조각
u		구름
–		나무
u	<	나무(들)과 우거진 잎
o		날개(들)
–		늑대
–		동물(고양이, 소, 일부 개처럼 짧은 귀를 가진 동물)
o		동물(당나귀, 코끼리, 일부 개처럼 긴 귀를 가진 동물)

o		동물(만화의)
u		동물(불특정)
–		돼지
–		딱정벌레
u		딱따구리(옆모습)
o		머리(새)
o		무용수
–		물고기
–		박쥐
u		벌레(Dd34를 날개로 반응)
–		벌레(날개 없는)
–		병아리
–		비행기
o		새(Dd34를 날개로 반응)
–		설치류 동물
o		악마
–		암소
o		얼굴(Dd34를 코로 보고 동물, 새, 만화, 괴물로 반응)
–		얼굴(Dd34를 귀로 보고 동물, 새, 만화, 괴물 얼굴로 반응)
–		얼굴(인간)
u		연기(煙氣)
–		용
o		인간
o		인간 같은 모습
u		잎
–		장화
–		지도(구체적)
u		지도(불특정)
o		천사
u	<	토끼
o		페가수스(날개 돋친 천마)
o		풍경
–		하늘
–		해부
–		X-ray(구체적 또는 불특정)

D3

–		곤충
o		꽃병
–		나무
–		남근
–		뇌간
o		다리(들)
u		로봇
o		미라 상자(mummy case)
u		바이올린
–		뱀
o	∨	볼링핀
u		악어
u	<	악어(옆모습)
–		양초
–		얼굴
u		우주선
o		인간(하반신)
–		장신구
o		조각상
–		질(해부)
u		척추
–		촛대
–		총
–		코
o		토템 기둥(단청한 토템 기둥)

D4

–		갑각류(게)
–		개구리
–		개미
u		개코원숭이
–		거미
o		고릴라
–		고양이
o		곤충(D1을 더듬이를 가진 곤충)
o		괴물
u		귀뚜라미
u		기념비
u		꽃병
u	∨	나무
u		도깨비 상자(열면 물건이 튀어나오는 상자, Jack-in-the-box)
–		동물(불특정)
–		등뼈
o		딱정벌레
–		램프
u	∨	로켓선
u	∨	로켓
–		말벌
–		문
–		물고기
–		바닷가재

– 바다거북
– 벌
o 벌레(D1을 더듬이로 반응)
u 비올라
– 뼈구조
– 새
– 섬
– 식물
– 악어
– 얼굴
o 여자
u 왕관(의식용)
u 우주 생물
u 인간
o 인간(두 명)
o 인간(머리 없는)
o 인간(전체)
o ∨ 인간 같은 모습
o 조각상
– 지네
o 첼로
– 총알
– 코
– 클리토리스, 음핵
– 파리
– 파충류
– 해부

D7

– 곤충(날개 없는)
u 곤충(날개 달린)
u 구름
u 귀(동물)
o 까마귀
u 날개(비행기 또는 새)
o 날개(들)
o 독수리
– 동물(날개 없는)
o 동물(날개 달린)
– 두개골
u 둥지
u 머리(새, 오리, 말)
– 모자
u 바위
– 뼈
– 뿔
o 새(조각상)
o 새
o 스핑크스
– 식물
u 얼굴, 동물(Dd34를 코로 반응)
u 얼굴, 마녀
u 얼굴, 만화(Dd34를 코로 반응)
– 얼굴, 인간
u 오리
u 언덕
– 지도(구체적)
u 지도(불특정)
o 풍경
u 풍향계
u 항아리, 단지(Dd34를 손잡이로 반응)
u 화살촉

Dd21

u 게
o 곤충(D1을 더듬이로 반응)
o 둥지
– 바다동물
u 방패
– 심장
– 우거진 잎
– 조각상
u 풍경
– 해부
– 해파리

Dd22

u 가슴
– 공
– 귀신
– 나무(들)
u 눈(眼)(벌레 또는 개구리)
– 머리(들)(동물)
– 머리(들)(인간)
o 산(들)
o 언덕(들)
– 엉덩이
u 입술
u 큰 자갈
u 혹(낙타)

–	혹(들)

Dd23

u	곤충(들)
–	비행기(들)
–	상징(들)
u	새(들)
o	섬(들)
–	음표(음악)
–	점(들)
–	파리(들)

Dd24

–	벌레
u	괴물
u	손전등, 랜턴
u	램프
–	머리
u	스커트
–	식물
u	옷
–	인간(전체)
u	인간(하반신)
o	종(鐘)
o	첼로
u	헬멧
u	휘장
–	X-ray

Dd25

–	나무(들)
–	동물
–	동물 엉덩이
u	얼굴, 인간
u	얼굴, 인간-추상적

DdS26

o	가면의 일부
o	구름(들)
o	귀신(들)
–	나무(들)
u	눈(雪)
o	눈(眼)(들)
o	창문(들)

Dd27

–	궤양(ulcer)
–	꼭대기
–	머리
u	방패
o	버클, 혁대
u	보트(가운데 선이 있는)
–	승강기(가운데 선이 있는)
–	심장
–	얼굴
–	우주선

Dd28

–	구두
–	기둥
u	나무
u	모자
–	머리(동물)
o	머리(새)
–	머리(인간)
u	머리(모자를 쓴 인간과 비슷한)
–	새(전체)
u	화살촉

DdS29

o	구멍(들)
o	귀신(들)
u	날개(들)
o	눈(眼)(들)(추상적)
–	눈(眼)(들)
u	눈(雪)
u	비행접시(들)
u	산(들)
u	우주선(들)
u	텐트(들)
u	트라이앵글
u	피라미드(들)

DdS30

o	귀신
–	나무

o		눈(眼)(들)
u		눈(雪)
u		인간(옷을 입은)
–		폐(들)

Dd31

–		가시 있는 식물
–		두개골
–		망치
u	∨	머리(토끼)
–		머리(불특정)
u		발
–		뿌리
u	∨	산꼭대기
u		이빨
–		코
u	∨	화산

Dds32

–		가면
u		깊은 협곡
–		꽃병
u		만(灣)
–		새

Dd33

–		공
u		꼬리
o	∨	나무
–		램프
–		머리(동물)
u	∨	머리(인간)
u	∨	버섯
–		뼈
–		종(鐘)
u	∨	푸들의 꼬리

Dd34

–		곤충
u	<	관목
u	<	귀신
u	<	나무(전나무)
o	<	나무(불특정)
–		머리
u	<	물개
u		바위
o	<	산
o		언덕
–		얼굴
u		우산(접힌)
o		지느러미
u		칼날
u		코(풍자된)
u	<	탑
u		화살촉

Dd35

u	<	개
–		얼굴(동물)
–		얼굴(새)
u		얼굴(인간)

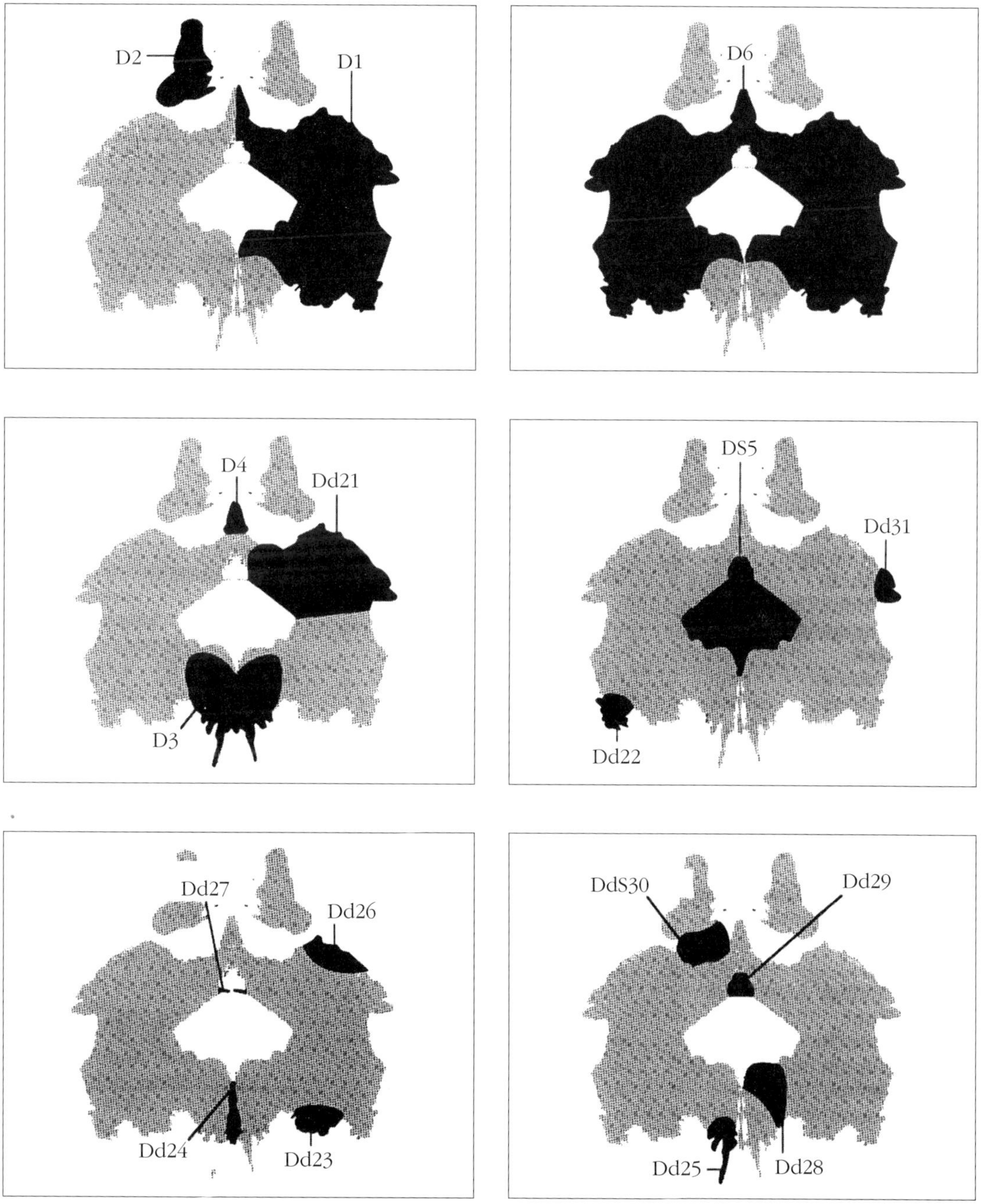

[그림 2] 카드 II의 D와 Dd 영역

CARD II

평범 반응: D1을 곰, 개, 코끼리, 양, 동물의 전체 또는 머리로 반응한 경우

Z값: W = 4.5 인접 부분 = 3.0 비인접 부분 = 5.5 공간 반응 = 4.5

W

u		가면(다양한 동물, 만화, 할로윈, 파티 등의 가면)
u		개(D2를 피나 분리된 대상으로 지각)
–		고기
u		고릴라
–		곤충(날개 없는)
u		곤충(날개 달린)
u	∨	골반
o		곰(들)
u		괴물
u		구멍(총알이 지나간)
u		그림(추상화)
–		꽃
u	∨	나방
o	∨	나비
u		동굴
u		동물(불특정)
–		디스크(해부)
u		램프(장식품)
o		만화 인물(들)(인간 또는 동물)
–		목구멍
–		몸
u		무늬, 도안(추상적)
o		무용가(들)
–		박쥐
–		배지
u	∨	벌레(날개 달린)
–		벌레(산산조각 난)
u		병아리(들)
o		불과 연기
–		새
u		새(두 마리)
–		식물
–		심장
o		악마
–		얼굴(인간 또는 동물)
u		연
u		오리(들)
–		우주선
–		위(胃)
o		인간 또는 인간 같은 모습
–		입
–		장(腸, intestines)
o		장신구, 장식품
o		조각상(인간 또는 동물)
–		지도
–		직장(rectum)
–		질(해부)
u		책꽂이(들)(bookends)
u		칠면조(들)
–		콩팥
–		파리
u		펭귄(두 마리)
–		폐
o	∨	폭발
u	∨	불사조(phoenix)
–		해부(구체적)
u		해부(불특정)
u		화산
u	∨	화산(폭발하는)
–	∨	화환(크리스마스)
u	∨	횃불(들)(연기가 피어오르는)
–		회오리바람
u		휘장
–		X-ray

D1

u	∨	개
o		개
u	∨	고릴라
o	<	고양이
u		곤충
o		곰
o	∨	괴물
u		구름
–		기계
–		기념물

–		나무
–		날개
u		동물(박제한)
u		동물(불특정)
–		돼지
–		모자
–		물고기
u	<	물소
–		바다거북
u		바위
–		병아리(머리 없는)
u		개코원숭이
o	∨	산(들)
–		새
o		새끼양
–		스폰지
–		심장
–		아메바
o	∨	악마
u		연기(煙氣)
–		왕관
o	∨	인간
–		인간
–		잎
o		젖소
–		시노
o		코끼리
u	∨	코트
o	<	토끼
1u		풍경
–		하마
o	<	햄스터
u		호랑이
u		혹멧돼지(아프리카산)

D2

o		가면(동물, 새, 만화, 인간과 비슷한 가면)
u		고기
u	∨	권총의 가죽 케이스 (holster)
o		꼭두각시(손)
o		꽃병
o		나비(옆모습)
–		남근
u	∨	남아메리카(지도)
–		다리
u		달팽이
–		동물(불특정)
–		랜턴, 손전등
u		립스틱 자국
–		머리(동물)
u		머리(새)
–		머리(인간)
u		머리(인간 모습)
o		모자
o		모자(테두리 없는)
u	∨	목이 짧은 양말
o		물개
u	∨	발자국
–		벌레(날개 없는)
u		벌레(날개 달린)
u	∨	벌새
–		벙어리장갑
u		병아리
–		부츠
o		불
o		새
u	>	새
–		세포(피)
–		손
u		손
u		수탉
u		악마
–		양초
u		엄지손가락
u		용암
–		이빨
u	∨	이탈리아(지도)
–		장화
o		조각품(만화)
–		쥐
–		지문(指紋)
u		천사
–		콩팥
u		토끼
o		피
u		헤마
–		해부
–		혀
o		화염
o		횃불
–		흰개미

D3

- – 가면
- – 가재
- – 개미
- o 게
- u 고기
- u 곤충
- u 괴물
- u ∨ 꽃
- u 나방
- o 나비
- u 달팽이
- – 딱정벌레
- u 말미잘(바다)
- u ∨ 머리(동물, 뿔 달린)
- – 머리(동물, 뿔 없는)
- – 머리(새)
- – 머리(인간)
- – 머리 리본
- – 물고기
- – 바닷가재
- u 백파이프
- – 벌레(날개 없는)
- o 벌레(날개 달린)
- o 불
- u 산호
- u 선풍기
- u ∨ 수신기(라디오)
- u 식물
- – 심장
- – 얼굴(동물)
- u ∨ 얼굴(악마 또는 괴물)
- u 우주선
- u 월경
- – 얼굴(인간)
- – 자궁(womb)
- u 쥐가오리
- o 질(해부)
- – 콩팥
- – 클램프, 꺾쇠
- u 태아(임신 8주 이내의 胎兒, embryo)
- o 태양
- – 파리
- o 페인트
- – 폐
- o 폭발
- o 피
- – 항문
- u 해파리
- o 화산
- o ∨ 횃불

D4

- u 기념물(monument)
- u 깎는 기구, 가위(들)(clippers)
- – 꼬리
- – 꽃병
- – 나무(불특정)
- u 나무(전나무)
- u 남근
- u 둥근 지붕
- u ∨ 드릴, 송곳
- u 로봇
- o 로켓
- o 미사일
- – 머리
- u 모자
- u 무기
- – 문
- – 뱀
- – 병
- u 볼펜
- – 산
- u 성(城)
- u 손(기도하는)
- – 야구방망이
- u 양초
- – 얼굴
- – 예수가 십자가에 못박힌 그림(crucifixion)
- – 예수의 십자가상(crucifix)
- o 우주선
- o 절(temple)
- – 종(鐘)
- u 집게
- u 창(끝부분)
- o 첨탑
- o 총알
- – 칼
- o 캡슐(우주선)
- – 코
- o 탑

u 피라미드
u 헬멧
o 화살
o 화살촉

DS5

– 가면
u ∨ 가오리
o 교회
o 구멍
u 그릇
o 꼭대기
o 꽃병
– 나비
u 눈송이
u 다이아몬드
u 둥근 지붕
o 동굴
u 드릴, 송곳
o 램프
o 로켓
u 모자(여자용)
o 미사일
u 바구니
박쥐
u 받침 달린 술잔(goblet)
– 보트
u 분수(噴水)
o 비행기
o 빛
– 새
o 샹들리에
u 섬
o 성(城, D4를 포함한 반응)
u 실루엣(그림자 그림, 옷을 입고 있는 인간, 무용수 또는 스케이트를 타는 사람)
– 심장
u 아치 밑의 통로(archway)
u 연
– 옷
u 왕관
u 우물
o 우주선
– 위(胃)
u 유리잔
– 입
o 장신구
u 절(temple)
u 종(鐘)
u 질(해부)
u 첨탑
o 터널
u 펜던트
u 헬멧
o 호수

D6

u 곤충(날개 달린)
o ∨ 골반
– 곤충(날개 없는)
u 구름(들)
u 나방
u 나비
o 동물(두 마리, D1이 준거 o에 일치하는 반응)
u 동물(두 마리, 구체적)
– 등뼈
– 박쥐
u 산
– 새
u 섬
– 양탄자, 깔개
u 우주선(대개 DS5와 관련)
– 위(胃)
– 인간(두 명)
o ∨ 인간(두 명)
– 지도(구체적)
u 지도(불특정)
u 척추(한 마디, DS5를 포함한 반응)
– 폐
u 풍경(종종 DS5를 호수로 반응)
u 하수관(DS5를 포함)
– 해부
o ∨ X-ray(골반)
– X-ray(골반을 제외한 구체적)
– X-ray(불특정)

Dd21

– 개구리
– 귀

–		둥지
o		머리(동물)
–		머리(물고기)
–		머리(새)
–		머리(인간)
–		물개
o		산
–		새
–		주둥이, 부리
–		X-ray

Dd22

o	V	관목, 덤불
–		나무
–		머리(동물)
u	V	머리(인간)
u	V	바위
–		병아리
u	V	토끼

Dd23

–		개구리
u	V	관목, 덤불
–		나무
–		머리
u	V	바위
u	V	산

Dd24

u		귀신
u		남근
u		로켓
u		볼링핀
u		양초
–		얼굴
–		이빨
–		인간
u		인간 같은 모습
o		질(해부)
u		총알
u		토템
u	V	폭포
u		항문

Dd25

u		고드름
–		꼬리
u		나뭇가지
u		대못
u		더듬이
u		바늘
o		뿔들
o		뿔(사슴)
o		안테나, 촉각
–		어금니
u		창, 작살

Dd26

u		벌레
o		불
u		쐐기벌레
u		일몰
o		피
–		해마

Dd27

u		갈고리 발톱
–		꼬리
u		다리
–		벽
–		손톱

Dd28

u		나무(착색된)
u		니스, 광택제
–		머리
–		바다거북
u		핏자국, 혈흔
–		X-ray

DdS29

u		도자기
u		동굴
u		둥근 지붕
u	V	받침 달린 술잔

u 컵
u 터널

DdS30

o 굴
– 눈(眼)(들)
– 대합조개

– 머리
u 작은 만(灣, inlet)

Dd31

– 갈고리 발톱
u ∨ 귀(동물)
– 나무(들)
u 돌조각품
– 머리(동물)
u 머리(인간)
u 머리(인간 모습)
u < 산(들)
u 얼굴(들)
u 주둥이, 부리

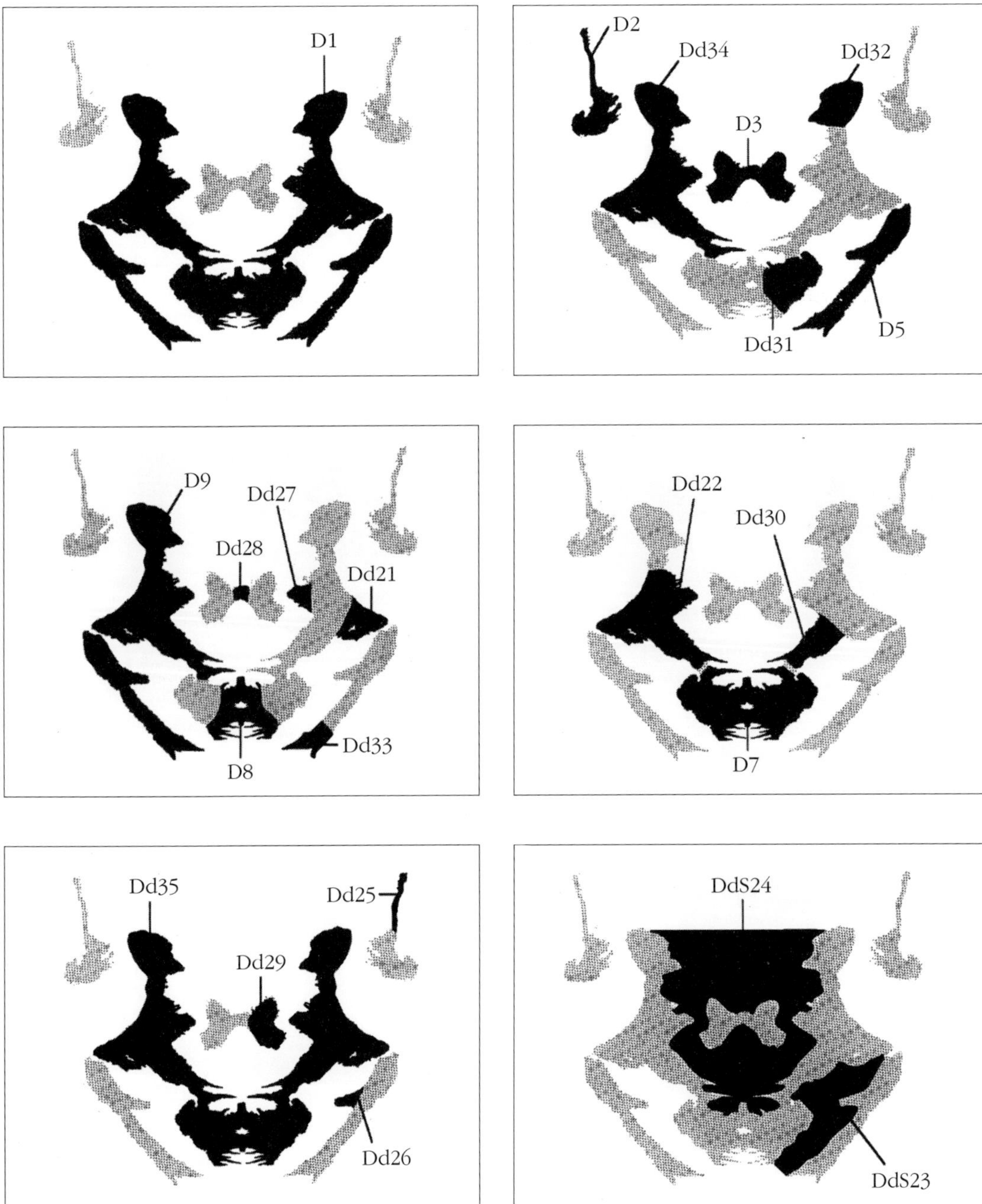

[그림 3] 카드 Ⅲ의 D와 Dd 영역

CARD III

평범 반응: D1 또는 D9를 인간 또는 추상적인 모습으로 반응한 경우

Z값: W = 5.5　인접 부분 = 3.0　비인접 부분 = 4.0　공간 반응 = 4.5

W

주의: 단일 대상과 관련된 대부분의 W 반응이 분리되어 지각된 경우 −로 채점한다. 인위적인 형태가 아니라 전체 반점에 일치한 경우 u로 채점되는 소수 반응들이 있다. 여러 대상을 포함하는 W 반응은 대개 o로 채점한다.

− 개구리
u 개구리(해부된)
− 개미
− 거미
− 게
− 고릴라
− 고양이
− 곤충
− 골격
u ∨ 괴물
u 그릇(손잡이가 달린)
u 그림(추상적)
− 꽃
u ∨ 꽃병(손잡이가 달린)
− 나비
− 날개
− 늑골, 갈비뼈
− 동물
o 동물(D1이 서커스에서처럼 다른 대상을 붙들고 있는 것으로 지각된다. 이 경우 대상 자체가 o로 채점할 수 있어야 한다.)
u 배지
− 벌레
o 새(D1이 새로 지각되고, 새장에 있는 분리된 대상이 함께 지각된다. 다른 사물들이 분리되어 지각될 경우 모두 o로 채점될 수 있어야 한다.)
u 샹들리에
u ∨ 섬(들)
− 얼굴
− 올가미(noose)
− 인간
o 인간 또는 인간 같은 모습(D1이 사람으로 지각되고 각기 파티, 축제, 운동장에 있는 사람들로 지각될 때 o로 채점한다.)
− 지도(구체적)
u 지도(불특정)
u ∨ 풍경
− 해파리
− 호박초롱(속 빈 호박에 얼굴 모양의 구멍을 뚫고 촛불을 켜 놓은 것)
u 휘장
− X−ray

D1

− 개
u 개구리(해부된)
o 개(두 마리, D7을 분리된 대상으로 지각)
− 개미
− 거미
− 곤충
o 골반뼈 구조
u ∨ 괴물(외계인, 로봇)
u 꽃병
− 나무(들)
u ∨ 동굴 입구
− 동물
u 동물(두 마리, 불특정)
− 두개골
u 배(밑이 평평한 보트, D5를 배의 지지대로 지각)
− 바닷가재
− 벌레

o 뼈대
u ∨ 산(눈이 덮힌)
– 새
o 새(두 마리)
u ∨ 아치
o 양(두 마리, 어린 양)
o 원숭이(들)(D7을 분리된 대상으로 지각)
– 인간
o 인간(두 명, D7을 분리된 대상으로 지각)
– 인간(두 명, D7이나 Dd31을 인간 모습의 일부분으로 포함하여 지각)
u ∨ 인간(D5가 팔)
o 인형(두 개)
u ∨ 작은 악마
– 지도(구체적)
u 지도(불특정한)
o 타조(들)(두 마리)
– 터널
o ∨ 풍경
o X-ray(골반)
u X-ray(불특정)

D2

u 갈고리
– 개
o 고기(매달린)
– 곤봉
– 곤충
u 기타
o ∨ 꼭두각시
u ∨ 꽃
– 꽃병
u ∨ 나무
u 낚시바늘
– 뇌
– 누에고치
o 세포
– 달팽이
– 닻
u 덩굴(포도나무의)
– 동맥
– 동물(꼬리가 길지 않은)
o 동물(꼬리가 긴)
– 딸기, 베리(berries)
u 랜턴, 손전등
u 로봇
– 막대기
– 머리(동물)
– 머리(새)
u 머리(인간과 비슷한)
– 머리(인간)
o 모자(왕관 또는 옷의)
– 물고기
– 뱀
– 벌레
o 병아리(매달린)
o 불
– 빗방울
– 뼈
u 산호
– 살점(flesh)
o 상징(추상적)
o 새
u 샹들리에
u 섬
u 세균(germ)
u 식도
u ∨ 식물
– 심장
u 아메바
o 악마
o ∨ 앵무새
– 오리
– 용
o 원숭이
u 위(胃)
u 음표(음악의)
o 인간 같은 모습(악마, 난쟁이, 꼬마요정, 도깨비 같은 공상과학이나 만화, 신화에 나오는 모습)
o 인간(곡예사, 어린이, 체육교사와 같은 다양한 사람들)
o 장식(불특정)
– 장(腸), 내장
u 조각상(동물)
o 조각상(인간)
u 조각상(추상적)
u 콩팥
u 태아(임신 8주 이후의 胎兒, fetus)
o 태아(embryo)

o 탯줄(태반과 함께)
– 토끼
– 파리
u ∨ 파이프
o ∨ 플라밍고
o 피
o 항아리, 단지(매달린)
u 해마
– 폐

D3

– 가면
– 게
u 고무총
– 고환
– 곤충(날개 없는)
u 곤충(날개 달린)
o 골반뼈 구조
– 나무
o 나방
o 나비
u 날개
– 내장, 장(腸)
– 뇌
– 더듬이
u 둑(언덕들 사이)
– 거들
o 리본
u 말벌
u 모기
– 박쥐
o 불
u 브래지어
u 뼈
u 뿔(사슴)
– 새
u 선글라스
u 섬
– 심장
– 씨앗
u 아령
– 안경
u 안대(eye shades)
u 연
– 오렌지
u 운동기구
u 의자(back of typists)
– 인간(들)
– 입
- 입술
– 잠자리
o 장식(불특정)
– 젖가슴(들)
– 차골(새 가슴 앞에 있는 Y자 형 뼈 모양)
u 척추(단면도)
– 코
– 콧구멍
u 콩팥
– 파리
u 풀무(bellows)
o 피
– 해골
u 행글라이더
o 폐
– 헬멧
u 화석
o 활(현악기)
u 휘장(추상적)
– 흉골, 가슴뼈
u 노즈가드(noseguard)

D5

u 갈고리 발톱
u 곤봉
– 나무
u 다리(동물)
u 다리(새)
o 다리(인간)
u 다리(곤충, 보통 거미)
– 덩굴(포도나무의)
u 로켓
u 막대기
o 물고기
u 미사일
u 반도
– 뱀
– 벌레
– 뼈
– 뿔
o 상어
– 새
u 섬
– 손

u 어뢰
u 우주선
– 지도
u 창, 작살
– 총
u 총알
u 큰 가지(나무)
u 통나무
u 팔
– 펜
u 폭탄
u 화살

D7

o 게
o 골반
u 그림자(들)
o ∨ 나무(들)(DdS24 호수)
– 나비
o 난로, 벽난로
– 늑골, 갈비뼈
– 동물
o 둥지
u 드럼
– 딱정벌레
– 머리
u 머리(괴물)
u 문
o 바구니
o 바위(들)
u ∨ 버섯
– 버클, 혁대
o 뼈(들)
u 석탄(조각)
– 선인장(들)
u 섬
o 솥, 냄비
– 심장
– 안경
– 얼굴
u 연기(煙氣)
– 오리(들)
– 위(胃)
– 질(해부)
u 척추골(vertebrace)
– 콩팥
u 탁자
– 폐
– ∨ 회오리바람
– 해부
u 호박(할로윈)
o X–ray(골반)
– X–ray(골반을 제외한 구체적)
u X–ray(불특정)

D8

– 가슴
– 강
u 게
u 골격(늑골을 제외한 구체적)
o 골격(불특정)
u 괴물
u ∨ 꽃병
– 뇌간
o 늑골, 갈비뼈
u 돌
u 램프
u 모래시계
u ∨ 바구니
o 뼈(들)
u ∨ 술잔
u 얼굴(외계인, 괴물)
– 용
– 질(해부)
– 호박
u 호수(산 위에 있는)
u ∨ 횃불
– X–ray

D9

o 개
– 개미
– 거미
– 곤충
u 괴물
u 구름
o 꼭두각시
– 나무
u 동물(불특정)
o 마녀
o 만화 인물
– 벌레
u 병아리

– 뿌리
u ∨ 산
u 조각상
o 새
o 새끼양
u 악마, 귀신
u 앵무새
o 양
u 도깨비 상자(열면 물건이 튀어나오는 상자)
u 오리
o 원숭이
u 귀신
o 인간
o 인형
– 잎(나무 전체의)
– 킹콩
– 토끼
u ∨ 풍경
u 골격
– 해부
– X-ray

Dd21

– 개
u ∨ 나무
– 머리(동물)
o 머리(물고기)
o 머리(새)
– 머리(인간)
u 반도
o ∨ 산
u 새
u 언덕
– 폭탄
u 풍경

Dd22

u 구름
– 동물
– 뼈
o 새
– 설치류 동물
u 인간(상반신)
u 조각상
u ∨ 풍경

DdS23

u 구름
u 귀신
– 머리
u 물
u 새

DdS24

u 그릇
u 꽃병
u 눈(雪)
u ∨ 램프
– 머리
u ∨ 버섯
u ∨ 조각상
u 호수

Dd25

u 꼬리
u 끈
u 막대기
– 머리
u 밧줄
u 벌레
u 뿌리
u 식도
– 얼굴
– 연장, 도구
– 창
u 탯줄
u 튜브, 관

Dd26

u 그루터기
o 남근
– 다리
– 머리
u 오리너구리
u 지느러미

Dd27

– 두개골

o		머리(동물)
u		머리(물고기)
o		머리(새)
–		머리(인간)
–		빌딩
u	∨	산
o		젖가슴
u		코

Dd28

u		그물
u		댐
–		머리
u		문(들)(자동문)
–		얼굴
–		이빨
u		코르셋

Dd29

–		곤충
u		나비
u		만화인물
–		머리
u	<	발렌타인(기독교 순교자)
–		비행기
u		새
–		심장
–		인간
u		젖가슴
–		콩팥
–		태아(fetus)
–		텐트
–		화살
u		화살촉

Dd30

u		고드름
–		곤봉
–		머리
–		미사일
–		발
–		손
u		통나무
u		팔

Dd31

o		골격
o		공
–		구두
u		구름
u		권투장갑
–		귀가리개(방한용)
u		기구(氣球)
u		깃털로 만든 먼지를 터는 기구
o	∨	나무(들)
–		눈(眼)
o		돌
u		동물
o	∨	두개골
–		램프
–		머리(동물)
o	∨	머리(인간)
o	∨	머리(골격)
–		모자
o		바구니
–		바다거북
u		벙어리장갑
u		뼈(들)
–		산
–		선풍기
–		얼굴
u		연기(煙氣)
–		자궁
u		조롱박
o		주전자
u		케틀드럼(kettledrums)
–		태아(embryo)
–		폐
–		해부

Dd32

u		가면
–		공
u		굴(식용)
–		계란
–		눈(眼)
u		대합조개
–		동물
–		머리(동물)
o		머리(새)
o		머리(인간)

–	물고기
u	바위
u	조각상
u	코코넛

Dd33

u	갈고리발톱
o	구두
–	머리(동물)
u	머리(새)
–	머리(인간)
u	발
o	발굽
u	손
u	손가락

–	창
–	펜촉
–	포크

Dd34

–	곤충
–	골격
–	동물
–	물고기
o ∨	산
o	새
o	인간(상반신)
o ∨	풍경
–	X–ray

Dd35

–	개구리
–	게
o	골반
u	그릇
u	꽃병
–	나무(들)
u	뼈(들)
u	산(공중에서 본 모양)
o	새(두 마리)
u	섬(들)
u	아치
o ∨	풍경
o	X–ray(골반)
–	X–ray(골반을 제외한 구체적)
u	X–ray(불특정)

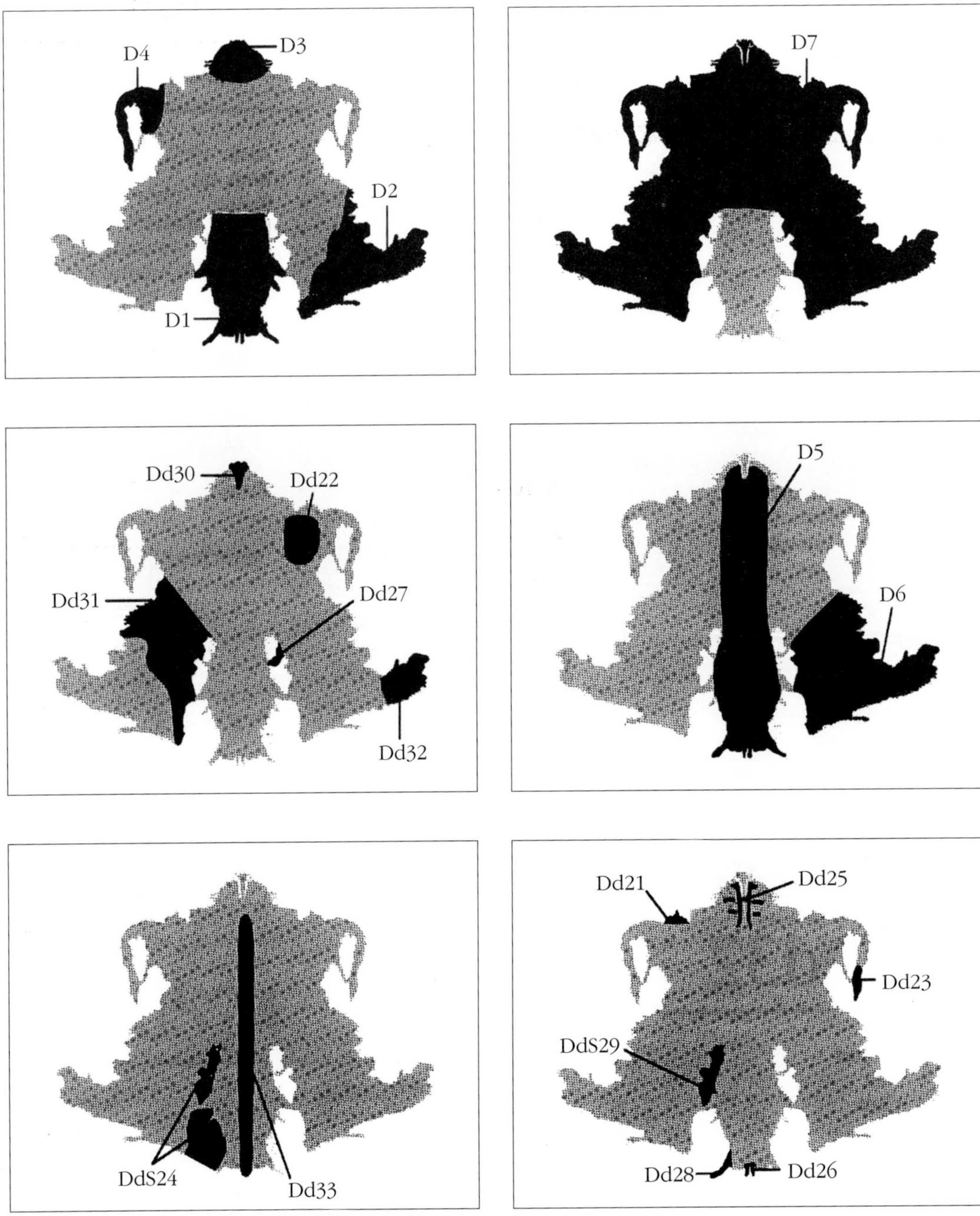

[그림 4] 카드 IV의 D와 Dd 영역

CARD IV

평범 반응: W나 D7을 인간 또는 인간과 비슷한 모습으로 지각한 반응

Z값: W = 2.0 인접 부분 = 4.0 비인접 부분 = 3.5 공간 반응 = 5.0

W

u		가면(공상과학)
o	∨	가오리
u		개(흔히 정면을 보고 앉은)
u		개구리
u		개미핥기
o		거인
–		게
o		고릴라
–		곤충
u	∨	곤충(날개 달린)
o	∨	골반
o		곱추
u		공룡(앞에서 본 모습)
o		관목(들)
o	∨	괴물
u		구름(들)
o		깔개, 양탄자
u		꽃
o		나무
u	∨	나방
o		나비
–		뇌
–		눈송이
u		늰자 기북이
u		다람쥐
u		날다람쥐
–		달팽이
o	∨	닻
u		독수리
–		동굴
o		동물
u		동물(납작해진)
–		두개골(동물)
u		무늬, 도안(추상적)
u		로봇
–		로켓
u		마못(groundhog)
u		머리(동물)
–		머리(새)
–		머리(인간)
u		머리(파충류)
u		먼지, 쓰레기
o		바다동물
–		바닷가재
–		바다거북
u		바위
o	∨	박쥐
o	∨	배지
u		버섯
u	∨	벌레(날개 달린)
–		벌레(납작해진)
o		부츠(극지방에서 신는)
u		분수
–		빌딩
–		뼈에 붙어 있는 살점
–		뿌리
u		산
–		산호
o	∨	산꼭대기(crest)
u	∨	새
o		생가죽(hide)
u		샹들리에
u		섬(불특정)
u		숲(위에서 본 모습)
u		스펀지
u		시체(동물)
o	∨	식물
–		아메바
u		아이스크림콘
–		양상추
–		양초
–		얼굴
u		연
u		연기(煙氣)
u		오징어
u		옷(길고 품이 큰 여자옷)
u		용(앞모습)
o		인간(들)(W를 인간으로 지각하거나 D1을 자전거, 의자,

		나무 그루터기와 같은 이차적 대상으로 지각한다. D7을 인간 모습으로 볼 수 있어야 하고 카드는 ∧ 위치로 본다)
u		인간(두 명, 중간에 물체에 기대고 있는)
o		인간 같은 모습
o		잎
–		젤로(과일향의 디저트용 젤리)
–		지도(구체적)
u		지도(불특정)
o		지도(지형학적, 불특정)
u		절
u		조각상
u		진흙
u		총
–		코끼리
o		코트, 외투(극지방에서 입는)
–		태아(embryo)
o		털가죽(양, 염소)
u		폭발
u	∨	폭포(D1을 주변 풍경으로 지각)
o		풍경
o	<	풍경(반사된)
o		피부(동물)
u	∨	항아리, 단지
u		해초
–		해파리
u		허수아비
–		폐(들)
–		헬멧
u		협곡(강이 있는 지역)
u		화산
u		화석
–		황소
–		회오리 바람
o		휘장
o		X-ray(골반)
–		X-ray(골반을 제외한 구체적)
u		X-ray(불특정)

D1

–		가재
–		게
o		곤충
o		관목
o		관목(들)
o		그루터기
u		꼬리
o		나무줄기
u	∨	난로(나무가 연료인)
–		남근
u		달팽이
–		동물
–		두개골
u		등대
–		램프
u	∨	머리(거북이)
–	∨	머리(거북이를 제외한 파충류)
o	∨	머리(곤충)
u	∨	머리(괴물)
u	∨	머리(달팽이)
u	∨	머리(동물, 불특정)
o	∨	머리(뿔 달린 동물의 머리 또는 말)
u	∨	머리(새)
u		머리(용)
–	∨	머리(인간)
–		물고기
–		뱀
u		벌레
–		벌레
o		변기
o	∨	선인장
u	∨	성(城)
u	∨	소화전
o		쐐기벌레
–		악어
u	∨	양초
u	∨	왕관
–		인간
–		조개
–		장(腸), 내장
u		척수
o		척추
u		코(가공 인물 또는 동물)
–		코(인간 또는 동물)
o		척추골
–		X-ray

D2

o	∨	개
o	<	곰

o		구두
u		구름
u		날개
o	<	돼지
–		머리(곤충)
u	∨	머리(낙타)
o	<	머리(납작하고 평평한 코를 가진 곰, 개, 돼지, 물개 등의 동물)
u	<	머리(동물, 불특정)
–		머리(새)
o	<	머리(인간)
–		머리(파충류)
o	<	물개
u		바위
u		반도
o		발
–		배
–		뼈
–		암소
u		언덕
u		조각상
–		지도(아프리카나 남아메리카를 제외한 구체적인 지역)
u		지도(불특정)
u		시노(아프리카 또는 남아메리카)
u	<	토템
u	<	파도
u		풍경
u		스핑크스
–		휘장
–		X-ray

D3

–	곤충(날개 없는)
u	곤충(날개 달린)
u	관목
u	관목, 덤불
o	꽃
u	나무(꼭대기)
u	나비
u	뇌
u	대합조개
o	머리(고양이, 원숭이, 올빼미 같이 평평한 얼굴의)
u	머리(괴물 또는 공상과학에 나오는)
–	머리(구체적 동물이지만 얼굴이 평평하지 않은)
u	머리(동물, 불특정)
u	머리(새)
–	머리(인간)
–	머리(파충류)
o	바닷조개
u	버섯
u	베레모
o	봉오리(꽃)
–	부리(새), 주둥이
u	산
u	선풍기
u	양배추
–	얼굴
u	왕관
u	잎
u	질(해부)
–	항문

D4

o		가지(나무)
o		갈고리 발톱
o		고드름
–		귀
u		꼬리
–		꽃(시든)
u	∨	낚시
–		남근
–		다리
o		다이빙 선수(뒤로 뛰어오르는)
o		덩굴(걸려 있는)
o		도마뱀
–		동물
–		머리(동물)
o		머리(새)
u		모자
u		몸통(코끼리)
–		물고기
u		반도
o		뱀
u		뱀장어
u		뿌리
u		뿔(동물)
o		새(긴 목을 가진)

o		손잡이
u		손톱(굽은)
o		인간(몸을 구부리거나, 다이빙하는)
u		팔(불구인)
–		화살

D5

–		가재
o		강
–		곤충
o		기둥
–		나무
u		드릴, 송곳
–		로켓
o		막대기
–		물고기
u		벌레
u	∨	분수
o		뼈(해골)
o		수로
–		조각상
o		척추
o		척추골
u		토템
o		협곡
u		X-ray(불특정)
o		X-ray(척추)
u		X-ray(척추를 제외한 구체적)

D6

u	∨	날개
o		다리
o	<	동물(언덕 또는 바위 D2에 있는)
u	∨	머리(낙타)
u	∨	머리(만화 동물)
o		발
u		배의 키
o		부츠
u		신발
–		얼굴
u		연기(煙氣)
–		이탈리아
o	<	인간(의자나 언덕 D2에 앉은)
u		지도(불특정)
u		지도(이탈리아)
–		지도(이탈리아를 제외한 구체적인 지역)
–		바다동물

D7

o		가면
u		개구리
o		거인
–		게
o		고릴라
o	∨	골반
o		곱추
o		괴물
u		다람쥐
u	∨	닻
o		동물
–		머리
o	∨	박쥐
u	∨	배지
–		벌레
u		산
u		새
o		생가죽(동물)
u		섬
–		얼굴
o		인간
u		조각상
u		헬멧
u		화석

Dd21

–		머리(동물)
o		머리(인간)
–		사과
–		사마귀
o		얼굴(인간, 옆모습)
u		오두막
u		왕관
u		절
–		주먹
u		천막
u		풍경

Dd22

–	관목
–	눈(眼)
–	달
–	머리
–	얼굴

Dd23

–	머리(동물)
o	머리(새)
–	머리(인간)
u	머리(파충류)
u	주둥이, 부리

DdS24

u	구름(들)
u	귀신(들)
u	눈(雪)
–	머리(들)

Dd25

–	얼굴
–	인간 같은 모습
–	인간(들)
u	풍경(공중에서 본)

Dd26

u	∨	귀신(들)
–		나무(들)
u		다리(들)
–		머리(동물)
u		머리(새)
–		머리(인간)
u		발(들)
u		뱀(들)
u		벌레
u		손가락
–		이빨(들)
u	∨	인간 같은 모습(들)
–		인간
–		음핵, 클리토리스

Dd27

–	꼬리
u	다리
–	발
u	언덕

Dd28

–	갈고리 발톱(들)
–	다리(들)
–	발(들)
–	뿌리(들)
u	뿔(들)
u	쐐기털(곤충)
o	안테나, 촉각

DdS29

u	괴물(들)
u	구름(들)
u	귀신(들)
u	호수(들)

Dd30

u		꽃
o	∨	로켓
u		부리, 주둥이
u		손톱
–		심장
u		압정
–		얼굴
u		이빨
–		인간
o		티(골프공을 올려 놓는 곳, tee)
u		폭포
–		혀

Dd31

u		귀신
–		나무
u	∨	도장, 인장(seal)
–		동물
u	∨	마녀

–		머리(동물)
–		머리(새)
–		머리(인간)
u	∨	머리(인간 같은)
–		바위
–		뿌리
–		새
–		인간
u	∨	조각상

Dd32

u	∨	머리(평평하고 납작한 코를 가진 동물)
u	∨	머리(인간)
u	<	머리, 동물
u		바위
u		발가락
–		주먹

Dd33

o	강
u	막대기
o	뼈(해골)
u	송곳, 드릴
o	수로
o	척추
o	크레용
o	협곡

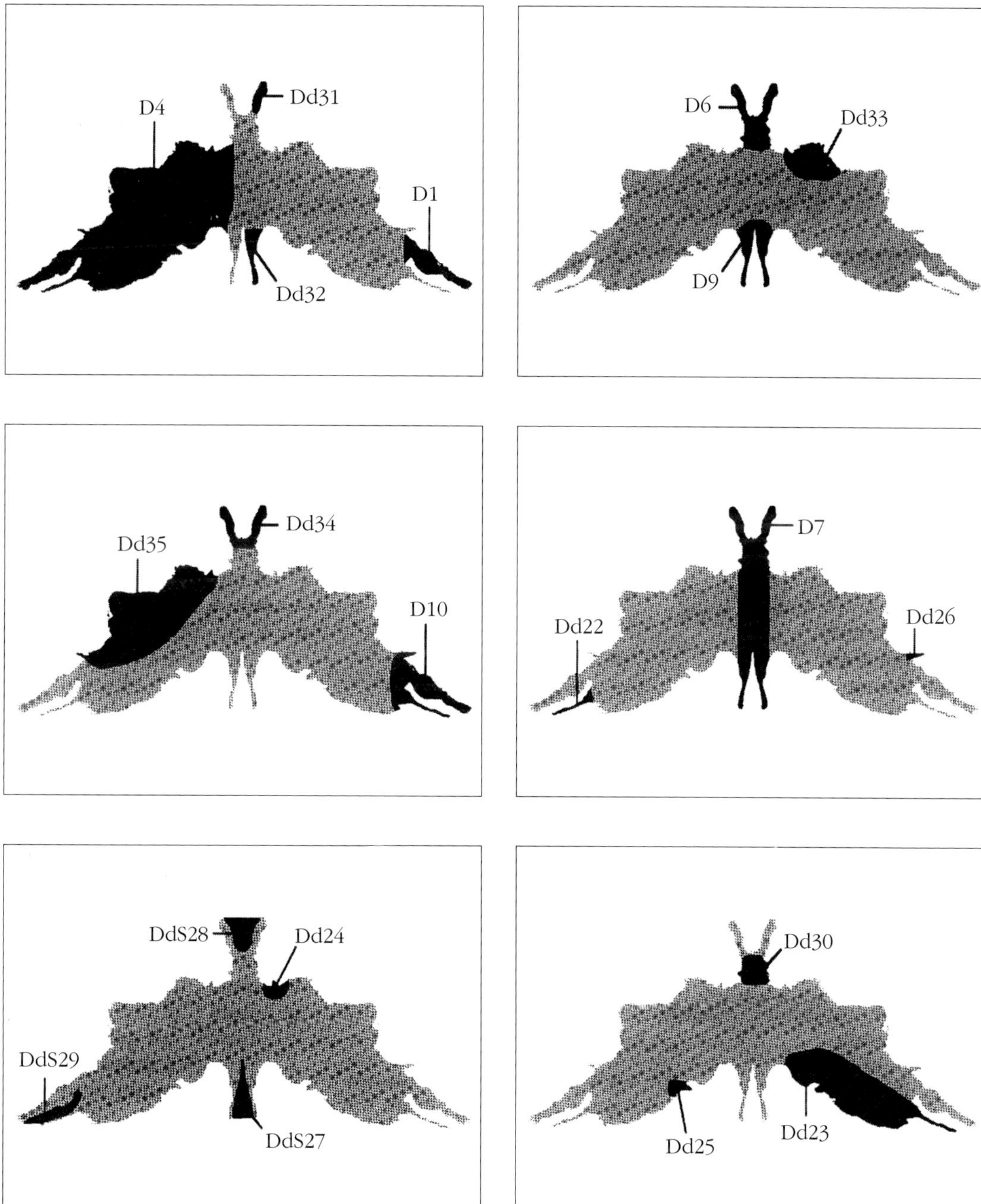

[그림 5] 카드 V의 D와 Dd 영역

CARD V

평범 반응: W를 박쥐 또는 나비로 지각한 반응

Z값: W = 1.0　인접 부분 = 2.5　비인접 부분 = 5.0　공간 반응 = 4.0

W

–		가발(대머리에 쓰는)
–		각다귀, 모기
–		거미
u		거위
–		고양이
u	∨	곡예사(물구나무 서 있는)
o		곤충(날개 달린)
–		곤충(날개 없는)
u		골반
o	∨	골반
u		공작
u		곶
u		괴물
u		구름(들)
–		기계
–		깃발
o		까마귀
–		꼬마요정
u		꽃
–		나무 그루터기(반사된)
u		나뭇잎
o		나방
o		나비
u		날개(들)
u		노(rower, 배의)
–		늑골, 갈비뼈
–		닻
u		대머리수리(vulture)
u		독수리
u		돌
–		동물(들)
o		동물(머리를 부딪히고 있는)
–		두개골
o		드라큘라
–		딱정벌레
u		말벌
–		머리
u		모기
u		모피
–		목뼈
o		무용수(옷을 입은)
–		미생물
–		바나나
o		박쥐
–		배
o		뱀파이어
–		배지
u		벌레(날개 달린)
–		벌레(날개 없는)
u		부메랑
u		비행기
u		빈대, 이
u		산
–		산호
o		새(D6이 주둥이, 부리)
u		새(D9가 주둥이, 부리)
o	<	새(중앙선을 따라 반사된)
u		석탄(조각)
u		악마
u		악마(종종 날개를 가진)
–		양치류 식물
u		언덕(나무가 있는)
–		얼음
u		연
u	∨	연기(煙氣)
u		오리
u		요정
–		우산
u		우주선
u		익수룡(pterodactyl)
–		인간
o		인간(서로 등을 맞댄)
o		인간(옷을 입은)
o		인간(행글라이딩)
u		인간 같은 모습(팔과 날개를 가진)
u		잎(나무 전체의)
u		장식품
–		정향나무

u ∨ 중국 냄비(요리용)

– 지도

u 책꽂이

u 천(조각)

– 천막

u 천사

– 캥거루

u 콧수염

– 코트

– 콩팥

u 타조

u 파리

– 펌프

– 폐(들)

– 폭발

o 풍경

– 프로펠러

– 해부

u 헐렁한 겉옷(~~여자용~~, 모피의)

u 호박벌

u < 회오리바람(반사된)

– X-ray(골반을 제외한 구체적)

o X-ray(골반)

u X-ray(불특정)

D1

u 근육

o 다리(동물)

o 다리(인간)

u 두개골(동물)

– 렌치(wrench), 스패너

u 막대기

– 머리(동물)

u 머리(만화 동물)

– 머리(인간)

o 머리(파충류)

– 물고기

u 발(동물)

– 발(인간)

– 뱀장어

o 뼈

u 뿌리

– 원통

– 창, 작살

– 코

u 큰 가지(나무의)

u 통나무

u 팔

– 화살

D4

– 개미핥기

– 게

u 곤충

o 관목(들)

u 구름

– 나무

– 나뭇잎

u < 날개

– 다리

u 다리(D1을 옷을 입은 것으로 지각)

u 다리(요리한 닭 또는 칠면조의)

u 담요

o 동물(D7을 머리로 지각)

– 머리(동물)

– 머리(새)

u 머리(악어)

o 머리(인간의 옆모습)

o 바위

u < 백로

o 사람(기대고 서 있는)

u 선풍기

u 식물

– 악어

u 어깨심(미식축구의)

o ∨ 연기(煙氣)

– 유목(流木)

u 잡초

u 지도

– 진흙

u 침낭

– 캥거루

u 풍경

– 피부(skin)

– 해파리

D6

u 가위(들)

u 고무줄 새총

u 곤충(더듬이를 가진)

u 깎는 기구(들)

u ∨ 꼬마요정(들)
– 꽃병
u 더듬이
u 로봇
u 머리(곤충)
u 머리(동물)
o 머리(동물, 뿔이나 긴 귀를 가진)
– 머리(인간)
o 머리(인간, 옷이나 가면을 쓴)
u < 머리(파충류)
– 머리(파충류)
u 모자(미키마우스)
u 배지
– 새
u 손가락(두 개, 승리 표시)
o 얼굴(동물, 긴 귀를 가진)
– 얼굴(불특정)
– 얼굴(인간)
– 음차(音叉, tuning fork)
u 인간(하반신)
u 조각상
u 집게, 펜치
u 쪽집게
u 차골
u ∨ 톱질용 괨목
u ∨ 핀셋(들)

D7

u 곤충(안테나, 촉각이 달린)
u 괴물
– 나무
o 동물(뿔이나 긴 귀를 가진)
– 동물(뿔이 없거나 긴 귀를 가진)
– 두개골
– 딱정벌레
o 마귀
– 물고기
u 발레리나(옷을 입은)
u 뱀
u 벌레(안테나, 촉각이 달린)
– 뼈
o 악마
u 외계인
– 인간(두 명)
u 인간(신화의)
o 인간(옷을 입은)
u 인간(두 명, 팔을 든)
o 토끼

D9

o ∨ 거위(들)
– 곤충(들)
u 꼬리(들)
u 다리(들)(동물)
o 다리(들)(새)
– 다리(들)(인간)
– 머리
u < 머리(악어)
u 머리(두 개, 새)
– 발(들)(동물)
o 발(들)(새)
– 발(들)(인간)
o 백조(들)
u 부리, 주둥이
u ∨ 빗자루
o ∨ 새(두 마리, 목이 긴)
u 젓가락
u ∨ 종(鐘)(들)
– 질(해부)
o 쪽집게, 핀셋
o 차골
u 청소기(진공)
– 청진기
u 클런치, 꺾쇠
u 펜치, 집게
o ∨ 플라밍고

D10

– 곤충
u 나무(유목, 통나무, 막대기들)
u 다리(동물)
– 다리(새)
u 다리(인간)
– 머리(동물)
u 머리(만화)
u 머리(새)
o 머리(파충류)
u 반도
u 뼈(들)
o 뿌리(들)
– 산호

u		쪽집게
–		코
u		파이프 렌치(스패너)

Dd22

u		검(sword)
–		곤충
o		꼬리
–		다리(동물)
u		다리(새)
–		다리(인간)
–		머리(동물)
u		머리(새)
–		머리(인간)
u		버팀목(crutch)
–		손가락
o		창
o		칼
o		큰 가지(나무의)
o		파충류
o		화살

Dd23

–		머리(동물)
–		머리(인간)
u		풍경
u		해안선

Dd24

u		괴물
u		귀신
u		나무
u		새
–		인간
–		젖가슴
u		젖꼭지
u		천막

Dd25

–		나무
–		남근
u		대포
–		모자
u		바위
–		엄지손가락

Dd26

u		가지(나무의)
–		나무
–		머리
u	∨	새(날고 있는)
–		파충류

DdS27

u		귀신
u	∨	꽃병
u		대못
u		원뿔
u		작은 만
u		탑

DdS28

u		꽃병
u	∨	산
u	∨	언덕
u		작은 만
u	∨	종(鐘)
u		컵
–		헬멧

DdS29

u		강
–		뱀
u		작은 만

Dd30

o		가면
–		공
–		두개골
u		머리(동물)
u		머리(새)
–		머리(인간)
u		얼굴(고양이)
–		얼굴(고양이 또는 토끼를 제외한)

u		얼굴(새)
–		얼굴(인간)
u		얼굴(토끼)

Dd31

u		귀(동물)
u		꼬마요정
–		나무
u		남근
u		다리
u		막대기
–		머리
–		발
–		벌레
o		뼈
u		손가락
–		인간

Dd32

u		곤봉
–		나무
u		더듬이
o		머리(새)
o	∨	백조
–		뱀
o		부리, 주둥이
u		뼈
–		뿌리
o	∨	새(목이 긴)
–		성냥
–		손가락

Dd33

–		젖가슴
u		관목(들)
–		머리(동물)
u		머리(인간 같은)
–		머리(인간)
o		산
o		언덕

Dd34

u		가위
u		꼬마요정(들)
–		나무(들)
u	∨	다리(들)
o		더듬이
u		머리(들)(곤충)
–		머리(들)(동물)
–		머리(들)(새)
–		머리(들)(인간)
u		머리(들)(파충류)
u		바리캉
u	∨	변기
u		부리, 주둥이
u		뼈(들)
o		뿔(들)
u		인간 같은 모습(들)
–		인간(들)
u	<	입(동물 또는 새)
u		집게, 펜치

Dd35

u		가면(옆모습)
–		머리(동물)
–		머리(새)
o		머리(인간, 옆모습)
u		바위(들)
o		산
u		인간(앉아 있거나 누워 있는)
–		젖가슴
–		코
o		풍경

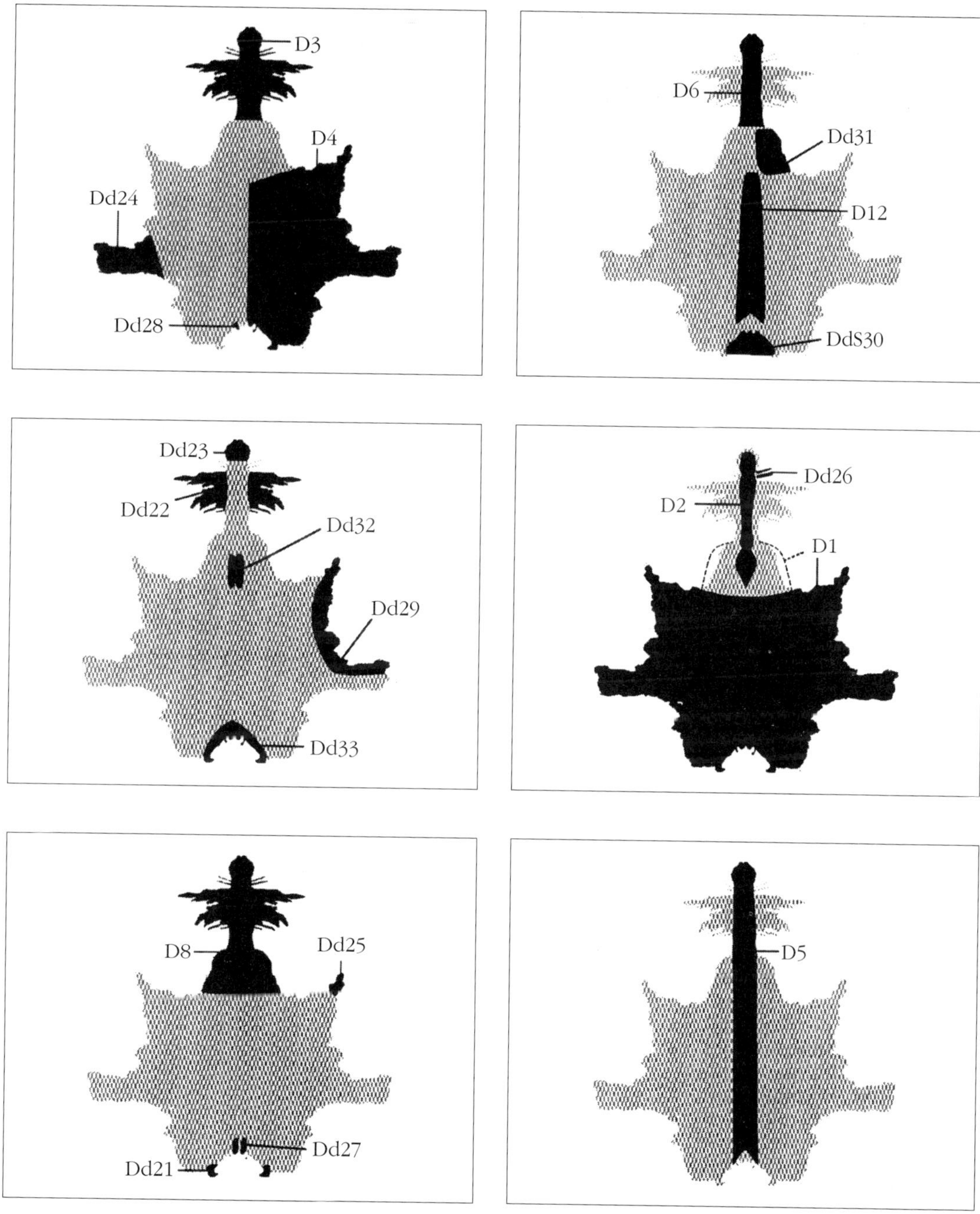

[그림 6] 카드 VI의 D와 Dd 영역

CARD VI

평범 반응: W 또는 D1을 동물의 피부, 가죽, 모피 또는 양탄자로 지각한 반응

Z값: W = 2.5 인접 부분 = 2.5 비인접 부분 = 6.0 공간 반응 = 6.5

W

u 가면(공상과학의)
– 가슴
u ∨ 가오리
o 가죽, 털가죽
u 가죽(조각)
– 각다귀, 모기
– 개구리
u ∨ 거리 표지판
– 거미
u 거북이
u ∨ 거울(손)
u 거위
– 게
– 곤봉
– 곤충(날개 없는)
u 곤충(날개 달린)
– 골격
– 곰
o 곰가죽
u 공예품(인디언의)
u 괴물(동물)
u ∨ 괴물(종종 머리가 둘 달린)
u 괴물(바다)
u 기타(종종 Dd24를 제외한)
u ∨ 깃발
– 까마귀
o 깔개, 양탄자
u ∨ 꽃
o ∨ 나무
u 나뭇잎
– 나방
– 나비
u ∨ 놀이기구(아래에 용수철이 달린 막대기의 발판에 올라타고 뛰는 놀이기구)
– 뇌
– 뇌간
u 누에고치(D3은 애벌레나 나비)
u 다람쥐(나는)
– 달팽이
– 닻
– 도마뱀(나는)
u 돌 속에 박힌 칼
u 동물(고양이, 개, 살쾡이, 호랑이, 늑대와 같이 고양이과나 송곳니가 있는)
– 동물(날개 달린)
u 동물(바다, D3을 머리나 꼬리를 가진 가오리로)
– 동물(코끼리, 기린, 개미핥기 같이 고양이과나 송곳니가 없는)
o 동물(평평하거나 피부가 있는 인공적인 형태)
o 동물의 가죽 또는 피부
u ∨ 드릴, 송곳
u 등대(언덕 위의)
u 디자인 도안(추상적)
– 딱정벌레
u 뗏목
– 램프
u 로켓 발사대(D3은 로켓, D1은 연기 또는 발사대)
– 머리카락
– 모기
– 몸
– 물고기(바다의)
– 물꼭지(faucet)
o 미사일 발사대(D6은 미사일, D1은 연기 또는 발사대)
u 바이올린(흔히 Dd24는 제외하고)
– 방망이
u ∨ 방패
u 배의 키
o < 배(D3과 함께 반사된)
– 배지
– 벌

u	벌레(날개 달린)
–	벌레(날개 없는)
–	벼룩
o ∨	부채
u	분수(추상적)
u	비행기
o <	빙산(반사된)
–	산
–	상징
u	새
u	새(선사시대의)
–	생식기(남자의)
u	섬
u ∨	소형 착암기(휴대용)(Jackhammer)
o	수로(다른 풍경 속에서 D5를 수로로)
u	숲(공중에서 본)
u ∨	스펀지
u ∨	식물
–	아메바
–	양엉겅퀴(artichoke)
–	얼굴
u	오리
–	왕관
u	용(나는)
–	원추형 천막집
–	음표(음악의)
–	인형
–	작은 새우
–	잠자리
u	장신구
u ∨	조각상
–	지도(구체적)
u	지도(불특정)
–	진흙
u ∨	청소도구(손잡이가 달린)
u	첼로
o	초(D1이 밑받침인)
u	총(우주 또는 장난감)
u	추상화
u	코트(D3에 걸려 있는)
o ∨	코트(기둥에 걸린)
u	탱크(대포를 위에서 본 모양)
o	토템(D3은 토템, D1은 언덕이나 배경으로)
–	파리
–	프라이팬
u	폭발
o <	풍경(반사된)
o	피부(동물)
–	항아리, 단지
u ∨	허수아비
–	폐
–	화산
u	광산의 통로(단면도)
–	X-ray(구체적)
u	X-ray(불특정)

D1

–	가슴
o	가죽
o	가죽(동물)
–	간(해부)
u	갈라진 틈(바위 중간 부분)
–	거북이 껍질(turtle shell)
u ∨	고릴라(들)(등을 맞댄)
u ∨	곶
u ∨	괴물(대개 공상과학)
u ∨	괴물(들)
u	구름(들)
u	그릇(손잡이가 달린)
o	깔개, 양탄자
–	꽃
u	나뭇잎(공중에서 본)
–	나비
–	뇌
o	담요
u ∨	동물(들)(등을 맞댄)
–	두개골
u ∨	만화 인물
u	망토
–	머리
–	머리(들)(동물)
u	머리(들)(인간, 옆모습, 등을 맞댄)
o	무성한 잎(들)
u	문
u	문(들)(흔들리는)
u	바위(들)
u	방패
o	배(반사된)
u	배지
u ∨	벌꿀통
–	벌레

–		별
–		불가사리
o	∨	빙산(반사된)
o	<	산맥(반사된)
–		살점
u		석탄(조각)
u		섬
o		수로(D5, 다른 경치가 동반된)
u		숲(공중에서 본)
–		신체
u		아메바
–		양엉겅퀴
–		얼굴
u		얼굴(괴물)
u		얼음
u		연기(煙氣)
u	∨	왕관
–		요리(생선 또는 육류)
u	∨	원숭이(들)(서로 등을 맞댄)
–		인간
u		인간(들)(등을 맞댄)
u		장식
u	∨	재킷
–		조개껍질
o		조각상
–		지도(구체적)
u		지도(불특정)
u		지도(지형학적)
u		진흙
u		책꽂이(양쪽 끝을 받친)
–		컵
o		코트
u		턱받이
–		폐(들)
o		풍경
u		항아리, 단지
o		항아리(손잡이가 달린)
u		해면동물
–		해부
u		휘장
–		X-ray(구체적)
u		X-ray(불특정)

D2

o		거인
u		검(sword)
o		계단의 난간축(banister spindle)
u		곤봉
–		곤충
u		기차(공중에서 본)
u		남근
–		동물
u		드릴의 날(bit), 송곳
o		램프 기둥
o		램프(가로등)
o		램프(장식용)
o		로켓
–		물고기
o		미사일
–		바늘
u		뱀장어
–		벌레
u		뼈
u		손톱
–		쐐기벌레
o		악어(Alligator)
u		악어(crocodile)
o		양초
u		온도계
o		인간
o		인간 같은 모습
o		조각상(인간 같은)
–		척추골
o		촛대
o		침대 기둥
u		칼
o		토템 기둥
u		파충류
u		펜
u		피스톤
–		X-ray(구체적)
u		X-ray(불특정)

D3

u		가로등(대개는 D5를 포함한)
o		거위(나는)
o		곤충(날개 달린)
u		곤충(날개 없는)
u	<	관목(반사된)
u		깃발(찢어진)
u		꽃
u		나무

– 나뭇잎
u 나비
u 날다람쥐
– 남근
u 동물(날개 달린)
– 동물(날개 없는)
– 두개골
o 램프
u 로켓
o 로켓(불 또는 연기가 나는)
u 막대기(전기 또는 전화의)
u 말벌
– 머리(곤충)
u 머리(동물, 수염 달린)
– 머리(새)
– 머리(인간)
– 머리(파충류)
u 물체(Dd22를 불꽃으로)
u 바람개비
– 밸브
o 벌레(날개 달린)
u 벌레(날개 없는)
u 비행기
o 새
o 성냥(불이 붙은)
o 십자가(추상적 또는 현대적)
u 예수가 십자가에 못박힘
o 예수의 십자가상(추상적)
– 얼굴
o 오리(나는)
– 올빼미
– 인간
o 인간(옷을 입은)
o 인간(추상적)
o 인간 같은 모습
o 장식품
o 조각상
– 코트걸이
o 토템 기둥
u 파리
– 해부
o 허수아비
u 호박벌
o 휘장

D4

o 가면
– 고치
– 곤충
o < 구름
u 구름
o < 노(배의)
u ∨ 동물
o < 동물(Dd24를 동물로, 나머지는 다른 사물로)
o < 돛단배
– 머리(동물)
– 머리(새)
o 머리(인간, 옆모습)
o 바위
o < 배
o < 보트(몇몇 예에서는 Dd24를 분리된 사물로)
– 빌딩
o 빙산
o < 산(들)
u 산호
u 아동용 욕조(Dd24를 아이로)
o < 욕조(Dd24를 욕조로, 나머지는 다른 사물로)
u ∨ 인간
u ∨ 인간 같은 모습
o < 잠수함
o < 전함
o 조각상
– 지도(구체적)
u 지도(불특정)
u < 총(공상과학의)
u < 탱크(군대의)

D5

o 강
– 곤충
u 관, 튜브
u 기둥
o 길
나무
– 동물
o 등뼈
u 램프 기둥(흔히 Dd22를 불빛으로)
u 막대기
u 무성한 잎(들)(공중에서 본)
o 미사일 발사대(D2 혹은 D6

	을 미사일, 나머지는 연기 또는 불로)
u	뱀
–	뱀장어
u	벌레
o	수로
o	식도
–	쐐기벌레
–	양치류 식물
u	온도계
o	운하
–	인간
o	창, 작살
u	창살
o	척수
–	칼
u	코트걸이
u	파충류
o	협곡
–	X-ray(구체적, 척추 제외)
u	X-ray(불특정)
o	X-ray(척추)

D6

u	곤봉
u	곤충
o	기둥
u	길
o	남근
–	동물
–	두개골
o	로켓
–	머리(동물)
–	머리(인간)
u	머리(파충류, 흔히 거북이)
–	목
u	무기(불특정)
–	물고기
o	미사일
u	미라의 관
–	밸브
u	뱀장어
u	원통
–	인간
u	조각
u	조각상
u	주차시간 자동표시기
u	지팡이
o	총알
u	탑
u	통나무
o	파충류
u	팔(Dd23을 주먹으로)

D8

u	가로등 기둥(lamp post)
u	곤충(날개 달린)
o	꽃(꽃병 속의)
u	나무
–	나비
–	동물
o	등대
o	로켓(화염 또는 연기를 내뿜는)
u	머리(동물, 수염 달린)
–	머리(새)
–	머리(인간)
–	머리(파충류)
–	바다거북
–	벌레(날개 없는)
u	벌레(날개 달린, 어떤 물체 위를 기어다니는)
u	비행기
u	사람(옷을 입은)
u	새
o	샘
o	식물
o	십자가(언덕 위의)
o	예수가 십자가에 못박힘(추상적)
o	예수의 십자가상(언덕 위에)
u	잠자리
o	조각상(인간 같은)
u	조각상(새)
–	지도
–	척수
o	토템 기둥
o	허수아비
–	X-ray

D12

o	강
o	광산의 수로(shaft)

u		길
–		남근
u		로켓
u		미사일
–		바늘
–		버너(벤젠 가스버너)
o		수로
o		식도
o		양초
u		연필
o		운하
–		인간
u		지퍼
–		직장(해부)
u		질(해부)
u		창, 작살
u		척수
o		협곡
–		화살

Dd21

o	∨	갈고리 발톱
–		머리(동물)
o	∨	머리(새)
–		머리(인간)
o	∨	머리(파충류)
o	∨	부젓가락(tong)
u	∨	뿔
–		손
o	∨	쪽집게

Dd22

–		가죽
u		가지(들)
u		거위(떼)
u		관목(들)
u		광선(태양)
–		꽃
u	<	나무(들)
–		무기(들, arms)
o		물(튀기고 있는)
u		불꽃
u		새(두 마리, 옆모습)
u	<	선인장
o		수염
o		양치류 식물(들)
–		얼음

Dd23

–		눈(眼)(들)
–		머리(두 개)
u		머리(곤충)
u		머리(괴물)
–		머리(동물)
u		머리(새)
–		머리(인간)
u		머리(파충류)
–		벌레
u		손(들)(악수하는)
u		손잡이(문의)
u		주먹
–		코

Dd24

o	<	굴뚝
u		나무, 목재
–		다리
u	∨	동물(앉아 있는)
u	∨	머리(동물, 상반신)
–		머리(새)
–		머리(인간)
o	<	물개
o		바위
o		반도
–		발(동물)
–		부츠
u	∨	성(城)
o		절벽
u	<	조각상
u	<	해마

Dd25

–		남근
–		머리
u		발(동물)
u		발(사람)
u		벙어리장갑
–		산
u		선인장
u		신발
u		인간

u 인형
u 조각물(carving)
u 조각상

Dd26

u 막대기(들)
u 수염(들)
u 안테나, 촉각
– 파충류(들)

Dd27

– 고환(들)
– 눈(眼)(들)
u ∨ 달걀
– 머리(들)
– 엉덩이(들)
– 인간(들)
– 쪽집게
– 질(해부)
u ∨ 폭포
– 해부

Dd28

u ∨ 갈고리 발톱
– 나무(들)
– 로켓(들)
– 머리(들)
u 뿔(들)
u ∨ 파충류(들)

Dd29

– 머리
– 인간의 옆모습
u 해안선

DdS30

– 꽃병
u 작은 만
– 컵

Dd31

– 머리
u 빙산
u 뿌리개, 흔들어 뿌리는 병(소금, 후추)
u 새
– 인간
– 코

Dd32

– 계란(들)
u 굴(열린)
u 나비
– 뇌
– 눈(眼)(들)
u 대합조개(열린)
u 보트
u 불꽃(들)
u 어깨에 착용하는 부낭(수영할 때 사용하는, water wings)
u 조개껍질(열린)
– 콩팥(들)
– 편도선
– 폐(들)

Dd33

– 거미
– 게
– 곤충
o ∨ 둥지
u 부젓가락(들)
u 작은 만
u 질(해부)
u 풍경
u 핀셋, 쪽집게
u ∨ 협곡(대개 폭포를 포함)

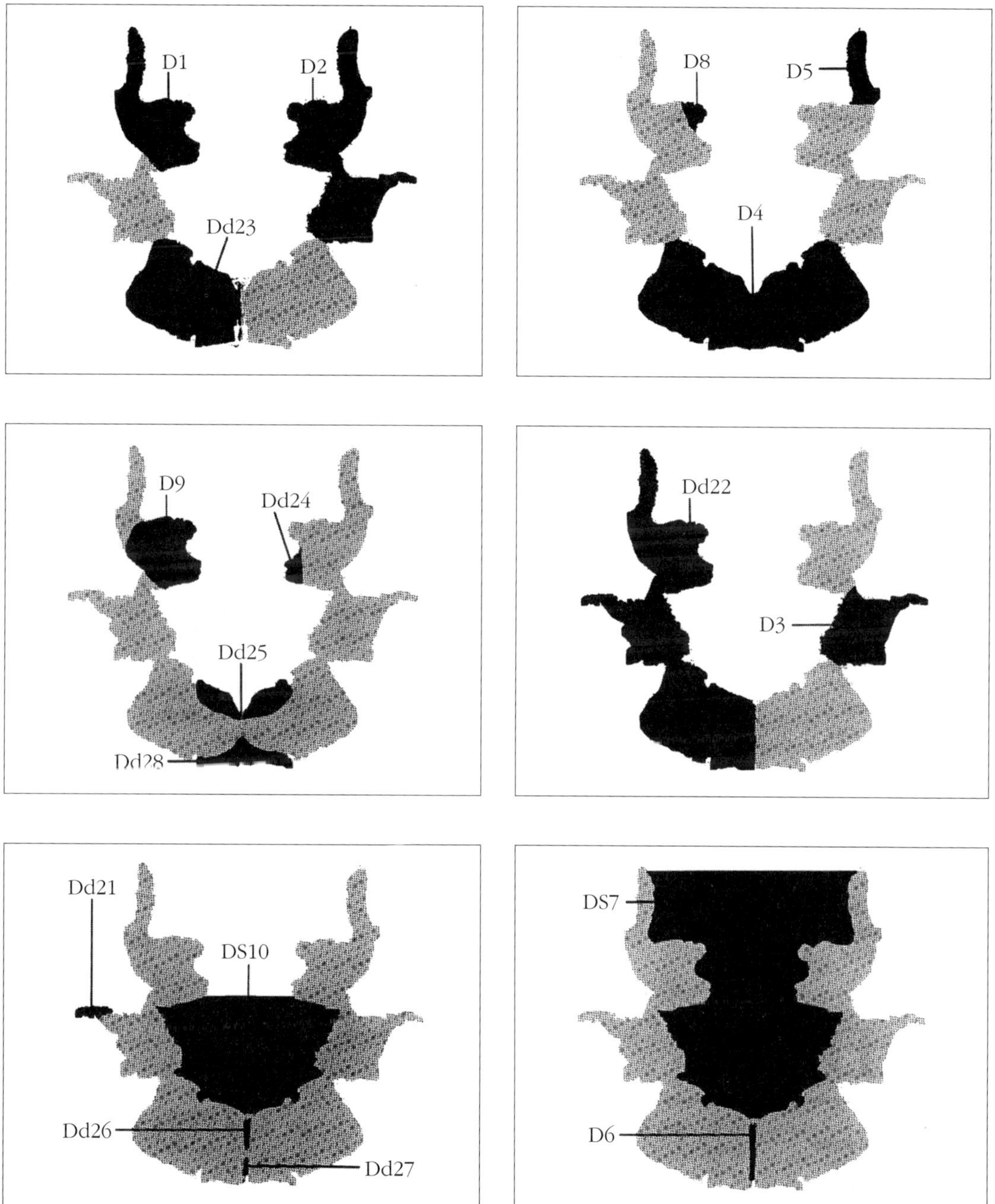

[그림 7] 카드 VII의 D와 Dd 영역

CARD VII

평범 반응: D9, 흔히 D1, D2, Dd22를 인간의 머리 또는 얼굴로 지각한 반응

Z값: W = 2.5 인접 부분 = 1.0 비인접 부분 = 3.0 공간 반응 = 4.0

W

u ∨ 가발(hairpiece)
u 개구리 다리(음식)
– 개구리(들)
– 개(들)
– 거인
u ∨ 격자(trellis)
– 곤충
– 관목(들)
o 구름(들)
u 그네
u 그릇(흔히 S를 포함)
u 기념비
o 꼬마요정(D2를 요정, D4를 분리된 사물로)
u 꽃병
– 나뭇잎
u 나뭇잎(찢어진)
– 나방
– 나비
u 눈사람
– 다리(들)(동물 또는 인간)
– 닻
u ∨ 동굴(열린)
o 동물(두 마리, D4는 개별 대상으로, D2는 고양이, 만화 동물, 원숭이 또는 토끼로)
u 동물(두 마리, 반점의 1/2을 개별 동물로 보고 만화에 나오는 것으로 지각)
– 동물(두 마리, 반점의 1/2을 실제 동물로)
주의: 만일 D2에서 보고한 동물이 고양이, 만화 동물, 원숭이, 토끼일 경우 반점의 모양이 적절하게 사용되었다면 u, 그렇지 않다면 –로 채점한다. 개와 같이 평평한 얼굴을 한 동물은 u에 포함되고 여우, 코끼리, 말, 사자와 같은 동물은 –로 채점한다.
– 두개골
u ∨ 램프(장식용)
u 모래톱
u ∨ 모자(귀덮개가 달린)
– 목
– 목뼈
u 목걸이
o ∨ 무용수(두 명)
u ∨ 문틀
– 바다동물
u 바위
– 배(밑바닥이 평평한)
– 벌레
u 변기
u 부메랑
u 뼈(불특정)
u 뿔(사슴)
– 새
– 새우(두 마리, 자연의)
u 새우(네 마리, 빵가루를 묻히거나 튀긴)
o 섬(들)
o 소녀(들)
– 식물
– 신체(분리된)
– 신체(하반신)
– 아메바
o 아이(들)(D4를 방석 또는 시소와 같은 분리된 사물로 지각)
u ∨ 아치(건축)
– 얼굴
u ∨ 얼굴(사진음화, DS7 또는 DS10을 포함)
u 연기(煙氣)
u 왕관
o 요정(들)(D4를 램프로 지각)
u 우주선
o 음식(빵가루를 묻히거나 튀긴)

u 음식(조각, 보통 생선 또는 닭고기를 자른 것)
o ∨ 의자(DS7을 사용)
– 인간
o 인간(두 명)
o 인간(D2를 인간, D4를 분리된 사물로 지각)
o 인간 같은 모습(흔히 천사, 눈사람 또는 정령으로 보고 이때 D4를 분리된 대상으로 지각)
o ∨ 인간(두 명)
u 인형(들)
o 인형(들)(D2를 인형, D4를 분리된 사물로 지각)
– 입
u ∨ 자석
– 조개
o 조각상(D2를 조각상, D4를 받침대로 지각)
u 조각물
u 조각작품
– 지도(구체적)
u 지도(불특정)
– 질(해부)
u 집게발(게)
u 추상화
– 코트
– 쿠키(부서진)
– 크래커(부서진)
– 턱수염
– 탁자
u 퍼즐
u 편자(horseshoe)
u ∨ 폭발(D4를 버섯구름으로 지각)
u 풍경(흔히 공중에서 본 것이지만 간혹 S를 사용하여 절벽 사이의 골짜기로 지각)
o 항구(DS7을 포함)
– 해부
u 헬멧(고대의)
o 협곡(흔히 S를 포함)
u 흔들 목마
u U자형
– X–ray(구체적)
u X–ray(불특정)

D1

u 가면
– 고양이
– 곤충
o 구름(들)
u 국자
u 귀걸이(들)
– 나무
– 닭
u 닭다리(요리된)
– 독수리
– 동물
u < 동물(D5를 긴 목 또는 부리로 보고 만화 동물로 지각)
u ∨ 동물(Dd24를 코로 보고 작고 긴 꼬리를 가진 동물로 지각)
– 말
u ∨ 머리(동물, D5를 몸통으로 지각)
o 머리(고양이, 만화 동물, 원숭이, 토끼와 같은 동물. 주의: 보고된 동물의 머리가 고양이, 만화 동물, 원숭이, 토끼가 아닌 경우 반점의 모양이 적절하게 사용되었다면 u로 채점하고 그렇지 않다면 –로 채점한다.
o 머리(인간 같은)
u 머리(인간, 성인 남자)
o 머리(인간, 아이, 인디언, 여자 또는 불특정)
u ∨ 모자(너구리 가죽)
– 물고기
– 바다동물
u ∨ 배의 키
– 산
– 새
o 새우(빵가루를 묻히거나 튀긴)
u 신인상
u 세면대
u 의자
u 잎(나무 전체의)
o 절벽
o 조각상
u 주먹(위로 향한 손가락이 포함된)

– 지도(구체적)
u 지도(불특정)
o 토끼(D8을 코로 지각)
u 풍경
– 해부
– X-ray

D2

o < 개
– 개구리
– 고기
o 구름(들)
– 나무(들)
o 난쟁이
o 눈사람
– 닭
u 닭날개(빵가루를 묻히거나 튀긴)
– 당나귀
u 덤불(들)
– ∨ 동물
o 동물(D5를 귀, Dd21을 꼬리로 포함하여 고양이, 개, 원숭이 등과 같은 작은 동물로)
u ∨ 동물(만화)
o 동물(만화)
– 동물(큰)
– 말
– 머리
– 물고기
u 산(들)
– 새
u < 새끼 양
u 새우(빵가루를 묻히거나 튀긴)
o 섬(들)
u 언덕
– 여우
– 용
u 음식(빵가루를 묻히거나 튀긴)
o 인간(아이, 인디언, 여성 또는 불분명한 대상이 인간 전체 또는 머리와 상반신으로)
u 인간(성인 남자)
o 인간 같은 모습
o 장난감(인간 또는 동물)
– 젖소
o 조각상
– 지도(구체적)
o 천사
– 칼
o 케루빔(cherub, 아기천사)
o ∨ 코끼리(만화 또는 장난감의)
o 토끼
u 풍경
– 호랑이
– X-ray

D3

o 가면
– 가발(대머리에 쓰는)
– 개
u 고기 베는 큰 칼(cleaver)
– 곤충
– 관목
u 구름
– 나무
– 동물
– 둥지
u 머리
o 머리(동물, Dd21을 귀 또는 뿔로)
u ∨ 머리(동물, Dd21을 코 또는 몸통)
o 머리(동물, 만화 또는 장난감)
u 머리(보통 괴물의 조각상)
u ∨ 머리(새, Dd21을 주둥이, 부리로 지각)
u 머리(인간 같은)
– 머리(인간)
– 머리(파충류)
– 모자
u 물고기(Dd21을 꼬리로 지각)
u 바위
u 반도
u 사탕(솜사탕)
u 새우(빵가루를 묻히거나 튀긴)
u 섬
– 손
– 양말
u 연(Dd21을 꼬리로 지각)
u 절벽
u 조각상
u 주먹(Dd21을 엄지손가락으로 지각)

–		지도
–		컵
–		턱수염
u		풍경
–		햄
–		X-ray

D4

u	∨	가발(wig)
–		가슴
u		고원(공중에서 본)
u		곤충(날개 달린)
–		곤충(날개 없는)
o		골반
–		관목(들)
o		구름(들)
–		그릇
o		나비
u		나비넥타이
u		날개
–		늑골, 갈비뼈
–		다리(인공의)
u		다리(자연의)
–		동물(들)
–		두개골
–		머리
u		문
u		문(들)(흔들리는)
u		바구니
–		바다동물
o		바위(들)
o	∨	박쥐
u		방석(들)
–		벌레(날개 없는)
u		벌레(날개 달린)
–		부츠
–		산(들)
o		새
–		시체
–		신발(들)
–		엉덩이(들)
u		연
u		요람
–		인간
–		조개
u		종이(찢어진)
–		지도(구체적)
u		지도(불특정)
–		질(해부)
u		책(펼쳐신)
u		책꽂이(양쪽 끝을 받친)
–		텐트
–		파리
–		폐(들)
u		풍경
–		해부
u		행글라이더(대개는 D6을 인간으로)
o		활
–		휘장
o		X-ray(골반)
–		X-ray(구체적, 골반 제외)
u		X-ray(불특정)

D5

u		갈고리 발톱
u		검
u	∨	고드름
–		곤충
u		귀(토끼처럼 긴)
u		기병대(sabre)
o		깃털
u		꼬리(미국 너구리처럼 긴)
–		나무
u		날개
–		남근
u		다리
–		동물
–		드릴, 송곳
–		머리(동물 또는 인간)
u		머리(바깥쪽에 코가 달린 토끼)
u		머리장식
u		머리카락(가발로 단장하거나 머리 모양이 꾸며진)
–		뱀장어
–		벌레
u	<	보트
u		빗(장식용)
u		뼈
u		뿔
–		새
u		석순(石筍)
–		소시지
–		소총(rifle)

u		손가락
u		식물
u		쐐기벌레
u		엄지손가락
–		연기(煙氣)
–		인간
–		총
u	<	카누
o		칼날
u		토템
u		톱
–		통나무
u		피크(기타의)
–		화살
u		화살촉

D6

u		갈라진 틈
o		강
–		곤충
u		괴물(동물)
–		나무
–		남근
u		댐
o		돌쩌귀(문)
–		동물
–		드릴, 송곳
u		로켓(Dd28을 발사대나 연기로 지각)
u		막대기
–		머리
–		물고기
u		미사일(Dd28을 발사대 또는 연기로 지각)
–		벌레
–		뼈
o		수로
o		식도
–		쐐기벌레
o		운하
o		인간
o		인간 같은 모습
u		인형
o		질(해부)
–		척추
u		클리토리스, 음핵
–		탑
u		항문
o		협곡

DS7

–		구름
o		그릇
u		꽃병
–		나무
u	∨	둥근 지붕 모양의 절
o	∨	램프
–		머리
u	∨	머리(사진음화에 나온)
u	∨	모자(역사적인)
o	∨	버섯
o	∨	스핑크스
–		얼굴
u		입구
o	∨	조각상
–		종(鐘)
u		주전자
u	∨	탑
o		항구
–		해부
u	∨	헬멧
u		호수
u		화살촉

D8

o		계곡(들)
u	∨	고드름
u		고래
u		나무(들)
u		달팽이
u		달팽이(만화)
u		도시(멀리 있는)
u		둥지
–		머리
u		석순(石筍)
o		숲
–		용
u		인간(들)(절벽 또는 언덕에 있는)
u		절벽(들)
u		탑(들)(전기적)
o		풍경
u		바다동물

D9

–		곤충
u		구름
u	∨	머리(동물)
o		머리(고양이, 개, 원숭이와 같이 작은 동물)
–		머리(동물, 큰)
–		머리(새)
o		머리(인간 같은)
o		머리(인간)
–		바다동물
o		조각상(반신상)
u		절벽
u		풍경

DS10

u		구멍
o		그릇
–		남근
–		머리
o	∨	모자(역사적인)
u		문 손잡이
u	∨	버섯(모자)
–		얼굴
u		입구
o		전등의 갓
u		텐트
o		항구
o		헬멧
u		호수

Dd21

–		개미
u		꼬리
–		남근
–		머리
u		몸통(코끼리)
u		반도
u		발(동물)
u		뿔
–		새
–		소총
u		손
o		손가락
u		쐐기벌레
–		얼굴
u		엄지손가락
u		팔

Dd22

u		강아지
–		동물
u		동물(만화 또는 장난감의)
–		뼈(들)
o		인산
u	∨	인간
o		인간 같은 모습
u	∨	인형
u		조각상

Dd23

u		구름
–		동물
–		머리(곰이나 개를 제외한 동물)
o		머리(동물, 곰 또는 개)
–		머리(인간)
u		모자(모피)
u		바위
u		베개
u		벽돌
–		신발
u		언덕

Dd24

–		구름
u		동굴
–		머리
u		먼지

Dd25

u		갈매기
u		산(들)
u		새
–		질(해부)
u		폭포
u		풍경

Dd26

o 강
o 식도
u 인간
u 인간 같은 모습
o 조각상
o 질(해부)
o 협곡

Dd27

– 동물
– 이빨
– 인간
– 자물쇠
– 질(해부)
– 창문
u 항문

Dd28

u ∨ 낙하산(D6이나 Dd26을 인간으로)
– 동물
u 물
– 새
– 식물
u 얼굴(괴물)
u 얼굴(동물)
– 얼굴(인간)
– 엉덩이(들)
u 인간(두 명)
u 조각상(들)
u ∨ 파도(들)
o ∨ 폭포

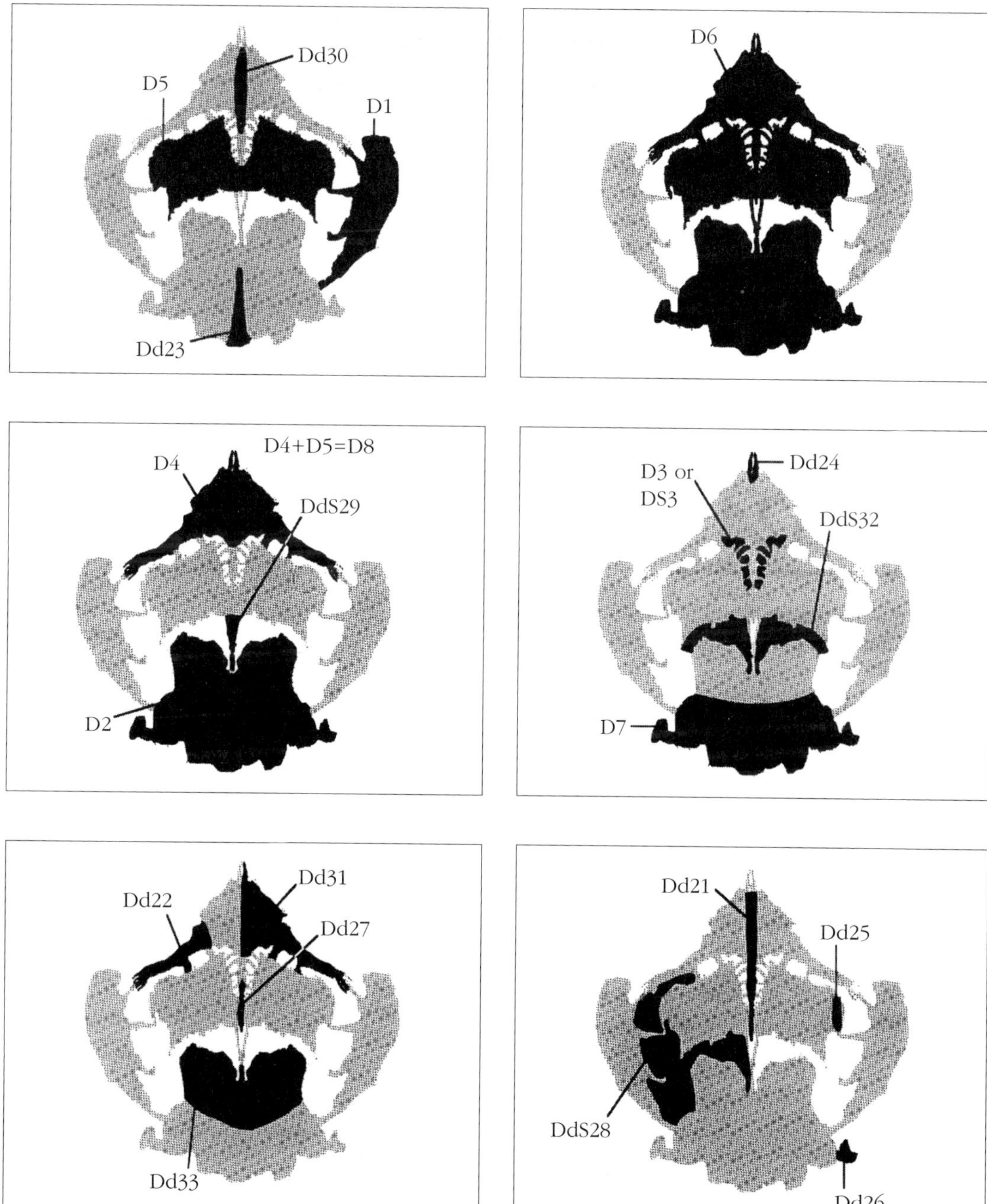

[그림 8] 카드 VIII의 D와 Dd 영역

CARD VIII

평범 반응: D1을 전체 동물 형상으로 지각한 반응

Z값: W = 4.5　인접 부분 = 3.0　비인접 부분 = 3.0　공간 반응 = 4.0

W

u	가면
–	개구리
–	거미
–	게
–	고기
–	곤충
–	골격
–	골반
u	괴물
–	구름(들)
o	그릇(장식용)
–	기계
u	기념물
u	깃발
u ∨	꼭대기
o	꽃
o	꽃무늬 도안
u	꽃병
–	나무
u	나무(추상적 혹은 만화)
–	나방
–	나비
–	내장, 장(腸)
–	뇌
–	눈송이
o	도안(추상적)
–	동물
o	동물(들)(D1은 동물로, 나머지 부분은 반점의 윤곽과 일치하는 대상으로)
–	두개골
u	램프(장식용)
u	로봇
u	로켓
–	머리(곤충)
u	머리(괴물)
–	머리(동물)
–	머리(새)
–	머리(인간)
u	머리장식(장식용)
u	먼지, 쓰레기
o	문장 또는 장식을 한 옷
–	물고기
u	바닷조개
–	바다동물
–	바닷가재
u	바위(색깔 있는)
–	박쥐
o	배(돛을 단, 뒤에서 본)
u	배지
u	보석류
o	보트(돛을 단, 앞에서 본)
–	비행기
u	빛(전자관에서 형성된 색채를 띤)
–	뼈(들)(골격의)
u	산과 숲(멀리 보이는)
u	산호
–	새
u	새장(새)
o	샘
o	샹들리에
u	서커스 천막
u	섬(들)
o	식물(꽃병 속에 있는)
u	식물(수중의)
u	식물(열대의)
u ∨	아이스크림(녹는)
u	양탄자, 깔개(동양)
–	얼굴
u	얼굴(광대)
u	얼굴(괴물)
u	연
u	예술(추상적)
u	왕관
u	우주선(보통 화염을 뿜는)
–	위(胃)
o	의학적 해부도(상징적)
–	인간

u 잎
u 잎(나무 전체의)
o 장신구
– 재킷
u 전망대
u 정원, 뜰
u 조각상
– 지도(구체적)
u 지도(불특정)
– 케이크
– 콩팥(들)
o 크리스마스 트리
u 탑
u 토템 기둥
u 트로피
o 포스터(자연적)
o 포스터(추상적)
– 폭발
o 풍경(대개 공중에서 본)
u 풍뎅이
– 피라미드
u 호롱불(동양)
– X–ray

D1

– 개구리
– 거북이
– 곤충
– 꽃
u 꽃잎(꽃)
– 나무
– 낙타
u 도마뱀
– 돌고래
u 동물(고대 동물)
o 동물(네 발 달린, 윤곽이 적절한 동물. 이러한 반응에는 고대 동물을 포함하여 다양한 동물이 포함된다. 가장 흔히 보고되는 것은 오소리, 곰, 고양이, 개, 두더지, 사자, 쥐 그리고 늑대가 있음. 윤곽이나 반점에 적절하지 않은 네 발 달린 동물은 –로 채점되는데, 코끼리, 기린, 말, 캥거루 등)
– 물개
– 물고기
– 새
– 새우
u 악마
– 앵무새
u 이구아나
– 인간
– 전갈
– 쥐돌고래(porpoise)
u 카멜레온
– 파충류(카멜레온, 이구아나 또는 도마뱀을 제외한 다른 동물)
– 폐
– 폐(들)
u 피
– 해부
– 해부(구체적)
o 해부(불특정)
– 해파리
u 헬멧(공상과학)
u 화산(분출하는)
u ∨ 횃불
o 회전목마
o 휘장
– X–ray

D2

u ∨ 가면
– 가슴
– 개
– 개구리
– 게
– 고기(meat)
– 곤충
– 골반
u ∨ 곶
u 그릇(장식용)
u 꽃
u 나비
– 뇌
– 동물
– 두개골
– 디스크(척추의)
– 머리(곤충)
u ∨ 머리(괴물)
u ∨ 머리(동물, 짧은 귀나 뿔 달린)

– 머리(동물, 짧은 귀나 뿔 없는)
– 머리(새)
– 머리(인간)
– 모자
u 바위(들)
– 박쥐
u 벌레
u 불
u 산(들)
u 산호
– 살점
u 상처의 딱지(scab)
u 슬라이드(생물학적)
o 아이스크림
u 양탄자, 깔개
– 엉덩이(들)
u 연
– 왕관
o 용암
– 위(胃)
u 인공 사막(painted desert)
u 잎
u ∨ 재킷
u 젤로(과일향의 다이어트 젤리)
u 지도(불특정)
– 질(해부)
– 척추(단면도)
u 케이크
u ∨ 코트
u 폭발
u 풍경
u 피
u 항아리
– 해부
u 협곡
– 휘장

D3/DS3

o 가면
– 거미집
o 골격(일부)
o 골격구조
– 그물
u ∨ 나무(전나무)
u 눈(雪)
o 늑골, 갈비뼈
– 동굴
u < 동물(반사된)
o 두개골(동물)
– 두개골(인간)
– 머리
– 문
– 배지
– 얼굴
u 얼음
u ∨ 우주선
u ∨ 원추형 천막집
o 척추골
u 코르셋
u ∨ 텐트

D4(주의: D4+D5=D8)

u 가면(공상과학의)
– 가재
o 개구리
u 거미
u 게
u 곤충
u ∨ 골반
u 관목(들)
o 괴물
– 구름
u 그루터기(나무)
u 나무
– 나비
– 다리(인공의)
u 다리(자연의)
u 덩굴(포도나무의)
u 도마뱀(앞에서 본)
– 동물
u 동물(고대 동물)
– 두개골
u 로봇
u 로켓
u 머리(공상과학)
– 머리(동물 또는 인간)
– 모자
– 문어
– 물고기
u 바다동물
– 바닷가재
u 바위

−		박쥐
u	∨	부메랑
u		비행기(분출구, 앞에서 본)
u		빙산
o		뿌리
u	∨	뿔(사슴)
o		산
u		성(城)(산성)
−		얼굴
u		얼굴(공상과학)
u		얼음
−		왕관
u		용
o		우주선
u		이끼(바위에 있는)
−		인간(들)
−		전갈
u		절
u		절벽(들)
−		집
u		텐트
u		폭포
−		해파리

D5 (주의: D4+D5-D8)

−	골반
u	관목(들)
u	구름(들)
o	깃발(들)
−	꽃
o	나비
−	늑골, 갈비뼈
−	동물
u	돛(들)
−	두개골
−	머리(들)
o	물
u	바위(들)
u	박쥐
u	베개(들)
−	뼈
u	새
o	새(선사시대의)
−	얼굴
o	얼음
o	옷
−	잎(들)
u	절벽(들)
u	종이(찢어진)
u	고르셋
−	콩팥(들)
−	폐(들)
o	풍경(공중에서 본)
−	하늘
o	호수
−	X-ray

D6

u	가면
−	게
u	곤충
o	꽃
o	나무
−	뇌
o	덤불
−	머리
u	바다조개들
−	바닷가재
u	바위(들)
u	배(돛을 단, 뒤에서 본)
u	빙하
−	뼈(들)
o	산
−	새
u	샹들리에
u	섬(들)
o	식물(plant)
u	식물(vegetation)
−	얼굴
u	연
u	예술(추상적)
u	우주선
−	인간
u	장식품
u	조각상
−	집
o	크리스마스 트리
u	탑
u	폭포(폭포 중앙 부분, 주위에는 초목이 우거진)
o	풍경(흔히 공중에서 본)
−	해부(구체적)
o	해부(불특정)
u	헬멧(공상과학의)

u 호롱불(동양)

D7

- − 가슴
- u 나비
- − 동물
- o 바위(들)
- u 뿔(양의)
- − 산
- − 새
- − 손
- o 아이스크림
- − 얼굴
- − 엉덩이(들)
- u 인공 사막
- u 잎(가을의)
- u ∨ 재킷
- u 젤로(과일향의 다이어트 젤리)
- u ∨ 조끼
- u 풍경
- o 피(흔히 말라붙은)
- u 협곡

D8(주의: D4+D5=D8)

- u 가면
- − 게
- − 꽃
- u 꽃장식
- u 나무
- − 나비
- u 로켓
- − 머리
- u 빙하
- u 새
- u ∨ 샹들리에
- o 식물
- − 얼굴
- u 오두막(집)
- o 우주선
- − 조개
- u 텐트
- u 탑
- u 풍경
- 해부
- u 헬멧(공상과학)

Dd21

- o 강
- − 동물
- u 로켓(분리되는)
- u 막대기(들)
- u ∨ 미사일 발사대
- o 뼈(골격의)
- o 수로
- − 식도
- − 인간
- − 창
- o 척수
- u 칼(칼집과 함께)
- u 폭포

Dd22

- u 가지
- − 동물
- u 발(동물)
- u 갈고리 발톱
- u 뿌리
- u 뿔(동물)
- u 손
- u 장갑
- o 팔(인간)

Dd23

- u 꽃병
- − 머리
- − 얼굴
- − 인간(들)
- u 질(해부)
- u 초(제단에 있는)
- u 폭포
- u 플라스크(화학실험용)
- u 항문
- u 협곡

Dd24

- o 나무(들)
- u ∨ 다리(들)(인간)
- u 더듬이(들)
- u 부리(새), 주둥이
- u 뿌리(들)

u 뿔(들)
– 새(들)
u 손가락(들)
u 안테나, 촉각
– 이빨
– 인간(들)
u 쪽집게(들)
u 화살

Dd25

– 남근
– 동물
– 물고기
– 새
u 섬
u 악어
u 우주선
u 조각상

Dd26

u < 개
u < 머리(동물)
– 머리(새)
– 머리(인간)
u 바위
u 뿔(들)
u 조각상
u ∨ 절벽

Dd27

u 로켓
u 미사일
– 바늘
– 벌레
u 뼈
u 송곳, 드릴의 끝부분
u 악어
u 창
u 칼
u 펜
u 피하주사기

DdS28

u 구름(들)
u 눈(雪)
u 물

DdS29

u < 고래
u ∨ 병(우유)
u ∨ 볼링 핀
u ∨ 소금뿌리개
– 유령
– 이빨
– 조각상
u ∨ 트라이앵글(악기)

Dd30

u 강
– 검
u 뱀
u 식도
o 지팡이
u ∨ 지팡이
o 척수
u 폭포

Dd31

– 게
– 곤충
u 괴물(동물 모양)
– 날개
– 동물
u 뿌리(들)
– 파충류

DdS32

o 갈매기
u 나비
o 눈(雪)
u 물
o 새
u 알바트로스형 비행기 (albatross)

Dd33

u 꽃(들)
u 나비
u 머리(동물)
– 머리(새)
– 머리(인간)
u 바위(들)
u 아이스크림
– 얼굴
– 폐(들)
– 해부

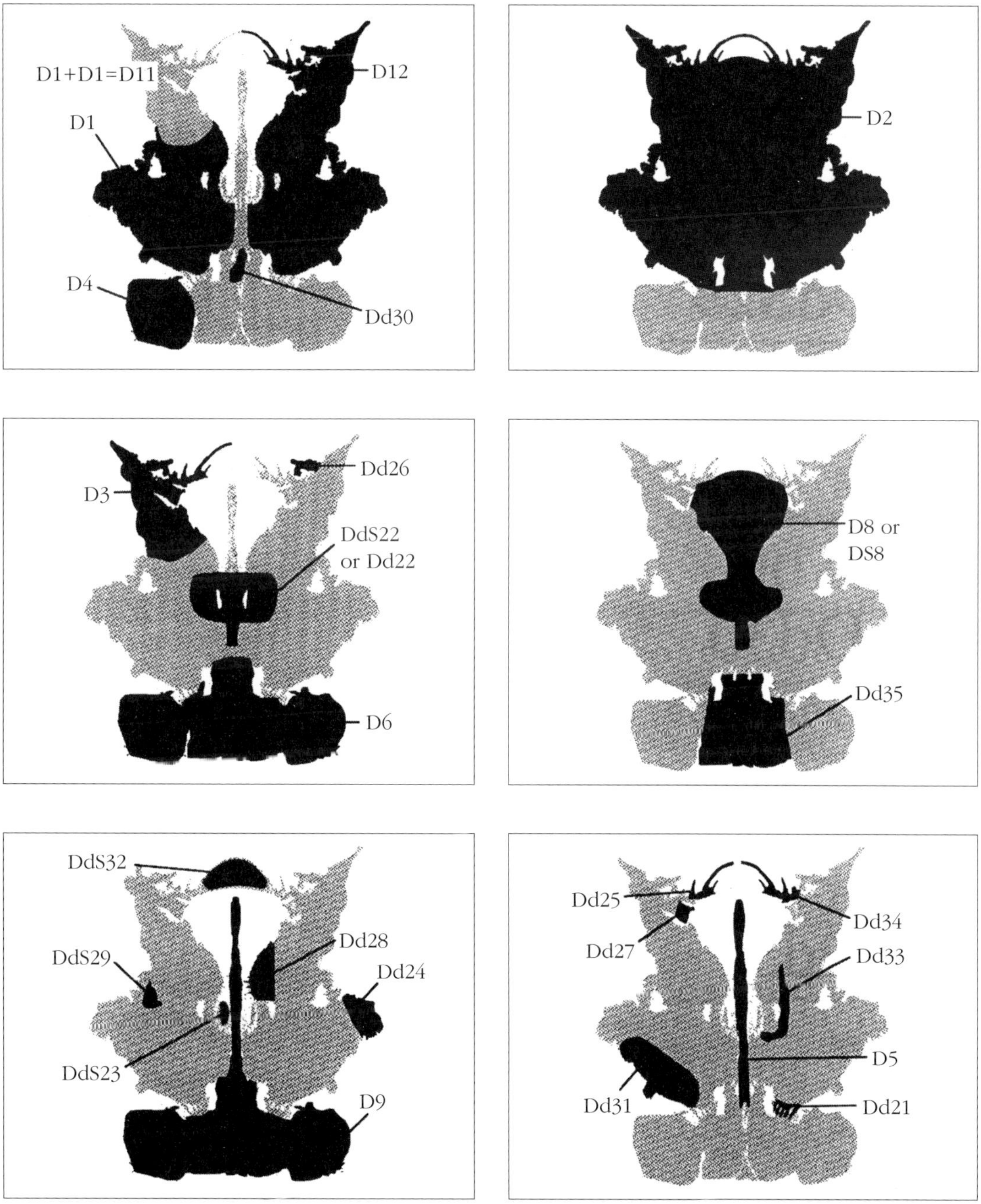

[그림 9] 카드 IX의 D와 Dd 영역

CARD IX

평범 반응: D3을 인간 또는 인간 같은 모습으로 지각한 반응

Z값: W = 5.5 인접 부분 = 2.5 비인접 부분 = 4.5 공간 반응 = 5.0

W

o 가면
\- 개미
\- 게
\- 고치
\- 곤충
u 괴물
\- 구름(들)
o 그릇(장식품)
\- 기계
o 꽃(D6을 꽃병으로 지각)
o 꽃병
o 꽃의 배열
u ∨ 나무
\- 나비
u 다리(숲 위의 꼭대기 부분)
u 닻
\- 두개골
u 램프(석유)
u ∨ 램프(장식용)
u ∨ 로봇
u 로켓(D5를 로켓으로, 연기나 불꽃을 함께 지각)
u ∨ 마네킹(옷가게의)
u ∨ 마법사
\- 머리(곤충)
u 머리(괴물)
\- 머리(동물)
\- 머리(인간)
o 머리장식(의식용)
u 모자
\- 목구멍
o 물감(paint)
\- 바다동물
u 배지
o 분수
u 분화구(D8을 분화구로, 나머지 부분은 잎이 무성한 풍경으로)
o 불(D1을 연기로 지각)
o 산불
o 산호
\- 새
o ∨ 새(D3을 나무 밑에 있는 것으로)
u 샐러드(그릇에 담긴)
u 선인장
o 설명도(해부도)
u 섬
o 식물(간혹 D6을 꽃병으로 지각)
\- 씨앗
o 야채(들)(D5를 양배추, D1을 양상추, D6을 토마토로 지각)
\- 양탄자, 깔개
u ∨ 어깨망토(연극용)
\- 얼굴
u 얼굴(광대)
u 얼굴(괴물)
o 예술품(추상적)
u 왕좌(throne)
u ∨ 우주선
u ∨ 의상(여자의)
u 의자(D6을 받침대로 지각, 팔걸이가 있는)
\- 인간
u 인간 같은 모습
u 인간(옷을 입은)
u ∨ 인형
\- 잎(나무 전체의)
u 장식
u 장식물
o 정원
\- 지도(구체적)
u 지도(불특정)
\- 질(해부)
u 케이크(D3을 양초로 지각)
u ∨ 코끼리(만화의)
o 팔레트(그림의)

−		파리
−		폐(들)
o		폭발
o		폭포(D5를 폭포로, 나머지 부분은 무성한 잎이나 풍경으로)
o		풍경
o		풍경(반사된)
−		해부
u		해초
u	∨	해파리
u		헬멧(공상과학)
o		협곡(D8을 협곡으로, 나머지 부분은 무성한 잎이나 풍경으로)
u		화석
u		휘장
−		X-ray

D1(주의: D1+D1=D11)

u	<	개
−		개구리
o	<	거인
u	<	고릴라
		고양이
−		곤충
o	<	곰
o		관목
u	<	괴물
u		구름
−		나무
−		나비
−		날개
−		동물
u		동물(불특정)
u	∨	돼지
u		머리(Dd24를 턱으로 보고 인간 또는 인간과 같은 모습으로 지각)
−		머리(곤충)
u	<	머리(동물, D5의 중앙선을 주둥이로 지각)
o		머리(동물, D5는 중앙선, Dd24는 주둥이로 지각)
o	∨	머리(동물, Dd24는 주둥이, DdS29는 눈으로 지각)
−		머리(새)
−		모자
−		물고기
−		비디동물
u		바위
−		버섯
−		벌레
−		뼈
−		사람
o	<	사람(Dd24를 머리로 지각)
−		사자
u		산호
−		새
u		숲(흔히 공중에서 본)
u		식물
−		심장
−		아일랜드
u		양상추
u		양치류 식물
u		연기(煙氣)
u	<	원숭이
−		의자
o		잎(나무 전체의)
u	<	조각상
−		지도
−		코끼리
u	<	토끼
o		풀
o		풍경
u		해면동물
−		해부
u		해초
−		폐
u		호수
−		X-ray

D2

o		가면
−		게
−		곤충
−		구름(들)
u		구름과 광선
o		그릇
u		그림(추상적)
o		꽃
o		꽃병
o	∨	나무
−		나비

o 닻
– 머리(곤충)
– 머리(동물)
– 머리(인간)
u 머리(인간 같은)
o 머리장식(의식용)
– 바다동물
u 바닷가재와 해초
u 배지
– 벌레
u 분수
o 분화구(D8을 분화구로, 나머지는 무성한 잎이나 풍경으로 지각)
o 불(D3을 불로, 나머지는 연기로)
u 산호
– 새
o 새(들)(D3을 새로 지각, 덤불 아래에 있는)
u 설명도(해부도)
o 식물
– 얼굴
o 얼굴(광대)
u 얼굴(괴물)
u 예술(추상적)
– 옷
u 용
u 의자(팔걸이)
– 인간
o 잎(나무 전체의)
u 잎(단풍)
u 장식
u 정원
– 지도
u 질(해부)

D3

– 개
u 게
– 고기
– 곤봉
– 곤충
o 광대
u 구름
o 귀신
o 꽃
– 나무
u 날개
– 다리
u 당근
o 동물(동물, 뿔 달린)
– 동물(동물, 뿔 없는)
– 두개골
o ∨ 땅신령(gnome)
o 마녀
– 머리
o 머리
– 머리(곤충)
o 머리(인간 같은)
u 머리(인간)
o 모래
o 무용수(옷을 입은)
– 물고기
– 바다동물
u 바닷가재
– 벌레
o 불
– 뼈
u ∨ 뿌리(들)
u 뿔(들)
o < 사슴
o ∨ 새
u 새
– 새우
– 설치류
u 식물
o 악마
o ∨ 앵무새
o 언덕
– 얼굴
u ∨ 올빼미
u 용
o 용암
o 인간
o 인간 같은 모습
o 장난감(권투용)
o 절벽
u 조각상
u 지도(불특정)
u 태양의 흑점
– 파리
– 폐
u 폭발
u ∨ 폭포(D5를 폭포로, 나머지

		는 무성한 잎이나 풍경으로)
o		풍경
o		풍경
o	<	풍경(반사된)
u		피
u		해마
–		해부
u	∨	해파리
u		헬멧
o		협곡(D8을 협곡으로, 나머지 는 무성한 잎이나 풍경으로)
u		횃불
u		휘장

D4

u		가면
u		거북이
–		고기
–		고치
o		공
u		꽃
o		나무딸기
–		눈
u		딸기
u		머리(동물)
o	<	머리(인간)
–		물고기
u		바다조개
u		바위
–		벌레
o		사과
o		사탕(솜사탕)
u		아이스크림
u		장미
–		정자
u		피
–		항아리
u		해면동물
–		해부

D5

u		강
–		곤충
u		길
o		꼬챙이
–		나무
–		남근
–		동물
–		머리
u		모래톱(sandbar)
u		미사일
–		반도
u		불꽃
o		뼈
u		석순(石筍)
o		성냥
u		송곳, 드릴의 끝부분
u		수로
–		식도
u		악어
o		양초
–		인간
u		자동온수기(geyser)
u		줄기
u		지팡이
o		척수
u		칼
u		파충류
o		폭포(D8을 배경으로)
o		풍경
–		해부
o	<	해안선
u		협곡
u		화살

D6

–		고기
–		곤충
o		구름(버섯구름 포함)
u		꽃(들)
u		나무딸기
u	∨	나비
–		날개
–		동물(들)
u		분홍접시꽃(marshmallows)
u	∨	머리(곤충)
–		머리(동물)
u		머리(만화)
o	<	머리(인간, 반사된)
u	∨	머리(코끼리 또는 설치류)
u		무(들)
u		바위(들)
u	∨	버섯

u 분첩(powder puff)
u 불
o 사과(네 개)
o 사탕(솜사탕)
u 산딸기
– 새
o 셔벗
– 섬
o 아기(두 명)
u ∨ 어깨(인간)
u ∨ 어깨심
– 얼굴
u ∨ 얼굴(곤충)
u ∨ 얼굴(공상과학)
– 엉덩이
u 연기(煙氣)
– 인간
o < 인간(앉아 있는, 반사된)
u 장미꽃 봉오리(들)
– 질(해부)
o 태아(embryo)
u 풍선껌
o 풍선(들)
o 피
– 피부
– 항아리
– 해부

D8/DS8

u ∨ 가면
– 가슴
u 거품
u ∨ 괴물
u 구름
o ∨ 귀신
o 꽃병
– 나무
o 동굴
– 동물
– 두개골
u ∨ 램프
u ∨ 로봇
u ∨ 마네킹(옷가게의)
u ∨ 머리(괴물)
– 머리(동물)
– 머리(인간)
o 모래시계
o 물
u 믹서기
u 바이올린
o 백열전구
o 병
u 샹들리에
o 소금 뿌리개
u ∨ 얼굴(괴물)
– 얼굴(동물)
u 얼굴(용)
– 얼굴(인간)
u 열쇠 구멍
u ∨ 옷
– 인간
u ∨ 인간 같은 모습
– 자궁
u 주차시간 자동표시기
– 질(해부)
u ∨ 컵
u 코(소 또는 말)
o 폭포
u ∨ 플라스크(화학실험용)
u 하늘
– 해부
o 협곡
u 회오리바람

D9

o ∨ 구름(버섯구름)
o ∨ 꽃
u ∨ 나무
– 동물
– 드릴, 송곳
u ∨ 램프
u ∨ 망치(마개뽑이, ball peed)
– 머리(곤충)
– 머리(인간)
u ∨ 머리(코끼리)
– 머리(코끼리를 제외한 동물)
o 물레가락(spindle)
u ∨ 밸브
o 분수
u 샹들리에
u ∨ 왜가리(한쪽 다리로)
o ∨ 우산
– 인간
u ∨ 타래송곳(코르크 마개를 뽑는)

D11

–		곤충
u		곤충(날개 달린)
o		골반
u		관목(들)
–		귀덮개
o		나비
–		머리
u		몽둥이
u		새
u		식물
–		이어폰
–		인간
o		잎(나무 전체의)
u		책꽂이(양쪽 끝을 받친)
–		폐(들)
–		해부

D12

–		괴물
–		나무
–		동물
o		불(숲)
u	<	용
o	<	인간(D1을 인간, D3을 언덕이나 모래와 같은 다른 대상으로)
u		잎(들)
o	<	풍경

Dd21

–		갈퀴
u		고드름(들)
–		나무(들)
u	∨	로켓(들)(무리)
o		갈고리 발톱
u	∨	뿔(들)
u		석순(石筍)
o		손가락(들)
–		인간(들)
u	∨	주먹(들)
–		창(들)

Dd22/DdS22

o		가면
u		그릇
–		눈(眼)(들)
u		동굴
–		두개골
–		머리
–		문(들)
–		병
–		양초
–		얼굴(곤충)
o		얼굴(괴물)
–		얼굴(동물)
–		얼굴(사람)
–		컵
u		코(동물)
–		해파리
o		호박(할로윈)
u		호수(들)

DdS23

o		구멍(들)
u		눈(眼)(들)
u		동굴(들)
–		베개
u		섬(들)
–		조개(들)
u		콧구멍(들)(동물)
u		호수(들)

Dd24

u		머리(동물)
u	<	머리(인간)
u		절벽

Dd25

u		가지(들)
–		나무(들)
u		더듬이(들)
u		갈고리 발톱(들)
u		뿌리(들)
–		손가락(들)
u		잡초(들)
u		촉수(들)(tentacles)

Dd26

u 갈고리 발톱
– 동물
– 발
u < 사람
o 손가락
u 열쇠
– 인간
u < 조각상
u 총(공상과학)
– 코
u 트럼펫
u < 허수아비
u 호스(노즐)

Dd27

u < 꼭대기
– 동물
– 머리
– 얼굴
– 인간
u < 텐트

Dd28

u 곤충(껍질이 단단한)
u 계란
– 상처의 딱지
– 머리
– 위(胃)
u 젖가슴
u 조개
– 피

DdS29

o 귀신
u 눈(眼)
– 벌레
– 얼굴
– 인간
u 인간 같은 모습
o 종(鐘)
u 호수

Dd30

– 남근
– 내장, 장(腸)
u 쐐기벌레
– 파충류
u 캔들왁스(candlewax)

Dd31

– 나무(들)
u ∨ 뚜껑(항아리)
u 잎(나무 전체의)
u < 얼굴(동물)
u < 얼굴(인간)
u 젖가슴

DdS32

u ∨ 그릇
u 달(위의 절반)
u 둥근 지붕
u 조개
u 태양(위의 절반)
u 태양의 흑점
u 텐트
– 헬멧

Dd33

– 나무
u 도마뱀
o < 머리(사슴)
u < 머리(사슴을 제외한 다른 동물)
– 머리(인간)
u < 머리(파충류)
– 산(들)
o < 악어의 일종(alligator)
o < 악어
u 잎(나무 전체의)
u 통나무

Dd34

u 가시(들)
u 가지(들)
u 갈고리 발톱(들)
u 뿔(사슴)
– 골격의

–	나무(들)
u	다리(자연의)
u	대포(공상과학의)
u	덩굴(포도나무의)
o	도개교(흔히 열리는)
–	동물
u	불빛
u	뿌리(들)
u	뿔(들)
–	손(들)
–	인간(들)
u	호스

Dd35

–	가면
u	구형잠수기(bathysphere)
u	난로(철로 된)
–	동물
–	머리
u	바위(들)
–	새
u	용광로(furnace)
u	엉덩이(들)
u	질 부위(해부)
u	항아리
–	폐(들)

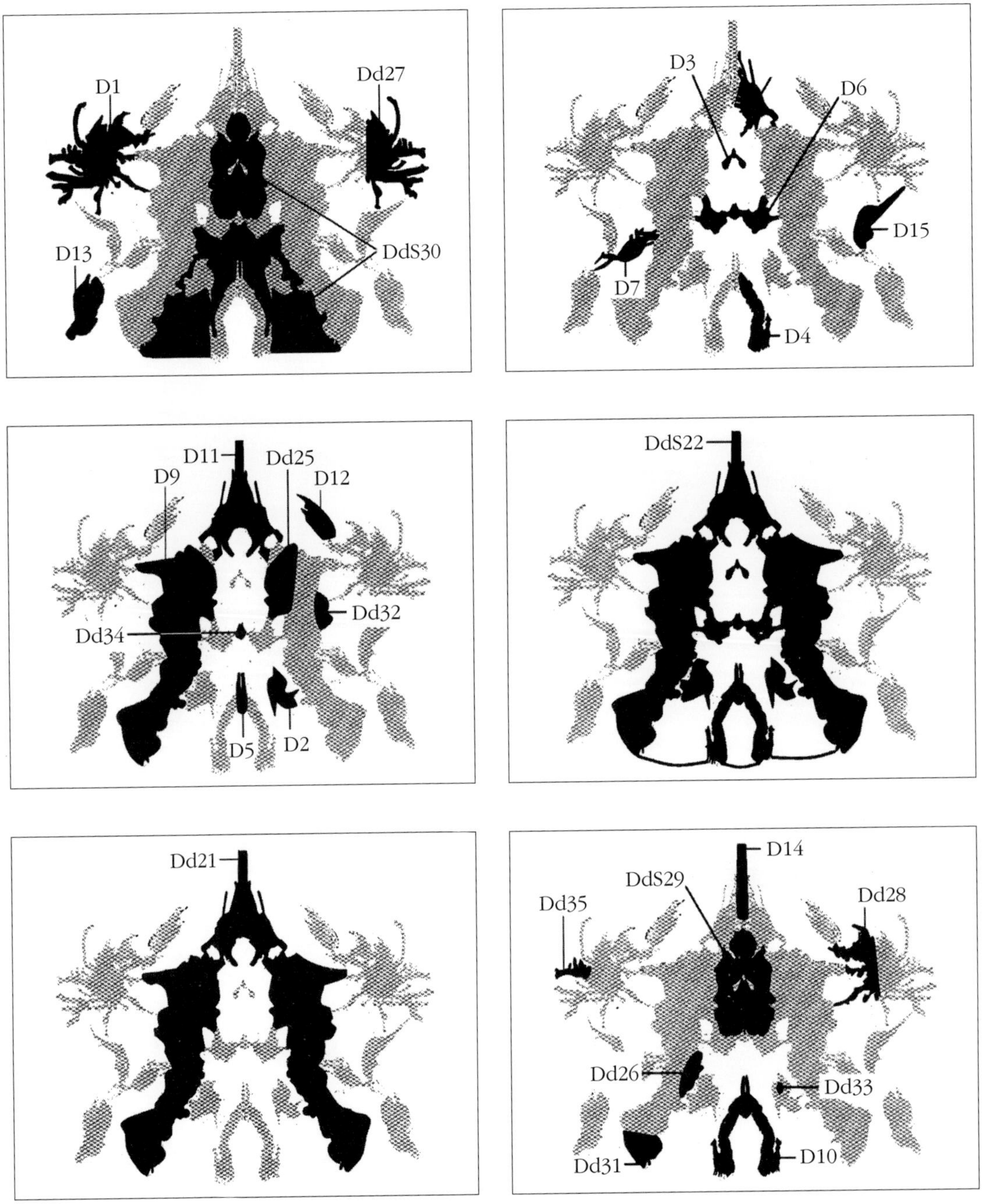

[그림 10] 카드 X의 D와 Dd 영역

CARD X

평범 반응: D1을 거미 또는 게라고 지각한 반응

Z값: W = 5.5 인접 부분 = 4.0 비인접 부분 = 4.5 공간 반응 = 6.0

W

–		가면
o		곤충(불특정)
u		공상과학 장면(외계인, 생물체, 괴물 또는 별들의 전쟁과 같은 우주전쟁을 포함한)
–		구름
u		그림(손가락)
o		그림(현대적)
o	∨	꽃
o		꽃무늬
u		도안(추상적)
u		동물(구체적 바다동물)
o		동물(불특정 바다동물)
–		머리장식
u		모빌(추상적)
–		바다동물
o		바다 속 풍경
u		박테리아
–		벌레(찢겨진)
o		보도(가운데 공간 및 다른 영역을 뿔이나 관목으로 지각)
u		복장(벽에 걸려 있는 무대복)
o		불꽃놀이
u		불빛(방전에 의한)
–		뼈
–		새
u		새장
u		샹들리에
u		섬
o	∨	수족관
u		식물
u		양탄자(디자인)
u		어린이 공원(모든 영역을 놀이기구로 표현)
–		얼굴
o		예술(추상화)
–		인간
u		전망대
o		정원(일부는 꽃 또는 관목으로 반응하고, D11과 D6은 조각 또는 조각 작품으로 지각)
–		지도(구체적)
u		지도(불특정)
–		크리스마스 트리
–		탑
u		팔레트
u		퍼즐(조각)
u		폐품처리장
o		포스터(추상적)
u	∨	폭발
–		해부
o		화원

D1

–	가면
o	거미
–	거미집
o	게
u	곤충
u	괴물
u	귀걸이
u	그림(흩뿌린 그림)
u	껌
u	꽃
u	난초
u	눈송이
–	동물
–	머리
–	모자
o	문어
o	물(방울)
–	물고기
–	바다조개
u	바닷가재
–	바퀴벌레
u	벌레
u	별
u	불꽃놀이
u	뿌리

u		산호
u		섬
u		세포(생물학)
–		순록
o		아메바
u		양치류 식물
–		얼굴
u		용
–		잎
u		자동기관총(pom pom)
u		잡초
o		전갈
–		지도
–		집
u		풍경
u		해초
–		해파리

D2

o		개
u		개구리
o		거미
–		거미집
o		계란(깨지거나 프라이한)
u		고양이
u		곤충
–		괴물
u		그림(흩뿌린 그림)
o		꽃
u		눈송이
–		눈(雪)
–		닭
u		동물(불특정)
–		머리
o		물(떨어진)
u		물개
u	∨	물고기
–		바다동물
–		바다조개
u		바다조개
–		벌
u		벌레
u		별
u		뿌리(들)
o		사자
u	∨	새
u		섬
o		세포(생물학적)
–		순록
u		식물
u		아네모네(Anemone)
u		아메바
–		얼굴
u		오리
–		원숭이
u		잎
u		자동기관총(pom pom)
u		잡초
o		전갈
–		정자
–		집
u		해초

D3

–		가위
–		게
u	∨	고무총
–		고환
u		귀마개
u		기계(의료용)
o		기구(풍향측정기)
o	∨	기구(일기예보용)
–		꽃(들)
u		꽃봉오리
–		낙하산병
–		난소
–		노젓는 사람(보트)
–		눈(眼)
u		더듬이(곤충)
–		머리
u	∨	목걸이
o		버찌 씨앗(cherry pits)
–		벌레
u		부낭(어깨에 착용하는)
u		불빛(전기의)
–		비행기
–		새
o		속도조절기(자동차)
o		씨 꼬투리(단풍나무)
o	∨	안테나(라디오 또는 TV)
u		우주선(공상과학)
–		음표(음악)
u		이어폰
–		인간

u 잔가지
o 전당포 표시
u 집게
o 차골
– 청진기
u 초인종
– 폐
u 헤드폰
u ∨ 알파벳 V(승리 표시)

D4

– 곤충
u 꼬리(새)
– 나무
– 날개
u 달팽이
– 동물
u 동물(고대 동물)
– 머리(공작이나 백조는 제외)
u ∨ 머리(공작)
– 머리(동물)
u ∨ 머리(선사시대 동물)
u ∨ 머리(백조)
– 머리(사람)
– 물고기
o 뱀
o 뱀장어
– 벌레
u 부츠(어릿광대)
u 뿔
u ∨ 색스폰
u 식물
o 쐐기벌레
u 연기(煙氣)
– 오이
u ∨ 용
– 팔
o ∨ 해마
– 해부

D5

– 곤충
o 가면
u 머리(더듬이가 달린 곤충)
o 머리(귀가 긴 동물)
– 머리(귀가 길지 않은 동물)
– 머리(사람)
– 벌레
u 빨래집게
u ∨ 예수의 십자가 상
u ∨ 악마
u ∨ 압정
– 얼굴
u ∨ 이빨
o ∨ 인간
u ∨ 인간 같은 모습
u 쪽집게
o ∨ 천사

D6

o ∨ 고릴라(들)
– 곤충(들)
u 골격
o ∨ 괴물
– 구름(들)
u ∨ 꽃(들)
– 난소(들)
o 다리(자연적)
– 동물
u 둥지
u 물
u 바다조개
– 박쥐(들)
u 백파이프(스코틀랜드의)
u 브래지어
u 산호
u 새(들)
– 손(들)
u ∨ 손(들)(동물)
u 손(들)(새)
– 손(들)(사람)
– 안경
– 얼굴
u 오리
o ∨ 귀신(들)
o ∨ 유인원(들)
o ∨ 인간 같은 모습(들)
o ∨ 인간(들)
u ∨ 인형
– 젖가슴(들)
– 코
u 파이프(들)(흡연)
– 해부

– 폐
– 턱

D7

o 게
o 가재
u 가지
u 갈고리 발톱
– 개
– 개구리
o 개미
u 거미
u 누에고치
u 사마귀
– 대합조개
u 도롱뇽(salamander)
o 동물(뛰는)
o 새둥지
o 메뚜기
– 물고기
– 바다동물
u 바닷가재
o 바퀴벌레
o 뿌리(들)
– 사람
o 사슴
– 새
u 설치류(D9 쪽으로 머리를 향한)
u 씨앗 꼬투리(seed pod)
u 압정
– 얼굴
u 잡초
u 전갈
– 콩팥

D8

u 개구리
o 개미
– 거미
u 게
– 고양이
o 곤충
– 골격
o 괴물(동물)
o 괴물(인간 같은)
u 귀뚜라미
u 꼬마요정
u 난쟁이(troll)
– 닭
– 도마뱀
u 동물(만화의 또는 고대 동물)
– 동물(불특정)
o 딱정벌레
u 땅신령
– 마녀
u 가면
o 머리(곤충)
o 머리(동물)
– 머리(동물)
u 머리(인간)
– 머리(인간)
– 물고기
– 바다동물
u 물소
u 벌
o 벌레
u 뿌리
– 새우
o 생물체(creature)
u 설치류
u 앵무새
– 얼굴
u 얼룩다람쥐
– 염소
o 용
– 원숭이
u 유니콘
– 인간
u 호저(porcupine)(가시가 많은)
u 황소
u 휘장

D9

u 곤충
u 구름
o 꼬마요정
u 달팽이
– 돌고래
– 쥐돌고래
– 동물
u 동물 같은 존재

–		머리
–		머리카락
o		미생물
o		미라
u		뱀장어
–		벌레
o		벌레
u		베이컨
o		불
u		뼈
u		사람(하체를 분명하게 언급)
o		사람(하체를 불분명하게 언급)
u		산맥(흔히 공중에서 본)
o		산호
u		섬
u		스펀지
o		쐐기벌레
–		이탈리아
o		인간 같은 모습
o		인어
u		장(腸)
–		지도
u		지도(지형도)
o		피
u		해마
–		해부
u		해안선(캘리포니아)

D10

–		곤충
u	∨	골반
o		관목(들)
–		깔때기
–		꽃
u		나비
o	∨	낙하산병
–		동물
–		머리
u	∨	머리(뿔이 달린 동물)
u		목걸이
o	∨	문 두드리는 쇠 (door knocker)
u		벌레(들)
u		분수
u	∨	빗(장식품)
o	∨	뿔(들)
u	∨	새
u		수금(lyre)(악기)
o		수목
u		쐐기벌레
o		아치(arch)
o	∨	인간(D5를 사람으로, 나머지 부분은 깃발, 연기, 장식, 날개 등)
o		차골
u	∨	천사
u		콧수염
–		해부
u		해초
u	∨	알파벳 U

D11

u		가면
u		겨우살이(mistletoe)
o		곤충(D8, D14를 다른 대상으로)
u		골격
u	∨	깔대기
u	∨	꽃
u	∨	나무
–		동물
–		두개골
o		로켓(연기나 발사대를 포함)
o		미사일(연기나 발사대를 포함)
u		비행기
u		빌딩(굴뚝 또는 탑이 있는)
–		빗자루
o		뿌리(들)
u		성(城)
u		식물
–		신경계
o		양초(받침대가 있는)
–		얼굴
u		얼굴(괴물)
o		에펠탑
o		우주선
–		인간
–		장(腸)
u		조각상
–		지네
–		폐
o		헬멧(공상과학)

o ∨ 햇불
– X-ray(구체적)
u X-ray(불분명한)

D12

u 갈고리 발톱
u 개
u 고래
o 곤충
– 물고기
o 물소
o 벌레
u 메뚜기
– 새
– 설치류
o 숫양
– 식물
u 씨앗 꼬투리
o 암소
u 양
u 염소
o 유니콘
o 잎
u 콩
u 피클(pickle)
o 황소

D13

o 감자칩
– 개미
u 고래
u 곤충
u 구름
u 굴
u 깔개(현관문 앞)
– 꽃
– 나무
o < 동물(누워 있거나 뛰어가는 곰, 들소, 고양이, 개, 사자, 토끼 등과 같은 동물)
– 머리
u 물고기
– 바다조개
u 바위
u 버섯
u 벌레
– 사람
– 새
u 스펀지
– 얼굴
u 잎
u 해면동물

D14

u 검
u 경찰봉(baton)
o 굴뚝
o 기둥
u 꽃병
o 난로 연통
u 남근
u 동맥
– 동물
o 로켓
u 막대기
u 망원경
– 머리
o 미사일
o 뼈
u 뿌리
– 사람
u 쇠지레
u 새 사육사
– 손가락
u 손잡이
u 시험관
o 양초
– 얼굴
u 연필(뾰족하지 않은)
u 엽총
u 자(cruler)
u 조각상
o 척수
– 칼
u 타이어 펌프
u 통나무
u 플루트(악기)

D15

– 곤충
– 구름
o 꽃

u 나비
u 날개
– 동물
– 머리
– 물개
u 물고기
o 새
o 싹(꽃)
– 연기(煙氣)
u 잎
o 장미
– 해마
– 해파리

Dd21

– 곤충
o ∨ 꽃(종종 D6을 포함)
o ∨ 나비(앞에서 본)
– 동물
u ∨ 배(바닥이 평평한 보트)
– 부메랑
u ∨ 새(나는)
u 아치
u ∨ 안테나, 촉각
u 암초
– 음차(音叉, tuning fork)
– 인간
u ∨ 장식품
u 쪽집게
u ∨ 차골

u 크레용
u 펜치(자르는)
u 풍경
u ∨ 협곡

DdS22

u 도안(추상적)
– 가면
– 머리
u 바다 속 풍경
u 섬
– 얼굴
– 지도(구체적)
u 지도(불특정)
– 해부

Dd25

– 머리(동물)
o 머리(인간 같은)
o 머리(인간)
u 해안선

Dd26

– 젖가슴
– 얼굴(동물)
u 얼굴(인간, 옆모습)

Dd27

u 곤충
– 나무(들)
– 얼굴
– 해초

Dd28

u 강아지
u 곤충
– 꼭두각시
u 뿌리(들)

DdS29

u 노(카누용, D11을 손잡이로 지각)
u 랜턴, 손전등(D11을 손잡이로)
o 부채(D11을 손잡이로 지각)
o 부처
o 아이(들)(손을 위로 들고 있는)
– 얼굴
o 인간(앉아 있거나 웅크리고 있는)

DdS30

– 골격
u 물

Dd31

u ∨ 머리(동물)
u ∨ 머리(애벌레)
– 머리(인간)
u ∨ 머리(인간 같은)

Dd32

– 동물
u 머리(동물)
– 머리(사람)

Dd33

u 공
u 과자
– 눈(眼)
o 도토리
– 머리
u 오렌지
u 태양
o 호도

Dd34

– 두개골
– 머리
u 바가지
u 병
u 이빨
– 총알

Dd35

u 나무(들)(절벽에 있는)
– 동물
u 인간(들)(절벽에 있는)
– 파충류

제5장
구조적 요약

각 반응을 정확히 채점하는 것의 목적은 구조적 요약을 만들기 위한 것이다. 구조적 요약은 부호의 빈도와 여러 가지 비율, 백분율 그리고 유도값으로 이루어져 있다. 이러한 자료들을 바탕으로 로샤 검사 해석이 이루어지고 심리적 기능에 대한 중요한 가설들이 만들어진다. 구조적 요약에는 다음의 세 가지 절차가 포함된다. ① 점수를 순서대로 나열하기, ② 각 변인의 빈도를 기록하기, ③ 여러 가지 계산을 통해 비율, 백분율, 유도값을 구하기.

1. 점수계열

첫 번째 단계는 각 반응에 대한 부호들을 검사 시에 했던 순서대로, 즉 카드 순서대로, 반응 번호 순서대로 적는 것이다. 이렇게 부호를 정리하면 빈도 계산을 쉽게 할 수 있고, 또 순서 자체만으로도 중요한 해석 자료가 될 수 있다.

구조 요약지의 채점 순서는 카드 번호, 반응 번호, 사용된 각각의 주요 부호화 범주들 순으로 이루어진다. No로 표시된 칼럼은 D3, Dds26과 같이 반응의 위치 번호(location number)를 기록하는 것이며 위치 항목 뒤에 놓인다. 사용된 영역이 표에 나와 있지 않으면 99번이 된다. 점수 순서에서 위치 번호의 나열은 개인의 기록을 해석하는 데 도움을 주고, 연구에 적절하게 활용될 수 있으며, 구조 요약지를 컴퓨터로 해석하는 경우 필수적이다.

2. 구조적 요약 상단부: 빈도 기록

두 번째 단계는 구조 요약지에 각 부호에 대한 빈도 계산을 적는 것이다.

1) 영역: W/D/Dd/S

반응 영역과 관련해서는 조직화 활동, 영역 기호, 발달질의 세 가지 항목을 기록해야 한다.

① 조직화 활동: 조직화 활동에서는 세 가지 항목을 채점한다. Z 빈도, 가중치를 부여한 Z 점수의 총합(Zsum) 그리고 표를 근거로 추정한 가중치(Zest)다(〈표 5-1〉 참조).
② 영역 기호: 기본적인 영역 기호 각각의 빈도를 계산한다. S 반응은 다른 영역 기호와 분리해서 빈도를 계산한다.
③ 발달질: 반응 영역에 관계없이 발달질 부호의 빈도를 계산한다. 발달질 빈도의 오른쪽 괄호 안에는 − 반응의 빈도를 기록한다.

2) 결정인: 복합 반응/단일 반응

각각의 결정인은 복합 반응인 경우를 제외하면 따로 기록된다. 복합 반응란에는 각 카드에 대한 복합형 반응을 전부 기입하며, 복합 반응에 포함시킨 결정인들은 단일 결정인의 빈도 계산에 포함시키지 않는다.

3) 형태질

〈표 5-1〉 최적의 ZSum값 추정(Zf를 아는 경우)

Zf	Zest	Zf	Zest	Zf	Zest	Zf	Zest
1	–	14	45.5	26	88.0	39	134.0
2	2.5	15	49.0	27	91.5	40	137.5
3	6.0	16	52.5	28	95.0	41	141.0
4	10.0	17	56.0	29	98.5	42	144.5
5	13.5	18	59.5	30	102.5	43	148.0
6	17.0	19	63.0	31	105.5	44	152.0
7	20.5	20	66.5	32	109.5	45	155.5
8	24.0	21	70.0	33	112.5	46	159.0
9	27.5	22	73.5	34	116.5	47	162.5
10	31.0	23	77.0	35	120.0	48	166.0
11	34.5	24	81.0	36	123.5	49	169.5
12	38.0	25	84.5	37	127.0	50	173.0
13	41.5			38	130.5		

① FQx(form quality extended): 형태를 사용한 모든 반응 포함. 형태질의 네 가지 유형 각각의 값을 기입하기 위한 칸과 어떤 형태질로도 부호화되지 않는 반응의 빈도를 기입하기 위한 칸이 있다.

② FQf(form quality-form): 결정인이 순수한 F 반응의 빈도

③ M Quality: 모든 인간운동 반응의 형태질 빈도

④ SQx(form Quality-Space): 모든 공백 반응에 대한 형태질 빈도

4) 내용

내용은 27개의 범주로 구성되어 있다. 하나의 범주에 대해 두 가지 값이 기입된다. 첫 번째 값은 해당 범주가 일차적인 내용으로 사용되는 빈도를 가리키고, 두 번

째 값은 콤마(,)에 의해 첫째 값과 구분되며 범주가 추가적, 이차적 내용으로 사용되는 빈도를 나타낸다.

예) 피검자가 "나무" "꽃" "나무 그루터기에 앉아 있는 남자"라는 세 가지 반응을 하였을 때, 여기서 나무와 꽃은 식물이라는 범주가 일차적으로 사용된 것이고 나무 그루터기는 이차적으로 사용된 것이다. 따라서 Bt = 2, 1이라고 기입한다.

5) 접근방식

구조적 요약의 오른쪽 위에는 수검자가 선택한 반응 영역의 순서를 그대로 기록한다. 예를 들어, 카드 I에서 첫 번째 반응은 부분 반응, 두 번째 반응은 전체 반응, 세 번째 반응은 부분 반응과 공백 반응이 혼합되어 있으면 D, W, DS다.

6) 특수 점수

14개의 특수 점수의 빈도를 기록하고 두 가지 점수를 계산한다.

① Raw Sum6: 6개 특수 점수의 원점수 합을 수준 1과 2로 구분하여 계산한다.
② WSum6: 6개 특수 점수의 원점수에 가중치를 곱하고 더해서 가중치 합(WSum6)을 계산한다.

$$WSum6=(1)\times DV+(2)\times DV2+(2)\times INCOM+(4)\times INCOM2+(3)\times DR+(6)\times DR2+(4)\times FABCOM+(7)\times FABCOM2+(5)\times ALOG+(7)\times CONTAM$$

3. 구조적 요약 하단부 : 비율, 백분율, 유도값

자료가 빈도로 조직화되면 요약지 아래쪽에 있는 7가지 자료 영역의 값을 산출하기 위해 몇 가지 계산을 해야 한다. 요약지 아래쪽의 제일 밑부분에 있는 여섯 개의 특수 지표, 즉 SCZI, DEPI, CDI, S−CON, HVI, OBS의 계산은 이 장의 마지막에 제시되어 있는 〈표 5−6〉의 Constellations Worksheet를 사용해서 완성한다.

1) 핵심 영역(core section)

모두 16개의 항목을 포함하는데 그중 7개는 빈도 자료로서 R(전체 반응 수)과 결정인들인 FM, m, C′, T, V, Y의 전체 수를 나타낸다. C′, T, V, Y는 각각 변형된 형태인 FC′, C′F, FT, TF 등도 포함한다. 다음의 나머지 9개의 항목은 비율과 산출된 값이다.

① Lambda(L)

전체 반응에서 순수형태 반응이 차지하는 비율. 심리적 자원을 경제적으로 사용하는 문세와 관련된다.

$$L = \frac{F(\text{순수 F 결정인만 갖는 반응 수})}{R - F(\text{총 반응 수} - \text{순수 반응 수})}$$

② Erlebnistypus(EB)

인간의 움직임 반응과 가중치를 부여한 유채색 반응의 합 간의 관계. SumM: Weighted Sum Color(WSumC)로 표시한다. WSumC는 각각의 유채색 반응에 가중치를 곱한 것이다.

$$WSumC=(0.5)\times FC+(1.0)\times CF+(1.5)\times C$$

색채명명 반응(Cn)은 WSumC에 포함되지 않는다.

③ Experience Actual(EA)

개인의 사용 가능한 자원과 관련된 유도값. EB의 두 값의 합, 즉 EA=SumM+WSumC이다.

④ EB Pervasive(EBPer)

의사결정 활동에서 EB 스타일이 우세한지에 관련된 비율. EB에서 큰 점수를 작은 점수로 나누어서 계산한다. EB에서 뚜렷한 스타일이 나타날 때만 계산된다. EA값이 10 이하면 EB의 한쪽 값이 적어도 다른 쪽 값보다 2점 이상 클 때, 혹은 EA값이 10보다 크면 EB의 한쪽 값이 다른 값보다 적어도 2.5점 이상 클 때 계산된다.

⑤ Experience Base(eb)

모든 비인간운동 결정인과 음영 및 무채색 결정인 간의 관계. 수검자가 경험하는 자극 요구들(stimulus demands)에 대한 정보를 제공한다.

Sum FM+m : Sum allC+allT+allY+allV

음영 및 무채색 결정인은 그 부호가 들어간 모든 결정인을 포함한다. 예를 들면, allT는 FT, TF, T를 포함한다.

⑥ Experienced Stimulation(es)

eb 요소들의 합. 현재 수검자가 경험하는 자극 요구들과 관련된다.

⑦ D 점수(D)

스트레스에 대한 내성과 통제의 요인과 관련된다. EA와 es의 관계에 관한 중요한 정보를 제공한다. 먼저 EA와 es의 원점수 차를 계산한 후, 표준편차를 기초로 하여 척도화된 차이 점수로 변환한다. 〈표 5-2〉에 D 점수 환산표를 제시하였다.

(EA−es)가 +2.5와 −2.5 사이에 오면 D 점수는 0

(EA−es)가 +2.5보다 크면, D 점수는 2.5점당 1점씩 증가

(EA−es)가 −2.5보다 작으면, D 점수는 2.5점당 1점씩 감소

〈표 5-2〉 EA-es, D 점수 환산표

(EA-es) 값			D 점수
+13.0	to	+15.0	+5
+10.5	to	+12.5	+4
+8.0	to	+10.0	+3
+5.5	to	+7.5	+2
+3.0	to	+5.0	+1
−2.5	to	+2.5	0
−3.0	to	−5.0	−1
−5.5	to	−7.5	−2
−8.0	to	−10.0	−3
−10.5	to	−12.5	−4
−13.0	to	−15.0	−5

⑧ Adjusted es(Adj es)

D 점수는 스트레스에 대한 내성과 가용한 자원에 관한 정보를 제공해 주지만 이 점수가 상황 요인의 영향을 받는지의 여부를 결정하는 것이 중요하다. 이를 위한 첫 번째 단계는 es에서 상황적인 현상과 관련된 대부분의 요인들을 제외시키는 것이다. 방법은, m값과 Y값이 각각 1을 조과하는 경우 1을 초과한 만큼의 값을 es에서 빼는 것이다.

예) 3개의 m과 2개의 Y 결정인이 있을 때 2m과 1Y를 합한 값인 3을 es에서 뺀다.

⑨ Adjusted D score(Adj D)

결과는 D 점수 변형표를 참고하여 얻는다.

2) 관념 영역(ideation section)

8개의 항목을 포함하는데 그중 넷은 빈도 자료며, WSum6은 이미 계산되었고, 나머지 셋 중 둘은 비율값, 하나는 지수다.

① **능동 : 수동 비율**(Active: Passive Ratio, a : p)

관념과 태도에서의 융통성과 관련된다. a–p로 기호화한 운동 결정인은 양쪽 모두에 포함시킨다.

$$Ma+FMa+ma : Mp+FMp+mp$$

② **M 능동 : 수동 비율**(M Active: Passive Ratio, Ma : Mp)

사고 특성과 관련된다. 인간운동 반응만 해당된다.

③ **주지화 지표**(Intellectualization Index)

특수 점수 AB와 예술(Art), 인류학(Ay) 내용을 포함한다. 여기에는 일차 내용과 이차 내용이 모두 포함된다.

3) 정서 영역(affect section)

6개의 기입값을 가지는데 그중 셋은 빈도 자료(Pure C, S, CP)고, 나머지 넷은 다음의 비율들이다.

① **형태–색채 비율**(Form-Color Ratio, FC : CF+C)

정서의 조절과 관련된다. 유채색 결정인에 동일한 가중치를 둔다.

② **위축 비율**(Constriction Ratio, SumC′ : WSumC)

정서를 지나치게 내면화하는 것과 관련된다.

③ **감정 비율**(Affective Ratio, Afr)

정서적인 자극에 대한 관심을 반영한다. 처음 7개의 카드에 대한 반응 수와 나머지 3개의 카드에 대한 반응 수의 비율이다.

$$Afr = \frac{\text{VIII} + \text{IX} + \text{X 카드 반응 수}}{\text{I} + \text{II} + \text{III} + \text{IV} + \text{V} + \text{VI} + \text{VII 카드 반응 수}}$$

④ **복합성 지표**(Complexity Ratio, Blends : R)

피검자의 심리적인 복잡성을 반영한다. 좌우항의 관계는 비율로 환원되지 않으며 단지 좌항에 복합 반응 수, 우항에 반응 총수를 기록해 놓은 것이다.

4) 중재 영역(mediation section)

6개의 기입값이 있는데, 하나는 평범 반응의 빈도고 5개는 백분율이다.

① **관습적 형태**(Conventional Form, X+%)

이 변인은 형태를 관습적으로 사용하는 정도와 관련된다.

$$X+\% = \frac{\Sigma \text{FQx+ and o(ordinary)}}{R}$$

② **관습적 순수 형태**(Conventional Pure Form, F+%)

순수한 F 반응에서 형태를 관습적으로 사용하는 정도와 관련된다.

$$F+\% = \frac{\Sigma \text{F+ and Fo}}{\Sigma F}$$

③ **왜곡된 형태**(Distorted Form, X−%)

지각적인 왜곡의 비율과 관련된다.

$$X-\% = \frac{\text{SumFQx}-}{R}$$

④ **공백 왜곡**(White Space Distortion, S−%)

공백을 사용한 왜곡 형태 반응의 비율과 관련된다.

$$S-\% = \frac{\text{SumSQ}-}{\text{SumFQx}-}$$

⑤ **비범 형태**(Unusual Form, Xu%)

윤곽이 적절하면서도 비관습적으로 사용된 반응의 비율과 관련된다.

$$Xu\% = \frac{SumFQxu}{R}$$

5) 처리 영역(processing section)

여섯 가지 항목이 있는데, 셋은 빈도 자료(Zf, DQ+, DQv)며 둘은 비율, 나머지 하나는 차이 점수다.

① **경제 지표**(Economy Index, W : D : Dd)
좌항에 W 반응의 총수, 중간에 D 반응의 총수, 우항에 Dd 반응의 총수를 기입한다.

② **열망 지표**(Aspirational Index, W : M)
좌항에 W 반응의 총수, 우항에 M 반응의 총수를 기입한다.

③ **처리 효율성**(Processing Efficiency, Zd)
Zd는 ZSum에서 Zest를 뺀 값이다.

6) 대인지각 영역(interpersonal section)

일곱 가지 항목이 있는데, 셋은 빈도 정보(COP 반응 수, AG 반응 수, 음식 내용의 일차 · 이차 반응 수)고 넷은 비율 정보다.

① **고립 지표**(Isolation Index, Isolate/R)
사회적 고립과 관련된다. 5개 범주(식물, 구름, 지형, 풍경, 자연)에서의 일차, 이차 내용을 포함하며, 그중 구름과 자연 범주는 원점수의 두 배를 한다.

$$Isolate/R = \frac{Bt + 2Cl + Ge + Ls + 2Na}{R}$$

② **대인관계적 관심**(Interpersonal Interest, H : (H)+Hd+(Hd))
사람에 대한 관심에 관한 정보를 제공한다. 일차 내용과 이차 내용 모두를 포함한

다. 순수 H 반응의 합은 좌측에, 그 외 다른 인간 내용 반응의 총합은 우측에 기록한다.

③ (H)+(Hd) : (A)+(Ad)

타인에 대한 개념이 실제 경험보다 상상에 기반하는 정도에 관한 정보를 제공한다. 일차 내용과 이차 내용을 포함한다.

④ H+A : Hd+Ad

인간 및 동물의 세부 반응에 대한 전체 반응의 빈도에 관한 정보를 제공한다. 일차 내용과 이차 내용 모두를 포함한다.

7) 자기지각 영역(self-perception section)

다섯 가지 항목을 포함하는데 그중 넷은 빈도값이다. 여기에는 Fr+rF 총합, 형태차원(FD) 반응 수, 병적 내용(MOR)을 갖는 반응 수 그리고 해부(An)나 엑스레이(Xy)를 포함하는 반응 수가 있다. 이들은 일차, 이차 내용을 포함한다. 다섯 번째 기입 값은 비율이다.

① 자기중심성 지표(Egocentricity Index, 3r+(2)/R)

자존감에 관련된 지표다. 전체 반응에 대한 반사 반응과 쌍반응의 비율을 나타내며, 하나의 반사 반응과 3개의 쌍반응이 같도록 하기 위해 각각의 반사 결정인은 3개의 쌍반응들과 동일하게 가중치가 주어진다.

$$3r + (2)/R = \frac{3 \times (rF + Fr) + Sum(2)}{R}$$

8) 특수 지표

구조 요약지의 맨 아래에 6개의 특수 지표가 있다.

① SCZI: 정신분열병 지표(schizophrenia index)
② DEPI: 우울증 지표(depression index)
③ CDI: 대응손상 지표(coping deficit Index)
④ S−Con: 자살 가능성(suicide constellation)
⑤ HVI: 과잉경계 지표(hypervigilance index)
⑥ OBS: 강박성향 지표(obsessive style index)

각각에 포함된 변인들은 Constellations Worksheet(〈표 5−6〉 참조)에 나와 있으며, 여기에는 +값을 적는 칸이 있다. SCZI, DEPI, CDI, S−CON에는 + 변인들의 총수를 적고, HVI, OBS에는 예 혹은 아니요를 적는다.

DEPI의 자기중심성 지표와 SCZI의 X+%, Sum6 및 WSum6의 분할 점수는 다음 표를 참조하여 연령에 맞게 교정하여야 한다.

〈표 5−3〉 Sum6과 WSum6의 연령 교정

5~9세:	Sum6 > 11 또는 WSum6 > 20
10~12세:	Sum6 > 10 또는 WSum6 > 18
13~14세:	Sum6 > 9 또는 WSum6 > 17
15~16세:	Sum6 > 8 또는 WSum6 > 17

〈표 5−4〉 X+%의 연령교정

5세:	X+% < .05
6과 7세:	X+% < .55
8과 9세:	X+% < .57

〈표 5-5〉 자기중심성 지표의 연령교정

연 령	3r+(2)/R가 아래보다 작을 경우 유의미	3r+(2)/R가 아래보다 클 경우 유의미
5	.55	.83
6	.52	.82
7	.52	.77
8	.48	.74
9	.45	.69
10	.45	.63
11	.45	.58
12	.38	.58
13	.38	.56
14	.37	.54
15	.33	.50
16	.33	.48

〈표 5-6〉 Constellation Worksheet

S-Con(자살 가능성)

☐ 아래 조건 중 8개 이상 만족하는 경우 해당됨
주의: 14세 이상의 수검자에게만 적용

- ☐ FV+VF+V+FD>2
- ☒ Color-Shading Blends>0
- ☐ 3r+(2)/R<.31 or>.44
- ☐ MOR>3
- ☐ Zd>+3.5 or Zd<−.35
- ☐ es>EA
- ☐ CF+C>FC
- ☒ X+%<.70
- ☒ S>3
- ☐ P<3 or P>8
- ☐ Pure H<2
- ☐ R<17

SCZI(정신분열병 지표)

☐ 아래 조건 중 4개 이상 만족하는 경우 해당됨

- * ☐ EITHER : (X+%<.61) AND (S−%<.41)
  OR : (X+%<.50)
- ☐ X−%>.29
- ☒ EITHER : (FQ−≧FQu)
  OR: (FQ−>FQo+FQ+)
- ☐ (Sum Level 2 Sp. Sc.>1) AND (FAB2>0)
- * ☐ EITHER : (Raw Sum of 6 Spec. Scores>6)
  OR : (Weighted Sum of 6 Sp. Sc.>17)
- ☐ EITHER : (M−>1)
  OR : (X−%>.40)

DEPI(우울증 지표)

☒ 아래 조건 중 5개 이상 만족하는 경우 해당됨

- ☒ (FV+VF+V>0) OR (FD>2)
- ☒ (Color−Shd Blends>0) OR (S>2)
- * ☐ (3r+(2)/R>.44 and Fr+rF=0) OR (3r+(2)/R<.33)
- ☐ (Afr<.46) OR (Blends<4)
- ☒ (SumShading>FM+m) OR (SumC′>2)
- ☒ (MOR>2) OR (2×AB+Art+Ay>3)
- ☒ (COP<2) OR ([Bt+2×CI+Ge+Ls+2×Na]/R>.24)

CDI(대응손상 지표)

☐ 아래 조건 중 4개 또는 5개 만족하는 경우 해당됨

- ☐ (EA<6) OR (Adj D<0)
- ☒ (COP<2) AND (AG<2)
- ☐ (Weighted SumC<2.5) OR (Afr<.46)
- ☐ (Passive>Active+1) OR (Pure H<2)
- ☐ (SumT>1) OR (Isolate/R>.24) OR (Food>0)

HVI(과잉경계 지표)

☒ 조건 (1)을 만족하는 동시에 나머지 조건들 중 적어도 4개가 만족하는 경우 해당됨

- ☒ (1) FT+TF+T=0
- ☒ (2) Zf>12
- ☐ (3) Zd>+3.5
- ☒ (4) S>3
- ☒ (5) H+(H)+Hd+(Hd)>6
- ☒ (6) (H)+(A)+(Hd)+(Ad)>3
- ☒ (7) H+A : Hd+Ad<4 : 1
- ☐ (8) Cg>3

OBS(강박성향 지표)

- ☐ (1) Dd>3
- ☒ (2) Zf>12
- ☐ (3) Zd>+3.0
- ☐ (4) Populars>7
- ☐ (5) FQ + >1

☐ 아래 조건 중 1개 이상이 만족하는 경우 해당됨

- ☐ 조건 (1)에서 (5)까지 모두 만족함
- ☐ 조건 (1)~(4) 중에서 2개 이상을 만족함 AND FQ+ >3
- ☐ 조건 (1)~(5) 중에서 3개 이상을 만족함 AND X+%>.89
- ☐ FQ+ >3 AND X+%>.89

〈표 5-7〉 채점 순서

CARD	No	LOC	#	DETERMINANT(s)	(2)	CONTENT(S)	POP	Z	SPECIAL SCORES
I	1	Wo		Fo		A	P	1.0	
	2	Wo		F−		A		1.0	
II	3	W+		Mp−		H, Hh		4.5	
III	4	Do		FMp−		A			
	5	Do		Fo		H	P		
	6	Do		FTo		A			
	7	Do		Fo		A			
IV	8	W+		Mpu	2	Cg, Id		4.0	
V	9	Wo		FMao		A	P	1.0	
	10	Wo		FMao		A	P	1.0	PSV
VI	11	Dd+		FMa.Ma.Yu		A, Na		2.5	
	12	W+		Ma.Yu		Art, Fi		2.5	
VII	13	W+		Ma.FTu	2	A, Fd		2.5	
VIII	14	W+		Ma.C.FCu		Fi, Ls		4.5	
IX	15	W+		Ma.C.Yo		Na, Fi		5.5	
X	16	W+		ma.CF−		Bt, Hd		5.5	FABCOM

〈표 5-8〉 구조 요약

LOCATION FEATURES	DETERMINANTS BLENDS	DETERMINANTS SINGLE	CONTENTS	S-CONSTELLATION
				NO ... FV+VF+V+FD>2
Zf = 12		M = 2	H = 2, 0	YES ... Col-Shd Bl>0
ZSum = 35.5		FM = 3	(H) = 0, 0	YES ... Ego<.31, >.44
ZEst = 38.0		m = 0	Hd = 0, 1	NO ... MOR>3
		FC = 0	(Hd) = 0, 0	NO ... Zd>+−3.5
W = 11		CF = 0	Hx = 0, 0	NO ... es>EA
(Wv = 0)		C = 0	A = 9, 0	YES ... CF+C>FC
D = 4		CN = 0	(A) = 0, 0	YES ... X+% <.70
Dd = 1		FC′ = 0	Ad = 0,a 0	NO ... S<3
S = 0		C′F = 0	(Ad) = 0, 0	NO ... P<3 or>8
		C′ = 0	An = 0, 0	NO ... Pure H<2
DQ		FT = 1	Art = 1, 0	YES ... R<17
.......(FQ−)		TF = 0	Ay = 0, 0	5 ... TOTAL
+ = 8(2)		T = 0	Bl = 0, 0	
o = 8(2)		FV = 0	Bt = 1, 0	
v/+ = 0(0)		VF = 0	Cg = 1, 0	
v = 0(0)		V = 0	Cl = 0, 0	
		FY = 0	Ex = 0, 0	
		YF = 0	Fd = 0, 0	
		Y = 0	Fi = 1, 2	
		Fr = 0	Ge = 0, 0	
		rF = 0	Hh = 0, 1	
		FD = 0	Ls = 0, 1	
		F = 0	Na = 1, 1	
			Sc = 0, 0	
			Sx = 0, 0	
			Xy = 0, 0	
			Id = 0, 1	
		(2) = 2		

FORM QUALITY

	FQx	FQf	MQual	SQx
+	= 0	0	0	0
o	= 7	3	1	0
u	= 5	0	5	0
−	= 4	1	1	0
none	= 0	−	0	0

SPECIAL SCORINGS

	Lv1	Lv2
DV	= 0x1	0x2
INC	= 0x2	0x4
DR	= 0x3	0x6
FAB	= 1x4	0x7
ALOG	= 0x5	
CON	= 0x7	
SUM6 = 1		
WSUM6 = 4		

AB = 0	CP = 0		
AG = 0	MOR = 0		
CFB = 0	PER = 0		
COP = 0	PSV = 1		

RATIOS, PERCENTAGES, AND DERIVATIONS

Core

R = 16	L = 0.33	
EB = 7 : 4.5	EA = 11.5	EB Per = N/A
eb = 5 : 5	es = 10	D = 0
	Adj es = 8	ADj D = 1
FM = 4	C′ = 0	T = 2
m = 1	V = 0	Y = 3

Affect

FC : CF+C	= 1 : 3
Pure C	= 2
Afr	= 0.23
S	= 0
Blends : R	= 6 : 16
CP	= 0

Interpersonal

COP = 0	AG = 0
Food	= 1
Isolate/R	= 0.38
H : (H)Hd(Hd)	= 0
(HHD) : (AAD)	= 0
H+A : Hd+Ad	= 0

Ideation

a : p	= 9 : 3	Sum6	= 1
Ma : Mp	= 5 : 2	Lv2	= 0
2AB+Art+Ay	= 1	WSum6	= 4
M−	= 1	Mnone	= 0

Mediation

P	= 4
X+%	= 0.44
F+%	= 0.75
X−%	= 0.25
S−%	= 0.00
Xu%	= 0.31

Processing

Zf	= 12
Zd	= −2.5
W : D : Dd	= 11 : 4 : 1
W : M	= 11: 7
DQ+	= 8
DQv	= 0

Self Perception

3r+(2)/R	= 0.13
Fr+rF	= 0
FD	= 0
An+Xy	= 0
MOR	= 0

SCZI = 1	DEPI = 4	CDI = 3	S−CON = 5	HVI = No	OBS = No

〈표 5-9〉 특수 지표

SCZI(정신분열병 지표) :

아래 조건 중 4개 이상 만족하는 경우 해당됨:

YES ... EITHER : (X+%<.61) AND (S−%<.41)
OR... : (X+%<.50)
NO ... X−%>.29
NO ... EITHER : (FQ− ≧ FQu)
OR... : (FQ− >FQo+FQ+)
NO ... (Sum Level 2 Sp. Sc. >1) AND (FAB2>0)
NO ... EITHER : (Raw Sum6 Spec. Scores>6)
OR... : (Weighted Sum of 6 Sp. Sc. >17)
NO ... EITHER : (M− >1)
OR... : (X−%>.40)

DEPI(우울증 지표) :

아래 조건 중 5개 이상 만족하는 경우 해당됨:

NO ... (FV+VF+V>0) OR (FD>2)
YES ... (COl−Shd Blends>0) OR (S>2)
YES ... (3r+(2)/R>.44 and Fr+rF=0) OR (3r+(2)/R<.33)
NO ... (Afr<.46) OR (Blends<4)
NO ... (SumShading>FM+m) OR (SumC′>2)
NO ... (MOR>2) OR (2AB+(Art+Ay)>3)
YES ... (COP<2) OR (Isolate/R>.24)

CDI(대응손상 지표) :

아래 조건 중 4개 또는 5개가 만족하는 경우 해당됨:

NO ... (EA<6) OR (Adj D<0)
YES ... (COP<2) AND (AG<2)
YES ... (Weighted SumC<2.5) OR (Afr<.46)
YES ... (Passive>Active+1) OR (Pure H<2)
YES ... (SumT>1) OR (Isolate/R>.24) OR (Food>0)

HVI(과잉경계 지표) :

조건 (1)을 만족하는 동시에 나머지 조건들 중 적어도 4개가 만족하는 경우 해당됨:

NO ... (1) FT+TF+T=0

NO ... (2) Zf>12
NO ... (3) Zd>+3.5
NO ... (4) S>3
NO ... (5) H+(H)+Hd+(Hd)>6
NO ... (6) (H)+(A)+(Hd)+(Ad)>3
NO ... (7) H+A : Hd+Ad<4 : 1
NO ... (8) Cg>3

OBS(강박성향 지표) :

NO ... (1) Dd>3
NO ... (2) Zf>12
NO ... (3) Zd>+3.0
NO ... (4) Populars>7
NO ... (5) FQ+>1

아래 조건 중 1개 이상 만족하는 경우 해당됨:

NO ... 조건 (1)에서 (5)까지 모두 만족함
NO ... 조건 (1)~(4) 중에서 2개 이상을 만족함 AND FQ+>3
NO ... 조건 (1)~(5) 중에서 3개 이상을 만족함 AND X+%>.89
NO ... FQ+ >3 AND X+%>.89

제6장
장애별 해석

주요 우울 장애

1. 이론적 배경

우울증이 아동기에도 존재하는가와 관련되어 많은 논란이 있어 왔다. 정신분석적 입장에서는 우울증을 애정 대상의 상실에 대한 반응으로 보고, 애정 대상에 대한 양가감정의 자각과 그에 대한 초자아의 처벌적인 영향으로 죄책감을 느끼고 분노가 내부로 향하게 되어 우울증이 나타난다고 설명하고 있다. 이 이론에 따르면 초자아가 아직 성숙하지 않은 어린 아동은 슬픈 감정을 나타낼 수는 있으나 우울증을 발달시킬 수는 없다는 결론을 얻게 된다. 또한 1960년대 후반과 1970년대 초반에는 아동기의 우울증이 다른 위장된 형태로 나타난다는 주장이 있었고 이를 위장된 우울증(masked depression)이라 칭하였다. 즉, 아동기에는 성인기의 정서적, 인지적 우울 증상들이 나타나지는 않으나 복통과 같은 신체 증상, 짜증, 등교 거부,

무단결석, 학습 부진, 과잉활동증, 공격적 행동 등의 여러 행동 증상들이 두드러지며, 이는 성인의 우울 증상과 등가(depressive equivalent)의 의미를 가진다는 것이다. 그러나 1970년대 후반부터 아동에게도 성인과 유사한 정서적, 인지적, 동기적 증상을 포함하는 우울증이 존재한다는 주장과 임상 사례가 보고되어 왔다. 특히, Carlson과 Kashani(1988)는 학령전기 아동에서 성인에 이르는 여러 연령 범위의 우울증 환자를 대상으로 한 조사에서 우울한 기분, 주의집중력 감소, 불면증, 자살사고가 모든 연령집단에 걸쳐 비슷한 것으로 볼 때 우울증의 근본적인 증상은 연령에 따라 변하지 않음을 주장한 바 있다. 다만 즐거움 감소, 하루 중의 변화, 절망, 정신운동의 지연, 망상적 사고는 연령에 따라 증가되는 반면, 낮은 자존심, 신체 증상은 연령이 증가함에 따라 달라지며, 특정 연령에서 더 두드러지게 보이거나 덜 보이는 우울 증상은 있다고 하였다.

현재에는 아동기 우울증의 존재와 우울 증상의 연령에 따른 변화를 인정하기에 이르렀으나 여전히 아동기 우울증의 진단에서 연구자들 간에 차이를 보인다. 특히, 아동들은 자신이 느끼고 있는 것을 자발적으로 기술하는 언어 능력의 발달이 미숙하여 면담이나 자기보고식 검사를 통한 평가에 어려움이 많은 것이 사실이다. 이러한 측면에서 볼 때 로샤 검사가 매우 유용할 수 있다. 아동이 표현하지 못한 내적인 좌절감이나 무력감, 정서적 위축, 자존감의 저하, 대인관계의 불편감 등이 로샤 검사에서 반영될 수 있으며, 면담만을 통해서는 얻지 못하는 풍부한 정보들을 얻음으로써 아동의 심리적 갈등과 정서 상태를 보다 정확히 이해할 수 있게 된다.

로샤 검사에서 아동의 우울증과 특히 관련이 많은 지표는 병적인 내용(morbid content), 무채색과 음영 반응, 자기중심성 지표다. Exner와 Weiner(1982)는 5세에서 16세 아동을 대상으로 이러한 세 가지 지표가 아동기 우울증을 진단하는 데 유용한지 알아본 결과, 이들 모두 우울증과 유의미한 관계가 있는 것으로 나타났다. 즉, 우울증 아동들이 그렇지 않은 아동들에 비해 병적 내용과 무채색 반응 및 음영 반응이 더 많고 자기중심성 지표가 더 낮은 것으로 나타났다. 여기서는 각 지표를 보다 확장하여 우울 증상과 관련된 로샤의 특징들을 살펴보도록 하겠다.

1) 기분과 관련된 로샤 지표

로사 검사에서 정서적 불편감은 구조 요약, 투사된 내용, 수검 시의 태도에서 드러나는 총합으로 평가될 수 있다. 로샤의 핵심 지표 중에서 우울한 기분을 나타낼 수 있는 것은 다음과 같다. 즉, 정서 경험의 고통 정도가 비정상적으로 높음을 의미하는 음영 반응(SumShd)의 빈도가 동물이나 무생물 운동 반응(FM+m)보다 많을 때, 스스로에 대한 반추적 사고나 죄책감 혹은 양심의 가책을 많이 느끼는 등 고통스러운 내적 감정을 반영하는 차원 반응(V)이 하나 이상으로 존재할 때, 울적한 기분이 과도함을 반영하는 무채색 반응(C′)의 빈도가 높을 때, 즐거운 감정을 느끼지 못하고 복잡하고 혼란스러운 감정과 관련되는 색채–음영 혼합 반응(color-shading blends)이 존재할 때가 해당된다. 정서 위축과 관련되는 지표로는 정서에 편하게 대처하지 못해 정서가 유발되는 상황을 피하고 타인과 감정 교류를 하지 않으려 함을 의미하는 낮은 정서비율(affective ratio), 정서 경험으로부터 거리를 두거나 그것의 영향을 최소화하려는 목적으로 주지화 방어기제를 사용함을 의미하는 높은 주지화 지표(intellectualization index), 사람과 사회적인 교류에 관심을 상실한 것을 의미하는 높은 고립 지표(isolation index), 그리고 낮은 협동운동(COP) 반응이 포함된다. 그 외에도 우울에 흔히 동반되는 분노나 초조감은 공백 반응(S)과 관련되며, 극도로 고통스럽게 표출되는 정서는 음영혼합 반응(shading-shading blend)과 관련된다. 이러한 지표들은 모두 우울증 지표(DEPI)를 형성하는 구성 요소들이다.

C, Y, V, T가 한 반응에 두 개 이상 복합적으로 나타날 때에는 그 개인이 심한 불쾌감(dysphoria)을 경험하고 있음을 의미한다. 로샤 반응의 심상 주제도 개인의 기분 상태를 표현하는데, 슬픔과 실망의 주제, 울거나 흐느끼는 사람, 황량하고 스산한 광경 등의 심상이 자주 등장하는 것은 우울증의 증거가 된다. 수검 시의 태도와 관련해서는 우울한 사람의 경우에 기력이 없고 잉크반점을 쳐다보는 것에 흥미나 동기가 결여되어 있어 로샤 검사를 지겨워하며, "아직 안 끝났어요?" "얼마나 남았어요?"와 같은 질문을 하거나 반응시간이 길어질 수 있다.

2) 태도와 관련된 로샤 지표

우울증의 경우에는 Beck이 제시한 인지삼제(cognitive triad)인 자신, 세상, 미래에 대한 부정적인 태도가 로샤 반응에서 나타난다. 우선 자신에 대한 부정적인 태도와 관련되는 로샤 지표로는 고통스럽게 내성(introspection)하고 자신에 대해 지나치게 비판적인 태도를 나타내는 차원 반응(V)과 형태차원 반응(FD), 자신을 타인과 비교하려 하고 스스로에게 몰입해 있는 정도를 나타내는 자기중심성 지표(egocentricity ratio, 특히 rF+Fr이 없는 경우), 삶에 대해 비관적인 전망을 하는 것을 의미하는 병적인 내용(MOR) 등이다. 또한 자신의 운명을 제대로 통제하지 못하고 있다는 무력감은 무생물운동 반응(m)과 음영확산 반응(Y)의 상승으로 표현된다. 이것은 상황적인 불안감을 반영한다고 알려져 있으나, 그 사람이 무력한 것에 대해 걱정하고 있음을 알려 주는 지표가 될 수도 있다. 이외에 자신을 작고, 약하고, 중요하지 않고, 매력적이지 않고, 가치 없는 것으로 보는 부정적인 자기 태도가 주제심상(thematic imagery)으로 투사되는 경우가 있다. 이 경우에는 종종 사람이나 동물 대상을 평가절하하거나 그것의 활동이 성공하지 못하는 식으로 묘사되며, 아예 나쁜 행동을 하는 것으로 알려진 인물(예: 악마)이 나타나거나 무언가를 잘못해서 징벌을 받는 주제(예: 지옥)가 등장하기도 한다. 하지만 개인에 따라 이러한 심상들이 다른 의미를 지니는 경우도 있으므로 해석에는 주의를 기울여야 한다.

세상이나 미래에 대한 부정적인 관점은 상황에 대한 묘사에서 나타나는데, "비가 올 것같이 어두운 날이에요." "폭탄이 떨어져 모두 난파된 모습이에요." "최후 심판의 날이에요."와 같은 반응으로 표현될 수 있다. 이러한 반응들은 대개 병적인 내용(MOR)으로 채점될 수 있는 것들이지만 앞으로 더 암울하고 심한 일이 일어날 것이라고 예상하는 미래에 대한 부정적이고 절망적인 관점을 반영해 준다.

3) 동기 및 에너지 수준과 관련된 로샤 지표

우울로 인해 에너지 수준이 고갈되어 있으면 로샤 반응의 수나 내용 및 조직화의 복잡성이 감소하며 반응시간이 길고 아주 느리게 반응한다. 무기력한 사람들의 경우 총 반응 수는 대부분 20개보다 적으며, 더 많다고 할지라도 매우 짧고 단순한 반응이 대부분이다. 또한 조직화하거나 합성하는 데 별로 노력을 기울이지 않아서 조직화 지수(Zf)나 잘 통합된 발달질(DQ+) 빈도가 적어지게 되며 혼합 반응(blends)의 비율도 낮게 된다. 이러한 사람은 대상을 '피곤하고 지쳐 있고 졸리고 기력이 없는 것' 으로 로샤 반응에 투사하는 경우가 많다. 운동 반응은 대개 수동적인 양상으로, 인간이나 동물이 '쉬고 있거나 기대어 있거나 앉아 있거나 거의 움직일 수 없는 것' 처럼 묘사되며, '달팽이, 나무늘보, 바람 한 점 없는 날의 돛단배' 와 같은 내용으로 자신의 무기력을 반영한다. 그러나 때로는 매우 자세하게 자신의 반응을 설명하느라 검사시간이 지연될 수가 있고, 반대로 자신의 반응을 질문 단계에서 설명하고자 하는 의욕이나 동기가 없어서 검사의 진행이 방해될 수도 있다.

4) 신체 상태와 관련된 로샤 지표

기분 장애에 동반되는 신체 상태에서의 이상은 로샤 검사보다는 개인력이나 자기보고형 질문지를 통해 확인할 수 있지만, 로샤에서도 신체적 관심을 나타내는 두 가지 변인이 있다. 하나는 '병적인 내용' (MOR) 반응으로 환자가 자신의 신체가 약하고, 손상당하고, 결함이 있고, 신체적인 질환이나 약화에 취약한 것을 걱정하는 것으로 나타난다. 다른 하나는 해부와 엑스레이 반응을 두 개 이상 보이는 경우다. 이는 자신의 신체 및 신체 기능에 과도하게 걱정하고 몰두하고 있음을 반영한다. 만약 해부 반응에서 병적인 내용이 나온다면 이는 병리가 깊음을 반영하고 심하게 부정적이고 손상되고 암울한 자기상을 나타낸다.

2. 사례 이해

1) 증상

지우는 현재 15세 여학생으로 2개월 전 자살 시도를 하여 지방 소도시의 소아정신과에 입원하였다. 아동기에는 매우 산만하고 활동적이어서 가만히 앉아서 식사를 하거나 책을 보는 때가 거의 없었고, 놀이터에서는 또래들을 자주 때려 부모들 간의 다툼으로 번질 정도였다. 또한 세 살 터울인 남동생에 대한 질투심이 심해서 현재까지 매일 꼬집고 괴롭혀 이로 인해 아버지로부터 심한 욕설과 구타를 당하는 일이 잦았다. 중학교에 입학하고서는 친구들의 외모나 경제적 능력, 성적을 자신과 비교하며 심한 열등감을 느꼈고, 집에 돌아와서는 이에 대해 불평하는 때가 많았으며, 학교에서는 선생님들께 반항하곤 하여 자주 문제가 되었다. 특히, 체육이나 무용처럼 옷을 갈아입어야 하거나 활동량이 많은 과목이 들어 있는 날에는 학교에 가는 것조차 싫어하였다. 중학교 1학년 2학기가 되자 자퇴한 후 검정고시를 보겠다며 등교를 거부하고 무단결석을 하기 시작하였다. 부모의 반대로 중학교를 자퇴하지는 못하였으나 중학교 시절 동안 집으로 지우를 찾는 친구 전화가 오거나 휴일날 또래와 어울려 지내는 때가 거의 없었으며 성적은 항상 하위권이었다. 고등학교에 들어가서는 입학식 날부터 등교하지 않았고 게임방이나 만화방에서 지내면서 며칠씩 집에 들어오지 않기도 하였다. 결국 입학한 후 한 달 만에 고등학교를 자퇴하였고, 그로부터 3개월 후에 자신의 방에서 손목을 긋는 자살 시도를 하여 119에 실려 응급실을 통해 입원하게 되었다.

2) 개인력 및 가족력

아버지는 경찰 공무원으로 말수가 없고 무뚝뚝한 성격이다. 야근이 잦아 하루걸러 집에 들어오지 못했고 집에 있을 때에도 잠을 자는 경우가 대부분이었다. 집안에서 소란한 소리가 나면 심하게 야단을 쳤고 아이들의 자그마한 실수도 용납하지 못하였으며, 특히 지우를 어릴 적부터 '벌레' 라고 부르고 고등학교 자퇴 후에는 '고퇴' 라고 말하며 멸시하였다. 어머니는 온순하고 너그러운 편으로 대인관계도 원만하나 아버지와 마찬가지로 지우에 대해서는 좋지 않은 감정을 가지고 있다. 지우가 워낙 어릴 때부터 동생을 괴롭혀 왔기 때문에 지우와 동생이 다투게 되면 지우가 잘못했을 것이라 지레 짐작하여 야단치곤 하였다. 남동생은 현재 중학교 1학년생으로 누나에게 시달림을 받아 집에서 웃는 경우가 거의 없으며 자신의 방에서 컴퓨터를 하며 지낸다. 그러나 지우와는 달리 친구는 많은 편이고 학교에서는 별 문제없이 잘 지내는 편이다. 지우의 가족들은 정신과적인 문제로 치료받은 적은 없으나 외삼촌이 대학교 2학년 때 환청이 들린 후로 정신과에서 약물치료를 받고 있다.

3) 로샤 검사 결과 및 해석

(1) 행동 관찰

지우는 병실에서 침대에 누워 움직이려고 하지 않았다. 검사자가 여러 차례 방문하여 익숙해진 후에야 면담에 응했고 위생 상태가 그리 청결하지 않은 상태로 검사실에 들어왔다. 눈맞춤은 양호하였으나 목소리가 작고 힘이 없었으며 자발적으로 자신의 얘기를 하지 않아 여러 차례 독려를 해야 하기도 했다. 왼쪽 손목에 붕대를 감고 있었고 팔과 다리에 멍자국이 많았다. 가족과 관련된 얘기를 할 때면 다소 냉소적인 태도로 무관심한 모습이었고 때로 분노를 표출하기도 하였다.

〈표 6-1〉 검사 반응

카드	반응 단계	질문 단계	채 점
I	① 박쥐 ② 거미 ③ 해골	① 이거(Wing) 날개 펼친 거 같지 않아요? 박쥐 골격처럼 된 것 같아요. 여기(Wing)가 날개, 여기(mD) 전체가 몸. ② 가운데 몸통(mD)만 거미처럼 보여서… 털이 뽀송뽀송 나 있는 게 보이지 않아요? ③ 목도 없고, 날개(Wing)가 붙어서 드라큘라 같아요… 시체예요. (시체?) 박제인가 봐요.	① Wo Fo A P 1.0 ② Do FT− A ③ W+ Fu (Hd) 4.0 MOR
II	① 사궁난소 ② 사람(∨)	① 여기(Dark Shd)가 나팔관처럼 보여서… 빨간 것(Low Red)은 날개처럼 생긴 게 꼭 그거 같지 않아요? 성기… 흐흐… ② 다리(Pole)가 붙어 있고, 여기가 머리고 손이고(Bottom), 한쪽 다리는 안 보이고 여기가 허리, 근육으로 뭉쳐 있어요…. (근육?) 울퉁불퉁하잖아요. 그리고 손에 불꽃(Low Red)이 있어요. (불꽃?) 만화 같은	① Do F− An, Sx ② D+ ma.FT.CFu (2) H, Fi 3.0 FAB1, AG

〈계속〉

		상상을 하자면 손에 화~악 하면서 불이 나오는 거 있잖아요… 싸울 때 보면.	
III	① 리본(In Red) ② 말라빠진 소말리아 애들 ③ 오리 ④ 죽은 태아(Out Red) ⑤ 사마귀 얼굴(mD)	① 리본(In Red) ② (소말리아?) 살이 없잖아요(Human)… 아까 그 아저씬 살이 통통했는데 얘는 가늘잖아요… 음식하는 거 같기도 하고(mD). (음식?) 불을 피우고, 고기 구워 먹는 것 같고, 나무에다가 불을 피워서 굽는 것… 여기는 연기…. ③ 사람으로 볼 수도 있는데… 입이 쭈욱 나와 있어서 오리 같지 않아요? 이건 털 같고…. (털?) 여기 삐죽삐죽 나와 있잖아요(Outline). ④ 피, 머리, 몸. (낙태?) 빨간 거 보니까. ⑤ 기어가느라 안간힘 쓰고 있어요.	① Do Fo Cg ② D+ Ma.YFo (2) H, Fd, Fi P 3.0 ③ Do Fu (2) A ④ Do CFo (2) H, Bl MOR ⑤ Do FMau Ad
IV	① 용 ② 용(∨)	① 용이 체조하는 것 같아요… 자기 목을 빼고. 동그란게 눈, 요기(Bottom)는 입, 목이 길어요. 여기(Leg)는 다리, 여기(Up Proj)는 팔. ② 이게 얼굴(Bottom), 펼친 건 날개 같고(Foot), 머리에 뿔도 있고, 얼굴이 길어요. 제가 판타지 소설 잘 읽거든요. 만화도 많이 보고 그런 거 많이 봐서 그런지 용같이도 보이고 해골로도 보여요.	① Wo Mau (A) 2.0 ② Wo Fu (A) 2.0 PER
V	① 박쥐 ② 까마귀 목이 붙어 있는 것(∨) ③ 타조가 등 붙이고 있는 것 ④ 꽃	① 머리(Top-D), 날개(Side-D), 다리(Bottom) … 다리가 이상하게 생겼지만. ② 샴 쌍둥이처럼… 여기 눈, 입(Ext), 목이 잘려서 붙어 있어요. ③ 타조 맞나? 이상하게 보이네… 머리(Bottom), 몸(Side-D), 다리(Ext). 서로 기대고 있어요…. ④ 한 덩어리 꽃이고, 암술 수술도 있네요. 상상의 꽃… 빨간색, 보라색, 흑장미색 같은 거예요.	① Wo Fo A P 1.0 ② W+ FC′− (2) Ad 2.5 MOR, INC1 ③ W+ FMpu (2) A 2.5 ④ Wo Fu Bt 1.0 CP

〈계속〉

VI	① 곰의 모피(∨) ② 뱀이 쌓여 있다가 쭉 나오는 것	① 팔 쫙 피고(Large D), 등이 있고(Vertical), 여기가 머리 같아요(Top D). (털?) 안(Vertical)이 까마니까 두께가 있어 보이고, 그래서 왠지 폭신폭신한 것처럼 보여요. ② 속(Large D)에 들어 있다가 쭉 나왔어요. 이게 뱀 같아요(Vertical). (속?) 모르는 뭔가 정하지는 않았는데 잘 모르겠어요.	① Wo FT.FVo Ad P 2.5 ② Dd+ FMa.VFu A, Id 2.5
VII	① 아기가 구름에 머리 대고 있는 것(∨) ② 코끼리(∨) ③ 돼지(Mid $\frac{1}{3}$)	① 이게 구름(Low $\frac{1}{3}$), 이게 머리(Mid $\frac{1}{3}$), 팔(Side Proj), 발. (구름?) 뭉게구름 보면 약간 퍼져 있고, 연하게 있고, 까맣고 허옇고. (아기?) 까만 게 눈이고, 팔이고, 몸이고 다리. ② 코끼리 머리(Mid $\frac{1}{3}$), 이게 몸(Up $\frac{2}{3}$)인데 다리는 안 보여요. 이게(Low $\frac{1}{3}$) 다리라고 하기에는 이상하잖아요. 하얀 부분이 눈. ③ 코, 눈, 여기 하얀 부분은 빛이 반사되어서 매끈매끈해요.	① W+ Mp.YFu (2) H, Cl 2.5 FAB1 ② Do Fo (2) Ad ③ Do FTo (2) Ad
VIII	① 물개와 표범이 물에 비친 모습(>)	① 이게 물, 이건 물인지 돌인지(Green). 얘는 하마(Pink+Orange), 표범(Side D)이 얘를 밟고 있어요.	① W+ FMa.Fro A, Na P 4.5
IX	① 생체실험	① 이건(Pink) 밑받침으로 여기로(Vertical) 영양을 주는 거구, 이건(Green+Orange) 옆으로 싸고 있어요. 알 수 없는 미끄덩미끄덩한 외계적인 물질로 보호하는 것. 가운데 하늘색은 막 같은 것. 게임이나 그런데서 비슷한 장면이 있었거든요.	① WS+ FT− Sc 5.5 PER
X	① 다 위로 향해 가는 것	① 이건(In Bluc) 브래지어, 이건(Out Blue) 거미인가? 이건(Caterpillar) 초록색 곤충 같고, 이건(Dark Brown) 꽃게, 이건(Out Yellow) 새, 이거(Out Green)는 풀, 거미가 팔에다 풀을 붙여서 가네요. 분홍색(Pink)은 스타크래프트에 보면 저그 같아요. 히드라. (위로?) 왠지 막대(Gray)가 있어서.	① W+ FMa.FCu (2) A, Cg, Bt, (A) P 5.5 DV1

〈표 6-2〉 구조 요약

LOCATION FEATURES	DETERMINANTS BLENDS	DETERMINANTS SINGLE	CONTENTS	S-CONSTELLATION
				NO ... FV+VF+V+FD>2
Zf = 16	m.FT.CF	M = 1	H = 4, 0	YES ... Col-Shd Bl>0
ZSum = 45.0	M.YF	FM = 2	(H) = 0, 0	YES ... Ego<.31, >.44
ZEst = 52.5	FT.FV	m = 0	Hd = 0, 0	NO ... MOR>3
	FM.VF	FC = 0	(Hd) = 1, 0	YES ... Zd>+−3.5
W = 13	M.YF	CF = 1	Hx = 0, 0	YES ... es>EA
(Wv = 0)	FM.Fr	C = 0	A = 8, 0	YES ... CF+C>FC
D = 10	FM.FC	Cn = 0	(A) = 2, 1	YES ... X+%<.70
Dd = 1		FC′ = 1	Ad = 5, 0	NO ... S>3
S = 1		C′F = 0	(Ad) = 0, 0	NO ... P<3 or >8
		C′ = 0	An = 1, 0	NO ... Pure H<2
DQ		FT = 3	Art = 0, 0	NO ... R<17
.........(FQ−)		TF = 0	Ay = 0, 0	6 ... TOTAL
+ = 10 (2)		T = 0	Bl = 0, 1	
o = 14 (2)		FV = 0	Bt = 1, 1	
v/+ = 0 (0)		VF = 0	Cg = 1, 1	
v = 0 (0)		V = 0	Cl = 0, 1	
		FY = 0	Ex = 0, 0	
		YF = 0	Fd = 0, 1	
		Y = 0	Fi = 0, 2	
		Fr = 0	Ge = 0, 0	
		rF = 0	Hh = 0, 0	
		FD = 0	Ls = 0, 0	
		F = 9	Na = 0, 1	
			Sc = 1, 0	
			Sx = 0, 1	
			Xy = 0, 0	
		(2) = 10	Id = 0, 1	

FORM QUALITY

	FQx	FQf	MQual	SQx
+	= 0	0	0	0
o	= 9	4	1	0
u	= 11	4	2	0
−	= 4	1	0	1
none	= 0	−	0	0

SPECIAL SCORINGS

	Lv1	Lv2
DV	= 1x1	0x2
INC	= 1x2	0x4
DR	= 0x3	0x6
FAB	= 2x4	0x7
ALOG	= 0x5	
CON	= 0x7	
SUM6 = 4		
WSUM6 = 11		

AB = 0	CP = 1		
AG = 1	MOR = 3		
CFB = 0	PER = 2		
COP = 0	PSV = 0		

RATIOS, PERCENTAGES, AND DERIVATIONS

Core

R = 24	L = 0.60	
EB = 3 : 2.5	EA = 5.5	EB Per = N/A
eb = 6 : 10	es = 16	D = −4
	Adj es = 15	Adj D = −3
FM = 5	C′ = 1	T = 5
m = 1	V = 2	Y = 2

Affect

FC : CF+C	= 1 : 2
Pure C	= 0
Afr	= 0.14
S	= 1
Blends : R	= 7 : 24
CP	= 1

Interpersonal

COP = 0	AG = 1
Food	= 1
Isolate/R	= 0.25
H : (H)Hd(Hd)	= 4 : 1
(HHd) : (AAd)	= 1 : 3
H+A : Hd+Ad	= 15 : 6

Ideation

a : p	= 7 : 2	Sum6	= 4
Ma : Mp	= 2 : 1	Lv2	= 0
2AB+Art+Ay	= 0	WSum6	= 11
M−	= 0	Mnone	= 0

Mediation

P	= 6
X+%	= 0.38
F+%	= 0.44
X−%	= 0.17
S−%	= 0.25
Xu%	= 0.46

Processing

Zf	= 16
ZD	= −7.5
W : D : Dd	= 13 : 10 : 1
W : M	= 13 : 3
DQ+	= 10
DQv	= 0

Self Perception

3r+(2)/R	= 0.54
Fr+rf	= 1
FD	= 0
An+Xy	= 1
MOR	= 3

SCZI = 1	DEPI = 6*	CDI = 4*	S-CON = 6	HVI = NO	OBS = NO

〈표 6-3〉 특수 지표

SCZI(정신분열병 지표) :

아래 조건 중 4개 이상 만족하는 경우 해당됨:

YES … EITHER : (X+%<.61) AND (S−%<.41)
OR… : (X+%<.50)
NO … (X−%>.29)
NO … EITHER : (FQ−≧FQu)
OR… : (FQ−>FQo+FQ+)
NO … (Sum Level 2 Sp. Sc.>1) AND (FAB2>0)
NO … EITHER : (Raw Sum6 Spec. Scores>6)
OR… : Weighted Sum of 6 Sp. Sc.>17
NO … EITHER : (M−>1)
OR… : (X−%>.40)

DEPI(우울증 지표) :

아래 조건 중 5개 이상 만족하는 경우 해당됨:

YES … (FV+VF+V>0) OR (FD>2)
YES … (COl−Shd Blends>0) OR (S>2)
NO … (3r+(2)/R>.44 and Fr+rF=0) OR (3r+(2)/R<.33)
YES … (Afr<.46) OR (Blends<4)
YES … (SumShading>FM+m) OR (SumC′>2)
YES … (MOR>2) OR (2AB+(Art+Ay)>3)
YES … (COP<2) OR (Isolate/R>.24)

CDI(대응손상 지표) :

아래 조건 중 4개 또는 5개 만족하는 경우 해당됨:

YES … (EA<6) OR (Adj D<0)
YES … (COP<2) AND (AG<2)
YES … (Weighted SumC<2.5) OR (Afr<.46)
NO … (Passive>Active+1) OR (Pure H<2)
YES … (SumT>1) OR (Isolate/R>.24) OR (Food>0)

HVI(과잉경계 지표) :

조건 (1)을 만족하는 동시에 나머지 조건들 중 적어도 4개가 만족하는 경우 해당됨:

NO … (1) FT+TF+T = 0

YES … (2) Zf>12
NO … (3) Zd>+3.5
NO … (4) S>3
NO … (5) H+(H)+Hd+(Hd)>6
YES … (6) (H)+(A)+(Hd)+(Ad)>3
YES … (7) H+A : Hd+Ad<4 : 1
NO … (8) Cg>3

OBS(강박성향 지표) :

NO … (1) Dd>3
YES … (2) Zf>12
NO … (3) Zd>+3.0
NO … (4) Populars>7
NO … (5) FQ+>1

아래 조건 중 1개 이상 만족하는 경우 해당됨:

NO … 조건 (1)에서 (5)까지 모두 만족함
NO … 조건 (1)~(4) 중에서 2개 이상을 만족함 AND FQ+>3
NO … 조건 (1)~(5) 중에서 3개 이상을 만족함 AND X+%>.89
NO … FQ+>3 AND X+%>.89

〈표 6-4〉 채점 순서

CARD	NO	LOC	#	DETERMINANT(S)	(2)	CONTENT(S)	POP	Z	SPECIAL SCORES
I	1	Wo		Fo		A	P	1.0	
	2	Do		FT−		A			
	3	W+		Fu		(Hd)		4.0	MOR
II	4	Do		F−		An, Sx			
	5	D+		ma.FT.CFu	2	H, Fi		3.0	FAB1, AG
III	6	Do		Fo		Cg			
	7	D+		ma.YFo	2	H, Fd, Fi	P	3.0	
	8	Do		Fu	2	A			
	9	Do		CFo	2	H, Bl			MOR
	10	Do		FMau		Ad			
IV	11	Wo		Mau		(A)		2.0	
	12	Wo		Fu		(A)		2.0	PER
V	13	Wo		Fo		A	P	1.0	
	14	W+		FC′−	2	Ad		2.5	MOR, INC1
	15	W+		FMpu	2	A		2.5	
	16	Wo		Fu		Bt		1.0	CP
VI	17	Wo		FT.FVo		Ad	P	2.5	
	18	Dd+		FMa.VFu		A, ld		2.5	
VII	19	W+		Mp.YFu	2	H, Cl		2.5	FAB1
	20	Do		Fo	2	Ad			
	21	Do		FTo	2	Ad			
VIII	22	W+		FMa.Fro		A, Na	P	4.5	
IX	23	WS+		FT−		Sc		5.5	PER
X	24	W+		FMa.FCu	2	A, Cg, Bt, (A)	P	5.5	DV1

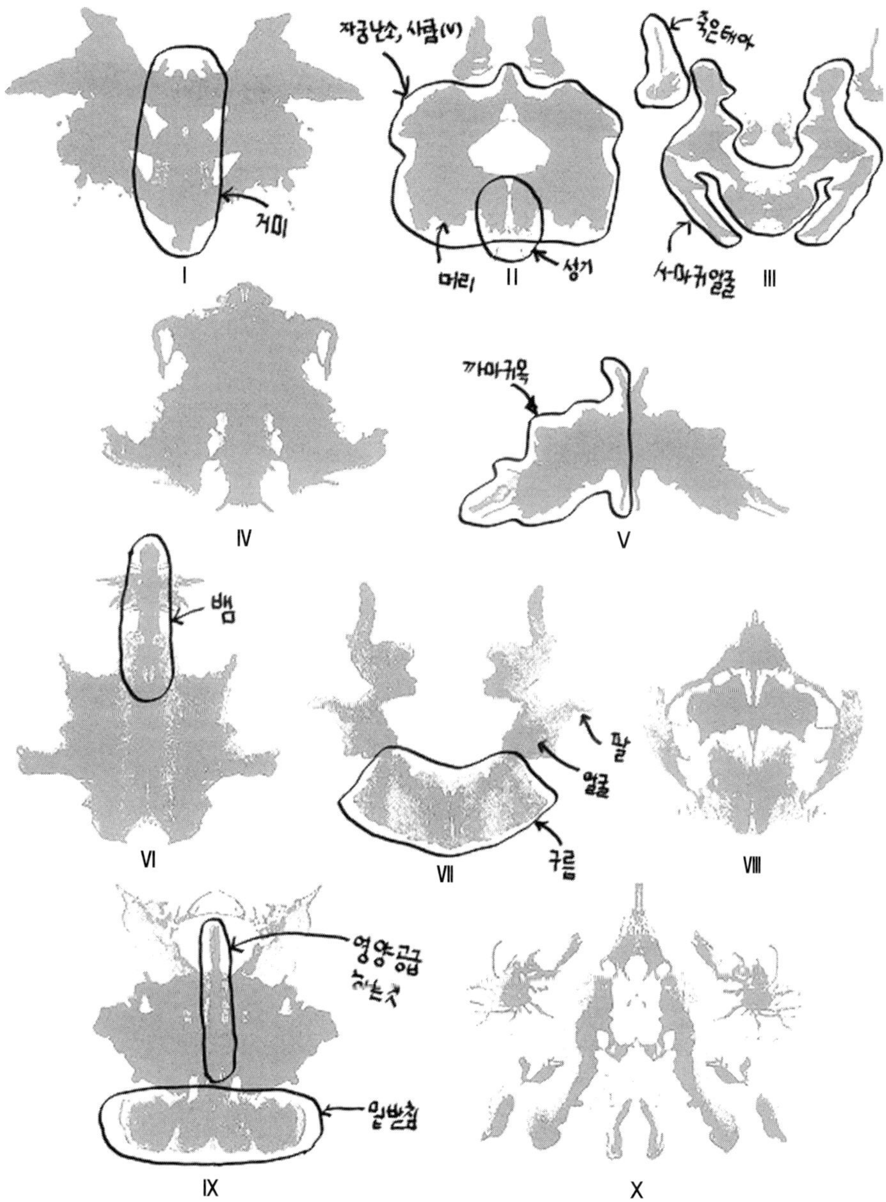
거미
I
자궁난소, 사람(V)
머리
II
성기
죽은태아
사마귀얼굴
III
IV
까마귀목
V
뱀
VI
팔
얼굴
구름
VII
VIII
영양공급
하는것
밑받침
IX
X

(2) 결과 해석

우선 환아의 전체 반응 수가 24개이므로 타당한 검사 결과로 볼 수 있다. 유의미한 핵심 변인이 우울증 지표(DEPI)와 대응손상 지표(CDI)인데, Exner 종합체계 4판부터는 이 두 지표가 동시에 유의미한 경우에 각각이 상승되어 있는 경우와는 다른 순서로 해석되기 때문에 새롭게 구성된 순서에 따라 해석하고자 한다. 이에 대인지각, 자기지각, 통제, 정서, 정보처리, 중재, 관념화의 순서로 환아의 로샤 검사 결과를 해석하였다.

① 대인지각

CDI가 positive이므로 환아가 현재 겪고 있는 심리적 고통과 혼란감에 기여하는 것 중의 하나가 애착관계를 비롯한 대인관계에서의 대처의 어려움과 관련된 문제일 것으로 예상할 수 있다. 환아가 어릴 때부터 동생에 대한 질투심이 강하여 동생을 매일 때렸고 초등학교에서도 친구들을 많이 때렸으며, 중학교에 가서도 친구에게 심한 열등감을 느끼거나 선생님에 대한 불평, 불만 등으로 학교에 가기를 거부했던 점 등으로 볼 때, 환자의 문제 또는 주 호소는 주로 대인 영역에 집중해 있다고 볼 수 있겠다. 여기서 유의할 점은 청소년기에는 우울 증상이 도벽이나 가출, 공격적 행동, 성적 저하, 주의집중의 어려움 등 행동적 증상으로 표현되는 경우가 많으므로('위장된 우울증'이라 칭하기도 함) 종종 품행 장애와 감별하기가 어렵다는 사실이다. 이때 로샤 검사 결과가 중요한 감별진단 지표가 될 수 있다. 환아의 경우 대인관계에서의 대처 능력 결함과 문제 행동들이 두드러지게 나타나기는 하지만, 그 내면에는 만성적인 친밀감 결핍에 따른 애정적인 허기(affectional hunger)와 정서적 박탈감이 무척 심한 것으로 보인다(Food=1, SumT=5). 특히, T 반응 수가 정상규준 평균치(반응 수=1)에 비해 매우 크기 때문에 환아의 애정 욕구가 적응상에 어려움을 초래할 정도로 그동안 좌절되고 결핍되어 온 것으로 여겨진다. 게다가 T 반응의 형태질이 unusual 또는 minus인 경우가 많아 환아의 강한 애정 욕구가 성격 내에 제대로 통합되지 못하여 때로는 대인지각 자체를 왜곡시킬 수 있음이 시사된다(Klopfer). 따라서 친밀한 관계를 필사적이고 무분별하게 얻고자 노력하며, 이러한 충족되지 못한 애정 욕구로 인해 현실 판단력이 흐려지고, 대인관계에서 경험해 온 깊은 상실감 때문에 매우 고통스러운 상태로 보인다. 이처럼 T값이 상승되어 있는 경우에는 실제적인 또는 위협적인 상실로 인해 좌절감이나 박탈감이 초래되므로 흔히 반응성 우울(reactive depression)을 반영한다고 알려져 있다(Exner & Weiner). 환아의 반응 중 '말라빠진 소말리아 애들(카드 III)' 이라는 반응은 애정에 대한 배고픔 때문에 내면이 결핍되고 황폐화된 상태를 드러내 주는 것으로 짐작되며, '불을 피워 고기를 구워 먹는다.' 는 반응에서 시사되듯이 자신의 허기진 애정 욕구와 친밀감에 대한 욕구를 충족받고자 하는 갈망이 상당한 것으로 생각된다. 그 밖에 인간 반응 내용에는 '목이 없는 드라큘라 시체(카드 I)' '싸울 때처럼 손에 불꽃을 든 사람(카드 II)' '죽은 태아(카드 III)' '구름에 머리를 대고 있는 아기(카드 VII)' 가 포함된다. 양질의 인간 반응이 부족하고 반복되는 주제가 뭔가 손상되거나 절망적이고 불안한 내용이 현저한 점으로 미루어 볼 때, 환아가 현재 맺고 있는 관계나 애착관계에 대한 표상이 환아에게 충분한 애정과 인정, 친밀감을 제공해 주지 못하는 비호의적이고 적대적인 양상으로 생각된다. 그 결과 환아는 타인과 상호호혜적이고 협동적인 관계보다는 적의적이고 공격적인 관계를 반복하게 되고, 이는 타인의 거절과 거부를 초래하여 점차 사회적으로 고립되고 소외되는 양상을 보이고 있다 (COP=0, AG=1, Isolation index=.25).

② 자기지각

반사 반응이 1개이고 쌍반응이 10개이므로 환아가 이기적인 경향이 있으며, 다른 사람의 욕구와 흥미보다 자신의 욕구나 흥미를 더 우선적으로 생각하고, 자신이 실패한 책임을 외부로 돌려 다른 사람의 행동이나 사건에 대해 비난하는 특성이 있을 것으로 예상된다. 이처럼 이기심, 권리에 대한 지나친 주장, 책임을 외부로 돌리는 등의 경향은 위에서 서술한 대인관계에서의 문제, 성공과 실패에 대한 자기중심적인 귀인과 비현실적인 관점을 초래할 수 있다. 또한 다른 사람의 입장이나 욕구에 대한 진실된 관심이 결여되어 있기 때문에 타인과 협동하기보다는 경쟁적이며, 때로는 후회나 자책감 없이 자신의 목적만을 위해 다른 사람을 조정하려는 특징을 보일 수 있다. 환아의 경우 어릴 때부터 산만한 행동으로 부모로부터 처벌을 자주 받아오면서, 부모의 사랑을 독차지한다고 느껴지는 동생에 대한 질투심 때문에 동생이 고통스러워함에도 이를 무시한 채 지속적으로 괴롭히거나 때리는 행동을 보였던 것으로 생각된다. 등교를 거부하고 결국 학교를 자퇴할 때에도 주로 자신보다 우수한 친구나 선생님들의 잘못인 양 그들을 비난하고 책임을 회피하는 등 자신의 욕구나 흥미를 더 우선적으로 생각하고 행동화하는 경향이 강한 것으로 보인다. 한편, 자기 자신에 대한 초점과 다른 사람에 대한 주의 간의 균형을 측정하는 자기중심성 지표에서 환아는 연령집단의 평균(.44)에 비해 표준편차 1 정도 높은 점수를 보이고 있다(1SD=.10). 그러므로 반사 반응에서 시사된 바와 같이 자신에 대한 이기적인 성향이 확실하게 반영되고 있음을 알 수 있다.

하지만 이처럼 자기중심적이고 이기적인 특성 이면에는 현재 자기 자신에 대한 지각이 매우 불만족스럽고 혐오스러우며 자존감을 유지하기가 어렵고 자아감에 큰 손상과 부적절감을 느끼고 있는 상태로 추측된다(V=2, MOR=3). '해골(카드 I)' '죽은 태아(카드 III)' '목이 잘려서 붙어 있는 까마귀(카드 V)' 등의 반응 내용에서도 자기손상감과 자괴감, 부적절감이 여실히 드러난 것으로 보인다. 이때 통영 반응(V)을 해석하는 경우에는 반사 반응과 자기중심성 지표를 함께 고려해야 하는데, 반사 반응이 하나고 자기중심성 지표가 상승되어 있으므로 환아가 보인 V 반응은 상황적으로 관련된 자기비난적 태도를 반영하는 것으로 해석할 수 있다. 환아가 입원 두 달 전 자살 시도를 했던 점을 고려할 때 그 시점에서 특별히 환아의 자괴감과 부정적인 자기지각을 증폭시킨 스트레스나 생활사건이 있었는지 탐색해 보는 것도 치료적인 측면에서 필요하겠다.

③ 통제 및 스트레스 관리

우선 환아의 EA가 5.5로서 연령집단의 평균치보다 다소 낮으므로 경험에 대해 사려 깊게 생각하고 감정을 적절히 다루는 방법을 습득하지 못하여 가용한 자원이 부족한 상태임을 알 수 있다. 그 결과 일상적 경험에 대응하는 방식이 부적절하고 비효율적일 가능성이 높으며, 이러한 만성적인 대처 능력의 결함으로 전반적인 무력감을 겪을 수 있을 것으로 보인다(CDI=positive). 또한 불안, 긴장, 초조감을 경험하는 가운데 이에 대한 인내력(tolerance)이 부족하고, 특히 좌절에 대한 참을성이 결여되어 충동적으로 대처하거나 일순간 자기통제력의 상실을 보일 수 있겠다.

현재 형태질이 마이너스인 부분 반응(D-minus)이 4이므로 환아는 스트레스로 자신의 경험을 분명하고 현실적으로 지각하지 못하고, 자기통제력이 약화되어 충동적이고 자기중심적인 방식으로 행동한다든지 다른 사람이 보기에도 뚜렷하게 안절부절못하고 혼란스러워 보일 수 있다. 이러한 측면에서 볼 때 환아의 자살 시도는 가중된 스트레스로 인해 일시적으로 자기통제감을 상실하여 충동적으로 행동한 결과로 이해된다. 게다가 Adj D<−1이므로 만성적인 스트레스로 효율적인 대처 능력이 붕괴되었을 가능성이 시사된다.

④ 정서

현재 환아는 우울한 기분과 더불어 주요 우울 장애에 해당하는 증상들을 보이고 있다. 그래서 이러한 부정적인 감정들을 적절히 표현하지 못한 채 심한 정서적 위축과 회피를 보이고 있다. SumShd>FM+m이므로 환아가 겪는 고통이 대체로 정서적 스트레스에 기인된 것으로 여겨지며, 특히 자신이 원하는 만큼 타인과의 관계에서 친밀감을 경험하지 못하는 것에 대한 좌절과 걱정이 가장 두드러진다. 그리고 이와 관련된 자기비판적 태도나 슬픈 감정이 있어 보인다. 하지만 자신의 감정을 인식하고 이를 다른 사람에게 표현하는 능력이 제한적이기 때문에, 정서적 교류가 필요한 상황에 직면할 경우 불편하게 느끼고 자신의 감정에 대해 확신하지 못하며, 때로는 정서적인 상황 자체를 회피하는 등 감정을 적절하게 표현하고 조절할 수 있는 능력이 부족하다(Afr=.14). 이에 환아가 지금껏 보였던 등교 거부나 행동 문제, 자살 시도 등은 내면에 억제되고 누적된 고통감이 정서적 채널을 통해 적절히 표현되지 못한 채 행동화(acting-out)로 드러난 것으로 생각된다. 또한 감정 억제가 용이하지 않을 경우에는 오히려 우울한 감정을 부인함으로써 심리적 평온을 유지하려 애쓰는 경향이 있어, 종종 기분이 쉽게 동요되거나 변덕스러운 양상을 띠고 결국에는 정서적 스트레스에 압도당할 수 있는 취약성이 있어 보인다(CP=1).

⑤ 인지적 특성: 처리 및 중재

정보의 효율적인 조직화 측면에서 환아는 지나친 과소통합자(underincoporator)로서, 조심스럽게 의사결정을 내리지 못하고 적절하게 고려해야 할 사항을 피상적으로 훑어본 후에 성급하게 결론을 내리는 경향이 강하다. 그 결과 잘못된 의사결정의 대가를 치러야 하거나 여러 중요한 점들을 간과하여 자기의 지적 능력에서 기대되는 성취 수준에 미치지 못할 가능성이 많다. 어릴 때부터 산만했다고 보고되었듯이, 환아는 주의산만하거나 과제를 수행할 때 사려 깊게 생각하여 해결하지 못하고 즉흥적으로 반응하거나 지속적인 주의집중에 어려움을 보일 수 있겠다(ZD=−7.5). 한편, 대부분의 사람들보다 특이하고 더 모험적인 방식으로 세상을 조망하며 자극추구적인 행동을 보일 위험성도 있다(Xu%=.46).

⑥ 인지적 특성: 관념화

비논리적이거나 비합리적인 사고는 현저하게 관찰되지 않으므로 사고 장애가 의심되지는 않는다. 그러나 환아는 인지적 융통성이 결여되어 기존에 자신이 가지고 있는 신념에 집착하고 다른 정보에 근거하여 이를 바꾸려 하지 않는다. 이러한 경직성은 환아의 인지체계를 수정하여 도와주려는 심리치료의 진행을 방해하고 새로운 상황과 익숙하지 않은 요구에 대한 융통성 있는 적응을 방해할 수 있으므로 이 점에 대한 관심과 주의가 필요해 보인다(a : p=7 : 2).

참고문헌

신민섭, 김민경(1994). 아동기 우울증의 평가. **소아 · 청소년정신의학,** 5(Vol. 1), 12-27.

Exner, J. E., & Weiner, I. B. (1995). *The Rorschach: A comprehensive system, Volume 3: Assessment of Children and Adolescents*. John Wiley & Sons.

Weiner, I. B. (1998). *Principles of Rorschach Interpretation*. Lawrence Erlbaum Associates Publishers.

양극성 장애

1. 이론적 배경

우울증의 경우 초등학생 유병률이 청소년에 비해 낮고, 청소년은 성인과 비슷한 정도며, 사춘기 후는 사춘기 전에 비해 3배 이상의 유병률을 보인다. 그러나 양극성 장애(bipolar disorder)의 경우에는 발병의 50%가 19세경에 발생하므로 아동, 청소년기에 있어 양극성 장애의 조기진단 및 감별진단은 매우 중요하다고 볼 수 있다(Burke, Burke, Regier, & Rae, 1990). 또한 아동 및 청소년의 기분 장애 증상 양상은 발달 단계에 따라 다소 다른 형태를 취하므로 성인의 경우와는 다르게 접근해야 한다. 예를 들어, 초등학생은 자신의 기분이나 태도를 개념화할 수 있는 능력이 결여되어 있기 때문에 기분 변화를 언급하기보다는 에너지 수준이나 신체 상태에서의 불편함을 호소하곤 한다. 그래서 아동의 경우에는 움직임이 느려지거나 활동성이 증가하는 경우, 주의력결핍 장애는 아니나 주의산만한 행동을 보이는 경우, 두통이나 복통과 같은 신체 증상을 보이는 경우 정서 장애의 징후로 해석할 수 있다. 그러나 아동이 사춘기가 되면서 점차 스스로를 평가할 수 있는 능력이 발달하게 되면 자기 가치감에서 변화가 초래되고, 청소년기에서 형식적 조작적 사고(formal operational thinking)와 스스로를 표현할 수 있는 능력이 발달하면서 과거나 미래 사건에 대한 태도를 형성할 수 있게 되며 자신의 기분 또한 생생하게 묘사할 수 있게 된다. 후기 청소년들은 자기도취적인 욕구가 증가되므로 자존감이나 유능감을 유지하는 데 관심이 많기 때문에 부적절감(inadequacy)이나 무감동(anhedonia)과 같은 우울한 생각과 우울한 감정을 자신의 것으로 인정하기 어려워한다. 따라서 이러한 우울한 경험들을 반항이나 비행, 쾌락 추구(예: 알코올이나 약물 남용) 등을 통해 해소하려고 한다. 그러나 발달 단계에 따라 기분 장애에서 보이는 증상이 달라진다 하더라도 정서적 혹은 인지적 특징이 로샤 반응으로 나타나는 방식은 성인의 것과 유사하다고 볼 수 있다. 한편, 청소년 양극성 장애는 망상, 환각 등 정신병적 증상을 보이는 경우가 많아 정신분열병과 감별이 어렵다는 점에서도 로샤 해석이 중요한 역할을 한다.

1) 양극성 장애에서 로샤 반응 특징

양극성 장애의 경우에는 현저한 우울증 특징들과 조증 특징들이 로샤 반응에 공존한다. 우울증적인 특징으로는 로샤의 우울증 지표인 DEPI가 유의미한 경우인데, 이에 대한 자세한 내용은 주요 우울 장애를 다룬 장을 참고하도록 한다. 조증적인 특징으로는 사고의 팽창 및 사고의 비약을 반영하는 짧은 반응시간, 유채색 카드에서의 반응 수 증가, 색채투사 반응(CP), 지나치게 유희적인(playful) 수검 태도 등이 포함된다. 그러나 양극성 장애의 우울증 삽화기간 동안에는 조증적인 경향이 우울증적인 특징들에 묻혀 명확히 드러나지 않을 수가 있다. 이러한 경우에는 로샤를 비롯한 제반 심리검사가 그리 많은 정보를 제공하지 못하기 때문에 환자의 개인력을 함께 고려해야 한다. 만약 조증 삽화의 과거력이 있다면 현재 나타나는 우울증은 주요 우울 장애보다 양극성 장애의 맥락에서 이해되어야 한다. 하지만 아동 및 청소년의 경우에는 이 역시 쉽지가 않은데, 수차례 삽화를 반복하여 양극성 장애임이 명확해진 성인과는 달리 선행하는 삽화가 거의 없는 첫 번째 발병인 경우가 많기 때문이다. 따라서 아동 및 청소년이 보이는 우울 증상은 그것이 양극성 장애인지 주요 우울 장애인지가 불명확해지곤 한다. 이러한 모호함을 해결하는데는 Singer와 Brabender(1993)의 연구 결과가 도움이 될 수 있다. 이들에 따르면 성인 조증 환자들은 로샤에서 INCOM, DR, FABCOM 등의 사고 장애 증후를 나타내어 정신분열병 지표(SCZI)가 유의미한 경우가 많다. Exner(1993)도 비슷한 연구 결과를 발표했는데 15세에서 17세 사이의 16명의 양극성 장애 청소년을 조사한 결과 주요 우울 장애 청소년의 경우보다 DR1, DR2의 점수가 훨씬 높았다고 한다. 따라서 우울증 특징을 보이는 로샤 반응에서 사고 장애의 증거들이 발견된다면 우울증이 아니라 양극성 장애일 가능성을 고려해야 한다. 또한 청소년의 경우에는 조증 삽화에서 성인보다 정신병적 특징을 나타내는 경우가 더 많다. 이들은 학교에 무단 결석하고 반사회적 행동을 보이며 학업에 실패하고 알코올이나 약물을 사용하는 경우가 빈번하다는 점도 유념할 필요가 있다.

2) 정신분열병 또는 분열정동 장애와의 감별

여기서 가질 수 있는 한 가지 의문은 기분 장애에 사고 장애의 양상이 병존한다면 양극성 장애와 정신분열병 및 분열정동 장애(schizoaffective disorder)가 어떻게 구분될 수 있는가에 관한 것이다. 이들 간의 감별진단이 매우 어렵기는 하나 답은 의외로 간단할 수 있다. 분열정동 장애의 경우는 정신분열병 스펙트럼상의 장애로 보는 것이 타당하다. 그 때문에 일차적인 특징은 지각의 왜곡이라고 볼 수 있다. 기분 장애를 보이는 환자가 로샤에서 현저하게 정신병적 수준의 지각적 왜곡을 보인다면 현실검증(reality testing)의 장애가 시사되고 정신증적인 증상을 나타낼 가능성이 있다는 것을 의미하며 분열정동 장애의 가능성을 시사한다. 또한 분열정동 장애나 조증 모두에서 일탈적이거나 우원적 추론(tangential or circumstantial reasoning)을 보일 수 있기는 하나, 조증에서 보이는 사고 장애는 심각도, 지속기간, 고통 정도에서 분열정동 장애의 경우보다 덜하다고 할 수 있기 때문에 그 정도의 차이로 분열정동 장애와 양극성 장애를 구분해 볼 수 있다.

이와 관련된 로샤 연구를 요약하자면(Solovay, Shenton, & Holzman, 1987), 양극성 장애의 경우에는 정신분열병에 비해 경미한 수준의 사고 장애를 보인다고 할 수 있다. 구체적으로는 INCOM, FABCOM 등의 조합 반응(combination)이나 경박한 반응(flippant response), 우스꽝스러운 이야기(playful confabulation)와 같은 우화적인 반응(fabulized response)이 두드러진다. 정신분열병에 비해 상대적으로 형태지각의 왜곡이나 형태질의 저하는 경미한 수준으로 나타난다. 사고의 내용 면에서는 우울한 생각이 잠시 나타났다가 금방 부인되고, 다시 매우 긍정적이며 유쾌한 생각을 보고하는 것이 반복될 수 있다. 유머, 장난기, 경박함이 특징적이고, 무관한 침두적 사고(irrelevant intrusion)를 보이지만, 1.0 수준의 심한 사고장애 지표(thought disorder index: TDI)는 좀처럼 나타나지 않는다. 또한 풍부하고 다양한 반응 경향이 나타나는데, 일단 반응 수(R)가 많고 람다(Lambda) 값이 낮으며 혼합 반응이 많다. CF, C와 같이 통제되지 않은 정서 반응이 특징적이고 정서적인 자극에 대한 반응성이 높다. 특히, 정서적 색조가 강조된 반응이 현저한데, DEPI가 유의미하더라도 CP가 함께 나타나는 경우가 많다. CP는 불쾌한 정서를 유쾌한 정서로 대치하려는 원초적이고 취약한 부인 반응으로 기분 변동(mood swing)의 가능성을 시사한다.

반면, 정신분열병의 경우에는 높은 수준의 사고 장애가 두드러지는데, 오염 반응(contamination), 지리멸렬(incoherence), 신조어(neologism)와 같은 TDI 1.0 수준의 심한 사고 장애가 나타난다. 특히, 개념 간 경계가 매우 유동적(fluid)이고 각 개념의 현실적인 경계가 와해되어 있어 자아 경계의 손상이 의심된다. 현실 검증력의 장애를 의미하는 X-%가 상승되어 있어 지각 왜곡이 심하며, 와해되고 혼란스럽고 기괴하고 기태적인 언어 사용이 빈번하여 비논리적인 사고 양상이 뚜렷하게 나타난다.

3) 주의력결핍 · 과잉행동 장애와의 감별

또 다른 중요한 질문이 외견상으로 과잉활동성과 집중력 부족을 보이는 청소년의 경우에는 양극성 장애와 주의력결핍 · 과잉행동 장애(ADHD)를 어떻게 감별할 수 있는가에 관한 것이다. 이 경우에 로샤만으로 두 장애를 구분한다는 것은 매우 위험하며 발병 시기, 중추신경흥분제에 대한 반응, 증상의 지속성 여부 등을 모두 고려해야 한다. 특히, ADHD의 경우에도 환아가 환경 내에서 지속적으로 부정적 피드백을 받아왔기 때문에 우울증이 공존하는 경우가 있어서 더욱더 감별이 어렵다고 할 수 있다. 그러나 ADHD는 대개 7세 이전에 조기 발병하고 증상의 시작과 종결이 명확하지 않으며 비정상적인 과대감이나 고양감 혹은 정신병적 특징들이 부재하는 데 반해 양극성 장애는 그렇지 않다는 점에서 차이를 찾을 수 있다. 로샤 반응을 통해서는 조증이 우울한 감정이나 슬픔의 위협에 대한 방어라는 정신역동적인 관점에 근거해 양극성 장애에서는 대개 우울증의 특징을 보인다는 점 그리고 앞서 언급한 사고 장애를 보인다는 점에서 구분될 수 있다. 따라서 과도한 활동성을 보이는 환아의 경우에 어려서부터 현저하고 지속적인 주의력의 문제가 존재하지 않았고, 중추신경흥분제에 반응하지 않으며, 현저한 우울과 기분 변화, 비정상적인 수준의 에너지 그리고 다소의 사고 장애 특성을 보인다면 양극성 장애에 더 부합하는 소견이라고 할 수 있다.

2. 사례 이해

1) 증상

선미는 현재 15세로 초등학교 2년간을 미국에서 생활했다. 귀국 후 영어를 잘해 항상 사람들의 관심 대상이 되었으나 친구가 많은 편은 아니었으며 상대의 반응에 의해 쉽게 상처를 받곤 하였다. 중학교에 올라가면서 성적이 점차 떨어져 공부에 흥미를 잃게 되었고 새벽 2~3시까지 비디오를 보거나 컴퓨터 게임을 하면서 부모와의 갈등이 심화되었다. 장래를 걱정한 부모는 선미를 미국으로 조기 유학을 보내고자 하였고 결국 중학교 2학년에 올라가면서 한국을 떠나게 되었다. 미국에 도착하여서는 시차 적응이 잘 되지 않은 상태에서 약 2~3일간 잠을 자지 못하였고, 이때부터 많은 물건을 사면서 그 물건들을 정리정돈하지 않았으며 룸메이트에게 자신의 소지품을 지나치게 자랑하는 모습을 보였다. 학교생활이 시작된 후에는 적응하기 힘들어하면서 밤마다 울면서 침대에 누워 있는 시간이 많아졌고 2~3주 동안 세탁을 하지 않고 옷을 쌓아두기도 했다. 그리고 2~3주 뒤부터는 어느 정도 기운을 되찾아 한국 아이들과 즐겁게 어울리기 시작하였으며 학교에서 칭찬을 받기도 하였다. 이때부터는 지나치게 낙관적으로 생각하고 말이 많아졌으며, 잠도 자지 않고 바쁘게 돌아다니고 주변 사람들에게 과도하게 간섭하면서 다투는 행동을 보였다. 선미의 상태를 염려한 상담교사에 의해 정신과 병원에 1주일간 입원하여 약물치료를 받기도 했으나 퇴원 후에는 집 밖에 나가지도 않고 위생관리도 하지 않는 등 심한 우울증의 양상을 나타내었다. 결국 부모가 미국을 방문하여 휴학 후 귀국하게 되었고 소아정신과에 입원하게 되었다.

2) 개인력 및 가족력

선미는 출산 예정일에 자연 분만으로 태어났고 출생 시 체중은 3.5kg이었다. 시댁에서 아들을 원했기에 가족들은 선미의 출생을 서운해했고 아버지는 과음하고 귀가하는 일이 잦아 어머니의 산후우울증이 오래 지속되었다고 한다. 전반적인 발달은 다른 아이들보다 빠르고 명민하였다. 2세경에는 벌레를 지나치게 무서워하는 경향이 있었고, 초등학교 고학년이 되어서는 용모에 대한 관심이 많아져 자신이 어깨가 넓다는 신체적인 열등감을 느끼기 시작하였으며, 6학년 때는 담임교사와의 관계가 좋지 않아 학교에서 울면서 돌아오는 때가 많았다. 중학교 1학년이 되면서 유학을 가고 싶다고 하였고 영어 공부에 매달리면서 좋은 성적을 거두기도 하였다.

선미는 사업을 하는 아버지와 가정주부인 어머니 사이에서 태어났다. 아버지는 책임감이 강하지만 독선적이고 완벽주의적인 성격으로 모든 일에 있어서 논리적이고 치밀하였고 선미에게도 자신의 방식을 따르도록 교육시켰다. 어머니는 결혼 전에 중학교 교사생활을 하였으며, 소심한 성격으로 인해 쉽게 불안해하고 걱정이 많은 편이었다. 그리고 감정의 기복이 심하여 눈물이 많고 기운 없이 누워 지내는 시간이 많았고, 양육에 있어서는 선미가 원하는 대로 무엇이든지 들어 주는 등 과잉보호하는 편이었다.

3) 로샤 검사 결과 및 해석

(1) 행동 관찰

환아는 머리카락을 모두 뒤로 빗어 넘긴 매우 단정한 차림새로 검사실에 들어왔다. 면담이 시작되는 초반에는 눈을 맞추지 못하다가 시간이 지나면서 점차 나아졌고 자주 미소를 지어 보였다. 말하면서 영어 단어를 많이 사용하였고 간혹 한글 단어가 생각나지 않아 잠시 말하기를 중단하기도 하였다. 자신이 못생겼다고 말하였고, 검사가 장시간 지속되어 지쳐 보이는데도 중단하지 않으려 하며 검사에 몰두하였고 필요 이상으로 과도하게 노력을 기울여 수행하였다. 매우 예의 바르고 협조적인 태도였으나 깊은 대화는 회피하였다.

〈표 6-5〉 검사 반응

카드	반응 단계	질문 단계	채 점
I	① 박쥐(W) ② 벌레가 날아가다가 짓밟힌 것. 너무 검어서 그런 생각만 나요. 만일 색이 달랐으면 나비가 생각났겠죠. ③ 이런 것은 나방? (W)	① 몸통(mD), 날개(Up $\frac{1}{2}$ of Wing). (Low $\frac{1}{2}$ of Wing?) 뼈 같기도 하고… 아니 지방 같아요. 하도 많이 먹어서 지방이 생긴 거요. 검은색도 박쥐 같다. ② 주변의 작은 것들이 많고, 기분 나쁜 검은색이라서. 몸통(mD), 날개(Wing). 짓밟혀 죽은 거예요. (죽은 것?) 색이 기분 나쁜 검은색이어서. (주변의 검은 점?) 밟혀서 몸통에서 찢겨져 나온 것. ③ 나비 모양인데 나비 색깔은 아니고 몸도 두꺼우니까 나방. 어두운 색이기도 하고… 저한테는 별로 안 좋은 그림이죠.	① Wo FC′u A, An 1.0 DR1 ② Wo C′Fu A 1.0 MOR ③ Wo FC′o A 1.0
II	① 강아지 두 마리가 코(Top D)를 맞대고 있어요. 옆에 선명한 빨간색이 있고… 강아지는 검은색인데… 이것(Low Red)이 하트같이 보여요. 되게 사랑스러운 느낌이에요.	① 검은색 강아지 인형이 있어요. 하트(Low Red). 얘들이 코를 맞대고 있으니까. 카드에 나오는 것 같은 모양이에요. 동화 같기도 하고. 사랑 모양과 색깔이네요.	① D+ FMp.FC′.FCo (2) A, Hx 3.0 COP, AB
III	① 두 여자가 무용을 하는 것. 또는 앉아서 토기를 빚는 것. 그 가운데는 나비가 있고, 여자들 뒤쪽으로는 홍학 같은 것이 이상한 자세로 앉아 있어요(Out Red). 엉덩이로.	① 유방이 있어서 여자(P). 흑인. 토기(mD)는 각각 하나씩. 빨간 나비(In Red). 홍학(Out Red)—붉은 학. (여자, 나비, 홍학?) 서로 같은 환경에 있어요. 아프리카 오지예요. 홍학도 있고, 토기 빚는 여자. 여자가 검은색이라서 흑인이에요. (관계?) 나비는 분위기를 더 도와주고… 만일 여자만 있고 홍학이 없으면 아프리카가 아니었겠죠?	① W+ Ma.FC′.FC.FMpo (2) H, Hh, A, Sx P 5.5 ALOG
IV	① 어떤 거인. 긴 코를 가진 거인. 발이 매우 크고 팔은 이렇게 《팔을 아래로 내림》 하고 있어요. ② 어떤 얼굴 같기도 하고(WS)… 눈(Proj and its S).	① 팔(Proj), 다리(Leg), 코(mD), 머리(Top D). (긴 코?) 냄새를 잘 맡기 위해. (사람 or 괴물?) 괴물. 사람이면 코가 코끼리처럼 안 기니까. 해리포터에 나오는 괴물처럼 동화적인 상상이에요. 거인이 매우 커요. 거인이 나를 내려다보는 모습이 어둡게 보여요. ② 얼굴의 일부분. 입은 안 보여요. (무엇의 얼굴?) 해군 대령. 콧수염 때문에. 좀 웃기게 생긴 얼굴.	① Wo FD.FC′u (H) 2.0 ② WSo F− Hd 5.0

〈계속〉

V	① 지렁이 같다. ② 박쥐. 그런데 박쥐가 가위손이 있어요.	① 입이 두 개 있는 지렁이(Side Proj). ② 발, 머리, 날개(S.Wing). 양끝이 가위손. 무서운 박쥐. 모양과 검은색 때문에 박쥐 같다. 뼈가 튀어나온 느낌이다(날개의 contour).	① Ddo F− A INC1 ② Wo FC′.FVu A, An 1.0 INC2
VI	① 눈의 결정체(Large D) ② 기타	① 모양이. 검은색은 무시하고. 정교하고 자잘한 무늬 때문에 눈 결정체 같아요. ② 기타줄(Center Black Line). Large D의 Proj는 무시하고. 모양이 이상하니까(contour).	① Do FTu Na ② Ddo Fu Sc
VII	① 두 명의 꼬마 인디언이 마주보고 웃고, 입을 쭈욱 내밀고 있어요. ② 라틴댄스를 추는 것. 여자들이 화려한 장식을 하고… ③ 소머리	① 깃털(Top D) 같은 무늬. 여러 색이 섞인 것 같아요. 얼굴 모양인데 입을 내밀고 있어요. 얼굴 모양만 있어요($\frac{1}{3}$ Up D). 목을 쭉 내밀고 있는 모양이에요. ② 화려한 장식의 일부(Top D), 치마($\frac{1}{3}$ Low D), 팔(Proj of $\frac{1}{3}$mD). 엉덩이 부분이 닿고 있어요. 치마가 펄럭이고 상체는 반대쪽으로… 화장을 짙게 하고… 화려한 느낌이에요. (화장?) 그냥 느낌이 그래요. ③ 뿔, 입, 소머리, 가운데는 그림이 안 나와 있어요.	① D+ Mp.FYo (2) Hd, Art P 3.0 ② W+ Ma.mpo (2) H, Art, Cg P 2.5 CP ③ WSo Fu Ad 4.0
VIII	① 산을 두 마리의 빨간 판다가 오르고 있어요. ② 산에 깃발 두 개가 걸쳐 있어요. 깃발은 녹아 내린 하트에 꽂혀 있어요.	① 빨간 판다, 산의 정상 부분. 윤곽이에요. 모양과 색이 산을 닮았어요. ② 빨간 하트인데 밑부분이 흐물흐물해요. 색도 조금 변했어요. 푹 파인 곳으로 깃발을 꽂았어요. 뒷배경은 산이에요.	① D+ FMa.FCo (2) A, Ls P 3.0 INC1 ② D+ mp.CF.YFu Ls, Id 3.0 FAB1
IX	① 중국인데, 제일 아래는 신의 복숭아 두 개, 그 위에는 이상한 닭 같은 것, 그 위에는 용 두 마리가 있어요. 그 가운데는 이상하고 신비로운 기운이 있어요(DS). ② 사천왕 중 한 사람의 얼굴. 둘 다 중국이에요. 눈썹이 아주 짙고 아주 무서워요. 눈꼬리가 올라갔다.	① 빨간 분홍빛 복숭아(Pink). 이상한 닭(Green). 닭의 옆모습과 닭머리, 날개, 몸통이에요. (이상한?) 모양이 보통과 다르고 색이 녹색이라서. 용은 두 마리. 용의 머리(Orange). Hierarchy예요. 용이 제일 위고, 그 밑이 닭이고, 위계에 따라서 배열되어 있어요. 살아 있는 것들이죠. ② 콧구멍, 눈꼬리(Orange의 Top-end). 입은 잘 안 보여요. 붉으락푸르락 해요(Green & Pink). 얼굴 전체가.	① WS+ CFu(2) Fd, (A), Id 5.5 ALOG ② WSo FCu (Hd), Hx 5.5
X	① 오케스트라가 생각나요. 바이올린 주자는 거미, 흐흐(웃음)… 메뚜기가 지휘자, 커다란 거미가 첼로… 다 벌레다. 내가 벌레 되게 싫어하는데, 얘네들은 예뻐요. 징그럽지가 않아요. 그냥 오케스트라.	① 거미(Dark Brown), 메뚜기(In Green)− 뒤통수만 보여요. rabbit' s ear, race… 초록색이어서… 이건(Caterpillar) 턱시도, 큰 거미(Out Blue). 다 곤충 같다. 곤충의 오케스트라.	① D+ Mp.FCu (2) A, Sc, Cg 4.5 FAB1

〈표 6-6〉 구조 요약

LOCATION FEATURES	DETERMINANTS BLENDS	DETERMINANTS SINGLE	CONTENTS	S-CONSTELLATION
				NO ... FV+VF+V+FD>2
Zf = 16	FM.FC'.FC	M = 0	H = 2, 0	YES ... Col-Shd Bl>0
ZSum = 50.5	M.FC'.FC.FM	FM = 0	(H) = 1, 0	NO ... Ego<.31, >.44
ZEst = 52.5	FD.FC'	m = 0	Hd = 2, 0	NO ... MOR>3
	FC'.FV	FC = 1	(Hd) = 1, 0	NO ... Zd>+−3.5
W = 11	M.FY	CF = 1	Hx = 0, 2	YES ... es>EA
(Wv = 0)	M.m	C = 0	A = 8, 1	NO ... CF+C>FC
D = 6	FM.FC	Cn = 0	(A) = 0, 1	YES ... X+%<.70
Dd = 2	m.CF.YF	FC' = 2	Ad = 1, 0	YES ... S>3
S = 4	M.FC	C'F = 1	(Ad) = 0, 0	NO ... P<3 or >8
		C' = 0	An = 0, 2	NO ... Pure H<2
DQ		FT = 1	Art = 0, 2	NO ... R<17
.........(FQ−)		TF = 0	Ay = 0, 0	4 ... TOTAL
+ = 8 (0)		T = 0	Bl = 0, 0	
o = 11 (2)		FV = 0	Bt = 0, 0	
v/+ = 0 (0)		VF = 0	Cg = 0, 2	
v = 0 (0)		V = 0	Cl = 0, 0	
		FY = 0	Ex = 0, 0	
		YF = 0	Fd = 1, 0	
		Y = 0	Fi = 0, 0	
		Fr = 0	Ge = 0, 0	
		rF = 0	Hh = 0, 1	
		FD = 0	Ls = 1, 1	
		F = 4	Na = 1, 0	
			Sc = 1, 1	
			Sx = 0, 1	
			Xy = 0, 0	
		(2) = 7	Id = 0, 2	

FORM QUALITY

	FQx	FQf	MQual	SQx
+	= 0	0	0	0
o	= 6	0	3	0
u	= 11	2	1	3
−	= 2	2	0	1
none	= 0	−	0	0

SPECIAL SCORINGS

	Lv1	Lv2
DV	= 0x1	0x2
INC	= 2x2	1x4
DR	= 1x3	0x6
FAB	= 2x4	0x7
ALOG	= 2x5	
CON	= 0x7	
SUM6	= 8	
WSUM6	= 29	

AB = 1	CP = 1
AG = 0	MOR = 1
CFB = 0	PER = 0
COP = 1	PSV = 0

RATIOS, PERCENTAGES, AND DERIVATIONS

Core

R = 19	L = 0.27	
EB = 4 : 4.5	EA = 8.5	EBPer = N/A
eb = 5 : 11	es = 16	D = −2
	Adj es = 14	Adj D = −2
FM = 3	C' = 7	T = 1
m = 2	V = 1	Y = 2

Affect

FC : CF+C	= 5 : 2
Pure C	= 0
Afr	= 0.36
S	= 4
Blends : R	= 9 : 19
CP	= 1

Interpersonal

COP = 1	AG = 0
Food	= 1
Isolate/R	= 0.21
H : (H)Hd(Hd)	= 2 : 4
(HHd) : (AAd)	= 2 : 1
H+A : Hd+Ad	= 13 : 4

Ideation

a : p	= 3 : 6	Sum6	= 8
Ma : Mp	= 2 : 2	Lv2	= 1
2AB+Art+Ay	= 4	WSum6	= 29
M−	= 0	Mnone	= 0

Mediation

P	= 4
X+%	= 0.32
F+%	= 0.00
X−%	= 0.11
S−%	= 0.50
Xu%	= 0.58

Processing

Zf	= 16
ZD	= −2.0
W : D : Dd	= 11 : 6 : 2
W : M	= 11 : 4
DQ+	= 8
DQv	= 0

Self Perception

3r+(2)/R	= 0.37
Fr+rf	= 0
FD	= 1
An+Xy	= 2
MOR	= 1

SCZI = 2	DEPI = 6*	CDI = 5*	S-CON = 4	HVI = NO	OBS = NO

〈표 6-7〉 특수 지표

SCZI(정신분열병 지표) :

아래 조건 중 4개 이상 만족하는 경우 해당됨:

YES ... EITHER : (X+%<.61) AND (S−%<.41)
OR... : (X+%<.50)
NO ... (X−%>.29)
NO ... EITHER : (FQ− ≧ FQu)
OR... : (FQ− >FQo+FQ+)
NO ... (Sum Level 2 Sp. Sc.>1) AND (FAB2>0)
YES ... EITHER : (Raw Sum6 Spec. Scores>6)
OR... : Weighted Sum of 6 Sp. Sc.>17
NO ... EITHER : (M−>1)
OR... : (X−%>.40)

DEPI(우울증 지표) :

아래 조건 중 5개 이상 만족하는 경우 해당됨:

YES ... (FV+VF+V>0) OR (FD>2)
YES ... (COl-Shd Blends>0) OR (S>2)
NO ... (3r+(2)/R>.44 and Fr+rF=0) OR (3r+(2)/R<.33)
YES ... (Afr<.46) OR (Blends<4)
YES ... (SumShading>FM+m) OR (SumC′>2)
YES ... (MOR>2) OR (2AB+(Art+Ay)>3)
YES ... (COP<2) OR (Isolate/R>.24)

CDI(대응손상 지표) :

아래 조건 중 4개 또는 5개가 만족하는 경우 해당됨:

YES ... (EA<6) OR (Adj D<0)
YES ... (COP<2) AND (AG<2)
YES ... (Weighted SumC<2.5) OR (Afr<.46)
YES ... (Passive>Active+1) OR (Pure H<2)
YES ... (SumT>1) OR (Isolate/R>.24) OR (Food>0)

HVI(과잉경계 지표) :

조건 (1)을 만족하는 동시에 나머지 조건들 중 적어도 4개가 만족하는 경우 해당됨:

NO ... (1) FT+TF+T = 0

YES ... (2) Zf>12
NO ... (3) Zd>+3.5
YES ... (4) S>3
NO ... (5) H+(H)+Hd+(Hd)>6
NO ... (6) (H)+(A)+(Hd)+(Ad)>3
YES ... (7) H+A : Hd+Ad<4 : 1
NO ... (8) Cg>3

OBS(강박성향 지표) :

NO ... (1) Dd>3
YES ... (2) Zf>12
NO ... (3) Zd>+3.0
NO ... (4) Populars>7
NO ... (5) FQ+>1

아래 조건 중 1개 이상 만족하는 경우 해당됨:

NO ... 조건 (1)에서 (5)까지 모두 만족함
NO ... 조건 (1)~(4) 중에서 2개 이상을 만족함 AND FQ+>3
NO ... 조건 (1)~(5) 중에서 3개 이상을 만족함 AND X+%>.89
NO ... FQ+>3 AND X+%>.89

〈표 6-8〉 채점 순서

CARD	NO	LOC	DETERMINANT(S)	(2)	CONTENT(S)	POP	Z	SPECIAL SCORES
I	1	Wo	FC′u		A, An		1.0	DR1
	2	Wo	C′Fu		A		1.0	MOR
	3	Wo	FC′o		A		1.0	
II	4	D+	FMp.FC′.FCo	2	A, Hx		3.0	COP, AB
III	5	W+	Ma.FC′.FC.FMpo	2	H, Hh, A, Sx	P	5.5	ALOG
IV	6	Wo	FD.FC′u		(H)		2.0	
	7	WSo	F−		Hd		5.0	
V	8	Ddo	F−		A			INC1
	9	Wo	FC′.FVu		A, An		1.0	INC2
VI	10	Do	FTu		Na			
	11	Ddo	Fu		Sc			
VII	12	D+	Mp.FYo	2	Hd, Art	P	3.0	
	13	W+	Ma.mpo	2	H, Art, Cg	P	2.5	CP
	14	WSo	Fu		Ad		4.0	
VIII	15	D+	FMa.FCo	2	A, Ls	P	3.0	INC1
	16	D+	mp.CF.YFu		Ls, Id		3.0	FAB1
IX	17	WS+	CFu	2	Fd, (A), Id		5.5	ALOG
	18	WSo	FCu		(Hd), Hx		5.5	
X	19	D+	Mp.FCu	2	A, Sc, Cg		4.5	FAB1

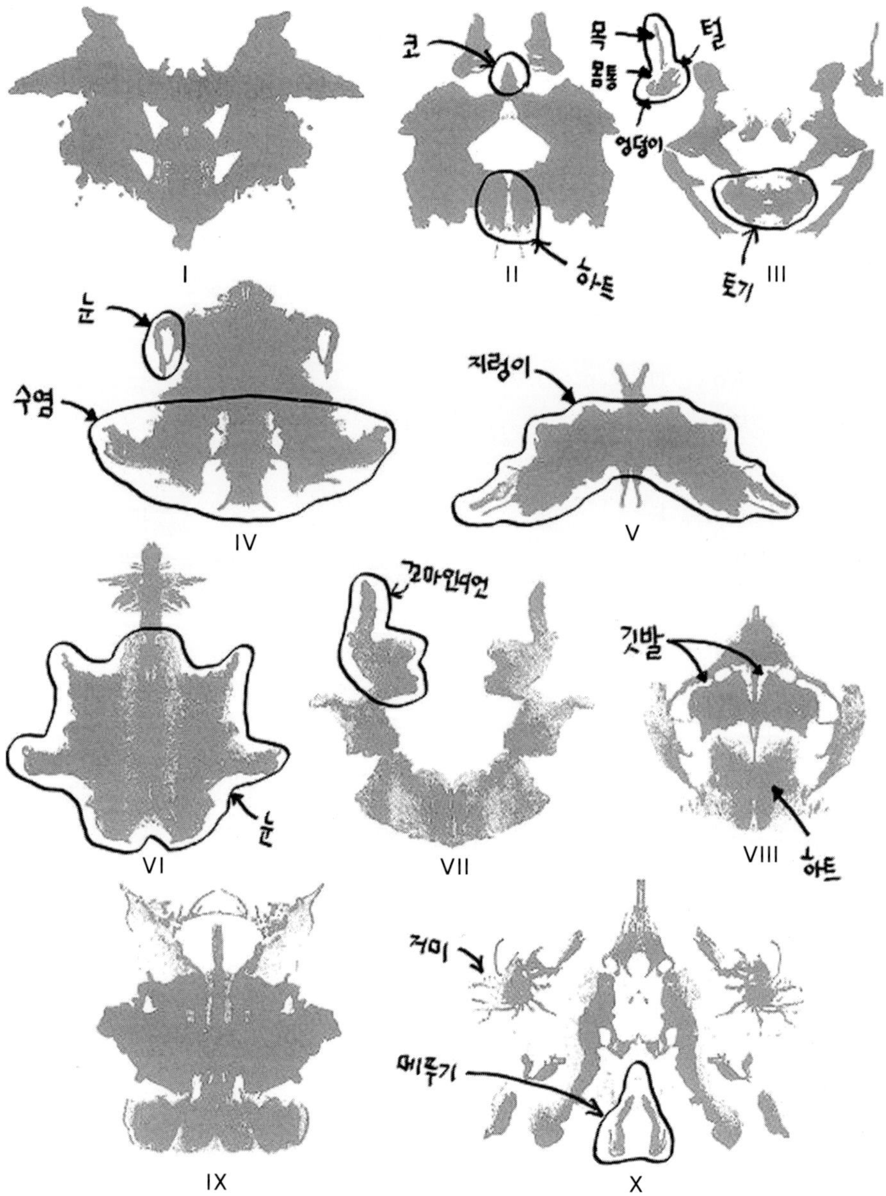
I
코
목
털
몸통
엉덩이
하트
II
토끼
III
눈
수염
IV
지렁이
V
꼬마인디언
VI
눈
VII
깃발
VIII
하트
IX
거미
메뚜기
X

(2) 결과 해석

환아의 로샤 반응은 반응 수 19개의 타당한 자료다. 전반적으로는 무채색 반응이 많고 색채에 민감하게 반응하며 무관한 자극을 무시하지 못한 채 개념들을 부적절하게 관련짓는 것이 특징이다. 이러한 로샤 반응에서 우선적으로 고려해야 하는 진단은 기분 장애인데, 이는 유의미한 우울증 지표(DEPI)와 대응손상 지표(CDI)에 의해 지지된다. 특히, 우울증에 더해 나타나는 사고 장애 양상들은 양극성 장애의 가능성을 강하게 시사한다. Exner가 제안한 군집해석 순서를 따르면 우울증 지표와 대응손상 지표가 동시에 유의미하므로 대인지각, 자기지각, 통제, 정서, 정보처리, 중재, 관념화 순서로 해석이 진행된다.

① 대인지각 및 자기지각

실제적인 성취나 주변의 인정과는 달리 환아는 자기비판적인 태도로 인해 자신을 부정적으로 생각하며 적정한 자기 존중감을 유지하고 있지 못한 상태다(V=1, MOR=1, An+Xy=2). 내성(introspection) 능력이 있으나 사회적 상황에서 주의의 초점이 자신의 부족함으로 향해져서 쉽게 부적절감을 느끼는 경향이 있다. 이로 인해 나타나는 위축된 모습이나 반대로 과잉 보상하려는 활기찬 모습은 주변사람들을 부담스럽게 만들며, 부정적인 피드백을 유발하고 다시금 환아의 무력감과 무능감을 증폭시킬 것으로 예상된다. 타인에 대한 공감 능력은 정상적으로 발달되어 있으나 실제적으로 사람들과 상호작용하는 데 어려움을 느끼는 것으로 여겨지며, 대인관계에서의 결핍감은 가족에게 지나치게 투정하고 요구하는 태도로 이어져 갈등을 유발하고 환아를 더욱 고립시킬 위험이 있어 보인다(Isolation index=.21, H:(H)Hd(Hd)=2:4). 이러한 대인관계 형성에서의 어려움은 환아의 초기 애착관계의 불안정성과 관련되어 보인다. 카드 VI에서 검은색과 회색 음영이 주는 따뜻한 재질(texture)의 느낌을 지각하지 못한 채 '눈 결정체' 혹은 '기타' 라는 형태에 근거한 차갑고 딱딱한 느낌의 지각표상을 형성한 것은 환아가 신체적 혹은 심리적으로 다른 사람들과 접촉하거나 다른 사람이 자신에게 접촉하는 것에 불편감을 느끼고 있으며 이것이 대인관계 어려움의 근원이 되고 있음을 시사한다.

② 통제

현재 적응 곤란, 통제 상실에 대한 위기감, 대인관계에서의 불편감 등으로 주관적인 스트레스가 상승되어 있고 내적인 갈등으로 외부 상황에 적절히 대처하는 통제력이 약화되어 있는 것으로 보인다(D=−2, L=.27). 주변에서 벌어지는 무관한 일조차 자신과 관련된 것으로 예민하게 지각하며 관련짓는 경향이 있어 보이는데, 이것이 다시 환아의 긴장 수준을 높이며 부적응을 배가하고 있는 것으로 여겨진다. 그러나 기본적인 내적인 역량이 적절하여 익숙하거나 구조화된 상황에서는 스트레스를 극복하고 잠재력을 발휘할 소질이 있어 보인다(EA=8.5). 주관적인 스트레스를 감소시키기 위해서는 문제해결 중심의 대처와 사교 기술의 증진이 필요할 것으로 예상된다.

③ 정서

첫 반응부터 연속해서 6개의 무채색 반응, 해부 반응, 병적인 내용 반응 등이 나타나고 있듯이 환아에게는 심한 좌절감과 우울감이 내재해 있는 것으로 보인다. 학업에서의 성취와 대인관계에서의 결핍감이 많고 그 원인을 스스로에게 귀인하며 자책하면서도, 개선을 위한 노력을 하지 못한 채 다분히 수동적이고 무기력한 태도로 대처하고 앞날에 대해서도 비관적인 태도를 견지하고 있다. 또한 "기분 나쁜 검은색이어서." "별로 안 좋은 그림이죠."라는 무채색에 대한 반응이나 색채-음영의 혼합 반응에서 보이듯, 자신의 감정에 대한 불쾌감으로 경험을 편하게 향유하거나 표현하지 못한 채 긍정적이고 유쾌한 감정 경험이 어렵고 양가적인 특성의 혼란한 정서 상태에 처해 있는 것으로 보인다. 특히, 타인에게 좋은 모습만 보이고 싶어 하여 겉으로는 기운차고 낙관적인 태도를 나타내나 이는 내면의 취약함을 방어하기 위한 하나의 책략으로 보인다. 특징적으로 색채투사(CP)가 나타나고 있는데, 이는 부정적인 내면 감정을 억지스럽게 긍정적 정서로 대체하고 고통스러운 내면을 부인하는 반응이다. 그러므로 급작스러운 기분 변동이 일어날 수 있음에 유의해야 한다. 즉, 우울증 지표가 유의미하면서 색채투사 반응이 같이 나타나는 것은 양극성 장애 혹은 순환성 정동 장애일 가능성을 시사하는 진단적 지표가 될 수 있다. 환아에게는 해소되지 않은 부정적인 감정들이 소용돌이치고 있다. 또한 자신에게 제재가 가해진다면 도전적이고 반항적인 행동으로 대응하거나, 분노에 휩싸일 때에는 판단력이 흐려지며 감정 폭발을 할 가능성도 있어 보인다(S-%=.50).

④ 인지적 특성: 처리

부분 반응에 비해 전체 반응의 개수가 많으나 카드 Ⅲ의 반응과 같이 모든 자극들을 무리하게 관련짓고 통합하려고 시도하는 인지 특성이 있어 보인다. 이는 실제적인 능력 이상으로 포부 수준이 높은 환아의 성격적 특징과 관련되어 보인다. 정보를 지나치게 과소통합하거나 과대통합하지 않고 비교적 효율적으로 조직화하고는 있으나, 상승된 INC, FAB 점수에서도 드러나듯이 정보를 상당히 임의적이고 비현실적으로 조직화하여 섣부르게 결론으로 도약하는 경향이 있다. 이를 볼 때 사고의 비약 및 사고 속도의 증가와 같은 조증적 사고 패턴이 의심된다. 특히, 조증 시기에 자아가 확장되면서 기분이 고양되고 포부나 자신감이 상승한 후에 우울증 상태로 전환되면, 환아는 현실을 다시금 고통스럽게 자각하면서 감당하기 힘든 좌절감을 경험하는 것으로 예상되며 혹여 섣부른 자기 비난과 자책으로 이어지지 않을까 우려된다(Zf=16, Zd=−2.0, W:M=11:6, L=.27).

⑤ 인지적 특성: 중재

환아는 사람이나 상황을 지각하는 데 있어 대체로 관습적인 방식으로 접근하고 타인의 행동과 의도를 잘 이해하며 적절한 행동을 수행할 수 있는 능력이 있다(X+%=.32, X−%=.11). 그러나 Xu%가 .58로 상당히 높은 것을 감안해 볼 때 순종이나 복종에 거부적이고 때로는 독특하고 개성적인 방식을 추구하면서 적응에 어려움을 겪을 소지가 있어 보인다. 특히, 짙은 음영색이 특징인 카드 Ⅳ에서 형태질이 − 반응을 하고 카드 Ⅴ와 같이 단순한 자극에서 평범 반응을 하지 못한 점은 환아가 우울하면서도 자신의 울적한 감정을 회피하고 싶어 하고 이에 잘 대처하지 못하고 있음을 반영한다. 그리고 우울이나 분노와 같은 부정적인 정서에 휩싸일 때에는 다소 왜곡된 인상으로 판단할 가능성이 있어 보인다(S−%=.50). 그러나 반응의 일련 순서들을 분석하면(계열 분석) 특이(unusual) 반응이나 마이너스 반응이 지속적이지 않고 보통(ordinary) 반응으로 회복할 수 있다는 점에서 환아의 지각적인 왜곡은 정신병에서와 같이 만연되어 있는 것은 아니고 상황 특수적이거나 기분에 따른 일화적일 소지가 높아 보인다.

⑥ 인지적 특성: 관념화

환아는 WSum6 점수가 29점으로 높고 a : p가 3 : 6으로 한쪽으로 치우쳐 있는데, 이는 논리적이면서 일관적인 사고를 하는 데 상당한 곤란이 있고 생각의 융통성이 매우 저하되어 있음을 나타낸다. 그러나 WSum6의 내용 중 대부분은 개념 간의 부적절한 조합을 나타내는 INC, FAB 유형의 반응으로서 Johnston(1979)의 TDI 지수상에서 .5 수준 이하의 비교적 경미한 사고 장애에 해당되며 X−%도 .11로 지각적 왜곡이 현저하게 나타나고 있지 않다. 이러한 점을 고려할 때 환아가 현재 보이는 사고 장애의 경향성은 정신분열병의 사고 장애 양상과는 차이가 있으며, 대체로 양극성 장애에서 나타나는 사고 장애의 패턴에 가까운 것으로 생각된다. 환아의 이러한 경직성과 사고 과정상의 오류들은 새로운 상황이나 변화에 따라 자신의 태도나 생활방식을 유연하게 조정하지 못하게 하여 유학생활에서 부적응을 초래했던 것으로 보인다. 또한 사고의 유연성을 늘리고 문제해결적인 대처방식을 학습할 수 있는 인지행동치료 등의 심리치료적 접근에도 상당히 저항적일 것으로 예상된다.

참고문헌

조수철(2000). **소아정신질환의 개념**. 서울대학교출판부.

Burke, K. C., Burke, J. D., Jr., Regier, D. A., & Rae, D. S. (1990). Age at oneset of selected mental disorders in five community populations. *Archives of general psychiatry, 47*, 511-518.

Exner, J. E., & Weiner, I. B. (1995). *The Rorschach: A comprehensive system. Volume 3: Assessment of Children and Adolescents*. John Wiley & Sons.

Johnston, M. H., & Holzman, P. S. (1979). *Assessing Schizophrenic Thinking*. Jossey-Bass Publishers.

Solovay, M. R., Shenton, M. E., & Holzman, P. S. (1987). Comparative studies of thought disorder. *Archives of general psychiatry, 44*, 13−20.

Weiner, I. B. (1998). *Principles of Rorschach Interpretation*. Lawrence Erlbaum Associates Publishers.

불안 장애

1. 이론적 배경

DSM-IV에서 제시되는 불안 장애(anxiety disorder)의 하위 유형 중에서 아동·청소년기에 자주 보고되는 불안 장애의 하위 유형은 분리불안 장애(separation anxiety disorder), 공포증(phobia) 및 범불안 장애(generalized anxiety disorder)다. 기존의 연구 결과에 따르면 불안 및 불안과 관련된 증상을 보이는 아동·청소년은 대략 10~20%에 이른다고 한다(Anderson, 1994; Kashani & Orvaschel, 1990; Werry, 1986). 또한 아동·청소년기의 불안 장애는 생애 전반에 걸쳐 장기적인 영향을 미치는바, 성인기까지 불안 증상이 지속되고 그 정도가 심화될 가능성이 높은 것으로 알려져 있다. 한편, 불안 및 공포의 내용은 아동이 성장함에 따라 변화하는 세상에 대한 지각을 반영한다. 따라서 불안의 대상은 추상적이고 비현실적이며 통제 불가능하고 강한 힘을 지닌 것(예: 귀신, 어둠 등)에서 보다 구체적이고 현실에 기반한 것(예: 사회적 거절이나 비판에 대한 두려움 등)으로 변모해 나간다(Wicks-Nelson & Israel, 2000). 이러한 아동기 불안 장애와 관련된 로샤 반응의 특징을 살펴보면 다음과 같다.

1) 음영 반응

(1) 불안과의 관련성

Schachtel(1966)에 따르면, 유영은 잉크반점의 형태나 색채에 비해 그다지 인상적인 요소가 아니기 때문에 반응의 결정인이 되기 어렵다. 그럼에도 피검자가 음영을 토대로 반응한다면 이는 외부 자극에 대한 취약성, 민감성을 반영하는 것으로 해석된다. 또한 이러한 음영에 대한 예민성은 불안에 대한 취약성으로 간주될 수 있는데, 이는 음영과 불안이 막연하고 불안정하며 명료하지 않다는 공통된 특징을 지니기 때문이다. 따라서 불안에 취약한 피검자는 음영이 주는 인상이 자신의 내적 상태와 유사하므로 이를 결정인으로 사용하는 경향을 나타낸다.

한편, Rapaport 등(1968)은 Schachtel(1966)과는 구분되는 이론적 근거를 토대로 음영과 불안 간의 관련성을 주장하였다. 그에 따르면 불안 수준이 높은 피검자는 명료화하고 통합하는 능력의 손상으로 인해 지각적 조직화 능력이 저하되고 반응의 모호성은 증가하여 결과적으로 음영 반응의 빈도가 높아지는 양상을 나타낸다.

(2) 계열적 분석(sequence analysis)

음영 카드에 대한 반응 순서 분석은 피검자의 불안 상태와 관련된 매우 의미 있는 정보를 제공하므로 해석에 있어 주의가 요구된다. 예컨대, 전체 반응(W)을 보이던 피검자가 음영 카드에서 처음으로 부분 반응(D 혹은 Dd)을 보이는 경우, 이는 불안으로 인해 상황 전체를 폭넓게 조망하고 파악하는 능력이 손상된 것을 의미한다. 또한 음영 카드에서의 가장자리 윤곽선에 근거한 반응이나 Dd 반응은 불안을 유발하는 상황이나 생각으로부터 도피하고자 하는 시도로, 또 Wv 반응은 불안에 대한 인내력이 부족하거나 이에 쉽게 압도되어 음영 자체를 명확히 지각하지 못하는 상태로 해석될 수 있다. 마지막으로 피검자가 음영 카드에서만 평범 반응을 보이는 경우는 불안 유발 상황에 대한 매우 상투적이고 관습적인 대처방식을, 음영이 아닌 공백에 주의를 기울이는 경우는 부정적이고 반항적인 대처방식을 고수하고 있음을 의미한다.

(3) 진단적 함의

음영 반응은 불안의 존재 여부와 그 특성을 파악하는 데 중요한 단서가 되기는 하지만 장애에 따라 매우 다양한 양상을 나타내어 음영 반응만을 토대로 진단을 내리기는 어렵다. 예컨대, 만성 정신분열병 환자는 음영 반응을 매우 빈번하게 보이는 반면, 급성 정신분열병 환자는 심한 불안감에 휩싸여 오히려 반응 자체에 실패하기도 한다. 또한 우울증 환자는 제한적이고 억제적인 감정 반응 양상으로 인해 심한 불안을 느끼는 상태에서도 좀처럼 음영 반응을 보이지 않는가 하면, 강박 장애 환자는 부분에 집착하거나 지나치게 정교화하는 등 음영 반응이 아닌 다른 방식으로 자신의 불안감을 표현하기도 한다. 따라서 음영 반응이 나타나는 맥락과 다른 결정인과의 관계를 종합한 이후에 진단적 해석을 시도하는 신중한 태도가 필요하다.

2) 무생물운동 반응

일반적으로 무생물운동 반응은 피검자가 주관적으로 느끼는 고통을 반영한다. 일찍이 Klopfer(1962)는 무생물운동 반응이 자아를 위협하는 통제 불가능한 내적 혹은 외적 압력과 관련된다고 주장한 바 있다. 즉, 무생물운동 반응은 성격적 통합을 방해하는 힘에 저항하여 피검자가 자아의 통합을 유지하고자 노력하는 과정에서 겪는 긴장과 갈등을 의미한다. 또한 무생물운동 반응은 상황적 스트레스와 밀접하게 관련된다. 피검자가 스트레스 상황에 처할 경우 무생물운동 반응 또한 증가되는 양상을 나타낸다. 이는 심한 불안감과 함께 무력감, 통제력 상실, 집중력의 장애로 해석될 수 있다.

3) 내용 분석

Lerner(1998)는 그의 저서에서 내용 분석의 유용성과 더불어 그 위험성을 지적한 바 있다. 따라서 내용 분석 시에는 피검자의 반응과 해석을 일대일로 연결시키는 실수를 범하지 않도록 유의해야 한다. 또한 내용 분석 시에는 피검자의 반응을 있는 그대로 기술한 축어록에 토대를 두고, 특히 피검자가 자발적으로 정교화 · 상세화한 부분에 주의를 기울여야 한다. 마지막으로 내용 분석은 검사자의 직관 및 공감 능력에 기반한 주관적이고 현상학적인 해석방법이 보완적으로 사용된다는 특징을 갖는다. 불안 장애 환자들 모두에게서 공통적으로 관찰되는 반응 내용이란 존재하지 않는다. 하지만 인간 부분 반응, 해부 반응, 구름 또는 연기 반응은 불안과 관련하여 의미 있는 정보를 제공하므로 해석에 유용하다.

(1) 인간 부분 반응 또는 해부 반응

피검자가 인물상의 부분만을 보는 것은 매우 조심스럽고 신중하며 대인관계에 있어서 쉽게 불안을 느끼는 성향과 관련되는 것으로 해석될 수 있다. 또한 대상의 표정을 설명하기 위해 사용하는 '겁에 질린' '흉폭한' 등의 표현도 피검자의 일반적인 정서 상태를 반영하는 것으로 알려져 있다. 특히, 해부 반응은 신체에 대한 과도한 집착이나 범불안과 관련된다. 즉, 피검자가 불안으로 인해 정교한 지각이나 연상이 곤란한 경우 해부 반응을 보이는 경향이 있다. 해부 반응은 대체로 모호한 형태를 특징으로 하기 때문에 카드 II 상단의 붉은 반점을 위와 식도로, 카드 VIII 잉크반점 상단의 공백 부분을 갈비뼈로, 그리고 카드 X의 회색 반점을 기관과 허파로 보는 경우를 제외하고는 나쁜 형태질 반응으로 채점된다. 특히, 반응의 대부분이 해부 반응에 치우친다면 극도로 병리적인 상태를 의미한다. 한편, 해부 반응의 내용이 뼈나 골격 구조인 경우는 감정의 과도한 차단과 경직성을, 근육이나 내장인 경우는 피검자의 숨겨진 성적 혹은 공격적 충동을 내포하는 것으로도 해석할 수 있다. 엑스레이(X-ray)에 나타난 해부 반응(폐사진, 골반뼈 엑스레이 사진 등)은 주지화를 통하여 불안에 방어하려는 시도를 나타낸다.

(2) 구름 또는 연기 반응

구름 또는 연기 반응은 일반적으로 강렬한 불안 혹은 부동 불안으로 해석된다. 대부분의 구름 혹은 연기 반응은 반점의 음영을 결정인으로 하며 모호한 형태 반응(Fv)으로 표현된다는 특징을 갖는다.

4) 불안 평가에서의 유의점

Lerner(1998)는 로샤나 다른 검사를 통해 불안을 평가하는 과정은 매우 어렵고 복잡하다고 주장하였다. 불안을 평가하는 데 있어 유념해야 할 점은 무엇보다도 불안이 공황 발작이나 초조함, 긴장감, 부동 불안 등의 다양한 양상으로 나타나며, 이러한 표출 형태 자체가 매우 의미 있는 진단적 준거가 된다는 사실이다. 이와 관련하여 Kernberg(1975)는 만성적이고 광범위하게 확산된 불안은 경계선적 정신병리(borderline pathology)의 핵심 증상이며, 보다 초점이 뚜렷하고 제한적이며 통제 가능한 불안은 신경증적 정신병리(neurotic pathology)의 핵심 증상이라고 기술한 바 있다. 나아가 불안은 직접적으로 평가되거나 관찰되지는 않는 경우가 있다. 따라서 우리는 피검자에게서 관찰되는 방어적 행동을 관찰하여 불안을 유추하기도 한다. 예를 들어, 피검자가 짙은 음영 카드에 대해 잉크반점의 가장자리에 입각하여 반응을 한다면, 검사자는 이러한 회피적 행동을 토대로 피검자의 불안한 내적 상태를 추론할 수 있다. 마지막으로 로샤 검사에서 음영은 불안의 유일한 지표로 사용되지 않는다는 점을 주의해야 한다. 무생물운동 반응이나 모호한 형태 지각 또한 불안을 반영하기 때문에 이들과의 관련성하에서 해석해야 한다.

이와 같이 불안은 그 자체가 매우 복잡한 속성을 지니고 있고 성격 및 정신병리의 발달에 있어 핵심적 역할을 하기 때문에 피검자의 상태를 단순히 불안하다고 기술하는 것은 불충분하다. 검사자는 피검자가 자신의 불안을 어떻게 경험하고 표현하는지, 이를 조절하기 위해서 어떤 방어기제를 동원하고 그 효과는 어떠한지, 나아가 불안이 다양한 기능 영역에 어떤 영향을 미치는지를 이해하도록 노력해야 한다. 특히, 충동적이거나 유아기적인 성격 특성 혹은 매우 억압된 감정 반응 양상을 지닌 경우, 피검자가 불안 경험에 대해 얼마나 열린 자세로 임하며 불안에 대한 인내력은 어느 정도인지를 함께 언급해 주어야 한다.

2. 사례 이해

1) 증상

승재는 중학교 2학년에 재학 중인 14세 남학생이다. 내성적이고 조용한 성격으로 또래관계에서도 매우 소극적인 편이었던 환아는 초등학교 5학년 때 유명 사립학교로 전학한 후 왕따를 당하기 시작하였다. 하지만 친구들의 부당한 대우에 전혀 반항하지 않고 집에서도 내색하지 않아 환아의 부모는 환아가 중학생이 된 이후에야 비로소 그 사실을 알게 되었다고 한다. 중학교에 진학해서도 여전히 또래로부터 따돌림을 당하던 환아는 점점 외부 활동을 피하고 방안에서 혼자 지내는 시간이 많아지는 양상을 보였다. 특히, 사람들이 붐비는 장소에 가면 식은땀을 흘리고 안절부절못하며, 누군가를 소개받거나 대면하는 상황에서도 상대방과 시선을 맞추거나 대화에 집중하는 데 곤란을 겪곤 하였다. 또한 중학교 2학년이 되면서 평소의 얌전한 태도와는 달리, 한 번 화가 나면 앞뒤를 가리지 않고 매우 흥분하는 모습을 보여 이를 걱정한 환아의 부모에 의해 내원하였다.

2) 개인력 및 가족력

임신 및 출산기상의 문제는 없었으며 말을 늦게 배운 것을 제외하고는 언어 및 운동 발달 모두 정상적이었다. 연년생인 형과 함께 유치원에 다니면서 또래들과도 잘 어울렸으나, 형이 초등학교에 입학할 무렵 강남으로 이사하게 된 환아는 유치원을 옮긴 후 좀처럼 적응하지 못하는 모습을 보였다고 한다. 초등학교 입학 후 중위권 수준의 성적을 유지하였으나, 작문 과제를 할 때면 말의 논점을 끝까지 유지하지 못하고 다소 산만한 경향을 보인다는 지적을 받기도 하였다. 초등학교 5학년 때 어머니에 의해 보다 경쟁이 치열한 사립학교로 전학하였으며, 그 후부터 또래들에게 따돌림을 당하기 시작하였다. 교사들은 환아가 사회적으로 관계를 맺는 기술이 부족하다고 평가하였다. 환아는 점점 말수가 적어지고 또래들과 어울리기를 꺼려하는 등 적응상의 곤란을 보였으나 학업 수행 수준에는 별다른 변동이 없었다고 한다. 오히려 뭐든지 잘하려고 지나치게 애를 쓰고 수업 진행에 방해가 될 정도로 질문을 많이 하는 편이라고 한다. 중학교 2학년이 되면서 대인관계 상황에서 안절부절못하고 초조해하는 정도가 심해지고 종종 감정을 폭발적으로 터뜨리는 모습을 보여 주변 사람들을 당혹스럽게 하기도 하였다.

환아의 아버지는 대기업의 과장으로 늘 업무에 바빠 좀처럼 가족들과 함께 시간을 보내지 못한다고 한다. 자녀 양육과 관련해서도 모든 사항을 환아의 어머니에게 일임하고 무관심한 편이다. 아버지 또한 어려서부터 내성적인 성격이었기 때문에 환아가 또래들과 잘 어울리지 못하는 것을 대수롭지 않게 여기며 어머니가 환아를 병원에 데려가는 것에 대해서도 불만스러워한다고 한다. 어머니는 가정 주부로 매우 활달하고 외향적인 성격이다. 남에게 지기를 싫어하여 자녀들에게도 엄격한 기준을 요구하며, 특히 학업과 관련해서는 지나칠 정도로 간섭이 심한 편이다. 연년생인 형은 고집이 세고 자기 주장이 강하며 환아와의 관계는 나쁘지 않지만 방과 후 학원에 다니고 과외를 받느라 환아와 함께 어울릴 시간이 거의 없다고 한다.

3) 로샤 검사 결과 및 해석

(1) 행동 관찰

163cm, 56kg 체구의 14세 3개월 된 남자 환아로 위생 및 복장 상태는 양호하였다. 눈맞춤을 제대로 하지 못하고 다소 회피하는 듯한 인상을 주었으며, 검사 초반에는 "뭐 하는 거예요?" "다음에 하면 안 돼요?"라고 거듭 묻기도 하였다. 검사 도중에도 "아무래도 0점을 받을 것 같다."고 초조해하며 손바닥에 땀이 밸 정도로 긴장하는 모습을 보였다. 검사를 받는 것에 대해 불만스러운 기색이 역력한데도 직접적으로 표현하지는 못하고 검사자의 지시에 공손히 따랐다. 특히, 검사자에게 칭찬을 받으면 매우 기뻐하면서 쉬는 시간 동안 어머니에게 달려가 자랑하기도 하였다.

〈표 6-9〉 검사 반응

카드	반응 단계	질문 단계	채 점
I	① 괴물 ② 박쥐(∨) ③ 가면 ④ 동물 조각	① 눈(Mid Dd), 손(Claw), 날개(SD), 숨쉬는 것(4 Space). 괴물하고 곤충하고 섞여 있어요. (곤충?) 여기가 위로 튀어나와 있어요(Low mD). ② 거꾸로 매달려 있는 거요. 날개(SD), 얼굴(Bottom D), 다리(Claw), 날으려고 하는 거예요. ③ 구멍 두 개는 눈이구요(Up Space), 코가 튀어나와 있어요(mD). 여우 같은 모양이에요. ④ 뭘 보고 그린 거거든요. 아니면 마음으로 만들어진 거요. 진짜 동물이면 이렇게 양쪽이 텅 빌 수가 없으니까 조각이에요. 동물 만들어 낸 것 중에 조각. 괴물에 가까운 동물이에요. (이유?) 눈이 네 개니까요(4 Space).	① WSo FVu (A) 3.5 INC2 ② Wo FMpu A P 1.0 ③ WSo FVu (Hd) 3.5 ④ WSo Fu Art, (A) 3.5 ALOG
II	① 동물, 부분적으로… 내장 같은 거요(∨). ② 비행기	① 이쪽(S)에 뭐가 들어가야 되거든요. 이쪽(Up Red)이 좀 이상해요. 이 위에 뭔가 있어야 할 것 같은데…. (어떤 부분?) 심장이나 허파요. 이건(Low Red) 얼굴 같은 거구요. ② 엔진(Up Red), 양쪽이 연결된 부분(Low Red). (SD는?) 몸체요.	① WSo F− Ad, An 4.5 ② Wo Fu Sc 4.5

〈계속〉

II	③ 다람쥐(∨) ④ 곤충 (∨)	③ 다리(SD), 머리(Low Red), 꼬리(Up Red), 털이 나 있어요. 다리 확 펴서 나는 모습이에요. ④ 곤충 머리요(Low Red). 더듬이가 있어요(Proj).	③ WSo FMa.FTu A 4.5 ④ Do Fu Ad
III	① 괴물(∨) ② 사람 조각 ③ 성전에 있는 물건	① 머리에 눈이랑 입(MD), 손(Leg), 몸(SD), 심장(In Red), 내장(Out Red). ② 쌍둥이 같은 게 붙어 있는 모양이요. ③ 물건 놓는 곳(S). 그 앞으로 양쪽에 사람이 있구요. 올라오는 곳(mD), 불(Out Red), 성전의 물건(In Red).	① Wo F− (A), An 5.5 ② D+ Fu (2) Art, H 3.0 ③ WS+ FD.Cu (2) Ay, H, Fi P 5.5
IV	① 성 올라가는 것 ② 박쥐 ③ 바다에 사는 거… 가오리(∨) ④ 살아 있는 벽(∨) ⑤ 부메랑(∨) ⑥ 해부한 동물(>)	① 성에 올라가는 부분(mD), 문(Dd). ② 얼굴(mD), 날개(Legs), 다리(Proj), 꼬리(Up D). ③ 머리(mD), 꼬리(Up D), 흔들리는 것(Legs). ④ 벽이 양쪽에 매달려서 끈적거리는 것. (살아 있는?) 살아 있지 않는 한 양쪽에서 쫙 펴질 수가 없으니까요. (끈적?) 움직이는 거요. 움직이지 않으면 벽이 아니죠. ⑤ 이쪽(Proj)을 잡고 던지는 거예요. ⑥ 전체적으로 모양이요. (해부?) 그냥 그렇게 보여요.	① Wo FDu Id 2.0 ② Wo Fu A 2.0 ③ Wo Fu A 2.0 PSV ④ Wv ma.TF− Id ALOG ⑤ Wo Fu Id 2.0 ⑥ Wo F− An 2.0
V	① 박쥐(∨) ② 날아다니는 동물 ③ 나비. 그렇지만 곤충도 아니고 동물도 아닌 것 같아요(∨). ④ 벽화 (<) ⑤ 전설적인 괴물	① 다리, 날개(SD), 눈(Up Proj). 매달려 있는 것. ② 다리, 날개(SD), 눈 (날아다니는?) 나는 게 아니라 날 수 있는 동물이요. ③ 더듬이, 얼굴, 몸, 날개. 마디가 세분화되 있어야 하는데… 뭔지 잘 모르겠어요. ④ 동물 벽화예요(W). ⑤ 다리, 날개(SD), 눈, 손(Side Proj).	① Wo FMpo A P 1.0 ② Wo Fo A 1.0 ③ Wo Fo A P 1.0 PSV ④ Wo Fu Art, A 1.0 ⑤ Wo Fu (A) 1.0
VI	① 배를 위에서 내려다본 모습 ② 가오리(∨) ③ 해부한 것(>) ④ 무기 ⑤ 괴물 ⑥ 악기	① 전체적인 모양이 그래요. ② 입(Bottom Cove), 꼬리(Pole of Up D), 독침(Wing of Up D), 몸(Large D). ③ 눈(Dr in Large D), 다리(Proj), 꼬리(Top D). (종류?) 동물이요. 개구리 종류. 꼬리 있는…. ④ 손잡이(Low Proj). 쏘는 데(Top D). ⑤ 눈, 손(Low Proj), 뒷다리(Up Proj), 꼬리(Top D). ⑥ 전체 모양이요.	① Wo Fu Sc 2.5 ② Wo Fu A 2.5 INC1 ③ Wo Fu An 2.5 ④ Wo Fu Sc 2.5 ⑤ Wo Fu (A) 2.5 ⑥ Wo Fu Sc 2.5

〈계속〉

VII	① 암혹 ② 투명한 사람(∨) ③ 두 사람이 춤추는 것(∨) ④ 쌍둥이 머리가 붙은 것(∨) ⑤ 무기… 칼(<) ⑥ 인도 벽화의 춤추는 사람	① 시커매서요. ② 얼굴(Low D), 몸통은 투명하구요(S), 양쪽 손(Proj of $\frac{1}{3}$ mD). 다리(Up D). ③ 머리(Low D), 다리(Up D), 머리 기대고 춤추고 있어요. ④ 머리(Low D), 다리(Up D), 배 안에 있는 쌍둥이예요. ⑤ 양쪽에 칼이 있어요. 잡는 부분(Low D). ⑥ 머리(Up D), 팔(Proj of $\frac{1}{3}$ mD). 이런 거 텔레비전에서 봤어요.	① Wv C′Na ② WSo FC′− (H) 4.0 ③ W+ Mao (2) H 2.5 COP ④ W+ Fu (2) H 2.5 FAB2 ⑤ Wo Fu Id 2.5 ⑥ Wo Mpo (2) Art, H P 2.5 PER
VIII	① 꽃 ② 괴물(∨) ③ 잠수함(∨) ④ 비행접시 ⑤ 심장(∨) ⑥ 조각(∨)	① 꽃잎(Side Pink), 안에 있는 거(Green), 위에 나와 있는 거(Top Gray), 꽃(Pink & Orange). (꽃?) 색깔 때문에요. 5학년 과학시간에 배웠어요. ② 눈(Dr in Bottom D), 날개(Side Pink), 몸(Top Gray & Green), 다리는 없어요. ③ 앞부분(Top Gray), 중심(Green), 엔진(Side Pink), 뒷부분(Pink & Orange). ④ 앞(Pink & Orange), 엔진(Side Pink), 꼬리(Top Gray). ⑤ 심장(Green & Pink), 심장과 연결된 부분(Top Gray & Orange), 뼈(Side Pink). ⑥ 조각들이 연결되어 있는 거요. 뜯이시 붙인 거 같아요.	① Wo CFu Bt 4.5 PER ② Wo Fu (Ad) 4.5 ③ Wo Fu Sc 4.5 ④ Wo Fu Sc 4.5 PSV ⑤ Wo F− An 4.5 ⑥ Wv/+ F− Art 4.5
IX	① 나무, 꽃이 있는 식물(∨) ② 괴물…식물인간 같은 것(∨) ③ 곤충(∨) ④ 나라(∨) ⑤ 문(∨)	① 꽃(Pink), 잎(Green), 줄기(Orange), 뿌리(Proj. of Orange). ② 눈(Eye in D.S.), 코하고 몸하고 섞은 거. 손(Proj. of Orange), 머리 쪽에 있는 거(Green), 꽃(Pink). ③ 날개(Green), 뒷다리(Orange), 몸(Pink). ④ 스웨덴(Orange)과 그 위에 있는 나라. ⑤ 문 중간 부분(Mid Line), 여는 거(SD).	① Wo FCu Bt 5.5 ② WSo FC− (A), Bt 5.0 INC2 ③ Ddo Fu A ④ Do Fu Ge ⑤ Wo Fu Id 5.5
X	① 여러 가지 곤충(∨) ② 세포들 ③ 도구들(∨) ④ 괴물(∨) ⑤ 날아다니는 사자(∨) ⑥ 전투 대형의 비행기	① 게(Out Brown)랑 박쥐요(Caterpillar). ② 그냥 전체 모양이 그래요. ③ 전선(Out Blue), 손잡이(In Blue), 누르는 데(Top Gray). ④ 괴물(Side Pink), 촉수랑 눈이랑 꼬리가 보여요. ⑤ 눈썹(Caterpillar)이랑 눈(In Yellow), 그리고 귀(Out Orange)요. ⑥ 양쪽으로 비행기가 여섯 대 있어요.	① Do Fo (2) A ② Wo F− A 5.5 ③ Ddo F− Sc ④ Do Fu (H) ⑤ Ddo Ma− Ad ⑥ Ddo Fu Sc

〈표 6-10〉 구조 요약

LOCATION FEATURES	DETERMINANTS BLENDS	DETERMINANTS SINGLE	CONTENTS	S-CONSTELLATION
				YES ... FV+VF+V+FD>2
Zf = 41	FM.FT	M = 3	H = 2, 3	NO ... Col-Shd Bl>0
ZSum = 130.5	FD.C	FM = 2	(H) = 2, 0	YES ... Ego<.31, >.44
ZEst = 141.0	m.TF	m = 0	Hd = 0, 0	NO ... MOR>3
		FC = 2	(Hd) = 1, 0	YES ... Zd>+−3.5
W = 42		CF = 1	Hx = 0, 0	YES ... es>EA
(Wv = 2)		C = 0	A = 11, 1	NO ... CF+C>FC
D = 5		Cn = 0	(A) = 5, 1	YES ... X+%<.70
Dd = 4		FC′ = 1	Ad = 3, 0	YES ... S>3
S = 8		C′F = 0	(Ad) = 1, 0	NO ... P<3 or >8
		C′ = 1	An = 3, 2	NO ... Pure H<2
DQ		FT = 0	Art = 5, 0	NO ... R<17
.........(FQ−)		TF = 0	Ay = 1, 0	6 ... TOTAL
+ = 4 (0)		T = 0	Bl = 0, 0	
o = 44 (9)		FV = 2	Bt = 2, 1	SPECIAL SCORINGS
v/+ = 1 (1)		VF = 0	Cg = 0, 0	Lv1 Lv2
v = 2 (1)		V = 0	Cl = 0, 0	DV = 0x1 0x2
		FY = 0	Ex = 0, 0	INC = 1x2 2x4
		YF = 0	Fd = 0, 0	DR = 0x3 0x6
		Y = 0	Fi = 0, 1	FAB = 0x4 1x7
FORM QUALITY		Fr = 0	Ge = 1, 0	ALOG = 2x5
		rF = 0	Hh = 0, 0	CON = 0x7
FQx FQf MQual SQx		FD = 1	Ls = 0, 0	SUM6 = 6
+ = 0 0 0 0		F = 35	Na = 1, 0	WSUM6 = 27
o = 6 3 2 0			Sc = 8, 0	AB = 0 CP = 0
u = 33 25 0 5			Sx = 0, 0	AG = 0 MOR = 0
− = 11 7 1 3			Xy = 0, 0	CFB = 0 PER = 2
none = 1 − 0 0		(2) = 6	Id = 5, 0	COP = 1 PSV = 3

RATIOS, PERCENTAGES, AND DERIVATIONS

Core			Affect		Interpersonal	
R = 51	L = 2.19		FC : CF+C	= 2 : 2	COP = 1	AG = 0
			Pure C	= 1	Food	= 0
EB = 3 : 3.5	EA = 6.5	EBPer = N/A	Afr	= 0.50	Isolate/R	= 0.12
eb = 4 : 6	es = 10	D = −1	S	= 8	H : (H)Hd(Hd)	= 5 : 3
	Adj es = 10	Adj D = −1	Blends : R	= 3 : 51	(HHd) : (AAd)	= 3 : 7
			CP	= 0	H+A : Hd+Ad	= 25 : 5
FM = 3	C′ = 2	T = 2				
m = 1	V = 2	Y = 0				

Ideation				Mediation		Processing		Self Perception	
a : p	= 4 : 3	Sum6	= 6	P	= 5	Zf	= 41	3r+(2)/R	= 0.12
Ma : Mp	= 2 : 1	Lv2	= 3	X+%	= 0.12	ZD	= −10.5	Fr+rf	= 0
2AB+Art+Ay	= 6	WSum6	= 27	F+%	= 0.09	W : D : Dd	= 42 : 5 : 4	FD	= 2
M−	= 1	Mnone	= 0	X−%	= 0.22	W : M	= 42 : 3	An+Xy	= 5
				S−%	= 0.27	DQ+	= 4	MOR	= 0
				Xu%	= 0.65	DQv	= 2		

SCZI = 4*	DEPI = 6*	CDI = 3	S-CON = 6	HVI = NO	OBS = NO

〈표 6-11〉 특수 지표

SCZI(정신분열병 지표) :

아래 조건 중 4개 이상 만족하는 경우 해당됨:

YES ... EITHER : (X+%<.61) AND (S−%<.41)
OR... : (X+%<.50)
NO ... (X−%>.29)
YES ... EITHER : (FQ−≧FQu)
OR... : (FQ−>FQo+FQ+)
YES ... (Sum Level 2 Sp. Sc.>1) AND (FAB2>0)
YES ... EITHER : (Raw Sum6 Spec. Scores>6)
OR... : Weighted Sum of 6 Sp. Sc.>17
NO ... EITHER : (M−>1)
OR... : (X−%>.40)

DEPI(우울증 지표) :

아래 조건 중 5개 이상 만족하는 경우 해당됨:

YES ... (FV+VF+V>0) OR (FD>2)
YES ... (COl-Shd Blends>0) OR (S>2)
YES ... (3r+(2)/R>.44 and Fr+rF=0)
OR (3r+(2)/R<.33)
YES ... (Afr<.46) OR (Blends<4)
NO ... (SumShading>FM+m) OR
(SumC′>2)
YES ... (MOR>2) OR
(2AB+(Art+Ay)>3)
YES ... (COP<2) OR
(Isolate/R>.24)

CDI(대응손상 지표) :

아래 조건 중 4개 또는 5개가 만족하는 경우 해당됨:

YES ... (EA<6) OR (Adj D<0)
YES ... (COP<2) AND (AG<2)
NO ... (Weighted SumC<2.5)
OR (Afr<.46)
NO ... (Passive>Active+1) OR
(Pure H<2)
YES ... (SumT>1) OR
(Isolate/R>.24) OR
(Food>0)

HVI(과잉경계 지표) :

조건 (1)을 만족하는 동시에 나머지 조건들 중 적어도 4개가 만족하는 경우 해당됨:

NO ... (1) FT+TF+T=0

YES ... (2) Zf>12
NO ... (3) Zd>+3.5
YES ... (4) S>3
YES ... (5) H+(H)+Hd+(Hd)>6
YES ... (6) (H)+(A)+(Hd)+(Ad)>3
NO ... (7) H+A : Hd+Ad<4 : 1
NO ... (8) Cg>3

OBS(강박성향 지표) :

YES ... (1) Dd>3
YES ... (2) Zf>12
NO ... (3) Zd>+3.0
NO ... (4) Populars>7
NO ... (5) FQ+>1

아래 조건 중 1개 이상 만족하는 경우 해당됨:

NO ... 조건 (1)에서 (5)까지 모두 만족함
NO ... 조건 (1)~(4) 중에서 2개 이상을 만족함
AND FQ+>3
NO ... 조건 (1)~(5) 중에서 3개 이상을 만족함
AND X+%>.89
NO ... FQ+>3 AND X+%>.89

〈표 6-12〉 채점 순서

CARD	NO	LOC	DETERMINANT(S)	(2)	CONTENT(S)	POP	Z	SPECIAL SCORES
I	1	WSo	FVu		(A)		3.5	INC2
	2	Wo	FMpu		A	P	1.0	
	3	WSo	FVu		(Hd)		3.5	
	4	WSo	Fu		Art, (A)		3.5	ALOG
II	5	WSo	F−		Ad, An		4.5	
	6	Wo	Fu		Sc		4.5	
	7	WSo	FMa.FTu		A		4.5	
	8	Do	Fu		Ad			
III	9	Wo	F−		(A), An		5.5	
	10	D+	Fu	2	Art, H		3.0	
	11	WS+	FD.Cu	2	Ay, H, Fi	P	5.5	
IV	12	Wo	FDu		Id		2.0	
	13	Wo	Fu		A		2.0	
	14	Wo	Fu		A		2.0	PSV
	15	Wv	ma.TF−		Id			ALOG
	16	Wo	Fu		Id		2.0	
	17	Wo	F−		An		2.0	
V	18	Wo	FMpo		A	P	1.0	
	19	Wo	Fo		A		1.0	
	20	Wo	Fo		A	P	1.0	PSV
	21	Wo	Fu		Art, A		1.0	
	22	Wo	Fu		(A)		1.0	
VI	23	Wo	Fu		Sc		2.5	
	24	Wo	Fu		A		2.5	INC1
	25	Wo	Fu		An		2.5	
	26	Wo	Fu		Sc		2.5	
	27	Wo	Fu		(A)		2.5	
	28	Wo	Fu		Sc		2.5	
VII	29	Wv	C′		Na			
	30	WSo	FC′−		(H)		4.0	
	31	W+	Mao	2	H		2.5	COP
	32	W+	Fu	2	H		2.5	FAB2
	33	Wo	Fu		Id		2.5	
	34	Wo	Mpo	2	Art, H	P	2.5	PER
VIII	35	Wo	CFu		Bt		4.5	PER
	36	Wo	Fu		(Ad)		4.5	
	37	Wo	Fu		Sc		4.5	
	38	Wo	Fu		Sc		4.5	PSV
	39	Wo	F−		An		4.5	
	40	Wv/+	F−		Art		4.5	
IX	41	Wo	FCu		Bt		5.5	
	42	WSo	FC−		(A), Bt		5.0	INC2
	43	Ddo	Fu		A			
	44	Do	Fu		Ge			
	45	Wo	Fu		Id		5.5	
X	46	Do	Fo	2	A			
	47	Wo	F−		A		5.5	
	48	Ddo	F−		Sc			
	49	Do	Fu		(H)			
	50	Ddo	Ma−		Ad			
	51	Ddo	Fu		Sc			

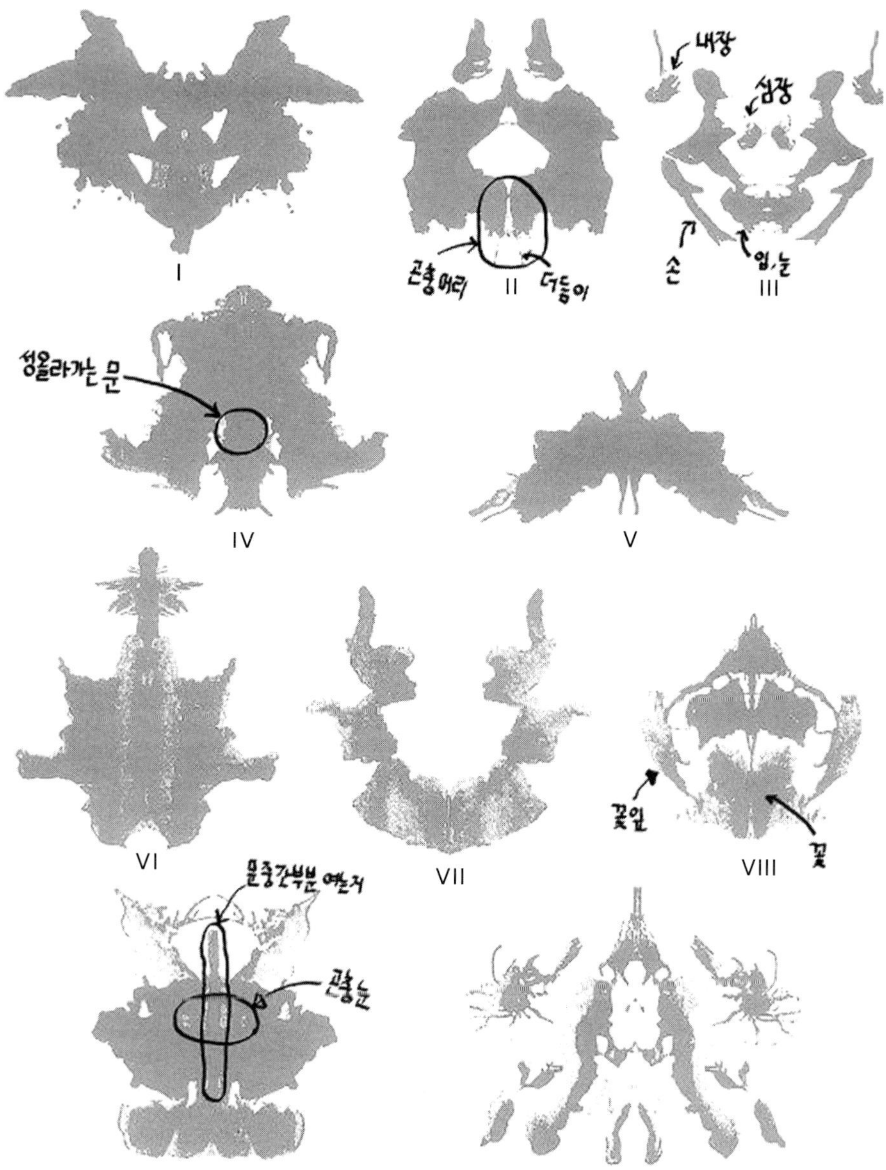
I
곤충머리
II
더듬이
내장
심장
손
입,눈
III
성올라가는 문
IV
V
VI
VII
꽃잎
꽃
VIII
몸중간부분 여는저
곤충눈
IX
X

(2) 결과 해석

환아의 전체 반응 수는 51개로 타당한 해석이 가능하다. 유의미한 가장 첫 번째 핵심 변인이 정신분열병 지표(SCZI=4)이므로 해석은 관념화, 중재, 처리, 통제, 정서, 자기지각, 대인지각 순서로 진행되어야 한다.

① 인지적 특성: 관념화

현재 정신분열병 지표가 유의하게 상승되고는 있으나 이것이 바로 정신병적 수준의 현실 검증력 장애를 의미하는 것은 아니다. 환아의 경우에는 오히려 불안 등의 강렬한 정서가 유발되는 상황에서 현실을 객관적, 논리적으로 판단하는 데 혼동을 보일 가능성을 시사하는 것으로 생각된다(WSum6=27). 계열 분석(sequence analysis) 시 수준 2에 속하는 특수 점수(INC2, FAB2)와 비논리적인 사고경향성(ALOG)이 대부분 음영 반응 또는 무채색 반응과 함께 나오거나 뒤이어 나오는 것은(카드 I, IV, VII) 그만큼 환아가 불안감에 취약하며 이러한 정서적 혼란으로 인하여 인지적 통제력 및 사고의 논리성이 일시적으로 불안정해질 수 있음을 지지하는 증거다. 하지만 정신분열병에서 흔히 나타나는 병리적 수준의 사고 장애는 관찰되지 않으며, 전반적으로 사고의 일관성이나 논리성을 유지할 수 있는 기본적인 역량은 지니고 있어 보인다.

한편, 제시된 자극에 충분하게 주의를 기울여 체계적이고 조직화된 방식으로 반응하기보다는 일부 단서를 근거로 지나치게 성급하고 충동적으로 결론을 도출하는 경향성도 환아가 자신 및 세상에 대한 위협적인 생각을 공고히 하는 데 부정적으로 영향을 미치는 것으로 여겨진다(ZD=−10.5). 또한 사회적 상황에서 느끼는 긴장감, 불안감으로 인해 주변 환경의 사소한 변화에도 촉각을 곤두세우고 예민하게 반응하는바, 빈번한 '눈' 반응 및 카드 X의 '세포' 반응 등에서 드러나듯 쉽게 피해의식을 형성하고 사회적 관계에서 철회될 소지도 있어 보인다. 이러한 사고 특징은 환아의 주지화 방어기제와 더불어 솔직하고 진솔한 정서적 상호작용을 토대로 한 친밀한 관계 형성을 방해하는 한 요인이 되는 것으로 여겨진다(INTELL=6).

② 인지적 특성: 중재 및 처리

불안정한 정서 상태는 환아가 주변 세계를 지각하고 이를 인지적으로 처리하는 과정까지 영향을 미치고 있다. 환아는 자극에 대한 정서적인 관여를 최소화함으로써 심리적 평형을 유지하고자 하는 소극적이고 회피적인 대처 방략을 사용하며, 이로 인해 상황을 구체적이고 세부적으로 인식하는 데 상당한 제약을 나타낸다. 결과적으로 세상과 자기 자신에 대한 조망이 지나치게 협소하여 상황적 맥락을 적절하게 파악하지 못한 채 융통성이 부족하고 경직된 대처방식을 고수할 가능성도 높은 것으로 생각된다(Lambda=2.19, ZD=−10.5, W:D:Dd=42:5:4). 또한 타인의 행동과 의도 그리고 주변 사건을 부정확하게 지각할 가능성이 높다(X+%=.12, Xu%=.65). 특히, 앞서 관념화와 마찬가지로 환아의 경우 불안감에 압도되어 지각적 왜곡을 보이다가 다시 이를 회복하는 특성을 보인다. 예를 들어, 카드 II의 첫 번째 반응에서 색채에 의해 활성화된 내적 긴장감과 불안감이 형태질 마이너스인 '동물 내장' 반응을 유발하였지만, 이후 환아는 보다 나은 수준으로 반응의 질을 향상시키는 탄성을 보이고 있다. 환아가 반복적으로 음영 카드 또는 음영 반응에서 일시적인 지각 왜곡이나 사고 형태상의 오류를 보이는 것은(shading shock) 제반 인지 능력에 상당한 과부하를 일으킬 만큼 환아가 경험하는 불안감이 극심하다는 사실을 반증해 준다.

③ 통제

현재 환아가 경험하는 스트레스가 대처 능력의 범위를 넘어선 상태에 처해 있으며, 이는 상황적 요인에 의한 일시적인 것이 아니라 매우 만성화된 특징을 지닌다. 즉, 환아는 오랜 기간 스트레스 상황에 노출되어 왔으며, 이에 대처할 수 있는 내적 자원을 효율적으로 동원하는 데도 어려움을 겪는 것으로 여겨진다(D=−1, Adj D=−1, EA=6.5). 이에 환아는 대부분의 스트레스 상황에 능동적이고 적극적으로 접근하기보다는 자극 상황에 좀처럼 관여하지 않고 오직 혼자만의 세계 속으로 도피하고자 하는 매우 경계적이고 방어적인 대처방식을 고수하고 있다.

④ 정서

위험한 세상에 혼자 내던져진 듯한 두려움, 불안감 등의 정서적인 고통이 상당한 수준에 이르러 보인다. 환아의 카드 I에 대한 첫 반응(sign in 반응)이 '괴물' 이라는 점 또한 세상에 대해서 환아가 가지는 주된 정서가 불안감이며, 내면의 불안정감을 반영해 주는 것으로 생각된다. 또한 카드 전반에서 음영 반응이 지나치게 많고(SumShd=6), 카드 VII의 '암흑' 반응과 같이 어떠한 형태도 보지 못할 정도로 극도의 불안감과 무력감에 압도당하여 인지적인 통제력을 상실한 순수 무채색 반응(C′)을 보인 것도 이러한 정서적 고통의 수준을 가늠케 한다. 우선 환아의 불안감의 원천은 사회적 상호작용에 대한 두려움일 가능성이 높아 보인다. 카드 III의 첫 번째 반응이 형태질 마이너스인 '해부' 반응이고 방어 능력을 회복한 이후에도 여전히 순수 인간이 아닌 '조각으로 된 사람' 으로 반응하는 점을 고려할 때, 대인관계에서 매우 방어적이고 불안감을 다분히 주지화된 방식으로 처리하고자 하는 환아의 성격 특성을 알 수 있다. 친밀감과 관련된 카드 VI의 모든 반응이 형태(F)를 결정인으로 하는 점 그리고 내용 측면에서도 '독침을 가진 가오리, 해부된 개구리, 괴물, 무기' 등과 같이 주로 적대적이고 공격하거나 공격당하는 등의 파괴적인 주제들로 이루어진 점도 환아가 애착관계에서 좌절 경험이 지나치게 많고, 이러한 고통스러운 정서에 대하여 심리적으로 차단하고 통제하려 한다는 것을 보여 준다.

한편, 환아의 내면 세계를 불안정하게 하는 또 다른 요인으로는 억압된 분노감을 들 수 있다. 빈번한 공백 반응과 '괴물, 내장, 무기, 칼' 등의 반응 내용은 이를 반영하는 한 예가 된다. 환아는 학교에서 오랫동안 왕따를 당해 왔고 사회적 상황에서 좌절 경험이 지속되어 온 가운데 자신에게 마냥 적대적이고 냉담하기만 한 세상에 대해 불안감 및 피해의식과 더불어 원망감과 분노감을 누적시켜 온 것으로 보인다. 그렇지만 이를 솔직하게 표현하는 데 상당한 두려움을 느끼고 소극적이고 회피적인 태도로 일관해 온 것으로 여겨진다. 따라서 정서적 자극을 처리하고 감정을 적절한 방식으로 경험·표현하는 기본적인 능력을 갖추고 있는데도, 그동안 축적되어 온 심리적 갈등과 그에 기인된 긴장감의 압력을 견디지 못하고 때로 충동적으로 행동하는 양상을 나타낼 것으로 추측된다(EB=3:3.5, Afr=.50, FC:CF+C=2:2, Pure C=1).

⑤ 자기지각

환아는 자존감이 매우 낮으며 스스로에 대해 부정적, 자기비판적 태도를 지니고 이와 관련된 우울감을 내면화하고 있어 보인다. 또한 자기 자신을 '매우 취약한, 일상생활의 문제에 제대로 대처하기 어려운' 존재로 표상하여 내면의 불안감을 증폭시키고 있다(Depression index=positive, Egocentricity index=.12, V=2). 경쟁이 치열한 학교로 전학 오면서 주눅이 들고 내성적인 성격에 사회적 기술이 부족하여 또래들을 잘 사귀지 못하고 또래들의 따돌림에 적절히 대응하지 못한 점 그리고 어머니의 높은 기대 수준으로 인해 지속적으로 부정적인 피드백을 받아 온 점 등이 이렇듯 부정적인 자기 개념을 형성하는 데 상당 부분 기여해 온 것으로 짐작된다. 또한 낮은 자존감과 자신의 대처 능력에 대한 불신, 자신감 부족 및 만성화된 무력감은 결과적으로 스스로에 대한 부정적인 지각과 신념을 반증할 수 있는 기회를 차단하고, 오히려 타인의 거절을 유발하여 내면의 우울감을 더욱 심화시키는 악순환의 연결 고리를 형성하고 있어 보인다. 따라서 무엇보다도 안정되고 수용적인 부모와의 관계에서 긍정적인 피드백 경험을 통해 환아가 자신의 가치와 잠재 능력을 인정받고 깊이 있는 정서적 교류 경험을 함으로써 세상에 대한 신뢰감 및 친밀감을 회복할 수 있도록 하는 치료적 개입이 시급한 것으로 생각된다.

⑥ 대인지각

환아는 세상에 대한 안온하고 우호적인 표상을 형성하지 못하고 만성적인 불안감을 느끼면서, 타인에 의해 위협받거나 상해를 입는 것은 아닌지에 대해 경계 태세를 보이며 부정적인 생각에 쉽게 압도되는 경향을 보이고 있다. 사회적 공감 능력이 부족하고 정서적 상호작용에 대한 두려움도 큰 편으로 진술하고 친밀한 대인관계를 형성하는 데 상당한 제약을 겪고 있다(M−=1). 애정 및 관심에 대한 욕구는 있지만 지속적으로 이러한 욕구가 무시되고 좌절되는 과정에서 누적되어 온 분노감과 원망감은 환아의 내적 긴장을 상승시키고 있으며, 환경 내의 잠재적 위험이나 위협을 경계하고 이에 예민하게 반응하게 하는 한 요인이 되는 것으로 짐작된다(T=2). 특히, 카드 IV에서 보고된 재질 반응의 경우 형태를 제대로 보고하지 못하며 내용 면에서도 '끈적거리는 살아 있는 벽' 이라는 개인 특유적인 주제가 드러나고 있어, 환아가 애착관계를 다분히 침투적이고 통제할 수 없는 것으로 경험하며 함입에 대한 공포심(engulfment fear)을 갖고 있지는 않은지 의심케 한다. 환아가 보이는 극도의 사회적 위축, 피해의식, 대인관계에서의 강렬한 불안감, 이에 동반되는 지각적 왜곡이나 사고상의 오류 등은 분열형(schizotypal) 성격 특성으로 굳어질 위험이 있음을 시사한다.

참고문헌

Anderson, J. C. (1994). Epidemiology. In T. H. Ollendick, N. J. King, & W. Yule (Eds.), *International Handbook of Phobic and Anxiety Disorders in Children and Adolescents*. NY: Plenum Press.

Kashani, J. H., & Orvaschel, H. (1990). A community study of anxiety in children and adolescents. *American Journal of Psychiatry, 147*, 313-318.

Kernberg, O. (1975). *Borderline Conditions and Pathological Narcissism*. NY: Aronson.

Klopfer, B., & Davidson, H. H. (1962). *The Rorschach Technique: An Introductory Manual*. NY: Harcourt, Brace & World, Inc.

Lerner, P. M. (1998). *Psychoanalytic Theory and the Rorschach* (2nd ed.). The Analytic Press.

Rapaport, D., Gill, M., & Schafer, R. (1968). *Diagnostic Psychological Testing*. NY: International Universities Press.

Schachtel, E. G. (1966). *Experiential Foundations of Rorschach's Test*. NY: Basic Books.

Werry, J. S. (1986). Physical illness, symptoms and allied disorders. In H. C. Quay, & J. S. Werry (Eds.), *Psychopathological Disorders of Childhood* (3rd ed.). NY: Willey.

Wicks-Nelson, R., & Israel, A. C. (2000). *Behavior Disorders of Childhood*. NJ: Prentice Hall.

주의력결핍 · 과잉행동 장애

1. 이론적 배경

주의력결핍 · 과잉행동 장애(attention-deficit/hyperactivity disorder: ADHD)는 주의집중력과 관련된 뇌 기능상의 미세한 장애에 기인된 아동기에 대표적인 신경발달학적 장애다. 현재 DSM-IV에서는 ADHD 진단 범주하에 주의력결핍(inattention) 및 과잉행동-충동성(hyperactivity-impulsivity)의 차원에 따라 세 가지 하위 유형, 즉 주의력 결핍 우세형, 과잉행동-충동성 우세형, 혼합형으로 세분하여 구분하고 있다. 특히, 과잉활동 또는 주의산만은 가장 핵심적인 증상으로 간주되고 있지만, 이는 ADHD뿐만 아니라 다른 장애에서나 정상적인 발달 과정에 있는 아동 및 청소년기에서도 일시적으로 보일 수 있는 증상이라 할 수 있다. 임상 장면에서 ADHD는 소아정신과적 장애 중에서 가장 유병률이 높은 장애의 하나로, 국내의 경우 소아정신과 외래환아의 8.7%와 일반 아동의 7.6%에서 ADHD가 보고되어 있다(조수철, 신윤오, 1994; 홍강의, 홍경자, 1980). 한편, ADHD 아동들은 다른 소아정신과 장애를 동반 장애로 보이는 경우(comorbidity)가 많은데, 가령 비순응, 논쟁, 감정 폭발, 거짓말, 도벽 등 적대적 반항 장애나 품행 장애 행동 양상을 함께 보이는 경우가 임상 장면에 의뢰된 ADHD 집단의 약 60%에 달한다. 또한 모든 ADHD 아동들이 학교생활의 어려움을 겪고 있다. 가장 흔한 문제는 아동의 지적 잠재 능력에 비해서 유의미하게 저조한 학업 성취를 보인다는 점이다. ADHD 아동의 20~30%에서 읽기 장애나 그 외 학습 장애들을 보인다고 하며(Barkley, 1990), 김미경 등(1996)은 학습 수행 평가척도를 이용하여 ADHD 아동의 46%가 학습에서 상당한 곤란을 겪는 것으로 보고하였다. 또래관계에서의 문제 또한 흔한 문제며, 사회적 상황에서 자신의 행동을 통제하지 못하여 친구들에게 따돌림을 당하고, 결국 사회적으로 거부나 회피를 당하게 된다. 이러한 행동적, 학업적, 사회적 문제의 결과 ADHD 아동 및 청소년들은 흔히 낮은 자기 존중감, 좌절에 대한 낮은 인내력, 우울과 불안 증상, 그 외 분노나 반항 등 다른 정서적 문제들을 보이게 된다. 이렇듯 ADHD는 다양한 장애가 공존 병리로 동반될 가능성이 매우 높고 우울증이나 불안 장애, 학습 장애 등과 감별 진단하기 어려운 경우가 많다. 그러므로 일차적인 ADHD 증상뿐만 아니라 이차적인 증상 및 심리사회적 기능과 관련되는 측면들을 포함한 종합적인 평가를 함께 하는 것이 최적의 치료를 계획하는 데 있어 중요하다.

ADHD와 관련하여 주의 깊게 고려해야 할 로샤 변인들은 다음과 같다.

1) 경험에 대한 주의

경험에 대한 주의(attending to experience)는 환경에 주의의 초점을 맞추고 환경을 지각하는 방식을 의미한다. 경험에 주의를 기울이는 정도는 환경과 자신에게 일어나는 일을 얼마나 많이 알아차리고, 의식에 들어온 정보를 어떻게 조직화하며, 대부분의 사람들과 동일한 방식으로 사건을 지각하는 정도를 포함한다.

(1) 경험에 대한 개방성(Lambda) → High Lambda

성공적으로 적응하려면 너무 좁거나 넓지 않게 균형 잡힌 주의의 초점을 유지해야 한다. 이런 사람은 내적 및 외적 사건을 합리적으로 인식하는 경향이 있고, 애매하고 불확실한 것을 참을 수 있으며, 욕구 충족을 위해 다양한 영역에 관심을 보이고, 융통적인 방식으로 상황에 대처할 수 있다. 그런데 ADHD 아동, 청소년의 경우는 람다 값이 높게 나타나는 경향(>.99)이 많다. 이는 아동이 주어진 과제에 충분히 인지적인 노력을 기울이지 않고 형태만을 보고 부주의하게 반응하는 등 최소한의 에너지를 투여하기 때문이다. 이처럼 경험에 대한 개방성이 부족하고 주의의 초점이 지나치게 좁은 결과, 매우 경직되고 인지적인 융통성이 결여되어 있으며 시야가 좁아 사건을 피상적으로 보고 때로는 사회적, 대인관계적 상황에 관한 미묘한 뉘앙스를 놓칠 수 있다. 이에 단순하게 문제해결을 시도하려 하고 미묘한 문제에 둔감하므로 다른 사람의 요구나 기대에 입각하여 적절하게 행동하지 못하며, 그 과정에서 다른 사람의 기분을 언짢게 하는 거칠고 서툰 방식으로 행동할 수 있다. 게다가 자신이 하고 싶은 방식대로 곧장 행동에 옮기기 때문에 자신의 거칠고 서툰 행동방식이 다른 사람에게 끼친 피해를 인식하지 못할 수 있다. 또한 모호하고 불확실한 것을 참지 못해서 좌절 상황에 대한 인내력이 부족하고 매우 충동적인 특성을 보이게 된다.

(2) 효율적인 정보의 조직화(ZD) → Underincorporation

효율적인 정보의 조직화는 정보의 양과 정보를 처리할 수 있는 능력 사이에 적절한 균형을 유지하는 것을 말한다. ADHD의 경우에는 ZD가 −3.0보다 낮은 과소통합자(underincoporator)의 특성이 많다. 즉, 정보를 너무 적게 받아들이고 이로 인해 자신의 경험에 대한 탐색도 적절한 수준보다 적을 수 있어 성급하고 부주의한 정보처리 스타일을 보인다. 또한 조심스럽고 진지하게 과제를 처리하지 않는 경향이 있고 자신의 능력을 충분히 반영하지 못한 결과에 대해서도 그냥 만족해 버린다. 다시 말해, 상황에 대한 중요한 측면을 간과한 채 빨리 피상적으로 처리하며 쉽게 처리할 수 있는 정보도 제대로 고려하지 않기 때문에, 일반적으로 일상생활에서 여러 측면을 무시하고 간과한 채 충동적으로 행동할 위험이 높고 성취하고자 하는 것을 달성하기도 어렵게 된다. 이와 관련된 증상으로 주의산만, 부적절한 초점주의, 과제 지속의 어려움을 보이므로 흔히 ZD < −3.0인 ADHD 아동의 경우 정보처리의 효율성을 높이기 위한 인지훈련의 필요성이 요망된다.

(3) 사건에 대한 현실적 및 관습적 지각

① W:D:Dd → 질적으로 빈약한 W 반응

아동의 경우 성인에 비해 W 반응이 많은 편이지만 그러한 발달적 특성을 감안한다 하더라도 ADHD 아동은 다른 아동에 비해 W 반응이 더 많으며 반응의 질 또한 빈약한 경우가 흔하다. 이처럼 모호한 W 반응이 많아서 경험에 대한 세부화된 지각과 조직화 활동이 부족하고, 그 결과 자극장을 전체적으로 모호하게 지각하고 상황을 단정 짓는 양상을 보이게 된다.

② Xu, P, X−% → 비관습적 지각

Xu%가 20%을 넘을 경우 세상을 보는 방식이 대부분의 사람들에 비해 특이하고 더 모험적인 방식을 선택할 가능성이 높다. 특히, Xu%의 상승은 자극 추구적 행동

(sensation seeking behavior)과 높은 관련이 있는데, 이는 ADHD 아동에게서 흔히 관찰되는 양상이라 할 수 있다. P 반응의 경우에는 연령에 상관없이 P > 7이면 순응성이 보통보다 매우 높음을, P < 4이면 특이성 내지는 비순응성이 지나침을 시사한다. 게다가 X−%가 높을 경우에는 단순한 경험에 대한 비관습적 주의보다 부정확한 주의 혹은 지각적 왜곡을 고려해 볼 필요가 있다. ADHD 아동의 경우에는 인지적인 충동성으로 인해 순간순간의 주관적인 느낌과 인상에 근거하여 반응하기 때문에 지각적인 정확성이 저하되고 부적절한 조합 반응도 많이 나타나게 된다. 왜냐하면 그들은 머릿속에서 조직화하고 통합하기 전에 행동 억제의 어려움이 있어 우선 되는 대로 말부터 하기 때문이다. 그 결과 형태질이 저하되는 경우가 종종 있다. Xu%가 높고 P가 낮을 뿐만 아니라 D%가 낮은 경우에는 비순응적인 행동을 보일 가능성이 더 높아진다.

2) 스트레스 관리

스트레스를 관리하는 데 사용할 수 있는 심리적 자원의 양은 대부분 개인이 자기 자신과 환경에 적응하는 방식을 결정한다. 주관적으로 느끼는 심리적 불편을 최소화하고 일관성 있는 대처방법을 유지할 수 있는 적절한 자원은 심리적인 안녕과 성공적 적응을 향상시킨다. 반면에 불충분한 내적 자원, 과도한 스트레스 경험, 일관성이 없는 대처 능력과 같은 요인들은 일상생활에서 뚜렷한 심리적 고통, 좌절, 제한적인 성취를 초래하게 된다.

(1) 스트레스 대처 자원 → 높은 대응손상 지표(CDI)

대응손상 지표(coping deficit index: CDI)는 성격에 대한 기술뿐만 아니라 감별진단과 치료 계획에도 중요한 폭넓은 적응적 자원을 측정할 수 있다. 모든 연령에서 대부분의 피검자는 CDI가 3 미만인데, CDI > 3일 경우는 성인(3%)에 비해 5세 아동(12%)이 더 높다. ADHD 아동의 경우에는 잠재 능력이나 내적 자원이 적절함에도 불구하고, 증상으로 학업 성취가 부진하거나 대인관계 문제 등이 초래되어 여러 가지 적응상의 어려움을 겪을 수 있다. 우선 CDI > 3일 경우 일상적 경험에 대응하는 방식이 부적절하고 비효율적일 가능성이 높다. ADHD 아동이 EA가 낮으면서 CDI가 상승한 경우 생활의 여러 측면에 걸쳐 광범위한 적응상의 어려움이 시사되므로 기본적인 대처 기술훈련이 도움이 될 수 있다. 반면, CDI가 높지만 EA가 비교적 적절한 경우에는 부적절한 사회적 기술로 인한 어려움이 예상되므로 사회적 기술훈련에 초점을 둔 치료가 효과적일 수 있다.

(2) 주관적인 심리적 고통의 최소화 → Adj D<0

일상생활에서 스트레스를 관리할 수 있는 충분한 적응적 자원을 가지고 있을 경우 주관적인 심리적 고통을 최소화하고 편안과 만족감을 느낄 수 있다. 이러한 주관적 불편에 대한 적절한 대처 능력은 D 점수와 교정 D 점수(Adj D)로 측정한다. ADHD의 경우 상황적 스트레스뿐만 아니라 비교적 지속적인 스트레스에 대한 취약성이 높다고 할 수 있다. 즉, Adj D가 0보다 작은 패턴을 보이는데, 이는 주관적 불편을 최소화할 수 있는 충분한 대처 자원을 습득하지 못해 지속적으로 과도한 스트레스를 경험하고 있음을 의미한다. 이 값이 클수록 성취 수준은 제한적이거나 감소할 가능성이 높고 심리적 장애는 만성적일 가능성이 높다. 따라서 만일 아동이 Adj D<−1인 경우에는 장기간 동안 대처 능력을 습득하기 위한 노력이 비효율적이거나 만성적인 스트레스로 인해 효율적인 대처 능력이 붕괴되었을 가능성이 시사된다.

한편, Adj D=0이라도 D가 0보다 작은 경우가 흔하지 않게 나타난다. 이러한 아동은 자신이 관리할 수 있는 수준보다 현재 심한 상황적 · 심리적 불편감을 경험하고 있으며, 차후 상황적 스트레스가 감소되면 다시 심리적 안정을 회복할 가능성이 있음을 의미한다.

3) 다른 사람과의 관계 및 만족지연 능력

ADHD의 경우에는 특히 적절한 공감 능력(accurate M)이 부족하다고 볼 수 있다. 적절한 공감 능력은 사회적, 대인관계적 적응에 중요한 역할을 하는 것으로, 다른 사람의 입장에서 생각할 수 있고 다른 사람의 감정을 이해할 수 있는 능력을 뜻한다. 다른 사람의 태도와 의도를 잘못 판단하고 자신이 직면한 상황을 정확하게 파악하지 못하는 경우에는 다른 사람과 함께 있을 때 불편하게 느끼고 적절하게 반응하지 못할 가능성이 높다. 모든 연령집단에서 2개 이상의 정확한 M 반응이 있을 경우 적절한 공감 능력이 시사되는 반면, M－＞1은 사회적 지각 능력의 부적응적 손상이 시사된다. 한편, Rapaport가 지적했듯이 M 반응의 우세는 충동의 즉각적 방출을 지연시킬 능력이 있음을 의미하므로, ADHD 아동처럼 충동적이고 만족지연 능력이 결여된 경우에는 M 반응이 빈약하거나 거의 없다.

4) 그 외 문제행동 또는 반항 장애 · 품행 장애와의 관련성

앞서 살펴보았듯이 ADHD 아동들은 비순응, 논쟁, 감정 폭발, 거짓말, 도벽 등을 포함한 다양한 행동적 문제를 보이고, 적대적이거나 반항적인 태도와 공격성도 빈번히 드러낸다. 특히, 반항 장애 및 품행 장애가 동반된 ADHD 아동들은 문제해결 상황 등에서 심사숙고하거나 대안을 생각하기보다는 우선 행동화하려는 경향이 강하며, 정서적으로 상당히 불안정하고 적대적이며 자기중심적이고 이기적인 면모가 많다.

로샤 검사에서는 우선 검사자와의 관계 양상 또는 검사 요구사항에 순응하는 정도를 통해 이러한 특성을 살펴볼 수 있다. 관련된 로샤 지표들을 살펴보면, 우선 관념적(ideational) 또는 반영적(reflective) 대처양식보다는 SumC가 M보다 2점 이상 초과할 때 나타나는 즉각적인 행동으로 표출하는 표현적(expressive) 대처양식이 두드러진다. 또한 정서적 불안정성(emotional lability)은 CF+C가 FC 반응보다 크다는 점을 통해 확인할 수 있는데, 특히 C 반응이 연령에 적절한 수준보다 지나치게 많을 때 정서적 불안정성이 더 심하다고 볼 수 있다. 결과적으로 그들은 경험에 대처할 때 억제나 자기통제와 같은 노력 없이 곧장 행동을 취하거나 감정을 배출하는 것을 선호한다고 볼 수 있다. 적대감과 관련해서는 로샤에서 위험하거나 위협적인 내용을 정교화한다거나 사람과 동물 대상 간에 공격적인 상호작용을 투사하여 윤색하는 것 등에서 찾아볼 수 있다. 만일 아동이 그러한 사건을 공격의 희생자보다는 가해자의 입장에서 설명하는 경우, 분노에 찬 공격적인 행동에 대한 성향이 더욱 짙다고 하겠다. 이 경우 반항 행동의 지표라 할 수 있는 S(공백 반응)가 종종 상승된다. 자기중심성은 로샤에서 자기중심성(egocentricity) 지표의 상승으로 확인할 수 있는데, 특히 반사 반응이 하나 이상 나타난다. 이 지표를 통해 타인의 욕구나 주변 상황에는 전혀 관심을 기울이지 않는 자기애(narcissism)의 정도를 알 수 있다. 이러한 자기중심성은 로샤 검사 결과에서 재질(T) 반응이 전혀 없을 때 더 문제시될 수 있다. 그 이유는 T 반응이 타인과 따뜻하고 친밀한 관계를 맺는 것에 대한 관심을 나타내기 때문이다. 따라서 자기중심성 지표가 상승되어 있으면서 T 반응이 없는 경우, 타인의 권리나 욕구를 배려하지 않으며 타인을 지배하거나 착취하려는 목적 이외에는 대인관계에 대한 관심이 거의 없을 가능성이 높다.

2. 사례 이해

1) 증상

용호는 초등학교 3학년에 재학중인 남아다. 어릴 때부터 산만하고 주의집중에 어려움을 보였으며 유치원에 들어가면서부터는 공격적이고 충동적인 행동이 두드러졌다고 한다. 또한 초등학교 입학 후 2학기 때 다른 지방으로 이사를 가면서부터는 또래 친구들을 때리거나 함께 싸우는 일이 잦았으며 소소하게 거짓말하는 행동도 늘었다. 2학년 2학기에 올라가서는 "나는 하나님이 잘못 만들었고 내가 안 태어났으면 딴 애 때리지 않아도 될 텐데."라는 말을 자주 했다고 하며, 이즈음에 운동틱(motor tic)을 보이기 시작했다고 한다.

2) 개인력 및 가족력

현재 환아는 아버지, 어머니, 누나와 함께 살고 있다. 환아의 어머니는 환아를 임신했을 당시에 집안 어른과의 마찰로 인해 스트레스를 많이 받았다고 한다. 그 외에는 별다른 문제가 없었으며, 출생 후 3세까지는 환아가 또래 아이들과 비슷하게 정상 발달을 한 것으로 보고되었다. 그런데 환아가 3세가 되던 해에 환아의 부모님과 누나가 미국에 가게 되었고, 이에 환아는 1년간 외삼촌댁에 맡겨져 지내면서 외할머니가 환아를 주로 양육하게 되었다. 그 당시 환아는 외삼촌, 외숙모를 아빠, 엄마라고 부르며 안아 달라고 보챘으며, 외할머니가 다른 외사촌들을 안거나 예뻐하면 심하게 울고 떼를 쓰는 등 야단이었다고 한다. 밤에 잘 때도 팔이나 다리를 외할머니 허리에 걸고 자야 했으며, 외할머니를 '내 거.' 라고 표현하기도 하였다.

가족들이 미국에서 돌아와 함께 살면서부터는 여러 가지 신체적인 질병과 문제행동을 보였는데, 4세부터 6세까지 감기, 중이염, 축농증, 뇌수막염으로 인해 수술과 투약을 지속해 왔다. 이처럼 축농증과 중이염 때문에 환아가 더욱 산만하고 집중하기 어려웠던 것으로 보인다. 당시에 환아는 좌절감이 많고 짜증이 많이 늘었다. 그리고 또래 아이들과 사귈 기회가 많지 않아 함께 어울리기라도 하면 다른 아이들을 밀어 버리거나 발을 거는 식의 공격적인 행동을 보이고 자주 싸웠다.

7세 이후에도 여전히 축농증과 중이염이 만성화되었으며, 초등학교 입학 전까지 비록 한글을 읽지 못했으나 또래에 비해 말을 잘하고 주변 어른들로부터 똑똑하다는 말을 들었다고 한다. 8세가 되어서 초등학교 입학한 이후에는 아데노이드 제거 및 축농증 수술을 한꺼번에 받았지만 곧 재발하여 현재도 앓고 있는 중이다. 2학기부터는 천식이 시작되었으며 2학년 올라가면서는 운동틱을 자주 보이기 시작했다.

환아의 가족사항을 보면, 아버지가 장남으로 연구소에 재직 중에 있다. 성격이 완벽주의적이고 다소 강박적인 면이 많다고 한다. 또한 공격적인 면도 있어서 화를 낼 때 폭발적이며 환아에게 화를 잘 내기 때문에 환아는 아버지에게 불만이 매우 많고 아버지를 지칭하여 '~놈' 이라고 부른다. 어머니도 대학원을 졸업한 후 교사로 재직 중인데, 내성적이고 소극적인 편이며 강박적인 면도 있다고 한다. 자녀들에게 잘 대해 주기는 하지만 매우 엄격한 편이라 야단치는 일이 많다. 환아의 누나는 20세로 현재 대학교 3학년에 재학 중이다. 아버지를 싫어하며 사교적이지 못하다고 한다. 환아와의 사이는 좋은 편도 나쁜 편도 아니었다고 한다.

3) 로샤 검사 결과 및 해석

(1) 행동 관찰

귀엽게 생긴 남자 환아로 검사실에 들어오자마자 주위를 두리번거리며 눈에 보이는 물건을 만져 보기도 하는 등 잠시도 가만히 있지 못하는 모습이었다. 검사를 하는 동안에도 손발을 움직이거나 밖에서 나는 소리에 주의가 산만해지기도 하였다. 질문이 채 끝나기도 전에 성급하게 대답하였고, 때로는 질문을 정확하게 듣지 못해 검사자가 다시 불러 주기도 했다.

〈표 6-13〉 검사 반응

카드	반응 단계	질문 단계	채 점
I	① 나비 ② 박쥐(∨) ③ 사람. 이렇게 보면 다리 한 개고 목 없는 사람(mD). 날개 달리고 손 있고. ④ 도끼. 이렇게 줄만 있으면. ⑤ 에베레스트 산(∨). 높다라니까.	① 요게 배 같은 거고(mD), 손 같은 것이 나비 다리고, 이게 날개(Wing). ② 송곳니(Down Tail). 아니고, 거꾸로 박쥐가 매달려 있는 것. 다리(Down Tail)가 파닥이는 것. 이렇게 날개 펴고 있으니까(Wing). 송곳니(Hand), 피 빨아먹는 관. ③ 다리(Down Tail), 007처럼 이렇게 벨트로 졸라매고 달라붙는 옷 입은 것, 날개(Wing). 머리는 없어요. 손(Hand). (Q) 가제트 형사가 이렇게 생긴 옷을 입고. (Q) 날개가 달린 사람. ④ 칼날. ⑤ 여기서부터 여기까지. 이게 창문. 에펠탑 꼭대기. 4개의 창문(4S). 다른 것은 장식.	① Wo Fo A P 1.0 ② Wo FMpo A, Id 1.0 ③ W+ Fu (Hd), Cg 4.0 INC1, MOR ④ Wo F− Id 1.0 ⑤ WSo Fu Ay 3.5
II	① 아까랑 비슷하다. 화산 폭발하는 것. 두 쪽에서. ② 바쥐 같애(∨).	① 돌(Black), 여기에서 팍 터져서(Low Red) 화산, 마그마가 올라오는 것(Up Red). (Q) 돌이 까질까질해 보이고 흘러내리는 것. (화산?) 팍 터져서 빨간 것이 용암처럼 보였음. ② 박쥐 얼굴(Low Red). 박쥐 날개에 달린 손(Low Side Bulk), 다리(Up Red), 꽁지(Up Tail), 근육. 근육꽁지. 박쥐 날개가 근육으로 되어 있으니까. (Q) 피 빨아먹어서 얼굴이 빨갛게 되어 있으니까. 너무 빨갛게 되어서 사람들이 화나서 와서 때려. 다시 원래대로 돌아왔는데 사람들이 때려서 화나서 다시 빨개졌어.	① Wv/+ ma.CF.TFu Ex, Ls 4.5 ② Wo Mp.FCu A, Hx 4.5 DV1, AG, ALOG

〈계속〉

II	③ 강아지. 여기가 입이고 크고 이렇게 해서. 두 마리.	③ 요게 머리, 코(Up Side Tail), 입(코 아래). 입을 이렇게 다물고 있어. 목과 가슴(입 아래 부분들), 다리(Bottom Side Tail). 이렇게 하고 있는 것. 두 마리.	③ Do FMpu (2) A
III	① 파리(∨) ② 꽃게	① 이거 채채파리. 아프리카 채채파리 이빨. 파리의 큰 눈(mD). 파리 다리(Foot). 파리 가슴(Center S). 파리 다리(Up Red). (Q) 맨 처음에 이것 보고(mD) 파리처럼 생겨서. ② 꽃게가 이렇게 생겨서. 눈이 튀어나왔어(Head). 꽃게 다리(Foot).	① WSo Fu A 5.5 ② Do Fu Ad
IV	① "이게 뭔데요?" 작은 날개 달린 오리. 여기 작은 날개(Hand), 부리, 다리(Foot), 꽁지(Down-Tail). ② 이상한 새(∨)	① 날개, 부리(Top에 있는 역삼각형 모양), 물갈퀴발(Foot), 꽁지. ② 머리(Down Tail), 날개(Foot), 다리(Hand). 오리가 변신한 거다. (Q) 머리가 이상하게 보여서. (Q) 오리가 거꾸로 변신했으니까.	① Wo Fu A 2.0 ② Wo Fu (A) 2.0
V	① 이게 진짜 나비다.	① 나비 더듬이(Down Tail), 나비 배(Center), 길다란 날개(Wing). 이것은 꽃 부분(Top Horn)에 앉아서 꽃을 빨고 있어(Up-Tail). 더듬이도 되고 대롱도 돼. 나비 입.	① W+ FMao A, Fd 5.0
VI	① 나비가 나오려고 하는 것. 애벌레 껍질에서. ② 분수. 돌 분수. 이건 돌이고 무인도에 있는 자연적인 분수(Center Line of Large D).	① 더듬이(Up D), 날개(Wing of Up D), 아직 날개 덜된 상태. 애벌레가 이렇게 되어 있었는데 이것은 애벌레 눈, 이빨(Bottom Cove). 이것으로 먹이 잡고(Up), 이것으로 소화하는 것(Down). 나뭇잎 뜯어먹고. 나비가 나오고 있어서 애벌레가 뜯어지는 것(Large D). 여기 이렇게 들쑥날쑥 해서, 종이 찢으면 삐져 나오는 것처럼. ② 돌, 물이 올라와서 위에서 물이 튕기는 것(Large D). 관을 통해서 물이 올라와서 양옆으로 퍼지는 것.	① W+ FMa.VFu A 6.0 MOR, FAB1 ② Wv/+ ma.YFu Na 6.0
VII	① "아무것도 안 보여요." 산 중간에 구멍 뚫린 것.	① 요기가 옷의 이런 곳(Down Center). 산이 아닌데, 옷인데. 옛날 옷인데, 너무 오래되어서 구멍이 뻥뻥 뚫린 것(Center S). (Q) 윗옷. 이것은 팔. 이렇게 하기 위해(Hand).	① WSo F− Cg 4.0 MOR
VIII	① 우주선 같애.	① 요기(Green), 요기(Side Pink). 불나는 것. 로켓 올라가면 이렇게 불이 나니까 불 때문에 빨개졌어. 다 유리예요. 사람 타는 것. (Q) 여기 하야니까(Center S들).	① WS+ ma.CF.FC'u Sc, Fi 4.5

〈계속〉

VIII	② 시끄러워서 귀 막고 있는 이상한 물체(∨). "이런 것은 보기 싫어요. 이상한 생각이 들어요." (Q) 말하기 싫어.	② 이게 이상한 물체 머리예요(Down Orange). 이게 가슴(Green), 귀 막고 있는 손(Side Pink). (물체?) 사람이라면 이렇게 안 생겼는데 볼 쪽이 처진 괴물같이. 눈. 귀. (가슴?) 물체에 가슴 없는 것은 없으니까요. 관절처럼 보여. 등뼈에 길다랗게 되어 있으니까. (Q) 들어간 부분이 있고 나온 부분이 있잖아요.	② WSo Mpu (Hd), An 4.5 FAB2
IX	① 두 마리 새우같이 보여. ② 이렇게 올라오는 빨간 스모그(∨).	① 새우 더듬이(Proj of Orange), 가슴. 새우가 해변으로 걸어나오고 있는데 바닷물이 철썩하고(Green & Red). (Q) 주황색이잖아요, 새우가. (바다?) 바닷물이 파란색이니까. (빨간색?) 빨간색도 바다. 다른 새우가 올라오라고 하니까 빨간색으로. ② 빨간 스모그가 퍼지기 때문에. 다른 것은 다 돌이에요. (Q) 까칠까칠하고 파란색도 있고.	① W+ Ma.mp.CFo (2) A, Na 5.5 ALOG ② Wv/+ mp.CF.TFu Na 5.5
X	① 폭죽 터지는 모습 ② 우주선(<) ③ 눈(∨)	① 폭죽이 이렇게 팍 퍼지는 것 같애. (Q) 요거요(Side Blue). 폭죽이 터지면 환하게 되니까. (Q) 파란색 폭죽이 팍 터져서. (다른 것?) 밑에서 올라오는 다른 폭죽들이에요. (Q) 이렇게 올라와서 똑같이 퍼지잖아요. ② 요기 보고 맨 처음에 우주선인 줄 알았어요(Top Gray). 우주선의 앞부분만. 철로 된 우주선(side를 제외한 모든 부분). (Q) 다 유리창. (Q) 희니까. ③ 요거요(Yellow). 요기 코고(Center Blue), 이게 입이고(Center Orange), 요기까지 얼굴(Side Red), 요거는 눈썹(Down Green). (Q) 눈썹이 올라가고 초록색이잖아요. (Q) 요기는 똑같은 색인데 눈동자만 다른 색이잖아요. (이런 눈 색깔 있어?) 예. (초록색 눈썹?) 선생님도 나도. 초록색처럼 안 보여요.	① Wv ma.CFo Ex ② DdSo FC'u Sc 6.0 ③ DdSo FCu Hd

〈표 6-14〉 구조 요약

LOCATION FEATURES

LOCATION FEATURES	
Zf	= 19
ZSum	= 76.0
ZEst	= 63.0
W	= 19
(Wv	= 1)
D	= 2
Dd	= 2
S	= 7

DQ	.........(FQ−)
+	= 8 (0)
o	= 14 (2)
v/+	= 3 (0)
v	= 1 (0)

FORM QUALITY

	FQx	FQf	MQual	SQx
+	= 0	0	0	0
o	= 5	1	1	0
u	= 16	6	2	6
−	= 2	2	0	1
none	= 0	−	0	0

DETERMINANTS

BLENDS
m.CF.TF
M.FC
FM.VF
m.YF
m.CF.FC
M.m.CF
m.CF.TF
m.CF

SINGLE	
M	= 1
FM	= 3
m	= 0
FC	= 1
CF	= 0
C	= 0
Cn	= 0
FC′	= 0
C′F	= 0
C′	= 0
FT	= 0
TF	= 0
T	= 0
FV	= 0
VF	= 0
V	= 0
FY	= 0
YF	= 0
Y	= 0
Fr	= 0
rF	= 0
FD	= 0
F	= 9
(2)	= 1

CONTENTS

CONTENTS	
H	= 0, 0
(H)	= 0, 0
Hd	= 1, 0
(Hd)	= 2, 0
Hx	= 0, 1
A	= 9, 0
(A)	= 1, 0
Ad	= 1, 0
(Ad)	= 0, 0
An	= 0, 1
Art	= 0, 0
Ay	= 1, 0
Bl	= 0, 0
Bt	= 0, 0
Cg	= 1, 1
Cl	= 0, 0
Ex	= 2, 0
Fd	= 0, 1
Fi	= 0, 1
Ge	= 0, 0
Hh	= 0, 0
Ls	= 0, 1
Na	= 2, 1
Sc	= 2, 0
Sx	= 0, 0
Xy	= 0, 0
Id	= 1, 1

S-CONSTELLATION

S-CONSTELLATION
NO ... FV+VF+V+FD>2
YES ... Col-Shd Bl>0
YES ... Ego<.31, >.44
NO ... MOR>3
YES ... Zd>+−3.5
YES ... es>EA
YES ... CF+C>FC
YES ... X+%<.70
YES ... S>3
YES ... P<3 or>8
YES ... Pure H<2
NO ... R<17
9 ... TOTAL

SPECIAL SCORINGS

	Lv1	Lv2
DV	= 1x1	0x2
INC	= 0x2	0x4
DR	= 0x3	0x6
FAB	= 1x4	1x7
ALOG	= 2x5	
CON	= 0x7	
SUM6	= 5	
WSUM6	= 22	

AB	= 0	CP	= 0
AG	= 1	MOR	= 3
CFB	= 0	PER	= 0
COP	= 0	PSV	= 0

RATIOS, PERCENTAGES, AND DERIVATIONS

Core

R = 23	L = 0.64	
EB = 3 : 6.0	EA = 9.0	EBPer = 2.0
eb = 10 : 6	es = 16	D = −2
	Adj es = 11	Adj D = 0
FM = 4	C′ = 2	T = 2
m = 6	V = 1	Y = 1

Affect

FC : CF+C	= 2 : 5
Pure C	= 0
Afr	= 0.44
S	= 7
Blends : R	= 8 : 23
CP	= 0

Interpersonal

COP = 0	AG = 1
Food	= 1
Isolate/R	= 0.30
H : (H)Hd(Hd)	= 0 : 3
(HHd) : (AAd)	= 2 : 1
H+A : Hd+Ad	= 10 : 4

Ideation

a : p	= 8 : 5	Sum6	= 5
Ma : Mp	= 1 : 2	Lv2	= 1
2AB+Art+Ay	= 1	WSum6	= 22
M−	= 0	Mnone	= 0

Mediation

P	= 1
X+%	= 0.22
F+%	= 0.11
X−%	= 0.09
S−%	= 0.50
Xu%	= 0.70

Processing

Zf	= 19
ZD	= 13.0
W : D : Dd	= 19 : 2 : 2
W : M	= 19 : 3
DQ+	= 8
DQv	= 1

Self Perception

3r+(2)/R	= 0.09
Fr+rf	= 0
FD	= 0
An+Xy	= 1
MOR	= 3

SCZI = 2	DEPI = 6*	CDI = 4*	S-CON = 9*	HVI = NO	OBS = NO

〈표 6-15〉 특수 지표

SCZI(정신분열병 지표) :

아래 조건 중 4개 이상 만족하는 경우 해당됨:

YES … EITHER : (X+%<.61) AND (S−%<.41)
OR… : (X+%<.50)
YES … (X−%>.29)
NO … EITHER : (FQ−≧FQu)
OR… : (FQ−>FQo+FQ+)
NO … (Sum Level 2 Sp. Sc.>1) AND (FAB2>0)
NO … EITHER : (Raw Sum6 Spec. Scores>6)
OR… : Weighted Sum of 6 Sp. Sc.>17
YES … EITHER : (M−>1)
OR… : (X−%>.40)

DEPI(우울증 지표) :

아래 조건 중 5개 이상 만족하는 경우 해당됨:

NO … (FV+VF+V>0) OR (FD>2)
YES … (COl-Shd Blends>0) OR (S>2)
YES … (3r+(2)/R>.44 and Fr+rF=0)
OR (3r+(2)/R<.33)
YES … (Afr<.46) OR (Blends<4)
NO … (SumShading>FM+m) OR
(SumC′>2)
NO … (MOR>2) OR
(2AB+(Art+Ay)>3)
YES … (COP<2) OR
(Isolate/R>.24)

CDI(대응손상 지표) :

아래 조건 중 4개 또는 5개가 만족하는 경우 해당됨:

YES … (EA<6) OR (Adj D<0)
YES … (COP<2) AND (AG<2)
YES … (Weighted SumC<2.5)
OR (Afr<.46)
YES … (Passive>Active+1) OR
(Pure H<2)
NO … (SumT>1) OR
(Isolate/R>.24) OR
(Food>0)

HVI(과잉경계 지표) :

조건 (1)을 만족하는 동시에 나머지 조건들 중 적어도 4개가 만족하는 경우 해당됨:

NO … (1) FT+TF+T=0

YES … (2) Zf>12
YES … (3) Zd>+3.5
YES … (4) S>3
NO … (5) H+(H)+Hd+(Hd)>6
NO … (6) (H)+(A)+(Hd)+(Ad)>3
YES … (7) H+A : Hd+Ad<4 : 1
NO … (8) Cg>3

OBS(강박성향 지표) :

NO … (1) Dd>3
YES … (2) Zf>12
YES … (3) Zd>+3.0
NO … (4) Populars>7
NO … (5) FQ+>1

아래 조건 중 1개 이상 만족하는 경우 해당됨:

NO … 조건 (1)에서 (5)까지 모두 만족함
NO … 조건 (1)~(4) 중에서 2개 이상을 만족함
AND FQ+>3
NO … 조건 (1)~(5) 중에서 3개 이상을 만족함
AND X+%>.89
NO … FQ+>3 AND X+%>.89

〈표 6-16〉 채점 순서

CARD	NO	LOC	#	DETERMINANT(S)	(2)	CONTENT(S)	POP	Z	SPECIAL SCORES
I	1	Wo		Fo		A	P	1.0	
	2	Wo		FMpo		A, Id		1.0	
	3	W+		Fu		(Hd), Cg		4.0	ICN1, MOR
	4	Wo		F−		Id		1.0	
	5	WSo		Fu		Ay		3.5	
II	6	Wv/+		ma.CF.TFu		Ex, Ls		4.5	
	7	Wo		Mp.FCu		A, Hx		4.5	DV1, AG, ALOG
	8	Do		FMpu	2	A			
III	9	WSo		Fu		A		5.5	
	10	Do		Fu		Ad			
IV	11	Wo		Fu		A		2.0	
	12	Wo		Fu		(A)		2.0	
V	13	W+		FMao		A, Fd		5.0	
VI	14	W+		FMa.VFu		A		6.0	MOR, FAB1
	15	Wv/+		ma.YFu		Na		6.0	
VII	16	WSo		F−		Cg		4.0	MOR
VIII	17	WS+		ma.CF.FC′u		Sc, Fi		4.5	
	18	WSo		Mpu		(Hd), An		4.5	FAB2
IX	19	W+		Ma.mp.CFo	2	A, Na		5.5	ALOG
	20	Wv/+		mp.CF.TFu		Na		5.5	
X	21	Wv		ma.CFo		Ex			
	22	DdSo		FC′u		Sc		6.0	
	23	DdSo		FCu		Hd			

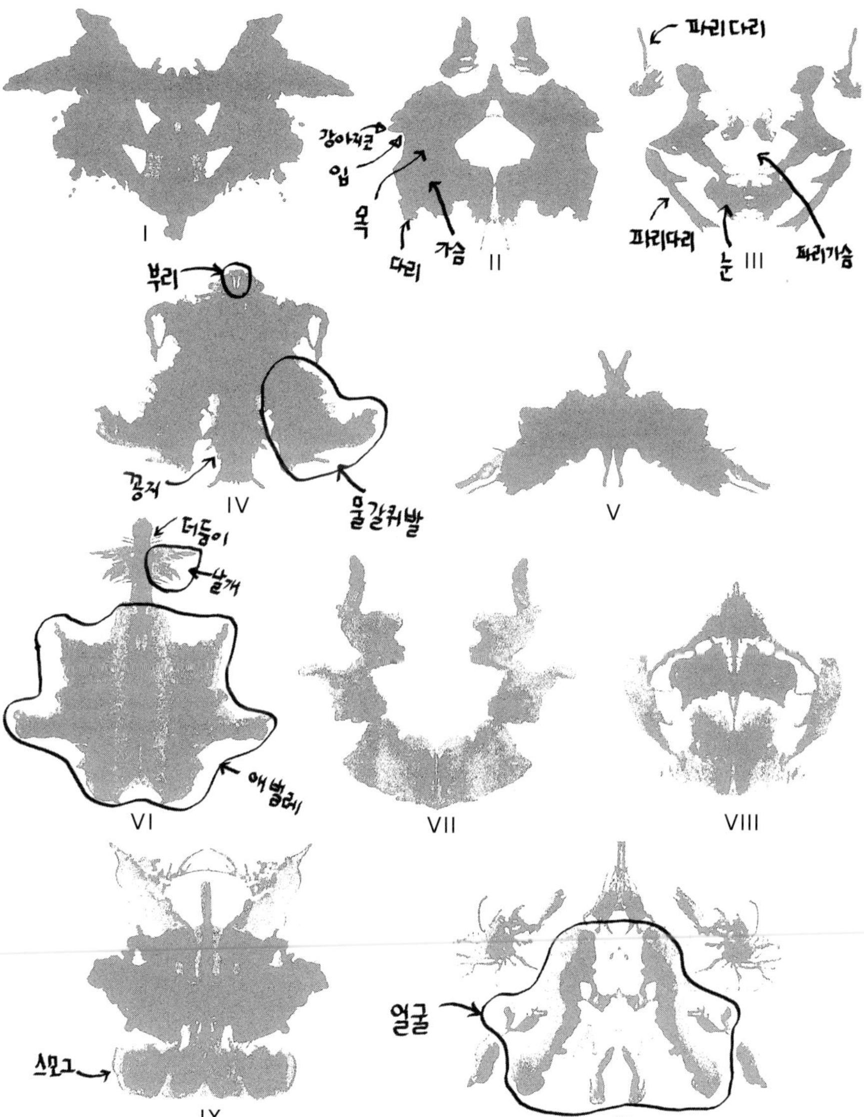
I
강아지코
입
목
다리
가슴
II
파리다리
파리다리
눈
III
파리가슴
부리
꽁지
IV
물갈퀴발
V
더듬이
날개
애벌레
VI
VII
VIII
스모그
IX
얼굴
X

(2) 결과 해석

환아의 전체 반응 수가 23개이므로 타당한 검사 결과로 볼 수 있다. 현재 자살 지표가 상승되어 있기는 하지만, Exner 종합체계 4판부터는 14세 이하의 경우 자살 지표가 유의미하더라도 적용하지 않으므로 여기에서도 우선적으로 고려하지 않고 뒤에서 언급하고자 한다. 그 다음으로 고려할 유의미한 핵심 변인은 우울증 지표(DEPI)와 대응손상 지표(CDI)인데, 이 두 지표가 동시에 유의미한 경우에는 대인지각, 자기지각, 통제, 정서, 정보처리, 중재, 관념화의 순서로 해석된다.

① 대인지각

CDI가 유의미하기 때문에 환아가 대인관계 영역에서 상당한 불편감과 부적응을 경험하고 있는 상태로 생각된다. 환아의 증상에 비추어 볼 때 대체로 ADHD 아동들이 부산하고 충동적이며 때로는 공격적인 행동 때문에 또래 아이들에게 수용되지 못하고 거절당하거나 거부당하는 경험을 반복하게 되는데, 환아도 역시 대인관계 부적응으로 큰 고통을 겪고 있어 보인다. 근본적으로 정서적으로 굶주리고 애정 욕구가 무척 많으나(Food=1, T=2), 이 욕구가 가정 내에서 충분히 충족되지 못해 정서적 박탈감과 더불어 친밀한 관계에 대한 결핍감이 상당한 것으로 여겨진다. 환아는 생애 초기에 가족들과 떨어져 외할머니 손에서 양육되었고 이후 신체적인 질병, ADHD 증상 등으로 친구들과 사귈 기회가 부족하거나 따돌림을 당한 경험이 많아서 안정적인 애착관계나 친밀감, 안전감의 형성이 어려웠을 것으로 짐작된다. 전체 반응 중에서 병적(Morbid) 반응이 모두 카드 VI, VII에서 나왔다는 점('나비가 나오면서 애벌레가 뜯어지는 것' '오래된 옷에 구멍이 뚫려 있는 것')도 어린 시절에 환아가 부모와의 애착관계가 매우 불안정했고 좌절 경험이 많았으며, 그 결과 현재 심한 정서적 박탈감과 애정 결핍감에 시달리고 있음을 지지해 주는 증거라 할 수 있겠다. 따라서 이러한 심리적 고통감 때문에 환아가 외할머니에게 매달리거나 자신의 소유라고 주장하는 등의 과도하게 요구하고 조르는 행동을 보이게 되고, 이는 또다시 다른 사람들로부터 거절을 초래했을 것으로 생각된다. 한편, H보다 Hd+(H)+(Hd)가 더 크므로 상기 문제들로 인해 사회적 불편과 거리감이 상당한 상태다. 이는 현실적인 대인관계에 관여하고 참여할 수 있는 기회를 더욱 축소시키기 때문에 사회적 상호작용에서 더욱 회피를 보이게 되고 점차 고립되고 소외되는 상태로 보인다(Isolation index=.30). 그마나 관계를 맺고 있다 하더라도 그 양상이 다른 사람과 협동적인 활동을 기대하거나 참여하기 어렵고, 다른 사람이 자신의 애정 욕구에 응하지 않거나 충족시키지 못할 경우 충동적으로 공격적인 반응을 보일 가능성이 높다(COP=0, AG=1).

② 자기지각

이처럼 불안정한 애착관계, 정서적 박탈감, 대인관계 손상 등으로 인하여 자기존중감이 매우 낮은 상태로(Egocentricity index=.09), 적절하고 긍정적인 자기상을 발달시키고 유지하기 어려우며 자신을 무능하거나 열등한 사람으로 생각하는 경향이 강하다. 이와 더불어 V>0이기 때문에 환아가 대인관계나 사회적 상황에서 스스로 부적절하다고 느끼고 자책하는 자기비난적 태도를 보이고 있으므로 낮은 자존감과 우울감에 취약할 가능성이 높다. 이는 환아 스스로 "나는 하나님이 잘못 만들었고 내가 안 태어났으면 딴 애 때리지 않아도 될 텐데."라는 말을 했던 점에서도 반영되고 있다. 또한 스스로 결함이 있다고 느끼고 열등감이 많으며 자기 불만감을 느끼고 있을 것으로 추측되며(MOR=3), 안정된 자기상을 형성하는 데 필요한 다른 사람에 대한 동일시 역시 충분하지 못한 것으로 보인다(H:Hd+(H)+(Hd)=0:3). 이에 자기 정체감이 불안정하고 스스로 '머리 없는 사람(카드 I)' 처럼 가장 중요한 뭔가가 결핍되어 있는 듯한 부적절감, 또 '피 빨아먹어서…… 다른 사람들이 때려서 화난 박쥐(카드 II)' 처럼 애정적 허기를 구강 공격성의 형태로 표출함으로써 타인에게 거절당한 자기 손상감 등의 내면의 고통이 잘 표현되고 있다.

③ 통제

근본적으로 일상 과제를 처리할 수 있는 대처 능력은 결핍되지 않은 것으로 여겨진다(EA=9.0, Adj D=0). 그러나 적어도 현재 상당한 스트레스를 느끼고 있는 상태며, 자기 조절과 통제력을 상실하거나 매우 충동적인 모습을 나타낼 소지가 많아 보인다(D=−2). 이는 환아가 또래 친구를 충동적으로 때리거나 거짓말하고 종종 공격적인 행동을 보이는 것과도 관련될 수 있다. 대체로 일상에서 주어지는 과제를 해결하는 방식도 심사숙고하고 행동으로 옮기기보다는 주로 충동적으로 감정을 발산하고 생각하기 전에 행동을 취하며 시행착오를 반복하는 양상이 두드러지고 있다(EB=3:6.0, EBPer=2.0). 또한 환아는 자신의 생각이나 감정에 대한 통제력이 매우 부족하며 고통스럽고 좌절스럽게 만드는 정서적 불편감이나 생각들이 많아 보인다(FM+m=10).

④ 정서

현재 대인관계 부적응, 낮은 자존감과 부적절감, 통제 능력 상실로 인한 부정적인 경험 등으로 인해 우울감과 좌절감을 느끼고 있어 보이며, 더불어 타인에 대한 분노 감정과 적개심이 상당해 보인다(DEPI=positive, S=7). 그런데 환아가 대체로 의사결정을 내릴 때 심사숙고하기보다는 감정을 표출하고 행동지향적인 경향이 있으므로, 욕구좌절 상황에서 만족을 지연하지 못한 채 감정을 매우 극적으로 강렬하게 경험하고 표현하며 변덕스러운 감정 상태를 보이는 경우가 많겠다. 특히, 강한 분노 감정을 행동화할 소지가 매우 크며 때로는 폭발적인 감정 발산이나 충동적인 행동을 보일 가능성도 많다. 더불어 자살 지표가 유의미하기 때문에 경우에 따라서는 이러한 분노 감정의 발산이나 충동적인 행동이 자기 파괴적인 양상을 띨 가능성도 고려해 보아야 한다. 또한 내면에 울적한 감정을 느끼고 있고(C′=2) 긴장 수준이 매우 높고 심리적으로 혼란스러운 상태며, 긍정적인 감정 경험을 할 수 없도록 만드는 양가적인 감정도 있어 보인다(Col−Shd>0).

⑤ 인지적 특성: 처리

람다 값이 .99보다는 크지 않으므로 융통성이 지나치게 부족해 보이지는 않으나, 대체로 다양한 상황에서 다른 사람의 요구나 기대를 고려하여 적절한 행동을 선택한다거나 민감하게 타인을 배려하는 행동을 하기 어려울 것으로 예상된다. 또한 인지적 충동성으로 인해 주변 상황을 부주의하고 비체계적으로 처리하며 자신의 주관적인 인상에 근거하여 자기중심적으로 성급하게 지각하고 단정 짓는 성향이 관찰된다.

⑥ 인지적 특성: 중재

상기 언급한 인지적 충동성과 부주의한 정보처리 경향으로 인해 주변 상황을 관습적으로 지각하는 능력이 저하되기도 하는 것으로 보인다. 또한 평범 반응이 매우 적고 Xu%가 .70으로 상승되어 있으므로, 환아가 주변의 관습적인 체계에 순응하는 것을 거부하고 자기중심적으로 생각하며 거부적이거나 공격적으로 판단 · 행동할 가능성이 시사된다. 이에 주변 사람들과 조화롭게 어울리기가 힘들고 자주 자극추구적인 행동을 보이며, 특히 욕구가 좌절되거나 분노가 촉발될 때 상황을 적절하게 관습적인 수준에서 판단하는 것이 더욱 어려울 것으로 생각된다(S−%=.50).

⑦ 인지적 특성: 관념화

사고의 흐름상 합리적이고 객관적으로 사고하고 판단하는 능력이 부족하고 때론 말의 앞뒤가 맞지 않을 수 있다(WSum6=22). 하지만 이는 근본적인 사고 장애나 지각적인 정확성의 결핍에 기인되었다기보다는 ADHD 아동들의 인지적 충동성으로 인하여 주변 상황을 부주의하고 성급하게 판단하는 성향에 기인된 것으로 생각된다. 카드 I의 반응 단계에서 '에베레스트' 라고 말했으나 질문 단계에서는 '에펠탑' 이라고 설명한 것은 사고의 진행 과정에서 한 주제에 주의를 지속하지 못하여 유동성(fluidity)을 보이게 됨을 잘 보여 주는 예라 할 수 있다. 한편, 인지적 융통성이 다소 부족하여 자신의 생각에 집착하고 새로운 정보에 따라 자신의 신념을 재평가하고 변화시키는 데 거부적이고 저항적일 수 있다. 즉, 마음의 문을 닫은 채 자신의 의견을 바꾸려 하지 않고 자기중심적이고 경직된 사고에 집착하는 경향이 있다. 한편, 현재 불쾌하고 염려스러운 생각이 떠오르는 것을 억제할 능력이 없다는 사실에 지나치게 집착하고 정서적으로 불안정해져서 주의집중력이 더욱 감소되는 양상을 보이고 있다(FM+m=10). 따라서 떨쳐 버리고 싶지만 그럴 수 없는 위협적인 생각들로 인해 주의가 산만해져 지속적인 주의가 필요한 과제나 학업에 더욱 몰두하기 어려울 것으로 생각된다.

참고문헌

Exner, J. E. (1993). *The Rorschach: A Comprehensive System*. John Wiley & Sons.

Exner, J. E., & Weiner, I. B. (1995). The Rorschach: A comprehensive system. *Assessment of Children and Adolescents*. John Wiley & Sons.

Weiner, I. B. (1998). *Principles of Rorschach Interpretation*. Lawrence Erlbaum Associates Publishers.

품행 장애

1. 이론적 배경

품행 장애(conduct disorder)는 아동기 또는 청소년기에서 가장 흔히 관찰되는 장애들 중 하나로 지속적으로 다른 사람의 권리를 침범하며 자신의 나이에서 지켜야 할 사회적 규범을 어기는 행동을 특징적으로 보인다. 이러한 행동으로 사회적, 학습적 또는 직업적 영역에서 기능 손상이 초래되며, 인지적인 기능이 떨어지는 경우도 많고 충동적이거나 지루함을 참지 못하고 계속해서 자극을 찾으려는 특징이 있다. 그들은 다른 사람들과의 공감대가 전혀 없고, 다른 사람들의 감정, 욕구, 안녕에 관심이 없다. 품행 장애가 있는 아동과 청소년들은 특히 애매모호한 상황에서 다른 사람의 의도를 실제보다 적대적이고 위협적인 것으로 오해하여 이에 공격적으로 반응하고 나서는 자신이 정당하고 합리적이라고 느낀다 그들은 죄책감이나 자책감을 느끼지 못하는 경우가 많고 냉담한 편이다. 좌절에 대한 낮은 인내력, 자극받기 쉬운 과민한 상태, 폭발적인 기질, 무모한 행동 양상을 보이고, 흔히 어린 나이에 성행위, 음주, 흡연, 불법 약물 사용, 무모하고 위험을 초래하는 행동을 보이기도 한다.

그런데 여기서 유의해야 할 점은 아동과 청소년들은 성인들과 달리 내적인 우울감을 도벽이나 가출, 비행과 같은 행동적 증상으로 표현하는 경우가 많아 실제 품행 장애와 우울증을 감별하기가 어렵다는 사실이다. 예컨대, 공격적 행동, 무단결석, 불복종, 성적으로 문란한 행동 등 일반적으로 품행 장애의 특징으로 간주되는 증상들이 청소년들의 경우에는 우울 증상과 등가의 의미로 해석될 수 있다. Weiner (1982)가 제시한 바 있는 신경증적 비행(neurotic delinquency), 즉 과거에는 비교적 모범적이고 행동을 잘 통제하다가 상실, 좌절, 실망 등을 경험한 후 비행이 나타나는 경우도 이와 비슷한 개념으로 청소년기의 문제 행동의 독특한 양상이라고 할 수 있다. 선행 연구(Puig-Antich, 1982)에서도 우울한 청소년 중 약 30%가 품행 장애

진단이 함께 내려졌다는 점에서 알 수 있듯이, 실제 임상 장면에서 반사회성 성격이 짙은 품행 장애와 내적인 정서적 고통이 행동 문제로 표출된 위장된 우울증을 감별하는 것이 매우 어려운 문제 중의 하나다. 이 경우 두 장애를 구분할 수 있는 객관적 진단 준거가 없으므로 정확한 진단이 어려운데, 만일 비행보다 정서적 문제가 선행하거나 비행이나 문제 행동이 청소년기에 이르러 갑자기 나타난다면 우울이나 좌절감과 같은 정서적 문제가 행동적으로 표출된 것이라 의심해 볼 수 있다. 반면, 비행이 아동 초기부터 시작되어 일종의 성격 패턴으로 굳어진 경우라면 품행 장애에 가까우며, 특히 그들이 자신의 행동에 대한 반성이나 이에 따른 죄책감과 불안감을 느끼지 못한다면 반사회적 성격장애로 진행되는 경우라고 생각할 수 있다. 그럼에도 불구하고 쉽게 감별진단을 내리기가 어려운 경우가 많기 때문에 로샤 반응의 해석이 더욱 중요해진다. 이에 여기에서는 우선 품행 장애의 일반적인 로샤 반응의 특성을 개괄적으로 살펴보고, 특히 반사회성 성격에 가까운 품행 장애와 신경증적 비행 간에서 로샤 특성이 어떻게 구별되게 나타나는지 자세히 알아보도록 하겠다.

1) 품행 장애에서의 로샤 반응 특징

품행 장애의 특성이 로샤를 통해 직접적으로 측정되지 못하는 경우도 있지만, 이럴 때에도 검사자와 어떻게 관계를 맺는지, 검사 요구에 순응하는지 등 검사 태도에서 피검자의 특성이 드러나게 마련이다. 흔히 품행 장애 청소년들이 보이는 검사 태도들에는 불순종, 반항, 버릇없음, 비협조, 시비와 같은 행동들이 포함된다. 또한 품행 장애를 보이는 아동과 청소년들은 거부적이고 자주 화를 내며 짜증을 내는 한편, 친구들을 괴롭히고 못살게 굴며 지배적인 행동을 통해 다른 사람들의 주의를 끌고자 한다. 이러한 행동 특징들은 경험에 대처하는 양상이 표현적(expressive)이며(즉, 생각하기보다는 행동을 선호), 정서적으로 불안정하고, 환경에 대해 적대적인 감정을 느끼며, 자기중심적이고, 타인의 복지에 대한 배려가 부족한 것과 관련된다. 따라서 이러한 품행 장애의 특성은 로샤 반응들을 통해 부분적으로 식별될 수 있다.

관념적이거나 반성적인 대처양식과 정반대되는 '표현적인 대처양식' 은 SumC

가 M보다 2점 이상 클 때 뚜렷이 나타난다. 정서적 불안정성은 CF+C가 FC보다 클 때 확인될 수 있는데, 특히 Pure C 반응이 있을 때에는 연령에 적절한 수준 이상의 지나친 불안정성을 보인다고 할 수 있다. 이 두 경우가 함께 나타날 때에는 환아가 행동화나 감정 발산을 통해 경험을 다루는 것을 선호하며 자기 통제나 억제에는 그다지 노력을 기울이지 않는다는 점을 시사한다.

적대적인 경향은 사람이나 동물들 간의 공격적인 상호작용이 빈번이 나타나고 위협적이거나 위험한 내용을 정교화하는 것에서 드러난다. 환아가 공격의 희생자보다는 가해자의 입장에서 그러한 내용을 보고하는 경우, 이와 더불어 표현적이고 불안정한 대처양식이 함께 나타나는 경우에는 공격적인 행동을 보일 가능성이 많음을 시사한다. 반항적 행동 지표인 S(공백 반응)가 상승되어 있다면 공격적인 행동을 보일 소지가 더욱 증가한다.

자기중심적인 특성은 로샤에서 하나 이상의 반사 반응을 포함하면서 동시에 자기중심성 지표가 상승되는 양상으로 나타난다. 이는 타인의 욕구를 배려하지 않거나 다른 사람에게 관심의 중심을 빼앗기지 않으려는 자기애적 성향을 의미한다. 이러한 이기심은 환아의 로샤 반응에 재질 반응(Texture: T)이 하나도 없을 때 더욱 심각하다. 그 이유는 재질 반응이 타인과의 따뜻하고 친밀한 관계를 공유하려는 정도를 가리키는 지표이기 때문이다. 따라서 자기중심성 지표가 높고 T 반응이 없는 경우에는 타인의 욕구나 권리를 전혀 존중하지 않으며, 타인을 지배하거나 착취하려는 목적 이외에는 대인관계에 전혀 관심이 없고, 자신의 뜻에 방해되는 것처럼 보이는 사람에게는 조금도 주저함 없이 공격적인 행동을 보일 수 있다.

2) 반사회적 품행 장애와 신경증적 품행 장애의 감별

로샤 반응의 해석을 통해 환아가 보이는 문제 행동이 반사회적 성격에 기인된 것인지, 아니면 우울이나 불안과 같은 신경증적인 원인에서 초래된 것인지 구별할 수 있다. 하지만 이러한 사례들에서 가장 결정적인 진단적 정보는 다름 아닌 환아의 개인력, 특히 문제 행동이 지속적이고 전형적이었는지, 아니면 일화적이고 상황적이었는지에 대한 정보임을 주지해야 한다.

(1) 반사회적 품행 장애(Antisocial CD)

이기적이고 자기중심적인 태도 및 과실과 책임을 남에게 돌리려는 경향성은 로샤에서 반사 반응과 자기중심성 지표의 상승으로 나타난다. 그런데 아동과 청소년의 프로토콜에서 부적응적인 자기중심성과 자기과시 지표를 해석할 때에는 몇 가지 유의점이 있다. 우선 아동과 청소년 규준 집단 자체가 성인에 비해 반사 반응이 더 많고 자기중심성 지표가 더 높다는 점 그리고 두 지표가 연령 규준과 비교하여 유의미하게 일탈되어 있다 하더라도 모든 경우에 있어서 병리적일 정도의 자기중심성이 시사된다고 말할 수는 없다는 점이다. 물론 반사 반응이 많고 자기중심성 지표가 지나치게 높을 때에는 반사회적 성향을 특징짓는 이기심, 팽창된 자기 가치감, 책임의 외부귀인 경향을 의미한다고 해석할 수 있다. 그렇지만 이러한 자기중심적인 특징이 청소년에게서 언제나 반사회적 성격을 가리킨다고 보기는 어려우며, 성인이 될 때까지는 반사회적 성격을 확정 짓기가 어려운 경우가 있다.

한편, 자기 자신에 대한 부정적인 태도 역시 자기 정체감 혼란 등 발달적 혼란과 환경적, 정서적 문제로 인해 갈등하고 있는 청소년과 반사회적 성향이 있는 청소년을 변별하는 데 중요하다. 성격적으로 반사회적인 청소년들은 내성 능력이 결여되어 죄책감, 양심의 가책, 부정적인 자기 태도 등을 거의 경험하지 않는다. 그 결과 로샤에서는 FD, V, MOR 반응을 보이는 경우가 드물다. 하지만 자기중심성에서와 마찬가지로 자기비판적 태도의 진단적 함의는 조심스럽게 해석되어야 한다. 반사회적 청소년들도 불운이 닥치는 경우 낙심하거나 우울해질 수 있다. 게다가 팽창된 자기 가치감과 권리의식을 여전히 갖고 있을지라도, 때때로 자신이 어리석거나 손해 보는 일을 했거나 실수를 한 경우(가령 경솔한 행동으로 법을 어기게 되어 체포되는 경우) 스스로 자책하기도 한다. 따라서 품행 장애를 보이는 청소년에게서 V와 MOR 반응이 나타난다고 해서 그것이 곧 반사회적 성격 장애의 가능성이 없다는 것을 의미하는 것은 아니다.

반사회적 성격이 짙은 아동 및 청소년들은 대개 다른 사람들과의 관계에서 스스로 거리를 두거나 친밀감을 피하며, 타인과 상호 협동하기보다는 조종하고 착취하며, 의존성을 회피함으로써 자기결정권(self-determination)을 지키려 애쓴다. 이러한 특성들은 로샤에서 낮은 빈도의 T 반응과 인간 내용 및 Pure H 반응 그리고

a : p 비율에서 p가 a보다 1점 이상 초과하지 않는 점을 통해 확인할 수 있다.

특히, T 반응이 하나도 없다는 것은 반사회적 품행 장애와 신경증적 품행 장애를 감별하는 데 있어 결정적인 요인이 되기도 하는데, 특별히 인간 내용 반응의 전체 수가 규준치보다 낮고 Pure H가 2보다 적은 경우에 더욱 그러하다. T 반응의 부재 자체는 아동 및 청소년 환자 · 비환자 집단에서 그렇게 드물지는 않다. 비환자 집단의 경우 10~20%가 T 반응을 보이지 않으며, 5~9세 정도의 아동의 경우 T 반응을 보이지 않는 것은 단지 명확한 표현을 하지 못한 문제로 간주될 수 있다. 그러나 10~16세 정도의 청소년의 경우에는 T 반응의 부재가 좀 더 타당하게 해석될 수 있다. 즉, 근본적인 애착 및 타인과의 유대감 발달을 저해한 생애 초기의 박탈 경험이 시사된다고 해석할 수 있다. 그렇지만 무엇보다도 T 반응의 부재는 다른 반응 특성을 함께 고려하여 신중하게 해석해야 한다. 따라서 타인에 대한 관심을 뜻하는 인간 반응의 수와 사람에 대한 개념이 현실에 토대를 둔 정도를 의미하는 Pure H 반응의 수를 함께 고려하는 것이 무척 중요하다.

때로는 로샤에서 T 반응을 보이지 않은 모든 연령대의 피검자 중에서 친밀한 대인관계를 갈구하지만 친밀감을 형성하기 어렵고 타인과의 상호 지지적이고 정서적인 관계를 기대하기 힘든 사람들도 있다. 이는 특히 T 반응의 부재가 명확한 표현 능력의 제한으로 설명될 수 없는 10세 이상의 피검자들에게 해당된다. 이론적으로는 T 반응을 보이지 않는 청소년들은 자신의 목적을 위해 위선적인 행동을 하는 경우를 제외하면 위로와 위안을 줄 수 있는 타인에게 다가가지 않으려 하면서 동시에 타인으로부터 위안과 위로를 기대하지도 않음을 의미한다. 그들은 사람들과 거리를 두는 것을 더 선호하고, 다른 사람이 그들의 신체적, 심리적 프라이버시에 접근하고 간섭하는 것을 싫어한다. 인간 반응과 Pure H 반응의 낮은 빈도가 이러한 특성을 확증해 준다. 그들은 필요하다면 화를 내서라도 다른 사람들이 자신에게 가까이 다가오거나 친하게 굴지 못하게 만든다. 이러한 점을 함께 고려해 볼 때 T 반응이 없으면서 동시에 반사 반응과 자기중심성 지표가 높고 인간 반응의 빈도가 낮은 경우, 또는 Pure H 반응의 빈도가 매우 낮은 경우 반사회적 특성이 현저하다고 해석할 수 있다. 그들은 타인의 권리와 복지에 앞서 자기 자신의 욕구를 우선시하며 뉘우치는 기색 없이 다른 사람들을 조종하려는 경향을 보일 것이다.

반사회적인 청소년들이 대인관계에서 거리를 두기 좋아하는 것은 로샤의 다음과 같은 특징에 반영될 수 있다. 즉, a : p 비율에서 p가 a보다 1점 이상 초과하지 않는다든지, 고립 지표(isolation index)가 상승되어 있으며, 협동적인 운동 반응(COP)이 거의 없고 음식(Fd) 반응도 관찰되지 않는다. 그러나 T=0인 경우와 마찬가지로 인간 반응 및 Pure H 반응의 낮은 빈도, 고립 지표의 상승, COP=0 또는 Fd=0인 경우도 반사회적 경향성을 직접적으로 확증해 주는 결정적인 특성이라 간주해서는 안 될 것이다.

더불어 피검자들이 표현하는 주제 심상 역시 반사회적 특성을 입증하는 데 도움이 된다. 가령 자신의 특성과 강점을 자기도취적으로 강조하거나("이 사람은 어느 누구도 감히 방해할 수 없는 매우 강력한 사나이처럼 보인다."), 폭력과 파괴 공상을 희생자보다는 가해자의 관점에서 냉담하게 보고하면서 전혀 동정심을 보이지 않거나("이건 벽에 난 구멍인데, 내가 방금 내 주먹으로 뚫었다." "이건 멍청한 늑대인데, 약삭빠른 코요테가 완전히 때려눕혔다." "살찐 벌레를 밟으면 이것처럼 으깨져서 납작해지고 몸에서 즙이 나온다."), 어느 누구에게도 의지하지 않은 채 험한 세상에서 생존한 내용("이건 뭔가를 기어올라가는 동물들이다. 쓰레기 같은 곤경에 처해 있긴 하지만 결국 성공할 수 있는 방법을 찾아낼 것이다.")을 보고하기도 한다.

성격적으로 반사회적인 경향을 보이는 청소년들의 감정 상태는 분노가 특징적이며 때로는 세상에 대해 무자비한 관점을 드러낸다. 이러한 특성은 로샤에서 공백 반응(S)의 높은 빈도와 무례하게 굴고 비난받는 것으로 지각되는 인물들의 묘사에서 확인된다. 어느 연령이든지 세 개 이상의 S 반응은 드물며, 네 개 이상의 S 반응은 종종 반사회적 청소년의 정서를 특징짓는 분개, 원한, 신랄함, 반항 등을 가리킨다.

자신이 원하는 것을 얻지 못하게 방해하는 장애물로 가득 찬 적대적인 세상과 타인들에 대한 분노 감정으로 인해, 반사회적 성격자들은 그들이 잉크반점에서 본 것을 매우 비판적이고 경멸적으로 묘사하게 마련이다. 앞선 예의 '멍청한 늑대' 처럼, 인간과 동물 상이 경멸적인 방식으로 묘사되며 심지어는 무생물인 대상에게도 원한이 있는 것마냥 그려진다("미치광이 화가가 그린 우둔한 그림" "이건 일몰처럼 보이는데, 썩 잘 그리진 못했다."). 이처럼 반사회적 성격자들의 반응에서 드러나는 적개심과 냉소적 주제는 부적절성 또는 병적인 것으로 채색되는 우울한 주제와는 구별되어야 한다. 우울한 피검자들이 대상을 평가절하하거나 손상된 것으로 보고하는 경우(가령 "기형인 사람" "모양이 정말로 이상한 고양이"), 이러한 반응들은 마치 보고한 대상을 자신의 부적절한 자기상의 표현과 동일시한 것이라 할 수 있다. 반면, 반사회적 성격자들이 지각 대상을 폄하할 때 그들의 동일시는 비난당하고 있는 대상이 아닌 비난하는 사람과의 동일시를 나타낸다. 이에 '우둔한 그림' 은 반사회적 성격자들 자신과는 아무 상관이 없으며, 오로지 '미치광이 화가' 가 한 일이고 그들의 문제일 뿐이다. 비슷하게 '멍청한 늑대' 는 '약삭빠른 코요테가 때려눕혔는데' , 이 반응에서 피검자가 한 동일시는 멍청한 늑대가 아닌 이를 쓰러뜨린 영리한 동물과의 동일시다.

반사회적 성격자들의 감정 상태에 대한 좀 더 구조적인 특성을 살펴보면, 그들은 대개 매우 피상적인 정서를 보이고 변덕스러운 방식으로 감정을 다루기 일쑤다. 이러한 특성은 그들이 로샤에서 유채색 카드를 다루는 방식에 영향을 미친다. 반사회적 행동을 보이는 경향이 있는 사람들은 특히 자신의 분노의 원천이 자극될 때 강렬한 감정을 보이게 된다. 피상적인 대인관계와 더불어 그들의 감정 반응 역시 갑자기 불타올랐다가 순식간에 가라앉고, 이러한 감정 반응을 억제하거나 조절하기 위한 어떠한 노력도 하지 않는다. 이에 반사회적 청소년들이 화가 나면 천천히 화를 내고 오랫동안 기억하기보다는 무모하게 성질을 부렸다가 이내 잊어버리는 식이다. 따라서 유채색 카드를 다룰 때 특히 CF+C가 FC보다 많으며 Pure C 반응도 많이 보고한다.

CF가 FC 반응보다 많고 Pure C 반응을 보이는 것은 성인에 비해 아동과 청소년들에서 특히 12세 이전에 더욱 흔하게 관찰된다. 하지만 이러한 발달적 차이가 있다고 해서 품행 장애와 관련된 정서적 스타일을 암시하는 변인에서 일탈된 점수를 보일 때 병리적으로 해석할 수 없는 것은 아니다. 비환자인 12세 이상의 청소년 집단에서 CF+C가 FC에 비해 2개 이상 많은 경우는 거의 없으며, 11세에서 16세 사이의 규준 집단에서 하나 이상의 Pure C는 관찰되지 않는다. 따라서 행실이 나쁜 청소년이 적절히 조절되지 못한 색채 반응을 규준점수 이상으로 많이 보고한 경우에는 반사회적 성격자들에게서 관찰되는 격렬하고 충동적인 감정 상태가 시사된다고 해석할 수 있다.

적절하게 조절되지 못한 정서 표현에 덧붙여, 반사회적 성격이 짙은 품행 장애는 높은 람다와 낮은 빈도 수의 FM에 반영되기도 한다. 모든 연령대에서 1.00 이상의 람다는 상황을 단순히 해결하려 하고 그 과정에 포함된 의미를 무시하고 복잡한 상황에서 인내하지 못하는 특성을 의미한다. 높은 람다는 상황을 무시하는 청소년들의 행동 특성이라 할 수 있다. 비슷한 이유로 충족되지 못한 욕구에 대한 인식과 관련된 FM 반응들은 반사회적 성격자들에게서 보통 이하의 빈도 수로 관찰되기도 한다. 왜냐하면 그들은 욕구가 생기면 걱정이나 지연 없이 곧장 행동함으로써 만족해 버리기 때문이다.

반사회적 성격을 보이는 청소년들은 자기 자신의 방식대로 생각하고 행동하기를 좋아하는 비순응자인 경향이 있으므로 규준 평균에 비해 평범 반응(P)이 적고 특이(unusual) 반응이 더 많다. 10세 이상의 청소년에게서 P가 4보다 적고 Xu%가 25%보다 크게 나타난다면 관습을 무시하거나 경시하는 태도가 시사된다.

비슷한 맥락에서 반사회적 경향이 현저한 청소년의 경우에는 자극의 과부하를 부담스러워한다든지, 스트레스 인내 측면에서 곤란을 겪는다든지 하는 게 없다. 만일 그들이 단지 반사회적 경향 때문에 나쁜 행실을 보이는 것이라면, 스트레스에 대처하기에 현격히 부족한 역량을 시사하는 Adj D 점수 패턴을 보이지 않을 것이다. 심지어 말썽을 일으키거나 다른 사람에게 손해를 입히는 경우에도, 스스로 편안하게 느끼는 다른 사람들과 마찬가지로, 대부분의 반사회적 청소년들은 최소한 0이거나 대개는 0보다 큰 Adj D 점수를 보인다.

재판이나 감금과 같은 대체로 통제할 수 없는 상황에 부닥치면, 반사회적 성격자들은 m과 Y 반응을 많이 보이고 이에 따라 D 점수가 마이너스가 된다. 하지만 이러한 상황에서도 그들의 Adj D는 0 이상으로, 일반적으로 안정되고 반사회적인 대처양식을 가지고 있으며 이를 변화시킬 어떠한 욕구도 없음을 보인다.

때때로 반사회적인 품행 장애를 보이는 청소년들의 지속적인 성격 문제는 그들이 검사자와 관계를 맺는 방식 또는 검사의 요구 상황에 응하는 방식에서 드러나기도 한다. 특별히 지속적인 성격 문제를 지닌 청소년들은 로샤 검사 상황에 반항적이고 비협조적이며 논쟁적이고 무례하고 불순종적인 방식으로 접근한다. 카드 I에 대한 첫 반응에서 어떤 청소년은 "이건 쓸모없는 일이다. 나는 이것에 대해 한마디도 하지 않을 작정이다."라고 말하기도 한다. 이처럼 적대적이고 자기중심적인 반항성은 좀 더 미묘한 방식으로 드러나기도 한다. 가령 어떤 소녀는 그녀에게 건네진 각각의 로샤 카드를 들더니 무엇이 보이는지 말하기에 앞서 비웃듯이 탁자에 카드를 내동댕이치는 행동을 보인다.

반면에 능수능란한 반사회적 성격자들은 심지어 아동이라 하더라도 그들의 목적을 위해 다른 사람을 조종할 수 있는 뛰어난 사회적 기술을 갖고 있다. 소위 '매력적인' 또는 '우수한' 반사회적 성격자들은 검사자의 요구에 흔쾌히 응하고 협조적이며 심지어 칭찬하기까지 한다("내가 생각하기에 당신이 하는 것은 매우 중요한 일인 것 같다"). 이처럼 친절과 칭찬이 지나치다면 진실한 행동이라기보다는 검사자를 조종하려는 시도는 아닌지 의심해 볼 필요가 있다. 영리하고 사회적 기술이 뛰어난 반사회적 청소년들은 또한 로샤 반응에서 공격적이고 분노에 찬 주제를 드러내지 않기 위해 무척 애를 쓴다. 하지만 주의 깊게 반응을 하지 않는다면 그들의 로샤 반응에서 자기중심성, 자기만족, 피상적인 정서 반응과 같은 성격 특징들이 드러나지 않을 수 없다.

(2) 신경증적 품행 장애(Neurotic or Depressive CD)

우울하고 불안한 정서적인 문제로 품행 문제를 보이는 청소년들의 로샤 반응은 반사회적 품행 장애가 있는 청소년들의 로샤와는 뚜렷한 차이를 보이며, 이러한 차별적인 특성이 품행 장애의 주된 원인이 무엇인지에 대한 중요한 단서를 제공해 준다.

가장 유의미한 차이는 우울한 품행 장애의 경우 우울한 기분과 비관적인 생각을 반영하는 우울 지표(depression index)가 상승한다는 점이다. 우울한 기분은 보통 C′와 V 반응으로 나타나며, 색채-음영(color-shading) 또는 음영-음영(shading-shading) 혼합 반응을 보임으로써 고통스럽고 양가적인 내면화된 정서 문제 및 즐거움을 경험하기 어려운 상태가 시사된다. 부정적인 생각은 낮은 자기중심성 지표와 많은 수의 병적 반응(MOR)에 반영된다. 이는 낮은 자존감과 비판적인 자기 태도, 심리적·신체적 부적절감과 무가치감을 반영해 준다. 대체로 이러한 청소년들은 상당한 분노를 마음속에 품고 있기 때문에 S 반응이 유의미하게 많다. 그들이 경험하는 분노는 관습을 무시하는 행동을 초래하여 결국 반사회적인 행동이 나타나게 된다.

게다가 긴장감과 불안이 두드러지는데, 상황적인 고통을 나타내는 m과 Y의 상승, D<0을 보인다. 상황적 요구에 대처할 수 있는 충분한 자원이 없는 것과 관련해서 지속적으로 긴장과 불안을 겪는 사람의 경우에는 Adj D<0을 보인다. Adj D<0은 다루기 힘든 주관적 고통감과 이에 동반되는 긴장, 초조, 낮은 좌절 인내력 등 오랫동안 지속되어 온 취약성을 강력히 시사한다. 대인관계에서 착취적이며 자기만족감이 넘치는 반사회적 품행 장애의 경우에는 우울증적 품행 장애를 특징짓는 지속적인 대처 불능감을 보이지 않는다. 따라서 Adj D<0도 관찰되지 않는다.

마지막으로 신경증적 품행 장애가 있는 아동과 청소년의 대인 불안은 타인과의 상호적인 정서 교환을 꺼린다거나 사회적 상호작용을 시작하지 않으려는 것에서 드러난다. 이러한 성격 특성은 로샤에서 낮은 정서비율, 적은 수의 인간 반응, 적극적인 운동 반응에 비해 수동적인 운동 반응의 우세, 고립 지표의 상승으로 나타난다.

2. 사례 이해

1) 증상

민주는 13세 8개월 된 중학교 2학년 여학생으로 어릴 때부터 책읽기나 가만히 앉아서 하는 활동은 싫어했고 정리정돈을 하지 못했다. 충동적인 경향이 있어 용돈 관리를 잘 못하고 쓸모없는 것을 자주 샀다고 한다. 초등학교에 입학해서는 문제를 끝까지 읽지 않아 실수가 잦았으며, 계획성이 부족했고, 과제 수행을 끝까지 하지 못했다고 한다. 중학교 1학년부터 반항적인 면이 두드러졌고 거짓말, 교칙위반을 자주 하여 어머니가 학교에 찾아오는 일이 많았으며, 학교에서는 민주의 전학을 권유하였다. 반 친구들로부터는 괴롭힘, 왕따를 당했다. 이에 초등학교 때부터 친하게 지냈던 불량학생들과 어울려 화장하고 머리를 꾸미는 데 신경 쓰고 밤늦게 다니며 술, 담배, 무단외박, 무분별한 이성교제를 하기 시작했다. 어머니가 야단을 치면 "나를 포기해라." "나를 고아원에 버려라."라고 폭언을 하며 집이 싫다고 하였다고 한다. 성적도 최하위권인데 한 번은 성적표를 조작해서 어머니에게 보여 주기도 했다.

2) 개인력 및 가족력

아버지는 회사 경영인으로 완벽주의적이고 고지식하며 민주의 훈육을 많이 담당하기는 하지만 따뜻한 애정 표현은 없다고 한다. 어머니는 주부로 민주의 양육에 신경을 쓰기는 하지만 정서적으로 냉담한 편이다. 부모님 모두 민주에게 공부에 대해서는 부담을 주지 않지만 민주의 이성관계 문제는 걱정하고 계신다. 민주에게는 초등학생 남동생이 있다. 민주와는 달리 모범적이고 침착하여 어른들의 인정을 받고 있으나, 예민하고 날카로운 민주에게 많이 혼나는 편이다.

민주는 계획되지 않은 임신으로 태어나 만 3세까지 외할머니가 주로 양육하였고, 그 당시 직장에 다니던 어머니는 한 달에 한 번 정도 방문하였다. 발달력에서 특이사항은 없으며 오히려 운동이나 언어 발달이 다른 아이들에 비해 빠른 편이었다. 만 3세부터는 부모, 조부모와 함께 살았는데 주로 조부모가 돌봐 주었다. 유치원에 다니면서부터는 소풍 가는 것도 싫어하고 매우 소극적이고 예민한 아이라는 평가를 받았으며, 이후로도 주의산만하고 충동적이어서 학업을 비롯한 여러 생활 면에서 문제를 많이 일으켰다.

3) 로샤 검사 결과 및 해석

(1) 행동 관찰

민주는 예쁘게 생긴 외모였으나 염색을 한 단발머리에 붙임머리가 어색해 보였다. 검사자와의 눈맞춤은 잘 이루어졌으나 다소 낯설어하고 쑥스러워하는 표정을 보였다. 로샤 검사를 하는 내내 다리를 떨거나 검사자의 눈치를 살피는 등 다소 불안정하고 자신감 없는 모습이었고, 종종 연필로 다리를 때리는 등의 장난을 치기도 했다. 우울해 보이지는 않았으며 자발적으로 감정을 표현하는 일은 드물었다.

〈표 6-17〉 검사 반응

카드	반응 단계	질문 단계	채 점
I	① 고양이 ② 박쥐	① 이게 고양이 눈(Space)이고, 이게 귀요(Side Proj). (Q) 고양이 얼굴이 약간 넓적하게 생겼는데, 이게 좀 넓적하고 눈이 조금 올라갔어요. ② 이게 날개고(Side Proj), 이게 몸통(mD)이요. (전체?) 네. (Q) 쫙 펴져 있는 모습 같아서.	① WSo Fo Ad 3.5 ② Wo Fo A P 1.0
II	① 할아버지	① 이게 눈(Up reds)이고요, 이게 입(Inner Space)이고요, 이게 수염(입 아래쪽)이요. (Q) 수염같이 보이고 그래서.	① WSo F− Hd 4.5
III	① 불독 ② 돼지	① 여기… 이게 코(Inner Red), 눈(Head)이고요. 여기가 입 부분(Leg 포함한 Space), 이게 귀(Outer Red)고요. (불독 얼굴?) 네. (Q) 그냥 강아지이기엔 콧구멍이 너무 커서. ② 콧구멍이요. (Q) 여기 전체인데요, 콧구멍 때문에 돼지인 것 같아서요. (Q) 불독이랑 똑같아요. (돼지 얼굴?) 네. (Q) 돼지 같기도 하고 불독 같기도 해요.	① WSo F− Ad 5.5 ② WSo F− Ad 5.5 PSV
IV	① 곰	① 곰이 서 있는 것 같아요. (Q) 여기가 머리(Top)고, 팔(Up Proj), 다리(Foot)예요. (곰의 팔?) 있는데…. (Q) 아, 맞다. 팔이 아니라 다리 4개예요.	① Do FMpo A
V	① 박쥐 ② 새	① 이게 날개고요(Wing), 얼굴(Top), 다리(Bottom). (Q) 날개가 양쪽에 있는데 되게 커가지고…. ② 새도 똑같이. (Q) 새도 똑같아요.	① Wo Fo A P 1.0 ② Wo Fo A 1.0 PSV
VI	① 기타	① 여기가 기타 동그라미고요, 여기가 줄 있는 데(Midline), 끝에 조절하는 데(Top). (Q) 그냥 전자기타같이 생겨서요.	① Wo Fu Sc 2.5
VII	① 토끼	① 여기가 토끼 뒤돌아보고 있는 거. 여기가 귀(Up Proj), 여기가 토끼 발(Side Proj)… 쌍둥이 여기가 몸(Middle). (Q) 이거 바꿀게요, 토끼 두 마리로. (Q) 그냥 토끼가 이렇게 하고 있는 것 같은데…. 《서로 기울어져 있는 모양을 가리킴》	① D+ FMpo (2) A 3.0

〈계속〉

VII	② 사람이 웃고 있는 것	② 이게 눈(Head)이고요, 입(Bottom D & S)이 이렇게 되어 있는 것.	② DdSo Mp− Hd 4.0
VIII	① 우주선	① 영화 같은 데서 나오는 우주선인데 위에서 보는 것. (Q) 설명을 못하겠어요. (Q) 색깔이 이쪽 같은 데서 불이 나오는 것 같았어요. (불?) 붉은색이고요(Bottom). 여기가 우주선 앞부분(Top)이고요, 여기가 옆부분(Side Pink)이요. (Q) 별로 이유는 없어요.	① W+ ma.CFu Sc, Fi 4.5
IX	① 사람 얼굴	① 여기가요 눈이고요, 코고 입. 《Green 주위에 동그란 윤곽을 그려가며 임의로 눈, 코, 입을 표시》 (Q) 특별히 딴 게 생각이 안 나서.	① Ddo F− Hd
X	① 앵무새	① 색깔이 화려해서요. (Q) 여기가 부리(맨 위 길쭉한 사각형), 날개(Out Blue 주위), 몸(Inner Space), 다리(Inner Green). (Q) 《날갯짓 흉내를 내며》 이렇게 하고 있는 것. (Q) 앵무새가 색깔이 화려해서요.	① DdSo FMa.CF− A

〈표 6-18〉 구조 요약

LOCATION FEATURES	DETERMINANTS BLENDS	DETERMINANTS SINGLE	CONTENTS	S-CONSTELLATION
Zf = 11	m.CF	M = 1	H = 0, 0	NO ... FV+VF+V+FD>2
ZSum = 36.0	FM.CF	FM = 2	(H) = 0, 0	NO ... Col-Shd Bl>0
ZEst = 34.5		m = 0	Hd = 3, 0	YES ... Ego<.31, >.44
		FC = 10	(Hd) = 0, 0	NO ... MOR>3
W = 9		CF = 0	Hx = 0, 0	YES ... Zd>+−3.5
(Wv = 0)		C = 0	A = 6, 0	YES ... es>EA
D = 2		Cn = 0	(A) = 0, 0	YES ... CF+C>FC
Dd = 3		FC′ = 0	Ad = 3, 0	YES ... X+%<.70
S = 6		C′F = 0	(Ad) = 0, 0	YES ... S>3
		C′ = 0	An = 0, 0	YES ... P<3 or>8
		FT = 0	Art = 0, 0	YES ... Pure H<2
		TF = 0	Ay = 0, 0	YES ... R<17
		T = 0	Bl = 0, 0	8 ... TOTAL
		FV = 0	Bt = 0, 0	
		VF = 0	Cg = 0, 0	
		V = 0	Cl = 0, 0	
		FY = 0	Ex = 0, 0	
		YF = 0	Fd = 0, 0	
		Y = 0	Fi = 0, 1	
		Fr = 0	Ge = 0, 0	
		rF = 0	Hh = 0, 0	
		FD = 0	Ls = 0, 0	
		F = 9	Na = 0, 0	
			Sc = 2, 0	
			Sx = 0, 0	
			Xy = 0, 0	
		(2) = 1	Id = 0, 0	

DQ

.........(FQ−)	
+	= 2 (0)
o	= 12 (6)
v/+	= 0 (0)
v	= 0 (0)

FORM QUALITY

	FQx	FQf	MQual	SQx
+	= 0	0	0	0
o	= 6	4	0	1
u	= 2	1	2	0
−	= 6	4	1	5
none	= 0	−	0	0

SPECIAL SCORINGS

	Lv1	Lv2
DV	= 0x1	0x2
INC	= 0x2	0x4
DR	= 0x3	0x6
FAB	= 0x4	0x7
ALOG	= 0x5	
CON	= 0x7	
SUM6	= 0	
WSUM6	= 0	

AB = 0	CP = 0	AG = 0	MOR = 0
FB = 0	PER = 0	COP = 0	PSV = 2

RATIOS, PERCENTAGES, AND DERIVATIONS

Core

R = 14	L = 1.80	
EB = 1 : 2.0	EA = 3.0	EBPer = N/A
eb = 4 : 0	es = 4	D = 0
	Adj es = 4	Adj D = 0
FM = 2	C′ = 0	T = 0
m = 1	V = 0	Y = 0

Affect

FC : CF+C	= 0 : 2
Pure C	= 0
Afr	= 0.27
S	= 6
Blends : R	= 2 : 14
CP	= 0

Interpersonal

COP = 0	AG = 0
Food	= 0
Isolate/R	= 0.00
H : (H)Hd(Hd)	= 0 : 3
(HHd) : (AAd)	= 0 : 0
H+A : Hd+Ad	= 6 : 6

Ideation

a : p	= 2 : 3	Sum6	= 0
Ma : Mp	= 0 : 1	Lv2	= 0
2AB+Art+Ay	= 0	WSum6	= 0
M−	= 1	Mnone	= 0

Mediation

P	= 2
X+%	= 0.43
F+%	= 0.44
X−%	= 0.43
S−%	= 0.83
Xu%	= 0.14

Processing

Zf	= 11
ZD	= 1.5
W : D : Dd	= 9 : 2 : 3
W : M	= 9 : 1
DQ+	= 2
DQv	= 0

Self Perception

3r+(2)/R	= 0.07
Fr+rf	= 0
FD	= 0
An+Xy	= 0
MOR	= 0

SCZI = 4*	DEPI = 4	CDI = 4*	S-CON = 8*	HVI = NO	OBS = NO

〈표 6-19〉 특수 지표

SCZI(정신분열병 지표) :

아래 조건 중 4개 이상 만족하는 경우 해당됨:

YES ... EITHER : (X+%<.61) AND (S−%<.41)
OR... : (X+%<.50)
YES ... (X−%>.29)
NO ... EITHER : (FQ−≧FQu)
OR... : (FQ−>FQo+FQ+)
NO ... (Sum Level 2 Sp. Sc.>1) AND (FAB2>0)
NO ... EITHER : (Raw Sum6 Spec. Scores>6)
OR... : Weighted Sum of 6 Sp. Sc.>17
YES ... EITHER : (M−>1)
OR... : (X−%>.40)

DEPI(우울증 지표) :

아래 조건 중 5개 이상 만족하는 경우 해당됨:

NO ... (FV+VF+V>0) OR (FD>2)
YES ... (COl-Shd Blends>0) OR (S>2)
YES ... (3r+(2)/R>.44 and Fr+rF=0)
OR (3r+(2)/R<.33)
YES ... (Afr<.46) OR (Blends<4)
NO ... (SumShading>FM+m) OR
(SumC′>2)
NO ... (MOR>2) OR
(2AB+(Art+Ay)>3)
YES ... (COP<2) OR
(Isolate/R>.24)

CDI(대응손상 지표) :

아래 조건 중 4개 또는 5개가 만족하는 경우 해당됨:

YES ... (EA<6) OR (Adj D<0)
YES ... (COP<2) AND (AG<2)
YES ... (Weighted SumC<2.5)
OR (Afr<.46)
YES ... (Passive>Active+1) OR
(Pure H<2)
NO ... (SumT>1) OR
(Isolate/R>.24) OR
(Food>0)

HVI(과잉경계 지표) :

조건 (1)을 만족하는 동시에 나머지 조건들 중 적어도 4개가 만족하는 경우 해당됨:

YES ... (1) FT+TF+T=0

NO ... (2) Zf>12
NO ... (3) Zd>+3.5
YES ... (4) S>3
NO ... (5) H+(H)+Hd+(Hd)>6
NO ... (6) (H)+(A)+(Hd)+(Ad)>3
YES ... (7) H+A : Hd+Ad<4 : 1
NO ... (8) Cg>3

OBS(강박성향 지표) :

NO ... (1) Dd>3
NO ... (2) Zf>12
NO ... (3) Zd>+3.0
NO ... (4) Populars>7
NO ... (5) FQ+>1

아래 조건 중 1개 이상 만족하는 경우 해당됨:

NO ... 조건 (1)에서 (5)까지 모두 만족함
NO ... 조건 (1)~(4) 중에서 2개 이상을 만족함
AND FQ+>3
NO ... 조건 (1)~(5) 중에서 3개 이상을 만족함
AND X+%>.89
NO ... FQ+>3 AND X+%>.89

〈표 6-20〉 채점 순서

CARD	NO	LOC	#	DETERMINANT(S)	(2)	CONTENT(S)	POP	Z	SPECIAL SCORES
I	1	WSo		Fo		Ad		3.5	
	2	Wo		Fo		A	P	1.0	
II	3	WSo		F−		Hd		4.5	
III	4	WSo		F−		Ad		5.5	
	5	WSo		F−		Ad		5.5	PSV
IV	6	Do		FMpo		A			
V	7	Wo		Fo		A	P	1.0	
	8	Wo		Fo		A		1.0	PSV
VI	9	Wo		Fu		Sc		2.5	
VII	10	D+		FMpo	2	A		3.0	
	11	DdSo		Mp−		Hd		4.0	
VIII	12	W+		ma.CFu		Sc, Fi		4.5	
IX	13	Ddo		F−		Hd			
X	14	DdSo		FMa.CF−		A			

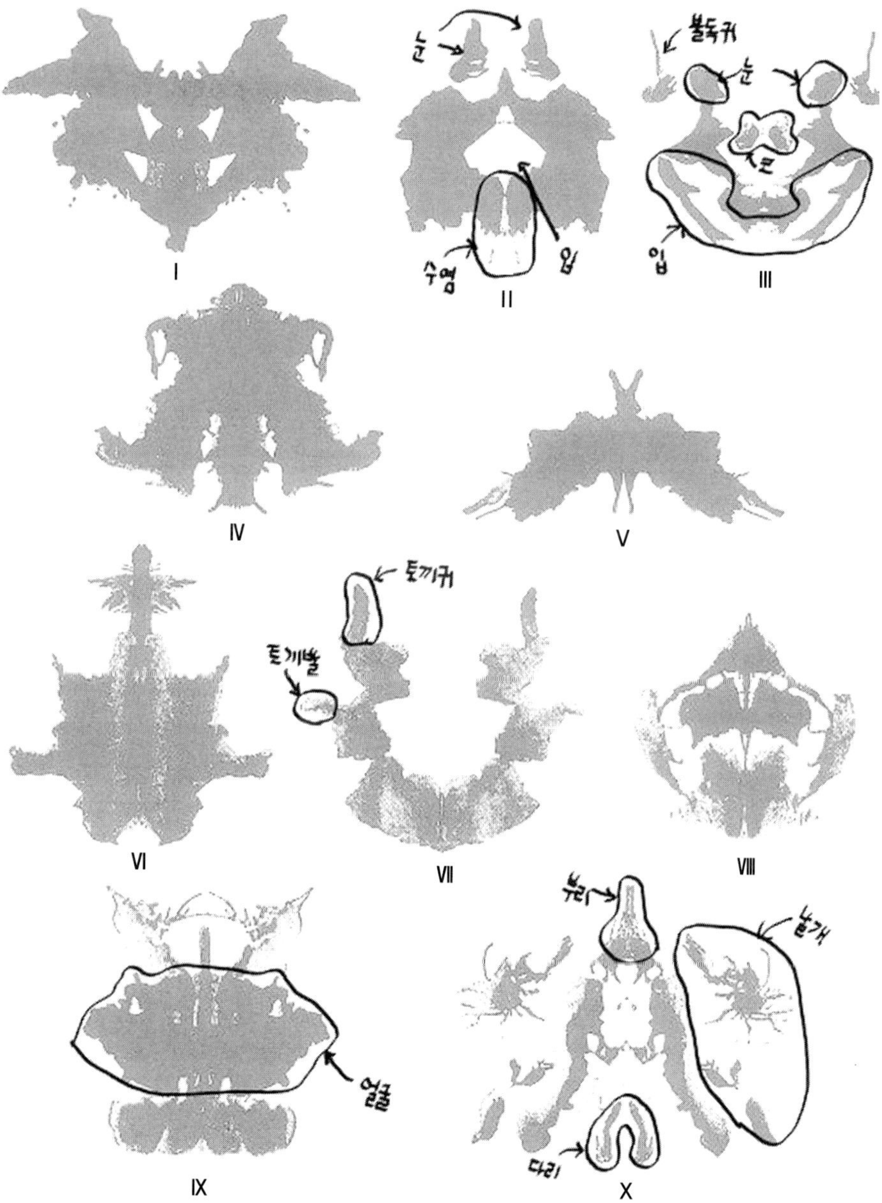
I
눈
수염
입
II
볼록귀
눈
코
입
III
IV
V
VI
토끼귀
토끼볼
VII
VIII
얼굴
IX
뿌리
날개
다리
X

(2) 결과 해석

환아의 전체 반응 수는 14개로 비교적 짧은 프로토콜이라 할 수 있다. 보통 14개 미만이면 해석에 제한이 있다고 간주되는데, 환아의 경우 검사 태도가 거부적이거나 반항적이지 않았던 점이나 이탈된 점수를 보이는 X−%를 비롯한 여러 지표들이 짧은 기록에서도 안정적일 수 있어 타당한 검사 결과로 해석할 수 있다. 유의미한 핵심 변인이 자살 지표(S-CON=8), 정신분열병 지표, 대응손상 지표이므로, 해석은 관념화, 중재, 처리, 통제, 정서, 자기지각, 대인지각의 순서로 진행된다.

① 인지적 특성: 관념화

로샤에서 드러난 환아의 사고 특성은 연령 및 지능에 적절한 상상력이나 창의력이 부족하며 대체로 판에 박힌듯 전형적이고(stereotypic) 단조로운 양상이다. 관념화 영역에서 환아의 품행 장애가 반사회적 성격과 더욱 밀접한 관련을 보일 것으로 짐작케 하는 지표들이 관찰되고 있는데, 우선 높은 람다(Lambda) 값을 들 수 있다. 람다가 1.8로 1보다 크기 때문에 상황을 단순히 해결하려 하고 그 과정에서 사회적 함의를 무시하거나 상황의 복잡한 관계들을 인내하지 못한 채 종종 억제 불능에 따른 문제 행동을 보일 소지가 많다. 환아가 술, 담배, 외박 등의 비행 행동을 무분별하게 하는 것도 일면 새로운 자극이나 쾌락에 대한 욕구를 결과에 대한 고려 없이 순간적으로 충족시키려 하기 때문이다. 또한 Mp가 Ma보다 많으므로 문제해결을 위해 여러 대안을 건설적으로 생각하기보다는 '어떻게든 되겠지.' 하는 식의 자기만족적 공상에 몰두하는 경향이 있을 것으로 예상된다. 마지막으로 환아의 로샤 프로토콜에서 관찰되는 한 개의 인간운동 반응의 형태질이 마이너스며 그 반응이 카드 VII에서 보고된 점, 반응 내용이 '사람이 웃고 있는 것(입꼬리가 올라간 모양)' 으로 지각한 점 등으로 미루어 볼 때, 대인관계를 비롯한 사회적 상황에서 분노 조절에 어려움이 있어 때로는 적절하지 못한 판단이나 사고를 보일 수 있겠다. 그리고 환아가 대인관계에서 보이는 분노와 피상성은 어린 시절 어머니와의 안정된 애착관계 경험을 통해 획득될 수 있는 긍정적인 대상 표상이 부재하기 때문인 것으로 추측된다.

② 인지적 특성: 중재

중재 영역에서도 반사회적 품행 장애를 지지하는 몇 가지 단서들이 관찰된다. 반사회적 성격이 짙은 청소년들은 비순응자의 특성을 나타내는바, 자기 자신의 방식대로 생각하고 행동하기를 좋아하며 사회적 관습을 무시하는 경향이 있다. 환아 역시 평범 반응(P)이 2개로 환아 연령에서 규준치인 4개보다 적고 동시에 X−%가 .43으로 높기 때문에 관습에 대한 무시나 경시가 지배적이고 세상에 대한 조망이 개인 특유적(idiosyncratic)이다. 이에 감각추구적 행동(sensation-seeking behavior)과 위험하고 모험적인 일에 무모하게 달려들어 부적응적인 결과를 초래할 수 있을 것으로 생각된다. 정신분열병이 아니면서도 정신분열병 지표(SCZI)가 유의미한데, 이는 주로 X−%가 상승되어 나타난 결과로 6개의 마이너스 반응 중 5개가 공백 반응을 포함하고 있어 S−%가 .83으로 높은 점에 기인된 것이다. 따라서 환아의 무모한 판단과 행동이 정신병적(psychotic) 상태에서 나타나는 기이하고 기태적인 양상이라기보다는 대부분 분노 통제의 어려움과 관련된 잘못된 판단에 따른 행동일 것으로 예상된다. 이 역시 반사회적 품행 장애에 가까운 로샤 결과로서 타인이나 세상에 대해 적대적이고 신랄하며 반항적인 관점을 보이고, 이에 따른 분노와 원망감으로 인해 자신을 방해한다고 지각되는 타인과 세상을 향해 공격적이고 반항적인 행동을 하게 되는 것으로 여겨진다.

③ 인지적 특성: 처리

상황을 다소 총체적인 방식으로 조망하여 중요한 부분에 충분한 주의를 주지 못하고 간과할 소지가 있어 보이며, 상황의 관습적인 특성에 주의를 기울이기보다는 경험의 비일상적이고 자극적인 측면을 추구하는 경향이 관찰된다(W:D:Dd=9:2:3). 앞서 관념화에서도 언급했듯이 추론이나 복잡한 사고활동을 토대로 성취지향적인 활동을 할 수 있는 능력은 매우 부족한 반면, 이에 대한 현실적 인식은 부족하여 효율적이고 경제적인 자원의 배분 및 처리에 어려움을 겪고 있다(W:M=9:1).

④ 통제

대응손상 지표(CDI)가 유의미하고 낮은 EA를 보이는바, 생활의 여러 측면의 대처 능력에서 광범위한 어려움을 보일 수 있다. 환아는 학업 및 교우관계에서 적응 문제를 겪고 있는 상태로, 특히 대인관계가 빈약하고 부적절하며 사회적 요구에 대처하는 데 곤란을 겪고 있다. 이처럼 환아는 심리적, 내적 자원이 연령에 비해 크게 부족한 것으로 여겨지며(EA=3.0), 처한 상황 또한 충분히 고통스러운 스트레스 사건으로 지각될 수 있는데도 주관적인 심리적 고통을 가리키는 지표인 Adj D와 D가 모두 0으로 마이너스 값을 보이지 않는다. 따라서 이 역시 반사회적 품행 장애를 시사하는 증거라 볼 수 있다. 이는 반사회적 경향이 현저한 청소년들이 자극의 과부하를 부담스러워한다든지 스트레스 인내 측면에서 곤란을 겪는다든지 하는 양상이 나타나지 않는 것과 관련된다. 이러한 특성은 환아가 입원하게 된 상황을 심각하게 받아들이기보다 "엄마, 아빠가 너무 못 놀게 하고 시간도 적게 주니까 며칠 전에 집 나가겠다고 했더니 입원하게 되었다."와 같이 자신의 문제에 대해 대수롭지 않게 여기는 듯한 표현에서도 반영되고 있다. 실제로는 학교생활이 제대로 되지 않을 만큼 학업과 또래관계에서 많은 문제들을 경험하고 있음에도 불구하고, 환아 스스로는 심각하지 않게 여기거나 남의 일처럼 가볍게 생각하기 때문에 현재로서는 심리적 불편감을 느끼지 않는 것처럼 보인다. 따라서 행동 변화를 위한 심리치료에 대해 동기와 의욕이 매우 부족하고 치료적 개입에 대한 거부와 반항도 예상될 수 있다.

⑤ 정서

정서 영역에서도 환아의 품행 장애가 반사회적 특성을 갖는다는 점이 여러 지표를 통해서 지지되고 있다. 우선 공백 반응 수가 6개나 되므로 분노가 환아의 지배적인 감정 상태며 타인을 비롯하여 세상에 대해 냉소적이고 적대적인 관점을 취할 것으로 여겨진다. 환아는 자신이 부당하게 욕구 충족을 못하고 있으며 얻고자 하는 것에 대해 방해하는 장애물이 있다고 여기기 때문에 사소한 자극에도 분개하고 원한을 품으며 일반적으로 반항적인 태도를 보이고 있다. 또한 FC가 하나도 없이 CF 반응만 존재하므로 감정을 극적이고 강렬하며 과도하게 표현하는 등 정서적으로 충동적이고 유아적이며 미성숙한 양상이 두드러진다. 감정 반응이 피상적이고, 불안정해서 금방 화가 났다가 이내 풀리며, 또래와의 관계에서도 친구를 빨리 많이 사귀고 강렬하게 우정과 애정을 느꼈다가 금방 식어 버리는 패턴을 보인다. 이처럼 정서 조절(emotional modulation)에 곤란을 겪고 있는 환아는 자신의 감정을 진솔하게 표현해야 하는 상황을 꺼려서 결과적으로 정서적으로 철회하는 부적응적인 면을 보이고 있다(Afr=.27). 하지만 환아는 신경증적 품행 장애에서 관찰되는 우울감이나 불안감과 같은 부정적인 내적 정서가 나타나지 않고 있다(SumShd=0). 그러므로 환아의 비행 행동은 내면의 깊은 상실감과 우울감에서 비롯된 증상이라기보다는 감각 추구적 성향과 만족지연의 실패에 따른 충동적이고 자기중심적인 반사회적 성향에 가까운 것으로 추측된다.

⑥ 자기지각

환아의 경우 흔히 반사회적 품행 장애에서 관찰되는 높은 자기중심성 지표와 반사 반응은 나타나지 않으며, 오히려 자기중심성 지표가 .07로 매우 낮은 결과를 보이고 있다. 하지만 관련 연구 결과에서 반사회적 품행 장애의 경우에 반사 반응의 빈도나 자기중심성 점수가 그다지 크지 않았다는 점(Exner & Weiner, 1995)을 고려해 볼 때, 자기중심성 지표가 낮다는 점만으로 반사회적 품행 장애가 아님을 시사하지는 않는다. 자기중심성이 자기 자신과 타인에게 주의를 기울이는 것 간의 균형 지표임을 상기해 본다면, 낮은 자기중심성 지표는 환아가 적정한 자존감을 포기하면서라도 타인의 반응에 과도한 관심을 기울이는 것으로도 해석할 수 있다. 실제로 친구를 처음 사귈 때에는 어머니에게 거짓말로 돈을 얻어서 선물을 사주거나 자신이 가진 것을 다 주고 심지어는 친구의 심부름까지 한다는 점도 환아의 낮은 자존감에 기인된 과도한 타인 의존성을 보여 주는 일례라 하겠다. 이렇게 환아가 낮은 자존감을 갖게 된 것은 환아에게 냉담하고 애정이 부족했던 부모와의 관계에서 환아가 무조건적으로 인정받고 수용받았던 경험이 부족한 점에 기인된 것이다. 이에 환아는 가족 내에서 얻지 못한 사랑과 관심에 대한 욕구를 친구관계에서 충족하려 했던 것으로 보인다. 한편, 자기 자신에 대한 부정적인 태도를 반영하는 FD, V, MOR 반응이 나타나지 않으므로, 자신의 그릇된 행동에 따른 결과를 반성하지 않기 때문에 죄책감, 양심의 가책, 부정적인 자기 태도 등을 거의 경험하지 않는 것으로 보인다.

⑦ 대인지각

T 반응은 반사회적 품행 장애와 신경증적 품행 장애를 감별하는 데 있어 결정적인 요인이 되기도 한다. 환아의 경우 Pure H가 2보다 적으면서 T 반응이 없으므로 생애 초기의 정서적 박탈 경험으로 인해 근본적인 애착 및 타인과의 유대감 발달의 어려움이 시사된다. 개인력상 어머니가 계획하지 않은 임신으로 환아를 낳아 3세 전까지 줄곧 외조모가 양육해 주었고 그 후에도 조부모가 돌봐 주었던 점으로 미루어 볼 때, 부모의 따뜻한 애정과 관심이 환아에게 부족했던 것으로 생각된다. 이에 친밀한 관계 형성 능력에 근본적인 결함이 있고, 내면에는 애정과 사랑받고자 하는 욕구가 있음에도 불구하고 이를 인식하거나 수용하지 못하고 다소 거리감 있고 냉담한 태도를 보이며, 실제 대인관계에서 상당한 불편감을 경험할 수 있다 (H : (H)Hd(Hd)=0 : 3). 또한 협동적인 운동 반응이 없고 음식(Fd) 반응도 관찰되지 않은 점도 환아의 상호 호혜적인 친밀한 대인관계 형성의 어려움을 시사해 주는 단서라 볼 수 있다. 더불어 대인관계에서의 공감 능력을 뜻하는 M 반응이 마이너스이므로 타인의 입장에서 생각하고 배려할 수 있는 공감 능력의 결함이 시사된다.

참고문헌

Exner, J. E. (1993). *The Rorschach: A Comprehensive System*. John Wiley & Sons.

Exner, J. E., & Weiner, I. B. (1995). The Rorschach: A comprehensive system. *Assessment of Children and Adolescents*. John Wiley & Sons.

Knoff, H. M. (1986). *The Assessment of Child and Adolescent Personality*. The Guilford Press.

Lerner, P. M. (1998). *Psychoanalytic Theory and the Rorschach* (2nd ed.). The Analytic Press.

정신분열병

1. 이론적 배경

정신분열병(schizophrenia) 환자가 보이는 일반적인 특징으로는 사고 장애(disordered thinking), 부정확한 지각성(inaccurate perception), 대인관계의 부적절성(interpersonal ineptness) 및 부적절한 통제(inadequate controls)를 들 수 있다. 즉, 정신분열병의 임상적 증상들은 이들 네 가지 기능 영역에서의 손상과 밀접하게 관련되며, 소아 및 청소년의 경우에도 성인과 마찬가지로 이러한 특징을 보인다. Exner와 Weiner(1995)는 각 기능 손상의 의미 및 이와 관련된 로샤 반응의 특징에 대해 다음과 같이 설명하였다.

1) 사고 장애

(1) 의미

지리멸렬하고 비논리적인 사고 및 부적절한 추상화는 정신분열병의 가장 뚜렷한 특징이다. 이때 지리멸렬한 사고(incoherent thinking)는 인지적 단절과 함께 사고가 지속적으로 유지되지 않는 상태를 의미한다. 이런 경우 대화의 초점이 불분명하여 상대방이 그 의미를 이해하기 어렵고, 때로는 이야기 도중에 흐름이 끊기거나 전혀 새로운 주제를 꺼내는 양상을 보인다. 질문에 대해 엉뚱한 답을 하는 경우도 많아 지리멸렬한 사고를 보이는 아동의 경우 “잘 지냈니?”라는 물음에 대해 “전 열 살이에요.”라는 식으로 대답하기도 한다. 또한 비논리적 사고(illogical thinking)는 뚜렷한 근거 없이 비합리적인 결론에 도달하는 것을 의미한다. 7세 이후의 아동이 이러한 사고 양상을 보일 경우에는 면밀히 탐색하여야 한다. 이는 특히 정신분열병의 대표적인 증상인 망상 및 관계 사고(idea of reference)의 형성과 밀접하게 관련된다. 사고의 지나친 구체성(concreteness)은 문자 그대로 해석하는 경향을 의미한다. 또한 부적절한 추상화는 동떨어진 방식으로 과도하게 추상적으로 사고하는 경우가 해당되며, 정신분열병 환자는 일상적 생활사건보다는 기묘한 철학 사상이나 복잡한 개념에 몰두하는 모습을 나타내기도 한다.

(2) 로샤 반응의 특징

로샤 검사에서 사고 장애는 특이한 언어 표현(unusual verbalizations), 부적절한 반응 합성(inappropriate combinations), 자폐적 논리(autistic logic) 및 지나친 추상화(abstract preoccupation)로 반영된다.

① 특이한 언어 표현

사고 장애는 특이한 언어 표현의 형태로 나타나기 쉬운데, Exner(1993)는 이를 '이탈적 언어 표현(deviant verbalization: DV)'과 '이탈적 반응(deviant response: DR)'으로 구분하였다. 우선 이탈적 언어 표현은 타인에게 분명하게 의사 전달이 되지 않는 특이한 방식으로 언어를 사용하는 것이다. 중언부언하거나 신조어 혹은 지적 수준에 맞지 않는 부적절한 단어를 사용하는 경우가 해당된다. 이러한 이탈적 언어 표현은 지리멸렬한 사고를 반영한다. 즉, 피검자가 생각의 일관성 및 사고 간 적절한 관련성을 유지하는 데 있어서 어려움을 지니고 있음을 나타낸다. 한편, 이탈적 반응은 단절된 생각들이 뒤섞여서 하나의 사고가 다른 사고로 심하게 도약하는 것을 의미한다. Rapaport 등(1968)은 피검자가 카드 자극으로부터 지나치게 거리를 두는 경우가 이에 해당되며, 종종 검사 상황과 무관하고 그 의미를 이해하기 어려운 '기괴한(queer)' 반응으로 나타난다고 설명하였다.

② 부적절한 반응 합성

부적절한 반응 합성은 현실적인 고려를 하지 않은 채 자신의 주관적 인상이나 생각들을 합쳐서 개념 형성을 하는 경우다. 그 결과 잉크반점의 이미지나 속성, 대상 및 그 대상의 활동들을 있을 법하지 않은 혹은 불가능한 방식으로 관련짓게 된다. Exner(1993)의 종합체계에서는 이를 '부조화된 합성(incongruous combination: INCOM)' '우화적 합성(fabulized combination: FABCOM)' 및 '오염(contamination: CONTAM)'으로 구분하였다. 부조화된 합성은 반점의 부분이나 이미지들을 부적절하게 단일 개념으로 합치는 것을 의미한다. 우화적 합성은 두 개 이상의 서로 다른 반점 영역들을 있을 법하지 않은 비현실적인 방식으로 관련짓는 반응이다. 오염은 두 개 이상의 이미지들의 경계를 유지하지 못하고 비현실적인 방식으로 하나의 개념으로 융합하는 반응이다. 부적절한 반응 합성은 우회적 추론을 반영한다. 즉, 특정 반점 영역들이 인접해 있거나 특정 인상이 동시에 형성되기 때문에 피검자는 이들 간에 어떤 관련성이 있다는 임의적인 결론을 내리게 되는 것이다.

③ 자폐적 논리

피검자가 자신의 비논리적, 우회적 추론 과정을 직접적으로 표현하기도 하는데, 이는 자폐적 논리(autistic logic: ALOG)로 채점된다. 자폐적 논리 반응은 결론에 이르게 된 과정을 전혀 무관한 반점의 특징들, 즉 크기나 위치, 지엽적인 특성에 근거하여 비논리적으로 설명하는 것이다. 예를 들면, "맨 위에 있으니까 북극이다(카드 IX)." "빨간색이니까 여자를 나타낸다(카드 III)."라고 반응하는 것이 해당된다. Rapaport 등(1968)에 따르면, 부적절한 조합과 자폐적 논리 반응의 특징은 자극으로부터 거리를 상실했다는 점이다. 이는 피검자가 과제로부터 지나치게 거리를 두어 윤색하는 이탈적 반응과는 구분되며, 논리적인 추론의 과정을 통해 적절한 방식으로 반응하지 못하고 자극을 자의적으로 해석하는 경우에 해당된다.

④ 지나친 추상화

정상 피검자의 경우에도, 특히 지적 활동을 지향하는 피검자라면 로샤 자극에 상징적 의미를 종종 부과하곤 한다. 하지만 청소년기에 들어서야 형식적 조작적 사고가 가능하기 때문에 10~12세에 이르는 아동들이 추상화 반응(abstract response: AB)을 보이는 경우는 드물다. 설령 추상화 반응을 한다고 하더라도 전체 반응에 비해 매우 적은 수에 불과하고, 이미 잘 조직화된 반응을 정교화하여 설명하는 과정에서 부차적으로 관찰되곤 한다. 따라서 추상화 반응을 빈번하게 보이고 또 실재한다는 어떤 확신과 함께 제시된다면, 이는 피검자가 추상화된 사고에 병적으로 집착해 있는 상태를 반영한다. 추상화된 사고는 주지화(intellectualization)라는 정상 범주에서 특이하고 기괴한 추상화라는 사고 장애의 범주에 이르기까지 광범위한 영역에 걸쳐 있다. 이때 부적절한 수준의 추상화는 크게 특이한 상징(idiosyncratic symbolism)과 지나치게 추상적인 정교화(overly abstract elaboration)로 구분된다.

우선 관습적 상징은 특정 색채 및 이미지에 그 사회에서 흔히 통용되는 의미를 부여하는 것으로서 파란색을 차가움으로, 붉은색을 분노로 반응하는 경우가 해당된다. 반면, 특이한 상징은 피검자 자신의 주관적이고 독특한 추론 과정을 통해 형성되는데, "두 사람 뒤에 있는 구름은 그들이 화가 났다는 걸 의미하죠." 등의 반응을 예로 들 수 있다. 이러한 반응은 한 개만으로도 사고 장애의 가능성을 암시하며, 빈번하게 관찰될수록 경험의 구체적이고 실제적인 측면에 주의를 기울이지 못하고 과도한 추상화에만 비정상적으로 몰두해 있는 상태를 반영한다.

한편, 적절한 추상화 수준을 유지하지 못하고 자신의 경험을 특이하게 상징적으로 해석하는 경우 지나치게 추상적인 정교화 반응을 나타낼 소지가 많다. 예를 들어, "어딘가로 다이빙하는 무언가의 다리처럼 보이는데, 영원으로 뛰어든다고나 할까요. 이 세계로부터 뛰쳐나가 무의 세계로 들어가는 것 같네요."라는 카드 V에 대한 반응이 이에 해당된다. 지나치게 추상적인 정교화의 대다수가 AB와 더불어 DR 혹은 FABCOM으로 채점되곤 한다. 따라서 이는 지나친 추상화의 과정뿐만 아니라 비일관적이고 비논리적인 사고 과정을 반영한다고 볼 수 있다.

2) 지각적 부정확성

(1) 의미

정신분열병 환자들은 자기 자신과 주변 세상을 정확하게 지각하는 데 있어 어려움을 보이는데, 이는 현실 검증력의 장애로 인한 판단 능력의 저하 및 환각 등 비정상적인 감각 경험과 밀접하게 관련된다. 또한 부정확한 판단으로 인해 자신 및 주변 사건들을 현실적으로 평가하지 못하고 이상하고 기괴한 방식으로 지각하거나 말하기도 한다. 비정상적인 감각 경험은 지각적 정확성이 저하된 경우를 의미하는데, 극단적인 경우 환각(hallucination)을 유발한다.

(2) 로샤 반응의 특징

① 나쁜 형태질 반응

아동 및 청소년, 성인 모두 나쁜 형태질 반응의 비율이 70% 이상인 경우에는 인지 기능의 손상이, 60% 이상인 경우에는 병리적 수준에 이르는 현실 지각의 부정확성이 시사된다. 따라서 피검자의 연령이 낮다고 하더라도 70%, 특히 60% 이상의 나쁜 형태질 반응은 성인과 마찬가지로 아동에 있어서도 비정상적인 인지 기능 수준을 의미하기 때문에 그 중요성을 과소평가하지 않도록 주의해야 한다. 그러나 나쁜 형태질 반응이 70% 이상이라고 반드시 인지적 장애를 의미하지는 않는다. 그러므로 정신분열병의 가능성을 평가하기 위해서는 다른 부가적인 자료들을 염두에 두어야 하며 그 내용은 다음과 같다.

우선 X+%는 F+%에 비해 보다 신뢰할 수 있는 현실 검증력의 지표다. 즉, X+%에는 모든 반응이 포함되므로 그 개인의 지각적 정확성이 보다 폭넓게 반영된다. 특히, 람다가 낮은 경우에는 순수 형태 반응이 매우 적기 때문에 F+%는 현실 검증력의 지표로서 다소 부적절하다.

나아가 현실을 왜곡한 나쁜 형태질 반응(minus response)과 흔하지 않은 반응이지만 잉크반점의 윤곽에서 크게 벗어나지 않아서 검사자가 이해 가능한 반응(unusual response)을 구분할 필요가 있다. 낮은 형태질 수준은 병리적 수준에 이르는 지각적 부정확성을 의미하지만, '마이너스' 반응보다 '특이' 반응이 많은 경우 현실 검증력의 손상이라기보다는 비관습적인 지각을 의미하는 정도로 그 심각성의 수준을 감소시켜 해석할 필요가 있다.

한편, 형태질 마이너스 반응이 병리적인지의 여부를 판단하기 위해서는 그 맥락과 왜곡의 정도를 확인해야 한다. 때로는 마이너스 반응이 처음 몇몇 카드에만 국한되어 있는 경우가 있는데, 이는 검사 초반에 느끼는 불안이 지각적 정확성을 일시적으로 손상시켰음을 뜻하기 때문에 X−%가 높더라도 병리적으로 해석하기는 어렵다. 또한 피검자의 특정 갈등과 관련된 반응에서만 마이너스 반응을 보이는 경우에도 현실 검증력의 전반적인 손상으로 간주되지 않는다. 예를 들어, 아동 및 청소년이 형태질 마이너스 반응을 보이는 가장 대표적인 경우가 공간 반응이다. 이는 분노 혹은 적개심의 경험을 다루는 어려움에서 기인된 지각적 왜곡을 의미하며, S− 반응이 많을수록 분노로 인해 정확한 판단을 내리는 데 어려움을 겪을 가능성이 높음을 의미한다. 또한 주의 깊게 확인해야 할 반응군으로는 빨간색이 의미하는 강렬하고 공격적인 감정과 관련된 카드 II와 카드 III의 반응 무채색 음영의 우울감과 관련된 카드 IV에서 카드 VII까지의 반응 그리고 복잡한 정서적 상황에 직면하는 데 있어서의 어려움과 관련된 카드 VIII에서 카드 X까지의 반응들이 있다. 이렇듯 마이너스 반응의 맥락을 살펴봄으로써 성격 구조뿐만 아니라 그 역동에 대한 가설을 세울 수 있다. 하지만 극단적으로 나쁜 형태질은 그 맥락에 상관없이 현실 검증력의 손상을 의미한다는 사실을 유념해야 한다.

마지막으로 나쁜 형태질 반응의 왜곡 정도를 평가하는 것이 매우 중요하다. 즉, 반응과 잉크반점의 연관성 여부를 판단해야 하는데, 일반적으로 마이너스 반응의 80%에서 90% 정도는 검사자가 왜 그런 반응을 했는지 이해할 수 있는 반응들이라고 한다. 나머지 10%에서 20%의 마이너스 반응이 자극과는 전혀 연관성을 갖지 않는 반응들인데, 이런 경우 피검자가 정신병적 수준의 현실 검증력의 손상을 보인다고 판단할 수 있다.

② 평범 반응의 부족

네 개 이하의 평범 반응(P)은 관습적으로 지각할 수 있는 능력의 손상을 의미한다. 연령이 어린 경우는 성인의 경우보다 적은 평범 반응을 보인다. 평범 반응의 중앙치는 5세는 네 개, 6세는 다섯 개, 7세에서 10세는 여섯 개 그리고 11세 이후는 성인과 유사한 수준이다. 5, 6세 아동은 한두 개, 7세에서 10세의 아동은 세 개, 11세 이후는 네 개의 평범 반응 개수로 진단 준거를 삼을 수 있다.

3) 대인관계의 부적절성

(1) 의미

정신분열병 환자의 특징 중 하나는 안정적이고 상호 호혜적인 대인관계 형성의 토대가 되는 사회적 기술 및 타인에 대한 관심이 부족하다는 점이다. 이는 상당 부분 사고 장애 및 지각적 부정확성으로 인해 상대방의 생각이나 감정, 동기 및 행동의 의미를 간과하거나 오해석하는 데 기인한다. 결과적으로 다른 사람이 이해하기 힘든 방식으로 반응하여 설령 환자 자신이 노력을 기울인다고 하더라도 친구를 사귀는 데 상당한 어려움을 겪으며, 친밀한 관계 맺기를 꺼려하면서 사회적으로 철회되고 주로 혼자만의 활동에 몰두하는 양상을 보이기도 한다. 또한 외견상 다른 사람들과 잘 어울리고 공적 모임에 열심히 참가한다고 할지라도 정서적으로 위축되어 타인으로부터 거리를 유지하고 형식적인 수준에서 피상적으로 교류하는 모습을 나타내기도 한다.

(2) 로샤 반응의 특징

개인력을 통해 파악되는 피검자의 대인관계 양상은 사회적 기술 및 흥미 정도를 판단할 수 있는 중요한 자료가 된다. 그리고 면담 과정에서 보이는 행동 또한 효과적인 대인관계 형성 능력의 지표가 될 수 있다. 로샤 검사는 병리적 수준에 이르는 사회적 위축(social withdrawal)과 부적절성(ineptness)을 확인할 수 있는 단서를 제공하는데, 특히 인간운동 반응과 순수인간 반응의 특성을 고려할 때 그러하다.

① 부적절한 인간운동 반응

인간운동 반응은 대인관계에 대한 관심을 의미하는바, 인간운동 반응의 비율이 낮은 것은 정신병리를 시사하는 사회적 위축으로 해석된다. 하지만 아동은 성인에 비해 인간운동 반응의 비율을 적게 보이므로 해석 시 유의할 필요가 있다. 한편, 인간운동 반응의 개수가 적절한 경우에도 그들이 유능한 사회적 기술을 가지고 있다고 보장하기는 어렵다. 인간운동 반응이 많더라도 그 형태질이나 내용이 부적절한 경우가 있다. 따라서 인간운동 반응을 보이기는 해도 그 형태질이 나쁘다면, 대인관계에 대해 관심을 가지고 있기는 하지만 사회적 상황을 부적절하거나 비현실적으로 해석하는 경향이 있음을 의미한다. 따라서 M− 반응은 사회적 기술의 부족과 대인관계에서의 왜곡된 지각 및 망상적 사고와 관련되어 있다. 연령이 어릴수록 성인에 비해 M− 반응을 보일 가능성이 높기는 하지만, 비환자 집단이 M− 반응을 보이는 경우는 드물기 때문에 매우 유의미하게 해석될 필요가 있다. 마지막으로 인간운동 반응의 내용을 주의 깊게 살펴보아야 한다. 대인관계에 대한 관심이 실제 경험보다는 상상에 근거하거나 인간이 아닌 대상에만 관심의 초점을 두는 경우, 그 내용은 (H), Hd, (Hd), A, (A), Ad 및 (Ad)에 국한되기 쉽다.

② 부적절한 순수인간 반응

순수인간 반응 또한 인간운동 반응과 마찬가지로 대인관계에 대한 관심을 반영한다. 연령이 어릴수록 반응 빈도 또한 다소 낮아지기는 하지만 순수인간 반응을 전혀 하지 않는 경우는 극히 드물다. 따라서 한 개 이하의 순수인간 반응이 관찰된다면 사회적 관심이 결여되어 있고 부적응적인 수준으로 사회적 거리를 두고 있는 상태로 해석된다. 이는 또한 인간운동 반응과의 관련성하에서 해석될 필요가 있다. 즉, 순수인간 반응은 인간운동 반응에 비해 사고활동이나 지각적 분화를 덜 요구하므로, 피검자가 인간운동 반응을 못하더라도 양질의 순수인간 반응을 보인다면 적어도 대인관계에 대한 기피는 보이지 않는다는 결론을 내릴 수 있다. 반면, 순수인간 반응의 빈도가 낮거나 형태질이 나쁘고 인간운동 반응 또한 부적절하다면 대인관계에 대한 흥미 및 관심 결여, 실제 활동으로부터의 위축이 병적 수준에 이른다는 사실을 알 수 있다.

4) 부적응적인 통제

(1) 의미

정신분열병 환자들은 사회적으로 수용되기 어려운 생각을 억제하는 데 어려움을 겪고 불안에 휩싸이곤 한다. 스스로도 통제하지 못하는 공격적이고 성적인 공상이나 자신이 끔찍한 사건을 저질렀을지도 모른다는 혹은 그러한 사건의 희생자일지도 모른다는 끊임없는 걱정을 하면서 마치 하루 종일 악몽을 꾸는 듯한 상태로 지내기도 한다. 이로 인해 심한 수준의 불안과 자기혐오에 시달리고 내적 사고와 실제 현실 간의 구분에도 곤란을 겪으며, 자신의 사고와 감정을 통합하는 데도 제약을 나타낸다. 그 결과 둔마된 정서(blunted affect), 정서적 반응의 부재(little or no emotional responses), 혹은 부적절한 정서(inappropriate affect) 반응을 보이게 된다. 정신분열병 환자들은 무엇보다도 자신의 공격적이고 성적인 생각들이 그대로 행동으로 옮겨지는 것을 통제하는 데 어려움을 겪는다. 따라서 자기 자신 혹은 타인에게 갑작스럽고 폭발적인 방식으로 폭력을 휘두르거나 부적절한 방식으로 성적인 접근을 하기도 한다.

(2) 로샤 반응의 특징

정신분열병 환자들은 사회적으로 용납되기 어려운 불안을 유발하는 생각들을 의식적으로 통제하는 데 곤란을 겪기 때문에 검사 반응 시에도 혼란을 보인다. 이는 검사 태도를 통해서도 반영되지만 피검자의 검사 반응에서 보다 분명하게 드러난다.

① 반응의 의미 분석

공격적이고 성적인 공상에 사로잡힌 정신분열병 환자들은 그 내용에 있어서도 공격 반응(AG), 병적 반응(MOR) 혹은 성 반응(Sx)으로 채점되는 반응을 보인다. 이때 검사자가 갖는 느낌이 이들 반응이 어느 정도로 병리적인지를 판단할 수 있는 중요한 지표가 된다. 즉, 검사자가 불편하거나 혐오스럽거나 혹은 공포스럽거나 오싹하다는 느낌을 갖게 될 때, 이는 피검자가 자신의 사고활동을 제대로 통제하지 못하기 때문인 것으로 해석될 수 있다. 특히, 성 반응은 정상 아동은 거의 보이지 않고 청소년 및 성인 또한 5% 이하로 보이기 때문에, 그 빈도가 잦고 마이너스의 형태질인 경우 병적 수준에 이르는 성에 대한 집착과 사고 통제의 실패를 의미한다.

② 색채 조절의 실패

환자가 색채를 나누는 방식은 강한 정서적 자극에 어떻게 대처하는지를 반영하기 때문에 잘 조절되지 않은 색채 반응은 정서적 통제의 부적절성을 확인할 수 있는 단서를 제공한다. 특히, 순수색채 반응(C)을 가장 주의 깊게 살펴볼 필요가 있다. 그것은 자신의 감정을 상황적 요구와 통합시키고자 하는 노력을 전혀 기울이지 않은 상태를 반영하기 때문이다. 비록 순수색채 반응이 성격적 특성보다는 상황에 밀접하게 관련되기는 하지만, 두 개 이상의 반응은 비교적 신뢰할 수 있는 수준으로 정서적 통제력의 부적절성을 의미한다(Exner, 1993). 또한 병리적으로 손상된 정서적 통제 능력은 순수색채 반응이 억제된 반응 기록(unexpressive record)이나 적절한 정서 조절 능력의 지표가 되는 FC와 CF 반응의 불균형을 통해서도 시사된다. 한편, 피검자가 추상화된 순수색채 반응을 하는 경우에는 정서 통제의 실패라기보다는 정서의 주지화를 의미한다. 색채를 적절하게 조절하여 사용하지 못하고 단지 추상화된 방식으로만 사용할 경우에는 정서적 통합 능력의 손상을 반영하는 것으로 간주된다.

2. 사례 이해

1) 증상

민호는 고등학교 2학년에 재학 중인 17세의 남학생이다. 평소 말수가 적고 소극적인 편이어서 주변에 친구가 많지 않았다. 하지만 학교에서나 집에서 문제를 일으킨 적은 한 번도 없었으며 늘 중상위권의 성적을 유지하였다. 하지만 고등학교에 입학하면서 마치 성격이 변한 듯, 짜증이 많아지고 사소한 일에도 불같이 화를 내는 모습을 보이기 시작하였다. 민호의 부모는 사춘기 때 으레 보이는 반항적인 행동쯤으로 여겼으나, 그 정도가 심해져 어느 날은 민호가 어머니의 잔소리가 듣기 싫다며 칼을 휘두르기도 하였다. 또한 식구들과의 대화에 좀처럼 끼지 못하고 방문을 걸어 잠그고 혼자 있기를 고집하였으며 친구들과도 어울리지 않는 모습을 보였다. 책상 앞에 앉아 있기는 하나 집중을 하지 못하였으며 때로 안절부절못하고 불면을 호소하였다. 성적이 급격하게 저하되고 충동적으로 감정을 폭발하는 일이 잦아지자 이를 염려한 부모에 의해 내원하였다.

2) 개인력 및 가족력

환아는 3.7kg의 건강한 아이로 태어났으며 언어 및 운동 발달은 정상적이었다. 5세경에 유치원에 입학하였는데 부끄러움을 많이 타서 수개월 동안 좀처럼 단체활동에 참여하지 못하였다고 한다. 수업 내용을 이해하는 데 별다른 어려움은 없었으나 또래관계가 소극적이고 회피적이었다. 7세에 초등학교에 입학하였으며 여전히 산만하고 수업시간에 멍하니 딴 생각을 하는 모습을 보였다고 한다. 하지만 성적은 고등학교 1학년 초까지 별다른 기복을 보이지 않고 중상위권을 유지하였다. 집에서 주로 게임을 하면서 시간을 보냈으며, 친구들을 집에 데려오거나 친구네 집에 놀러가는 일은 거의 없었다고 한다.

환아의 아버지는 공무원으로 자기주장이 강하고 고집이 센 성격이라고 한다. 자녀들에게 매우 강요적이고 엄격한 편으로 자녀 중에서 특히 환아가 아버지를 많이 무서워하였다고 한다. 환아의 어머니는 남편에게 매우 순종적이고 복종적인 편이라고 한다. 막내인 환아에 대한 애정이 남달라 과잉보호를 하였으며, 환아 또한 어머니에게 매우 의존하였다. 하지만 고등학교에 들어가면서 환아가 어머니에게 심하게 대들기 시작하였으며 때로 입에 담지 못할 욕설과 함께 폭력을 휘두르기도 하였다.

3) 로샤 검사 결과 및 해석

(1) 행동 관찰

167cm, 65kg 체구의 17세 청소년 환자로 전반적인 위생 상태는 양호한 편이나 머리를 덥수룩하게 길러 단정치 못한 인상을 주었다. 고개를 숙인 채 검사자와 시선을 맞추지 못하였으며, 때로 창문 쪽을 살피듯 쳐다보기도 하였다. 자발적인 언급은 거의 하지 않은 채 질문에 대해서만 간략하게 대답하였다. 또한 자신에게는 아무런 문제가 없음을 강조하면서 병원에 데려온 부모에 대한 원망을 표현하기도 하였다.

〈표 6-21〉 검사 반응

카드	반응 단계	질문 단계	채 점
I	① 악마 ② 염소 뿔	① 내가 게임할 때 거기 나오는 대장이 이렇게 생겼어요. 뿔(Claw), 눈(Up Space), 음성(Down Space). (음성?) 닥쳐를 거꾸로 하면 피가 모자라, 피가 모자라, 그런 음성이요. (입이 아니라 음성인가?) 그냥 그런 소리로 느껴져요. (왜 악마인가?) 꺼멓잖아요. ② 뾰족하게 튀어나온 게 염소 뿔 같아요(Claw).	① WSo Mp.FC′− (Hd) 3.5 PER, ALOG ② Ddo Fu Ad
II	① 염소	① 털이 나 있구요, 얼굴은 없고, 이게(Up Red) 다리 같네요. (염소?) 염소라고 글씨가 써 있어요. 정신 딱 차리고 본 순간 염소라고 써 있었어요.	① Wo TF− Ad 4.5 ALOG
III	① 장구애비	① 사슴벌레 뿔(Leg), 얼굴(mD), Reds만 없어도 사슴벌레라고 했을 텐데… 인생을 뜻하는 건가? (장구애비?) 그냥 그렇게 보이네요.	① Do F− A ALOG
IV	① 개미핥기	① 얼굴(Top D), 다리(Legs), 팔(Proj). (개미핥기?) 전체적인 이미지로 봐서 개미핥기라고 하잖아요. 그래서 혀가 있다고 했죠. 꼭 거기 혀가 있다기보다 털 느낌도 나고 얼굴 생김새도 그렇잖아요.	① Wo FTu A 2.0 ALOG
V	① 매	① 제가 지어낸 거예요. 여기 꼬리가 있네요(Low D). 그냥 매죠, 매. 사진 찍은 거.	① Wo Fo A 1.0 DR1
VI	① 고마운 사람	① 이것만(Top D) 없으면 공룡이라고 했을 거예요. 이 선(MidLine)이 진화의 고리구요. (고마운 사람?) 말해 줄 수 없어요. (얼굴은 어디인가?) 그런 건 없어요. 이게 얼굴(Top D)이고 이게(Large D) 가죽이에요. (가죽? 촉감?) 그냥 가죽이란 생각밖에 안 나요. 절 그런 식으로 보지 마세요. 삼국지할 때 동탁이요.	① Wo F− Hd, Ad 2.5 DR2
VII	① 체조하는 사람들	① 얼굴($\frac{1}{3}$ Up D), 인디언 머리(Top D), 치마($\frac{1}{3}$ Low D). 머리로 봐서는 여자인데, 그걸 판가름할 정도로 자세히 나와 있지는 않은 것 같네요.	① Wo Mao (2) H, Cg P 2.5

〈계속〉

VIII	① 먹이사슬	① 동물(Side Pink), 여우 말고 코요테, 아니고 너구리··· 숲 같은 존재(Top Gray). 전체적으로 봤을 때 그냥 그런 느낌. (동물과 숲? 어떤 관계?) 묻지 마세요. 색이 자연··· 단풍이나 그런 느낌(Pink & Orange).	① Wo F.CFo (2) A, Ls P 4.5 ALOG
IX	① 수정과	① 유리잔(Space), 장식(Orange, Green, & Pink). 들고 마시는 수정과예요. (수정과?) 꾸밈이···. (색깔 때문에?) 그건 아니에요.	① WSo Fu Fd, Hh 5.5 ALOG
X	① 뱀 ② 거미 ③ 나뭇잎 ④ 꽃게 ⑤ 단풍나무 ⑥ 은행나무 ⑦ 물	① 춤을 춘다. 색도 뱀 색깔이에요(Caterpillar). ② 그냥 거미요(Out Blue). ③ 그냥 나뭇잎 같아요(Out Green). ④ 꽃게예요(Out Brown). ⑤ 단풍나무같이 생겼잖아요(Out Orange). ⑥ 이것도 그냥 은행나무예요(Out Yellow). ⑦ 자연스러움이요. 물을 떨어뜨리면 팍 퍼진 느낌이 들어서요. (색깔 때문에?) 아니라니까요. 자연스러움이라니까요(In Blue).	① Do FMa.FCu A ② Do Fo A P ③ Do Fo Bt ④ Do Fo A ⑤ Do CF− Bt ⑥ Do F− Bt ⑦ Dv mpu Na DR1

〈표 6-22〉 구조 요약

LOCATION FEATURES		DETERMINANTS BLENDS	DETERMINANTS SINGLE		CONTENTS		S-CONSTELLATION
							NO ... FV+VF+V+FD>2
Zf	= 8	M.FC′	M	= 1	H	= 1, 0	NO ... Col-Shd Bl>0
ZSum	= 26.0	F.CF	FM	= 0	(H)	= 0, 0	YES ... Ego<.31, >.44
ZEst	= 24.0	FM.FC	m	= 1	Hd	= 1, 0	NO ... MOR>3
			FC	= 0	(Hd)	= 1, 0	NO ... Zd>+−3.5
W	= 8		CF	= 1	Hx	= 0, 0	YES ... es>EA
(Wv = 0)			C	= 0	A	= 7, 0	YES ... CF+C>FC
D	= 8		CN	= 0	(A)	= 0, 0	YES ... X+%<.70
Dd	= 1		FC′	= 0	Ad	= 2, 1	NO ... S>3
S	= 2		C′F	= 0	(Ad)	= 0, 0	NO ... P<3 or>8
			C′	= 0	An	= 0, 0	YES ... Pure H<2
DQ			FT	= 1	Art	= 0, 0	NO ... R<17
.......(FQ−)			TF	= 1	Ay	= 0, 0	5 ... TOTAL
+	= 0 (0)		T	= 0	Bl	= 0, 0	
o	=16 (6)		FV	= 0	Bt	= 3, 0	
v/+	= 0 (0)		VF	= 0	Cg	= 0, 1	
v	= 1 (0)		V	= 0	Cl	= 0, 0	
			FY	= 0	Ex	= 0, 0	
			YF	= 0	Fd	= 1, 0	
			Y	= 0	Fi	= 0, 0	
			Fr	= 0	Ge	= 0, 0	
			rF	= 0	Hh	= 0, 1	
			FD	= 0	Ls	= 0, 1	
			F	= 9	Na	= 1, 0	
					Sc	= 0, 0	
					Sx	= 0, 0	
					Xy	= 0, 0	
			(2)	= 2	Id	= 0, 0	

FORM QUALITY

	FQx	FQf	MQual	SQx
+	= 0	0	0	0
o	= 6	4	1	0
u	= 5	2	0	1
−	= 6	3	1	1
none	= 0	−	0	0

SPECIAL SCORINGS

	Lv1	Lv2
DV	= 0x1	0x2
INC	= 0x2	0x4
DR	= 2x3	1x6
FAB	= 0x4	0x7
ALOG	= 6x5	
CON	= 0x7	
SUM6	= 9	
WSUM6	= 42	

AB	= 0	CP	= 0
AG	= 0	MOR	= 0
CFB	= 0	PER	= 1
COP	= 0	PSV	= 0

RATIOS, PERCENTAGES, AND DERIVATIONS

Core

R = 17	L = 1.13	
EB = 2 : 2.5	EA = 4.5	EBPer = N/A
eb = 2 : 3	es = 5	D = 0
	Adj es = 5	ADj D = 0
FM = 1	C′ = 1	T = 2
m = 1	V = 0	Y = 0

Affect

FC : CF+C	= 1 : 2
Pure C	= 0
Afr	= 0.89
S	= 2
Blends : R	= 3 : 17
CP	= 0

Interpersonal

COP = 0	AG = 0
Food	= 1
Isolate/R	= 0.35
H : (H)Hd(Hd)	= 1 : 2
(HHd) : (AAd)	= 1 : 0
H+A : Hd+Ad	= 8 : 5

Ideation

a : p	= 2 : 2	Sum6	= 9
Ma : Mp	= 1 : 1	Lv2	= 1
2AB+Art+Ay	= 0	WSum6	= 42
M−	= 1	Mnone	= 0

Mediation

P	= 3
X+%	= 0.35
F+%	= 0.40
X−%	= 0.35
S−%	= 0.17
Xu%	= 0.29

Processing

Zf	= 8
Zd	= 2.0
W : D : Dd	= 8 : 8 : 1
W : M	= 8 : 2
DQ+	= 0
DQv	= 1

Self Perception

3r+(2)/R	= 0.12
Fr+rF	= 0
FD	= 0
An+Xy	= 0
MOR	= 0

SCZI = 4*	DEPI = 3	CDI = 4*	S−CON = 5	HVI = NO	OBS = NO

〈표 6-23〉 특수 지표

SCZI(정신분열병 지표) :

아래 조건 중 4개 이상 만족하는 경우 해당됨:

YES ... EITHER : (X+%<.61) AND (S−%<.41)
OR... : (X+%<.50)
YES ... (X−%>.29)
YES ... EITHER : (FQ−≧FQu)
OR... : (FQ−>FQo+FQ+)
NO ... (Sum Level 2 Sp. Sc.>1) AND (FAB2>0)
YES ... EITHER : (Raw Sum6 Spec. Scores>6)
OR... : Weighted Sum of 6 Sp. Sc.>17
NO ... EITHER : (M−>1)
OR... : (X−%>.40)

DEPI(우울증 지표) :

아래 조건 중 5개 이상 만족하는 경우 해당됨:

NO ... (FV+VF+V>0) OR (FD>2)
NO ... (COl-Shd Blends>0) OR (S>2)
YES ... (3r+(2)/R>.44 and Fr+rF=0) OR (3r+(2)/R<.33)
YES ... (Afr<.46) OR (Blends<4)
NO ... (SumShading>FM+m) OR (SumC′>2)
NO ... (MOR>2) OR (2AB+(Art+Ay)>3)
YES ... (COP<2) OR (Isolate/R>.24)

CDI(대응손상 지표) :

아래 조건 중 4개 또는 5개가 만족하는 경우 해당됨:

YES ... (EA<6) OR (Adj D<0)
YES ... (COP<2) AND (AG<2)
NO ... (Weighted SumC<2.5) OR (Afr<.46)
YES ... (Passive>Active+1) OR (Pure H<2)
YES ... (SumT>1) OR (Isolate/R>.24) OR (Food>0)

HVI(과잉경계 지표) :

조건 (1)을 만족하는 동시에 나머지 조건들 중 적어도 4개가 만족하는 경우 해당됨:

NO ... (1) FT+TF+T=0

NO ... (2) Zf>12
NO ... (3) Zd>+3.5
NO ... (4) S>3
NO ... (5) H+(H)+Hd+(Hd)>6
NO ... (6) (H)+(A)+(Hd)+(Ad)>3
YES ... (7) H+A : Hd+Ad<4 : 1
NO ... (8) Cg>3

OBS(강박성향 지표) :

NO ... (1) Dd>3
NO ... (2) Zf>12
NO ... (3) Zd>+3.0
NO ... (4) Populars>7
NO ... (5) FQ+>1

아래 조건 중 1개 이상 만족하는 경우 해당됨:

NO ... 조건 (1)에서 (5)까지 모두 만족함
NO ... 조건 (1)~(4) 중에서 2개 이상을 만족함 AND FQ+>3
NO ... 조건 (1)~(5) 중에서 3개 이상을 만족함 AND X+%>.89
NO ... FQ+>3 AND X+%>.89

〈표 6-24〉 채점 순서

CARD	NO	LOC	#	DETERMINANT(S)	(2)	CONTENT(S)	POP	Z	SPECIAL SCORES
I	1	WSo		Mp.FC′−		(Hd)		3.5	PER, ALOG
	2	Ddo		Fu		Ad			
II	3	Wo		TF−		Ad		4.5	ALOG
III	4	Do		F−		A			ALOG
IV	5	Wo		FTu		A		2.0	ALOG
V	6	Wo		Fo		A		1.0	DR1
VI	7	Wo		F−		Hd, Ad		2.5	DR2
VII	8	Wo		Mao	2	H, Cg	P	2.5	
VIII	9	Wo		F.CFo	2	A, Ls	P	4.5	ALOG
IX	10	WSo		Fu		Fd, Hh		5.5	ALOG
X	11	Do		FMa.FCu		A			
	12	Do		Fo		A	P		
	13	Do		Fo		Bt			
	14	Do		Fo		A			
	15	Do		CF−		Bt			
	16	Do		F−		Bt			
	17	Dv		mpu		Na			DR1

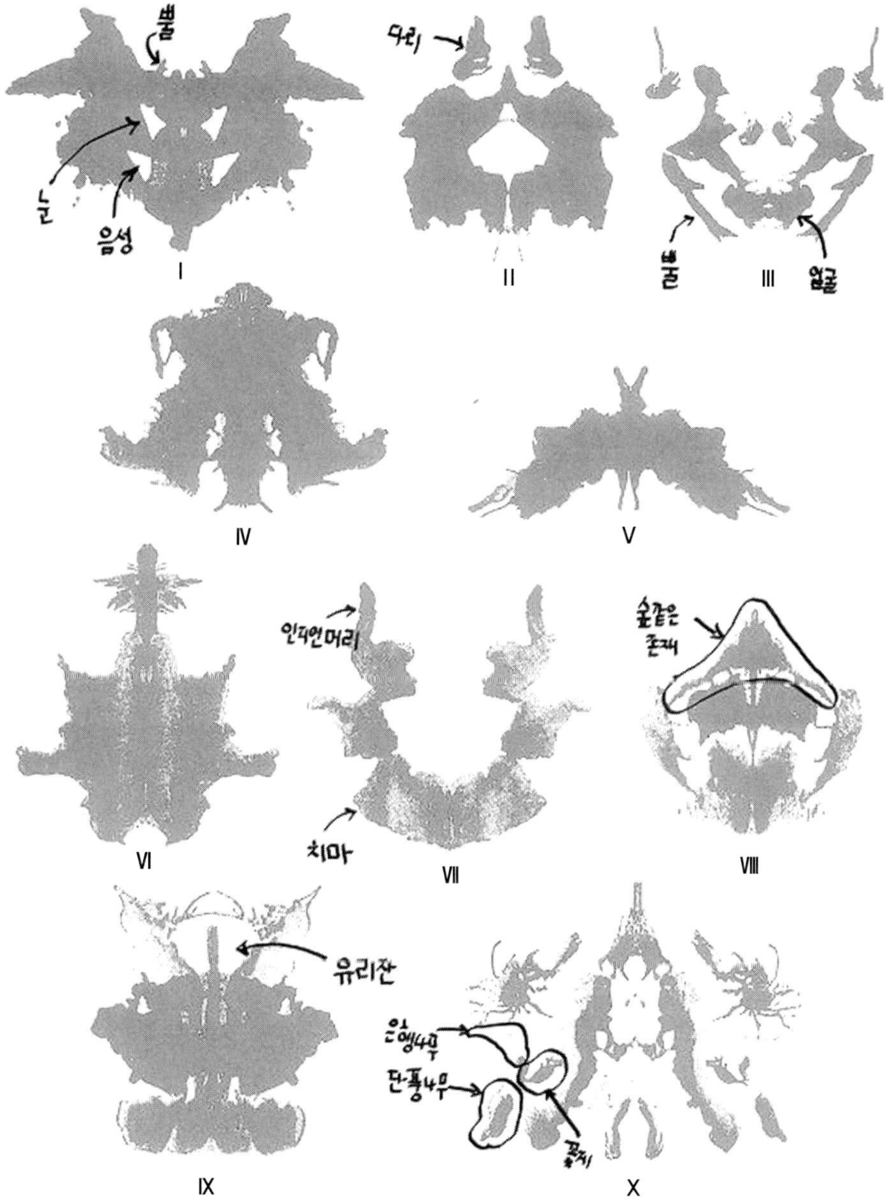
뿔
눈
음성
I
다리
II
뿔
III
얼굴
IV
V
VI
인디언머리
치마
VII
술같은
존재
VIII
유리잔
IX
은행나무
단풍나무
꼭지
X

(2) 결과 해석

환아의 전체 반응 수는 17개로 타당한 해석이 가능하다. 가장 유의미한 첫 번째 핵심 변인이 정신분열병 지표(SCZI=4)이므로 해석은 관념화, 중재, 처리, 통제, 정서, 자기지각, 대인지각의 순서로 진행되어야 한다.

① 인지적 특성: 관념화

WSum6 점수가 42점으로 상승되어 있는 등 비논리적이고 비현실적인 사고 양상을 보인다. 특히, 이탈적 반응의 빈도 및 심각성에서 반영되듯이(DR Lv1=2, Lv2=1), 주의를 지속적으로 유지하는 데 곤란을 겪으며 비일관적인 사고 흐름과 심한 연상의 이완(loosening of association)을 보이는 것으로 여겨진다. 또한 내적으로 자폐적인 공상(autistic fantasy)이 활발히 전개되고 있어 보이는데, 이를 시사하는 인간운동 마이너스 반응(M−)이 첫 번째 카드, 첫 반응에서 관찰된다는 점은 주목할 만하다. 즉, 환아는 자신의 정신증적 증상에 대해 전적으로 부인하고 정상임을 주장하는 듯 보이나, 이는 외부와의 교류를 차단하고 정서적 관여(emotional involvement)를 회피함으로써 얻을 수 있는 최소한의 적응 상태일 뿐이다. 내적 긴장이나 불안이 유발되는 상황에서는 심리적 평형이 급격하게 무너지면서 자기(self)와 주변 대상(other) 간의 경계를 구분하거나 의식 수준으로 침습하는 무의식적인 충동 및 환상을 통제하지 못하고 심한 혼동을 느끼는 것으로 여겨진다. 심한 사고 장애를 반영하는 DR2 반응이 무채색 카드인 VI번에서 관찰된다는 사실 또한 환아가 불안에 매우 취약하며, 이에 직면할 경우 자극 상황으로부터 적절한 거리를 상실한 채 사고의 비약을 보이고 자신만의 세계 속으로 회피하는 경향을 지니고 있음을 반영한다.

② 인지적 특성: 중재

중재 과정과 관련하여 X+%는 .35인 반면 X−%와 Xu%는 각각 .35와 .29 수준에 이르는 등 현저한 지각적 왜곡이 시사된다. 평범 반응(P) 또한 3개에 그치는 점을 감안해 볼 때, 관습적 수준에서의 개념 형성이 곤란하고 다른 사람이 쉽게 납득하기 어려운(idiosyncratic) 생각 속에 몰두해 있을 소지가 많다. 한편, 반응 순서를 분석해 볼 때 카드 I에서 마이너스 반응을 한 후 이를 회복하고자 드문 부분 영역

(Dd)으로 도피하여 '염소뿔' 반응을 하였으나, 그 내용에 있어서는 여전히 공격성을 드러내고 있다는 점이 흥미롭다. 또한 강렬하고 공격적인 심상을 유발하는 카드 II, III에서 또 다시 방어가 와해되어 형태질 마이너스 반응을 보이는 점을 고려컨대, 분노 감정이 유발되는 상황에서 통제력을 상실하고 현실적 지각 및 판단에 곤란을 겪을 가능성이 높아 보인다. 따라서 환아가 예상치 못한 방식으로 갑작스럽고 충동적으로 분노 감정을 표출하는 데는 이렇듯 왜곡된 인지적 중재 과정이 영향을 미치는 것으로 짐작된다.

③ 인지적 특성: 처리

반응 위치의 순서(location sequencing)가 비일관적인 점을 고려해 볼 때 주변 상황을 경제적인 방식으로 처리하는 데 상당한 곤란을 겪는 상태인 것으로 여겨진다. 또한 추론이나 복잡한 사고활동을 토대로 성취지향적인 활동을 할 수 있는 능력이 부족한 반면, 이에 대한 현실적 인식은 부족하여 심리적 자원의 적절한 배분 및 외부 자극의 효율적 처리에 실패하는 양상을 나타내고 있다(W : M=8 : 2, W : D : Dd=8 : 8 : 1).

④ 통제

적응에 필요한 내적 자원이 부족함에도 불구하고 환자는 주관적으로 스트레스나 대처상의 어려움을 느끼지 않는 것으로 보고하고 있다(D=0, Adj D=0). 전반적인 결과를 고려해 볼 때, 이는 환아가 이미 정신증적 상태(psychotic states)에 놓여 있어 별다른 주관적 불편감을 느끼지 못하는 상태에 있기 때문인 것으로 짐작된다.

⑤ 정서

생활 전반에 걸쳐 좀처럼 의욕이나 즐거움을 느끼지 못하는 등의 제한되고 둔마된 감정 반응을 나타내며, 타인과 섬세하게 조율된 정서적 교류에도 어려움을 겪고 있다. 로샤 검사에서 정서적 자극에 대해 매우 높은 반응성을 보이지만 대부분이 형태를 결정인으로 하거나 형태질이 나쁜 반응들이라는 점 또한 환아의 제한되고 부적절한 감정 반응 양상을 짐작케 한다(Afr=.89, FC : CF+C=1 : 2). 정서적 통합 능력이 손상되어 있어 상황에 맞지 않는 부적절한 정서를 표현할 가능성이 높으며,

갑작스러운 분노 표출과 같은 정서 조절의 곤란과 충동 조절의 문제를 나타낼 소지가 다분한 것으로 생각된다.

⑥ 자기지각

자존감이 매우 낮은 편으로 내면에는 열등감과 이와 관련된 우울감이 깊게 자리잡고 있을 가능성이 높아 보인다(Egocentricity index=.12, C′=1). 그러나 자신의 내적 상태를 현실적으로 인식하고 그에 대처할 수 있는 능력이 부족하여 이와 관련된 주관적 고통을 부인하고 있으며, 이러한 과정에서 누적된 내적 긴장은 방어의 벽에 균열을 가하고 자아의 와해를 초래하는 한 요인이 되는 것으로 짐작된다(FD=0).

⑦ 대인지각

관계 형성에 대한 관심이 매우 부족한 상태로 사회적으로 철회되어 혼자만의 세계 속으로 침잠하는 경향을 나타낸다(Pure H=1, Isolation index=.35). 타인을 더 이상 안전하고 지지적이며 어울리기 편안한 대상으로 여기지 못하고 위협적이고 비우호적인 대상으로 인식하는 등 대인관계 전반에 걸쳐 다분히 왜곡된 믿음을 지니고 있다. 이로 인해 다른 사람의 사소하고 무관한 언행에도 촉각을 곤두세우고 이를 자신과 관련지어 생각하면서 비현실적인 분노 감정을 느끼고 피해의식적인 사고를 형성할 가능성도 있는 것으로 생각된다(M−=1). 마치 어린아이와 같이 애정에 대한 강한 갈구를 느끼는 반면(T=2, Fd=1), 공감 능력(empathic capacity) 및 상대방의 입장을 현실적으로 이해할 수 있는 능력은 손상되어 있어 실제로 친밀한 관계를 형성하고 유지하는 데 상당한 어려움을 겪는 것으로 생각된다.

참고문헌

Exner, J. E. (1993). *The Rorschach: A Comprehensive System*. John Wiley & Sons.

Exner, J. E., & Weiner, I. B. (1995). The Rorschach: A comprehensive system. *Assessment of Children and Adolescents*. John Wiley & Sons.

Klopfer, B., & Davidson, H. H. (1962). *The Rorschach Technique: An Introductory Manual*. NY: Harcourt, Brace & World, Inc.

Lerner, P. M. (1998). *Psychoanalytic Theory and the Rorschach* (2nd ed.). The Analytic Press.

Rapaport, D., Gill, M., & Schafer, R. (1968). *Diagnostic Psychological Testing.* NY: International Universities Press.

Schachtel, E. G. (1966). *Experiential Foundations of Rorschach's Test.* NY: Basic books.

전반적 발달 장애

1. 이론적 배경

전반적 발달 장애(pervasive developmental disorder: PDD)는 사회성 발달 및 의사소통 능력의 지체와 제한된 관심, 상동증적인 행동을 특징으로 하는 유아기 발병 발달 장애로 흔히 자폐증으로 잘 알려져 있다. 유병률은 12세 이하의 아동 1,000명당 2~3명(0.2~0.5%)이며, 자폐적인 성향과 심한 정신지체를 동반하는 아동까지 포함하는 경우 0.2%에 이른다. 특히, 남아의 발병률이 여아에 비해 높은 것으로 알려져 있다(조수철, 2000).

전반적 발달 장애는 아동의 사회적 상호작용 및 의사소통의 심한 제약으로 인해 검사 실시 자체가 어렵다는 특징을 갖는다. 하지만 조기 진단하여 어려서부터 교육을 받은 아동이나 고기능 자폐 장애 아동은 동작성 지능 검사에서 높은 점수를 받거나 로샤 검사에서도 적절한 인간 반응을 하는 등 비교적 양호한 수행 수준을 보인다. 그러나 로샤 실시를 어렵게 만드는 전반적 발달 장애 아동의 가장 결정적인 결함으로는 추상적 사고 능력의 결여와 이에 따른 반응의 지나친 구체성을 들 수 있다. 하지만 형태 왜곡이 동반되지 않는다는 점에서 정신증의 반응과는 구분된다. 또한 반응 수가 적고 인간운동 반응이 빈약하며 대부분 잉크반점의 형태에만 입각하여 반응하고, 보속증과 더불어 복잡한 잉크반점 영역에 대해 반응 실패를 보인다는 점이 특징적이다. 전반적 발달 장애 아동의 로샤 해석에 앞서 인간운동 반응 및 형태 반응의 의미에 대해 살펴보면 다음과 같다.

1) 인간운동 반응

(1) 인간운동 반응과 지적 능력

Rapaport 등(1968)은 정적인 잉크반점을 인간운동 반응으로 인식하는 과정은 형태 요소들 간의 불균형을 지각하고 이를 해결하고자 하는 노력에서 시작한다고 설명하였다. 이와 관련하여 Mayman(1977)은 피검자가 잉크반점의 불균형을 인식하기 위해 다음의 필수조건을 갖추어야 한다고 주장하였다. 우선 자극으로부터 적절한 거리를 유지하고 폭넓은 조망을 획득해야 한다. 잉크반점의 세부적 요소에 집착하는 피검자는 자극의 역동성을 무시한 채 단순하고 정적인 형태를 지각하는 수준에 그치게 되기 때문이다. 따라서 인간운동 반응은 피검자의 지적인 잠재 능력을 반영할 뿐만 아니라 사고활동의 정도 및 범위를 가늠할 수 있는 유용한 지표가 될 수 있다. 즉, 양질의 운동 반응을 보이는 피검자는 풍부한 연상 과정을 동원하여 지각적 불균형을 유연하게 조절할 수 있는 지적 능력을 지닌 것으로 평가된다. 또한 전반적 발달 장애 환아들에게서 관찰되는 인간운동 반응의 부족 혹은 결여는 사회적 관계 형성 능력의 결여 외에도 그들의 핵심 특성, 즉 사고의 지나친 구체성에 기인하는 것으로 해석될 수 있다.

한편, PDD의 인간운동 반응은 정신증에서 빈번하게 관찰되는 인간운동 반응과 질적인 측면에서 구분된다. 즉, 피검자가 잉크반점이 주는 역동적인 인상에 완전히 압도되어 지각적 불균형을 해결하지 못한 채 자극의 속성과는 전혀 부합하지 않는 반응을 하는 경우, 마이너스 형태질의 인간운동 반응(M−)으로 채점된다. 이는 정신증의 중요한 지표로서 피검자가 자폐적인 사고를 활발히 전개하는 가운데 내적 경험과 현실을 통합하는 능력, 즉 현실 검증력을 상실한 상태로 해석될 수 있다.

(2) 인간운동 반응과 공감 능력

Rorschach(1942)는 인간운동 반응을 통해 피검자의 라포 형성 및 공감 능력을, Schachtel(1966)은 자신, 타인 및 주변 세계에 대해 지니고 있는 기본적인 태도를 예측할 수 있다고 설명하였다. Mayman(1977) 또한 인간운동 반응이 피검자의 대상표상 및 공감 능력을 반영한다고 주장하였다. 그는 인간운동 반응에는 움직임이라는 요소 외에도 행동을 취하는 인간이라는 요소가 부가되며, 이를 통해 피검자의 자신 및 타인에 대한 내재화된 이미지, 즉 대상표상이 드러나게 된다고 하였다. 따라서 검사자는 인간운동 반응에 내포된 인간상에 주목할 필요가 있으며, 나아가 그 대상이 피검자 자신 혹은 타인 중 누구를 표상하는지를 파악해야 한다. 이때 피검자의 자발적 표현 혹은 검사자에 대한 태도 등이 판단의 유용한 자료로 활용될 수 있다.

한편, 인간운동 반응은 대상표상뿐만 아니라 공감 능력의 유용한 지표가 된다. 공감 능력은 대상관계의 질적인 측면과 관련되는바, Mayman(1977)은 이를 공감적 관계(empathic relationships)와 동일시 관계(identification relationships)로 구분하였다. 전자는 자기 자신과 타인 간의 경계가 분명하고 자아가 통합되어 있으며 타인을 자신과 구분되는 동기 및 감정을 지닌 존재로 인식하는 상태를 의미한다. 후자는 자기와 타인 간의 경계가 모호하고 타인을 자기의 연장(extension)으로 간주하는 상태를 의미한다. 따라서 공감적 관계와 관련된 인간운동 반응은 잉크반점의 실제적인 속성에 토대를 두고 객관성을 지니는 특징이 있다. 반면, 동일시 관계와 관련된 인간운동 반응은 자극과의 거리를 상실하고 피검자가 잉크반점을 실재인 양 지나치게 생생하게 묘사하거나 자극의 속성은 무시한 채 자의적인 투사(arbitrary projection)에 몰두하고 대상의 경험을 자신의 경험과 혼동한다는 특징을 나타낸다.

따라서 양질의 인간운동 반응의 부족 혹은 결여는 대인관계 영역에서의 문제를 반영하는 것으로 해석된다. 예컨대, 정신분열병 환자처럼 자아의 응집성을 유지하는 데 혼란을 겪는 경우, 친밀한 관계에 대해 자신의 정체성 자체를 상실할지도 모른다는 위협을 느끼는 경우, 혹은 자신의 것으로 받아들이기 어려운 자아의 측면들을 부지불식 간에 드러낼지도 모른다는 불안감을 지닌 경우 모두 인간운동 반응의 결여 혹은 왜곡을 보일 수 있다. 반면에 PDD의 경우에 인간운동 반응의 결여는 공감적 관계 형성 능력의 결함을 반영해 준다.

2) 형태 반응

(1) 형태 반응의 의미

Schachtel(1966)은 형태지각의 역할이 환경의 중요한 특성들을 흘려보내지 않고 유지하는 것(taking hold)과 관련된다고 주장한 바 있다. 따라서 형태 반응을 하기 위해서는 자극에 압도되지 않으며 지각된 시각장에 질서를 부여하고 구조화하고자 하는 능동적인 노력이 전제되어야 한다. 즉, 형태 반응에는 피검자의 적극적인 태도와 전형적인 태도가 반영된다. 우선 적극적 태도(active attitude)와 관련해서는 잉크반점의 속성을 파악하고 자신의 내적 사고와 비교하며 이를 재구성하는 과정에서 피검자가 주의 및 현실 검증, 비판적 판단이라는 다양한 자아 기능을 동원해야 한다. 그리고 전형적 태도(typical attitude)와 관련해서는 형태 반응이 대상에 대한 중립적이고 객관적인 지각을 토대로 하기 때문에, 피검자의 반응이 전반적으로 형태에만 치우쳐 있다면 만성적으로 억제되고 감정 반응이 제한적이며 주변 환경과의 관계에서도 고립된 상태를 반영하는 것으로 해석된다.

형태 반응을 해석할 때는 반드시 피검자의 발달 수준을 고려해야 한다는 점을 유념해야 한다. 인지 발달과 마찬가지로 지각 발달 또한 체계적인 순서를 따르며 그 중 형태지각은 발달의 후기 단계에 해당된다. 따라서 성인의 경우에 정신병리의 지표가 되는 반응들이 아동에게는 정상 반응으로 간주될 수 있음을 주지할 필요가 있다. 형태 반응은 피검자가 수동적으로 내적 혹은 외적 자극의 영향을 받는 상태에서 이를 적극적으로 통제할 수 있는 상태로, 환경에 대한 지각이 미분화된 상태에서 이를 분화하고 통합할 수 있는 상태로 발달하는 것과 밀접하게 관련된다.

(2) 형태 반응의 비율

형태는 개인이 세상을 지각하는 데 있어 질서를 부여하고(ordering) 구조화하는(structuring) 역할을 한다(Lerner, 1998). 하지만 Schachtel(1966)이 지적하였듯이, 다른 차원의 결정인과 상호작용하지 않고 형태 반응에만 경직된 방식으로 치우친다면, 이는 오히려 피검자의 부적응적인 측면을 반영하는 것으로 간주될 수 있다. Klopfer와 Davison(1962) 또한 형태 반응 비율의 증가가 자극과 거리를 유지하고 이를 통제할 수 있는 능력과 관련되지만, 그 비율이 지나치게 높은 경우는 지나친 통제로 인한 제약과 자발성의 결여 혹은 지적·정서적 기능의 미분화에 따른 경직성을 의미한다고 설명하였다.

(3) 형태 반응의 정확성

로샤 검사의 잉크반점은 비록 모호하기는 해도 나름대로의 윤곽을 지니고 조직화된 자극이다. 따라서 피검자들이 양질의 형태 반응, 즉 잉크반점의 속성에 부합하는 반응을 하기 위해서는 자극의 현실적 측면에 주의를 기울이고 적절한 거리를 유지해야 한다. 이런 의미에서 정확한 형태지각은 피검자의 자아 강도와 현실 검증력의 중요한 지표가 된다. Korchin과 Larson(1977) 또한 양질의 형태 반응이 피검자의 지각 및 연상 과정을 조직화하고 통합・통제하는 능력, 무의식적인 정서적 요인이 의식 내로 침투하는 것을 차단하는 능력 그리고 충동 방출을 지연시킴으로써 현실에 적절한 방식으로 반응할 수 있는 능력을 반영한다고 주장하였다.

한편, 부정확한 형태 반응은 병리적이고 부적응적인 대처방식과 밀접하게 관련된다. 내적인 갈등이나 욕구의 압력이 지나치게 커서 조직화된 방식으로 현실을 인식하는 데 어려움을 겪거나 추동 표현을 억제하고 방어하는 데 대부분의 심리적 에너지를 소모하는 경우에는 형태지각의 왜곡을 초래할 수 있다. 또한 사회적으로 소외되거나 지능 수준이 낮아서 연상활동에 동원할 수 있는 자원이 부족한 경우에도 나쁜 형태질 반응을 보이게 된다.

2. 사례 이해

1) 증상

호준이는 초등학교 3학년에 재학 중인 남아다. 돌이 지나서 걷고 생후 18개월부터 말을 시작하는 등 또래에 비해 발달이 느린 편이었다. 특히, 만 6세가 되어서야 두 단어 문장을 구사하기 시작할 정도로 언어 발달상의 심한 지체를 보였다. 학업 수행 수준은 반에서 최하위며 또래들과도 전혀 어울리지 못하는 등 학교 적응에 상당한 어려움을 겪고 있다. 또한 아무런 이유 없이 물건을 집어던지고 부수는가 하면 대소변을 제대로 가리지 못해 늘 주변 사람들의 주의와 도움을 필요로 한다고 한다. 호준이는 어려서는 자동차에 매우 집착하였으며 현재는 레미콘에만 관심을 기울이는 모습을 보이고 있다.

2) 개인력 및 가족력

환아는 제왕절개수술로 태어났으며, 출생 시 체중은 3.2kg으로 별다른 문제는 없었다. 어려서부터 낯선 사람을 만났을 때 시선을 맞추거나 미소를 짓지도, 불안해하지도 않는 등 주변 환경에 별로 관심을 기울이지 않는 모습이었지만 부모는 다만 아이가 순하기 때문인 것으로 여겼다고 한다. 생후 13개월부터 걷기 시작하였으며 이후 운동 발달상에 장애는 없었지만 손동작이 서툰 편으로 가위질이나 젓가락질 등 섬세한 동작을 요구하는 과제는 제대로 수행하지 못했다고 한다. 생후 18개월부터 한 단어로 된 말을 구사하기 시작하였으나 대부분이 '기차' '헬리콥터' '자동차' 와 같은 단어들이었다. 만 5세 무렵부터 특수교육을 받기 시작하여 두 단어로 된 말을 구사하게 되었으나 현재까지도 상대방의 말을 이해하거나 자신의 생각을 문장으로 전달하는 데 어려움을 겪고 있다. 또한 어려서부터 줄곧 혼자서 모형 자동차를 가지고 노는 모습을 보였으며, 학교에서도 또래들과 어울리는 데 전혀 관심을 나타내지 않는다.

환아의 아버지는 대학을 졸업하였으며 회사원이다. 원만한 성격으로 친구가 많은 편이나 아이들은 별로 좋아하지 않는다고 한다. 또한 아이는 스스로 알아서 자라야 한다고 생각하기 때문에 환아에게 칭찬이나 벌을 하는 경우도 거의 없다고 한다. 하지만 최근에는 환아의 문제에 관심을 갖기 시작하여 함께 운동을 하러 가는 등 아이와 어울리기 위해 많은 노력을 하나 환아는 별다른 반응을 보이지 않는다고 한다. 환아의 어머니는 고등학교를 졸업한 주부다. 적극적인 성격이며 환아에게는 잔소리를 많이 하는 편이라고 한다. 늘 환아를 주변에서 챙겨 주며, 환아 또한 어머니에게 매우 의존적이라고 한다. 가족력에서 정신과적인 장애를 지닌 사람은 없는 것으로 확인되었다.

3) 로샤 검사 결과 및 해석

(1) 행동 관찰

138cm, 42kg의 9세 5개월 된 남아로, 옷에 음식물이 묻고 머리가 헝클어져 있

는 등 전반적인 위생 상태는 불량하였다. 검사자가 다가가도 별 다른 반응을 보이지 않으나 아무런 저항 없이 순순히 검사에 임하였다. 하지만 검사가 진행되면서 가만히 앉아 있지를 못하고 책상 주변을 맴돌았으며 때때로 '악, 악' 소리를 지르는 모습을 보이기도 하였다. 검사자의 지시를 이해하지 못하고 전혀 무관하게 반응하는가 하면, 대부분의 질문에 대해서도 '응' 이라는 대답으로 일관하였다. 수시로 코를 후비며 손가락에 코피를 묻히곤 하였는데, 이에 대해 검사자가 주의를 주자 손가락에 묻은 피를 혀로 핥기도 하였다. 전반적으로 검사 및 면담의 원활한 진행에 상당한 어려움이 있었다.

〈표 6-25〉 검사 반응

카드	반응 단계	질문 단계	채 점
I	① 개	① 그 개 같아요. 개 얼굴. (눈?) 《여기 있다며 카드를 때림》 (Up Space?) 응. (아니야?) 응. (어떤 점이 개처럼 보여?) 응. (색이 검어서?) 응. (검기 때문이 아니야?) 응. (어느 부분을 본 거야?) 응. (전체를 본 거야?) 응. (전체를 본 게 아니야?) 응.	① Wo Fu Ad 1.0
II	① 발	① (어디를 본 거야?) 사람 발. (어떤 점 때문에?) 응. (Up Red?) 응. (Side Black?) 응. (두 개야?) 응. (한 개야?) 응. (발이 한 개야 두 개야?) 하나. (왜 발처럼 보여?) 응. (생긴 모양 때문이야?) 주스 먹을래요.	① Wo F− Hd 4.5
III	① 발, 코끼리 발	① (어디가 발처럼 보여?) 그 발. (전체?) 응. (부분?) 응. (어떤 점 때문에?) 응. (모양 때문에?) 응. (색깔이 비슷해서?) 응. (색깔이 비슷하지 않아서?) 비슷해요. 빨간색이.	① Wo F− Ad PSV
IV	① 뱀… 거기 같아 보여요. 거기 같아요.	① (거기가 어디야?) 응. (뭐가 보여?) 거기 같아요. (어디?) 여기. (여기가 어딘데?) 《거기라고 답하며 카드를 마구 두들김》	① Do Fu A
V	① 나비	① (어느 부분이 나비야?) 여기 있어요. (날개도 있어?) 응. (어디가 날개야?) 응. (날고 있어?) 응. (안 날고 있어?) 응. (나는 거야, 안 나는 거야?) 날아요.	① Wo Fo A P 1.0

〈계속〉

VI	① 새	① (어떤 새야?) 그 새. (날개는?)《여기 있어요라며 카드를 두들김》(왜 새처럼 보여?) 날개가 있어요. (어디?) 응.	① Do Fu A
VII	① 날개	① (어떤 날개?) 그 날개. (새의 날개?) 응, 새 날개.	① Wo Fu Ad PSV
VIII	① 똥돼지	① (어느 부분이?)《여기라며 카드를 두들김》(왜 돼지야?) 응. (전체?) 응. (부분?) 응. * T/L: (SD?) 표범	① Do Fu A
IX	① 눈	① (사람 눈?) 응. (동물 눈?) 응. (어떤 거야?) 응. (왜 눈이야?) 응. (어디가 눈이야?) 응. (DdS가리키며 여기가 눈이야?) 응. (여기가 아니야?) 여기예요.	① DdSo Fu Hd
X	① 돼지… 새	① (돼지 and/or 새?) 새. (어떤 점이?) 응. (모양이?) 응. (색깔이?) 응. (부분이야, 전체야?) 응.	① Do F− A

〈표 6-26〉 구조 요약

LOCATION FEATURES	
Zf	= 3
ZSum	= 6.5
ZEst	= 6.0
W	= 5
(Wv	= 0)
D	= 4
Dd	= 1
S	= 1

DQ	.......(FQ−)
+	= 0(0)
o	= 10(3)
v/+	= 0(0)
v	= 0(0)

FORM QUALITY

	FQx	FQf	MQual	SQx
+	= 0	0	0	0
o	= 1	1	0	1
u	= 6	6	0	1
−	= 3	3	0	0
none	= 1	−	0	0

DETERMINANTS BLENDS	DETERMINANTS SINGLE	
	M	= 0
	FM	= 0
	m	= 0
	FC	= 0
	CF	= 0
	C	= 0
	Cn	= 0
	FC′	= 0
	C′F	= 0
	C′	= 0
	FT	= 0
	TF	= 0
	T	= 0
	FV	= 0
	VF	= 0
	V	= 0
	FY	= 0
	YF	= 0
	Y	= 0
	Fr	= 0
	rF	= 0
	FD	= 0
	F	=10
	(2)	= 0

CONTENTS	
H	= 0, 0
(H)	= 0, 0
Hd	= 2, 0
(Hd)	= 0, 0
Hx	= 0, 0
A	= 5, 0
(A)	= 0, 0
Ad	= 3, 0
(Ad)	= 0, 0
An	= 0, 0
Art	= 0, 0
Ay	= 0, 0
Bl	= 0, 0
Bt	= 0, 0
Cg	= 0, 0
Cl	= 0, 0
Ex	= 0, 0
Fd	= 0, 0
Fi	= 0, 0
Ge	= 0, 0
Hh	= 0, 0
Ls	= 0, 0
Na	= 0, 0
Sc	= 0, 0
Sx	= 0, 0
Xy	= 0, 0
Id	= 0, 0

S-CONSTELLATION	
NO	... FV+VF+V+FD>2
NO	... Col-Shd Bl>0
YES	... Ego<.31, >.44
NO	... MOR>3
NO	... Zd>+−3.5
NO	... es>EA
NO	... CF+C>FC
YES	... X+%<.70
NO	... S>3
YES	... P<3 or>8
YES	... Pure H<2
YES	... R<17
5	... TOTAL

SPECIAL SCORINGS

		Lv1	Lv2
DV	=	0x1	0x2
INC	=	0x2	0x4
DR	=	0x3	0x6
FAB	=	0x4	0x7
ALOG	=	0x5	
CON	=	0x7	
SUM6	=	0	
WSUM6	=	0	

AB	= 0	CP	= 0
AG	= 0	MOR	= 0
CFB	= 0	PER	= 0
COP	= 0	PSV	= 2

RATIOS, PERCENTAGES, AND DERIVATIONS

Core

R = 10		L = −1.00
EB = 0 : 0.0	EA = 0.0	EBPer = N/A
eb = 1 : 0	es = 1	D = 0
	Adj es = 1	Adj D = 0
FM = 0	C′ = 0	T = 0
m = 0	V = 0	Y = 0

Affect

FC : CF+C	= 0 : 0
Pure C	= 0
Afr	= 0.43
S	= 1
Blends : R	= 0 : 10
CP	= 0

Interpersonal

COP = 0	AG = 0
Food	= 0
Isolate/R	= 0.00
H : (H)Hd(Hd)	= 0 : 2
(HHd) : (AAd)	= 0 : 0
H+A : Hd+Ad	= 5 : 5

Ideation

a : p	= 0 : 0	Sum6	= 0
Ma : Mp	= 0 : 0	Lv2	= 0
2AB+Art+Ay	= 0	WSum6	= 0
M−	= 0	Mnone	= 0

Mediation

P	= 1
X+%	= 0.10
F+%	= 0.10
X−%	= 0.30
S−%	= 0.00
Xu%	= 0.60

Processing

Zf	= 3
Zd	= 0.5
W : D : Dd	= 5 : 4 : 1
W : M	= 5 : 0
DQ+	= 0
DQv	= 0

Self Perception

3r+(2)/R	= 0.00
Fr+rF	= 0
FD	= 0
An+Xy	= 0
Mor	= 0

SCZI = 3	DEPI = 3	CDI = 4*	S−CON = 6	HVI = No	OBS = No

〈표 6-27〉 특수 지표

SCZI(정신분열병 지표) :
아래 조건 중 4개 이상 만족하는 경우 해당됨:

YES ... EITHER : (X+%<.61) AND (S−%<.41)
　　OR... : (X+%<.50)
YES ... (X−%>.29)
YES ... EITHER : (FQ−≧FQu)
　　OR... : (FQ−>FQo+FQ+)
NO ... (Sum Level 2 Sp. Sc.>1) AND (FAB2>0)
NO ... EITHER : (Raw Sum6 Spec. Scores>6)
　　OR... : Weighted Sum of 6 Sp. Sc.>17
NO ... EITHER : (M−>1)
　　OR... : (X−%>.40)

DEPI(우울증 지표) :
아래 조건 중 5개 이상 만족하는 경우 해당됨:

NO ... (FV+VF+V>0) OR (FD>2)
NO ... (COl-Shd Blends>0) OR (S>2)
YES ... (3r+(2)/R>.44 and Fr+rF=0) OR (3r+(2)/R<.33)
YES ... (Afr<.46) OR (Blends<4)
NO ... (SumShading>FM+m) OR (SumC′>2)
NO ... (MOR>2) OR (2AB+(Art+Ay)>3)
YES ... (COP<2) OR (Isolate/R>.24)

CDI(대응손상 지표) :
아래 조건 중 4개 또는 5개가 만족하는 경우 해당됨:

YES ... (EA<6) OR (Adj D<0)
YES ... (COP<2) AND (AG<2)
YES ... (Weighted SumC<2.5) OR (Afr<.46)
YES ... (Passive>Active+1) OR (Pure H<2)
NO ... (SumT>1) OR (Isolate/R>.24) OR (Food>0)

HVI(과잉경계 지표) :
조건 (1)을 만족하는 동시에 나머지 조건들 중 적어도 4개가 만족하는 경우 해당됨:

YES ... (1) FT+TF+T=0

NO ... (2) Zf>12
NO ... (3) Zd>+3.5
NO ... (4) S>3
NO ... (5) H+(H)+Hd+(Hd)>6
NO ... (6) (H)+(A)+(Hd)+(Ad)>3
YES ... (7) H+A : Hd+Ad<4 : 1
NO ... (8) Cg>3

OBS(강박성향 지표) :

NO ... (1) Dd>3
NO ... (2) Zf>12
NO ... (3) Zd>+3.0
NO ... (4) Populars>7
NO ... (5) FQ+>1

아래 조건 중 1개 이상 만족하는 경우 해당됨:

NO ... 조건 (1)에서 (5)까지 모두 만족함
NO ... 조건 (1)~(4) 중에서 2개 이상을 만족함 AND FQ+>3
NO ... 조건 (1)~(5) 중에서 3개 이상을 만족함 AND X+%>.89
NO ... FQ+>3 AND X+%>.89

〈표 6-28〉 채점 순서

CARD	NO	LOC	#	DETERMINANT(S)	(2)	CONTENT(S)	POP	Z	SPECIAL SCORES
I	1	Wo		Fu		Ad		1.0	
II	2	Wo		F−		Hd		4.5	
III	3	Wo		F−		Ad			PSV
IV	4	Do		Fu		A			
V	5	Wo		Fo		A	P	1.0	
VI	6	Do		Fu		A			
VII	7	Wo		Fu		Ad			PSV
VIII	8	Do		Fu		A			
IX	9	DdSo		Fu		Hd			
X	10	Do		F−		A			

(2) 결과 해석

가장 유의미한 첫 번째 핵심 변인이 대응손상 지표(CDI=4)이므로 해석은 통제, 정서, 자기지각, 대인지각, 처리, 중재, 관념화의 순으로 진행된다. 하지만 환아의 반응 내용이 매우 빈약하고 반응 수 또한 10개에 그치므로 해석에 상당한 제약이 따른다.

① 통제

D값과 Adj D값 모두가 0이지만 EB, EA, eb, es 수준을 함께 고려할 때 이는 환아의 적응적인 스트레스 대처 능력과는 무관한 것으로 보인다. 오히려 EA가 0점인 점에서 알 수 있듯이 현재 환아는 일상적인 생활 과제나 문제 상황을 해결할 수 있는 심리 내적인 자원이 결핍된 상태다. 특히, 인간운동 반응(M)의 결여는 환아의 사고 형태가 매우 구체적이며 추리나 상상 등을 동원한 문제해결적 사고가 어렵다는 점을 시사한다. 이는 또한 인지적 경직성, 비융통성 및 조망 변환의 실패와 밀접하게 관련되는바(PSV=2), 환아가 보이는 매우 제한된 흥미와 상동증적인 자폐 증상과 관련된 것으로 환아의 적응을 방해하는 주된 요인이 되는 것으로 여겨진다. 나아가 색채 반응의 빈도 및 질적 수준은 환아가 스트레스 상황에서 느끼는 불안이나 고통을 적절히 표현하고 조절하는 데 상당한 제약을 지니고 있음을 시사한다. 또한 es값을 통해 짐작할 수 있듯이, 심리적 고통을 분화된 방식으로 인식할 수 있는 능력의 발달이 지체되어 있어 스트레스 상황에서 느끼는 막연한 불편감을 적응적으로 처리하는 데도 미숙함을 보이고 있다. 정리하자면, 환아는 구체적인 사고 양상으로 인해 상황적 요구에 맞추어 행동을 계획성 있게 조절하기 어렵고(실행 기능의 결함) 자신의 경직되고 편협한 틀을 통해서만 세상을 이해하고자 한다. 따라서 주변 환경의 사소한 변화에도 위협을 느끼고 심한 불안감에 휩싸이며, 이에 대한 역공포적 반응(counter-phobic reaction)의 일환으로 충동적인 행동을 보일 소지가 있는 것으로 짐작된다.

② 정서

정서적으로 미분화된 상태로 감정의 인식과 표현이 '좋다' '싫다'에 제한되는 초기 발달단계 수준에 머물러 있다. 따라서 상황과는 무관한 감정 경험을 하거나 제한된 반응 양상을 나타내며 타인과의 정서적 상호작용을 하는 데도 심한 곤란을 겪는 것으로 여겨진다(SumC=0). 또한 욕구 만족의 지연이 어렵고 상황적 고려를 하지 않은 채 감정을 발산하는 경향을 나타내고 있어 대인관계에서 마찰을 일으키고 또래로부터 고립되는 부정적인 결과를 초래할 소지가 높은 것으로 여겨진다.

③ 자기지각 및 대인지각

반응 내용이 인간부분 반응과 동물 반응에 국한되고 순수인간 반응이 없다는 점을 통해 환아의 자기 개념 및 대상관계 표상이 발달의 초기 단계 수준에 머물러 있음을 짐작할 수 있다. 환아에게 있어 타인은 자기로부터 미분화된 욕구 충족의 수단일 뿐이며, 인간에 대해 기계적이고 파편화된 표상을 내재화하고 있는 것으로 여겨진다. 또한 사회적 상호작용에 대한 흥미가 부족하고 타인과는 공유하기 어려운 자신만의 제한된 관심사에 자폐적으로 몰두하는 경향을 나타내는바, 또래관계를 비롯한 제반 인간관계의 형성에 상당한 제약을 겪는 것으로 생각된다.

④ 인지적 특성: 처리, 중재 및 관념화

카드 V에서 보인 평범 반응과 카드 VIII의 한계 검증(testing the limit)에서 보인 평범 반응은 환아가 사회적 능력과 인지적 적극성을 요구하지 않는 단순한 과제에 대해서는 양호한 수행을 보일 수 있음을 시사한다. 하지만 인지적 조망의 변환이나 효율적인 주의 배분 등을 요구하는 보다 복잡한 과제에서는 개념 형성 자체에 실패하는 양상을 나타낸다. 더욱이 자극의 일부를 토대로 과잉 일반화하여 확대 해석하거나 사고의 틀(mental set)을 전환시키지 못한 채 보속증적으로 반응을 반복하는 등 인지적 발달의 수준이 매우 초보적인 상태에 머물러 있다.

참고문헌

조수철(2000). 소아정신질환의 개념. 서울대학교출판부

Klopfer, B., & Davidson, H. H. (1962). *The Rorschach Technique: An Introductory Manual*. NY: Harcourt, Brace & World, Inc.

Korchin, S. J., & Larson, D. G. (1977). Form perception and ego functioning. In M. A. Rickers-Ovsiankina (Ed.), *Rorschach Psychology*. NY: Krieger.

Lerner, P. M. (1998). *Psychoanalytic Theory and the Rorschach* (2nd ed.). The Analytic Press.

Mayman, M. (1977). A multi-dimensional view of the Rorschach movement response. In M. A. Rickers-Ovsiankina (Ed.), *Rorschach Psychology*. NY: Krieger.

Rapaport, D., Gill, M., & Schafer, R. (1968). *Diagnostic Psychological Testing*. NY: International Universities Press.

Rorschach, H. (1942). *Psychodiagnostics: A Diagnostic Test Based on Perception*. Bern: Hans Huber.

Schachtel, E. G. (1966). *Experiential Foundations of Rorschach's Test*. NY: Basic books.

강박 장애

1. 이론적 배경

강박 장애(obsessive compulsive disorder)는 반복적이고 통제 불가능한 강박 사고와 이에 따른 불안감을 완화시키고 공포스러운 결과를 회피하고자 하는 강박 행동을 특징으로 한다. 역학조사에 따르면 소아 · 청소년기에 발병하는 강박 장애의 유병률은 1~3.6% 정도로 성인기 강박 장애와 비슷한 수준이며, 그 임상적 증상에 있어서도 성인기와 유사한 특성을 띤다. 소아 · 청소년기 강박 장애에서 가장 흔한 강박 사고로는 오염에 대한 공포, 타인을 해치려는 생각에 대한 공포, 정확성과 대칭성에 대한 집착, 성적 · 공격적 사고 등이 있으며, 강박 행동은 반복적으로 씻고 닦는 행동, 확인 행동, 반추 행동, 세기, 정렬하기 등이 보고되고 있어 성인과 비슷한 하위 유형을 보인다(Swedo et al., 1996). 다만 소아의 경우 통찰력(insight)이 결여되어 증상의 비합리성을 인식하지 못하고 자아 이질적으로 경험하지 않을 수 있으며, 뚜렷한 강박 사고 없이도 강박 행동이 나타날 수 있다는 점에서 일부 차이가 있다. 또한 청소년의 경우 강박 증상에 따른 집중력 문제로 학업 성취가 저하되며, 이에 따른 우울감이 동반되는 경우가 많다.

강박 증상 자체가 하위 유형에 따라 상당히 이질적인 특성을 띠기 때문에, 이러한 증상의 독특성만큼이나 다양한 로샤 프로토콜이 관찰된다. 또한 초기 정신병 상태에서 자아 와해를 방지하기 위한 방어적 통제의 일환으로 강박 증상을 보이는 일도 빈번하기 때문에 로샤 반응 양상은 더욱 복잡해진다. 하지만 경험적 실례와 개념적 근거에 입각해 볼 때 정확성과 세부에 집착하는 '확인' 유형(checking type)의 강박 장애와 성적 · 공격적 사고가 빈번한 '과잉 사고' 유형(overideational type)의 강박 장애 환자들에게서 특히 로샤 프로토콜이 상당히 다른 특성을 띠며, 유형별로는 공통적인 특성이 있어 보인다. 따라서 여기서는 강박 장애를 간략하게 두 유형으로 나누고 이와 관련된 로샤 지표들을 정리해 보겠다.

1) 확인(checking) 유형에서의 로샤 지표

강박적인 확인 행동을 보이는 환자들은 불확실성에 대한 두려움을 가지며 의심이 많아 과도하게 정확성에 집착하는 모습을 보인다. 심지어는 발생할 가능성이 적은 일이나 가상적인 실수나 사고에 대해서도 지나치게 염려하고 확인하고자 하기 때문에 티끌 같은 오점과 실수까지 찾아 헤매는 완벽주의적인 성향을 띠게 된다. 그들은 자기상에 대한 부적절감이 심하고 자신에 대해 비현실적으로 높고 과장된 기준을 부과하므로 심리적인 문제가 발생할 위험은 더욱 커진다. 즉, 사소한 실패에도 과도하게 부정적인 의미를 부여하므로 자기상이 쉽게 손상되고 저하된다. 그들이 보이는 완벽주의와 확인 행동은 결국 자신에 대한 부적절감이나 불안전감을 통제할 뿐만 아니라, 실제로 이러한 정서를 유발할 수 있는 끔찍한 실수를 회피하고자 하는 필사적인 노력이라 할 수 있다.

모호하고 불확실한 잉크반점을 자극으로 사용하는 로샤 검사 또한 그들에게는 상당한 불안감을 유발한다. 반응 전반에 걸쳐 정확성과 세부에 대한 집착이 두드러진다. 특히, 과도하게 정확한 반응을 형성하고자 함에 따라 전체 반응(W)은 감소하는 반면 부분에 대한 구체적인 반응에서 형태질(FQ)은 상승하게 되며, 경험에 대한 관습적인 해석이나 순응성을 의미하는 평범 반응(P)은 증가되고 그에 따라 창의성과 융통성은 감소된다. 로샤 지표 중 형태 반응(F)은 현실 상황에서 느끼는 갈등과 연관된 정서의 영향을 억제하고 인지적인 통제를 발휘할 수 있는 능력을 반영하는 것인데, 확인 유형의 강박 장애 환자들은 지적인 통제나 고립의 방어기제를 주로 사용함에 따라 전체 반응 중에서 형태 반응이 차지하는 비율(F%)이 특히 높은 편이다. 높은 람다는 주변 환경에 대한 폭넓은 인지적 조망 능력이 빈약하며 융통성이 결여되어 있고 외부 자극(특히, 정서적 자극)에 대한 심리적 차단을 통해 정서적 관여를 회피하는 것을 의미한다. 이러한 경직되고 엄격한 통제는 강박 장애 환자들의 정서 표현이나 사고 과정의 자발성과 유연성을 매우 손상시킨다.

종종 정확성에 대한 욕구로 인해 말이 장황해지고 의심하는(pathological doubting) 태도도 나타난다. "정확하게 사람 모양은 아니에요. 팔 부분이 조금 이상하잖아요. 그렇다고 동물도 아닌데."와 같이 주로 반점과 개념 간의 사소한 차이를 강조하며,

정확성에 과도하게 집착하고, 무시할 수 있는 특성도 간과하지 못하고 비판하여 결국 어떤 결정도 내리지 못하는 우유부단함을 보인다. 또한 '균형' 에 관심이 많아서 카드의 대칭이나 비대칭에 대해서 불만을 표시하기도 한다("왼쪽하고 오른쪽 모양이 다른 걸요. 똑같지 않잖아요."). 이는 과도한 통제 욕구와 관련된 것이다. 더불어 환자의 의심 및 억압된 분노감과 관련되어 공백 반응(S)이 상승되기도 한다.

세부 사항에 지나치게 집착하는 경향은 드문 부분 반응(Dd)과 같이 협소한 영역에 대한 반응이나 파편화된(fragmented) 반응을 증가시킨다. 이는 환자가 사소한 사항에 대해서도 지나치게 반추하고 주지화시키며 자신의 지각 과정을 과도하게 통제하려는 것을 의미한다. 그들은 불안을 통제하고자 불필요한 세부 사항을 배제함으로써 상황의 전체 맥락을 융통성 있게 지각하고 추상화하는 사고 조직화 능력의 결여를 보인다. 한편으로 완벽주의적 성향이 있는 강박 환자의 경우는 반대로 전체 반응(W)이 증가하기도 하는데, 이때도 세부적인 영역까지 주의를 집중하여 자신의 능력을 넘어서는 수준으로 전체적으로 조직화하는 반응이 많다. 이렇듯 조직화 지수(Zf)나 처리 효율성(Zd)의 상승은 환자들이 효율적으로 처리할 수 있는 양보다 더 많은 정보를 받아들이고 필요 이상으로 철저하게 탐색하려는 완벽주의적인 특성과 관련된다. 이는 결과적으로 의사결정 시 주저하고 우유부단한 태도를 초래하며 과제를 지연시켜 실제 성취 수준은 저조할 수 있다(counterproductive). 양호한 형태질과 희귀 부분 반응에 대한 집착, 과도한 인지적 통제, 조직화 지표는 모두 '강박성향 지표(obsessive style index: OBS)' 를 형성하는 구성 요소가 된다.

2) 과잉 사고(overideational) 유형에서의 로샤 지표

원치 않는 성적인 내용의 생각, 공격적이거나 난폭한 내용의 생각, 신성 모독적이거나 도덕 관념에 배치되는 생각은 그 자체가 매우 혐오스럽고 죄책감을 불러일으키게 된다. '과잉 사고' 유형의 환자들은 충동적이고 원초적인 내용의 침투 사고를 빈번히 경험하며, 이에 대항하여 사고 자체를 떨쳐 버리거나 억제하기 위하여 과도한 내 · 외적 통제 노력을 보인다. 특히, 내적인 통제는 강박 사고를 중화시키기 위한 관념활동이 이차적으로 활성화되는 것으로, 그렇지 않아도 침투 사고로 인하여 혼란스러운 환자를 더욱 혼란스럽게 만들 수 있다. 예를 들어, 강박 행동 없이 순수 강박 사고만을 보이는 환자들은 침투 사고와 이를 반박하는 내용의 사고가 뒤엉켜 지칠 때까지 몇 시간이나 이러한 저항을 지속한다. 강박 사고에 대항한 정신적 의례(mental ritual)가 발달하기도 하는데, 공격적인 내용의 사고가 침투하는 경우 주기도문을 정해진 순서대로 30번씩 외우거나, 상대방이 즐겁게 생활하고 있는 장면을 반복적으로 떠올리면서 공격 사고를 중화시키려 하는 것이 그러한 예다. 자아의 인지적 통제에 반하여 성적 · 공격적 일차 추동(primary drive)이 잠입해 들어오고, 이 때문에 상당한 혼란감을 경험한다는 점에서 이는 정신병적 증상과도 유사한 측면이 있다. 실제로 많은 초기 정신분열병 환자들이 정신병적 와해가 진행되는 과정에서 강박 증상에 몰두함으로써 자아 경계 및 외적인 통제감을 유지하고자 필사적으로 노력한다. 따라서 과잉 사고 유형의 강박 장애 환자에게서 정신병적 진행 과정에 대한 감별진단이 필요한 경우가 많으며, 이때 자아 기능과 성격 구조와 관련하여 로샤 검사가 핵심적이고 유용한 정보를 제공해 줄 수 있다.

Exner 종합체계에서는 의식적 통제에 저항하는 잠입적 관념으로 동물운동 반응(FM)과 무생물운동 반응(m)을 제안하고 있다. 이는 충족되지 못한 충동(impulse), 그리고 외부의 위협에도 불구하고 자아의 통합을 유지하고자 할 때 경험되는 긴장 및 갈등과 관련된다. FM+m 반응의 상승은 환자들이 경험하는 성적 · 공격적 사고가 충동적이고 본능적인 특성을 띠며, 자아 이질성으로 인하여 상당한 불편감과 죄책감을 유발하는 것과도 일치한다. 분명한 목적도 없는 불쾌하고 염려스러운 생각이 떠오르는 것을 막을 능력이 없으며, 이로 인해 외부 과제에 대한 집중력이 떨어지고 주의가 산만해져 업무나 학업에 몰두하기 곤란할 정도가 된다.

동시에 전체 반응 수나 인간운동(M) 반응이 상대적으로 증가되는데, 이는 침투 사고에 대항하려는 정신적 통제의 일환으로 내적인 관념활동이나 공상이 지나치게 활성화되고 있음을 반영하는 것이다. 양질의 M 반응은 충동이나 행동을 조절하는 능력, 창조성, 공감적인 대인관계 능력이라는 적응적 대처 자원을 의미한다. 하지만 이것이 극단적으로 치우치는 경우, 즉 전반적 경험 균형(EBPer)에서 WSumC에 비해 M 반응이 지나치게 많은 경우에는 관념활동이나 반추적인 성향이 지나쳐 효율적인 기능을 방해하는 것을 뜻한다. 과잉 사고 유형의 환자들은 정서적 경험을 표현할 수 있는 통로가 제한되기 때문에 정서적 자극 상황을 불편하게 여기고 강렬한 정서 반응을 촉발시키는 상황에서 쉽게 압도당하고 혼란스러워한다. 만약 M 반응의 형태질이 마이너스인 경우에는 앞서 언급하였던 것처럼 순수한 강박 장애라기보다는 정신병의 진행 과정에 수반된 현실 검증력의 장애 가능성을 고려해야 할 것이다.

그들의 완벽주의적인 경향과 강한 통합(integration) 노력으로 말미암아 조직화 반응도 많아지는데, 특히 강박 장애 환자들의 경우 상황을 문자 그대로 구체적이고 경직되게 해석함으로써 추상적 개념 형성에 실패하고 작화 반응(FAB)을 나타내기도 한다. 하지만 작화 반응이 지나치게 많거나 기태적이고 비현실적인 조합('토끼 눈에서 나오고 있는 두 마리 지렁이'), 잔혹한 특성('사람 목을 물고 있는 벌레')을 보일 때는 일차 과정적 사고에 대한 방어 능력의 약화를 의미하므로 정신병의 사고 장애를 의심할 필요가 있다.

2. 사례 이해

1) 증상

현재 18세로 재수생인 현정은 부모의 강압에 못 이겨 신경정신과 외래를 방문하였다. 어릴 때부터 깔끔하고 조심스러워 친구들과 어울려 뛰어다니는 일이 한 번도 없었으며, 학령기에는 행동이 너무 느려서 밥 먹고 옷 입고 학교 가기까지 시간이 매우 지체되었다. 이에 부모가 달래고 윽박지르고 심지어 때려도 봤지만 현정은 반항조차 하지 않고 묵묵히 맞으면서도 고집불통처럼 자기 하고 싶은 대로만 하여 더욱 부모 속을 터지게 하였다. 한편으로 자기 물건에 대한 집착이 심하여 가족들이 자기 물건을 건드리면 매우 화를 내며 싫어하였고, 주변이 정돈되지 않으면 정신이 산만하고 왠지 불안하여 무슨 일을 시작하기 전에 오랜 시간을 들여 책상이나 방 안을 정해진 위치와 정해진 순서대로 정리하곤 하였다. 공부할 때도 각각의 사용 용도와 의미가 정해져 있는 10개의 색깔별 필기구를 가지고 노트를 정리하였는데, 이에 몰두하다 보면 정작 수업 진도를 따라가기가 힘들었다. 중학교 때는 그나마 중간 정도의 성적을 유지하였으나 고등학교 때부터 성적이 더욱 저하되어 하위권으로 처졌고, 결국 대학입시에 실패하여 8개월 전부터 입시 학원에 다니기 시작하였다. 이즈음부터 외모에 대한 관심이 부쩍 많아져 한 시간도 넘게 세수를 하고 목욕을 네 시간씩 하는 증상이 새롭게 나타났다. 각각 정해진 순서와 시간이 있어서 심지어는 피가 나는데도 계속해서 씻는 행동을 보였다. 또한 다이어트를 한다며 하루 두 끼 소량의 밥만 먹는데, 부모가 야단치면 밥을 입에 물고 있거나 옷에 숨겼다가 자기 방에 들어와서 몰래 버리기도 하였다. 아버지는 이런 딸이 이해되지 않아 욕을 하거나 때리는 일이 많아졌고, 현정으로 인해 집안은 한시도 조용할 날이 없이 하루하루가 전쟁 같았다. 하지만 현정은 자신에게는 전혀 문제가 없으며 단지 아버지가 자신을 너무 간섭하여 힘들다고 말하였다.

2) 개인력 및 가족력

아버지는 회사원으로 내성적이고 매우 꼼꼼한 성격이다. 계획한 일은 반드시 성취하고자 하며 철두철미하고 혹시나 조그만 것이라도 틀릴까 싶어서 업무를 여러 번 확인하는 편이다. 가정적이어서 일이 끝나면 바로 집으로 퇴근하여 가족들과 시간을 보내며 주말에도 친구를 만나러 나가는 일이 드물다. 늦은 나이에 현정을 낳았고 귀한 자식이었기에 한시도 손에서 놓지 못하고 과보호하며 키웠으나, 현정이 사춘기 무렵부터 부딪치는 일이 많아졌고, 최근에는 현정의 얼굴만 봐도 울화가 치밀어 짜증을 내고 평생 딸을 껴안고 살아야 되는 것은 아닌지 걱정이 많다. 어머니는 활달하고 직선적인 성격으로 현정이가 어릴 때부터 행동이 느린 것을 고쳐 보려고 많이 윽박질렀다. 최근 딸의 문제로 남편과도 많이 다투며, 종종 "당신 성격을 닮아 현정이가 그렇다."라며 비난하기도 한다. 현정과 두 살 터울의 남동생은 어릴 때부터 활달하고 명랑하여 부모의 귀여움을 독차지하였으나, 나이가 들면서 자신의 물건에 너무 집착하는 누나 때문에 스트레스를 받아 화를 내는 일이 잦다. 현정은 새학기가 되면 친구 사귀는 것이 가장 힘들 정도로 내성적인 성격이며, 지금도 소수의 친구들하고만 연락하며 지낸다. 현정의 가족 중에는 정신과적인 문제로 치료받은 사람이 없으나 작은 아버지가 젊은 시절 공포증으로 약물치료를 받은 적이 있다.

3) 로샤 검사 결과 및 해석

(1) 행동 관찰

부모님과 함께 들어온 현정은 자그마한 체구에 귀여운 인상이었고 실제 나이보다 어려 보였다. 현정의 부모님은 현정을 옆에 두고도 비정상이라는 말을 서슴지 않았고 서로를 비난하는 식으로 다툼이 심하였다. 그 사이 현정은 아무 말 없이 고개만 숙이고 있었고, 부모님이 나가신 후에도 눈을 잘 맞추지 못하고 곁눈질하듯 쳐다보았다. 수줍고 불편해 보였으며 자발적 의사 표현이 부족하여 묻는 말에만 대답하는데, 말을 다 마치기까지 중간중간 침묵도 긴 편이었다. 검사 수행 시에도 속도가 너무 느렸고, 조금 더 빨리 하도록 격려하면 스트레스를 받는 듯 보였으나 속도의 차이는 없었다. 제반 증상이나 가족과 관련된 이야기를 할 때 감정이 묻어나지 않는 무심한 어투였고, 여러 가지 불편감을 인정하기는 하였지만 치료는 필요하지 않다고 말하였다.

〈표 6-29〉 검사 반응

카드	반응 단계	질문 단계	채 점
I	① 무슨 곤충. ② 가운데 사람이 마주 보고 있는 것 같아요.	① 날개(Wing), 몸통(mD). (곤충?) 아까 말한 이 가운데 부분이랑 옆에 넓은 부분… 그리고 앞에 튀어나온 것(Hand). 좀 희한하게 생긴 나비 같은, 날개 달리고. (희한한?) 날개가 좀 기형 같아 보여요. 사이가 좀 뚫렸고(InS), 그래요. ② 잠깐, 사람 형태가… 머리고, 몸통, 옆모습만요(mD)… 두 사람이 마주 보고 있는 것 같기도 해요. (두 사람?) 너무 억지같이 봐서… 대충 이게 머리(Side-Dd), 몸통, 다리, 다리가 짧아요. (마주 보다?) 딱 붙어 있는 상태요, 쌍둥이처럼.	① WSo Fu A 3.5 MOR ② Dd+ Mpu (2) H 4.0

〈계속〉

II	① 동물 중에서 곰같이 생겼고.	① 입(Pole)이 곰처럼 튀어나왔고, 어떻게 보면 곰 같아 보이는데, 어떻게 보면 코가 길어서 코끼리같이도 보이고, 이것도 서로 마주 보고 있는 거예요, 코끼리나 곰이나. (Location?) Black, 머리고 몸통은 조금 잘려서 앞부분만요. (곰?) 특히, 머리 부분. 형태가… 어떻게 보면 새까매서 불곰 같아 보이기도 하구요.	① D+ FMp.FC'o (2) Ad P 5.5
III	① 어떤 두 사람이요, 뭐 의자 같은 것을 옮기려고 하는 것 같은.	① 가운데 이게(mD) 좀 의자 같아 보였구요… 사람이라기에는 조금 그런데, 동물이 설마 옮겼을리는 없고, 사람밖에 생각 안 났어요. 머리, 몸통, 다리요(D, P). (의자?) 겉의 검정 테두리 부분이 털에 둘러싸인 의자 있잖아요. (털?) 검은 부분이 그냥 몽실몽실해 보여서요.	① D+ Ma.FTo (2) H, Hh P 3.0 COP
IV	① 상상 속에 나오는 무슨 괴물 같은.	① 되게 큰 발 같고(Leg), 이쪽이 무슨 손 같은데(Up proj), 괴물이다 보니까 손이 이상하게 생겼고, 맨 위의 조그만 여기(Top-D)가 머리 같아 보여서 무슨 형태를 알 수 없는 괴물 같아요. (Location?) W, 머리, 팔, 다리, 나머지 몸통. (괴물?) 생긴 형태가… 특별히 보이는 건 없고, 좀 해괴하게 생겨서.	① Wo Fo (H) P 2.0
V	① 날개가 넓은 새 같아요.	① 꿩이나 뭐 그런 있잖아요, 공작 같은 것, 날개 넓은 것. 날개(Wing)고, 다리(Bottom-D), 머리(Up-D)요.	① Wo Fo A 1.0
VI	① 절벽 같아요.	① 사방이 다 뾰족하게 되어 있어 가지고(Bottom-D), 낭떠러지 같이 생기고, 모서리 같은 게 있어서요(Projs). (절벽?) 각진 모서리들.	① Do Fu Ls
VII	① 귀가 좀 긴 강아지 같아요.	① 귀 같아 보이고(Top-D), 몸통을 좀 돌린 것 같은데, 목이 돌아갈 수 있는 강아지 같아요. (강아지?) 귀, 머리(Up $\frac{1}{3}$), 몸통(Mid $\frac{1}{3}$), 발은 한쪽만 보이는 것(Side Proj), 양쪽 두 마리예요.	① Do FMpo (2) Ad
VIII	① 조끼 같아요.	① 이건(Side D) 잘 모르겠고, 가운데 지퍼(Mid Line)가 달린 색색깔 조끼 같아요. (색색깔?) 청록색, 핑크색, 주황색 섞인 것. (조끼?) 지퍼랑 전체적인 생김새가 옷이랑 많이 흡사해요.	① Do FCu Cg

〈계속〉

IX	① 화분 같아요.	① 잘 몰라서 그냥 했는데, 밑에 받침대(Pink), 위에는(Green & Orange & in S) 화분 위의 식물 같아요. (식물?) 화분으로는 식물밖에 없어서. (Q) 이 부분이(Green)… 식물 잎사귀 같아요… 잎이 넓어서.	① WS+ Fo Hh, Bt 5.5
X	① 숲 속에 있는 외딴 집에 가는 길목 같아요.	① 문 입구고(Gray), 옆에는(Out-Ds) 수풀이 우거진 것, 가운데는 가는, 집 앞까지 가는 통로. (문 입구?) 무슨 좁은 문 같은데, 되게… 그냥… 문이라구요. (숲?) 주위에 지저분한 이런 것, 우거진 숲이에요… 별로 표현할 건 없고, 양쪽에… (가는 길목?) 하얀 바탕, 이건(Side Red)… 울타리라고 해야 할까. (Q) 보통 집과는 틀린데, 뭐 만화에서 나오는, 그런 외진 곳에 있는 집이죠.	① WS+ FDu Ls, Id 5.5

〈표 6-30〉 구조 요약

LOCATION FEATURES

Zf	= 8
ZSum	= 30.0
ZEst	= 24.0
W	= 5
(Wv = 0)	
D	= 5
Dd	= 1
S	= 3

DQ ....(FQ−)	
+	= 5(0)
o	= 6(0)
v/+	= 0(0)
v	= 0(0)

DETERMINANTS

BLENDS

FM.FC′

M.FT

SINGLE

M	= 1
FM	= 1
m	= 0
FC	= 1
CF	= 0
C	= 0
Cn	= 0
FC′	= 0
C′F	= 0
C′	= 0
FT	= 0
TF	= 0
T	= 0
FV	= 0
VF	= 0
V	= 0
FY	= 0
YF	= 0
Y	= 0
Fr	= 0
rF	= 0
FD	= 1
F	= 5
(2)	= 4

FORM QUALITY

	FQx	FQf	MQual	SQx
+	= 0	0	0	0
o	= 6	3	1	1
u	= 5	2	1	2
−	= 0	0	0	0
none	= 0	−	0	0

CONTENTS

H	= 2, 0
(H)	= 1, 0
Hd	= 0, 0
(Hd)	= 0, 0
Hx	= 0, 0
A	= 2, 0
(A)	= 0, 0
Ad	= 2, 0
(Ad)	= 0, 0
An	= 0, 0
Art	= 0, 0
Ay	= 0, 0
Bl	= 0, 0
Bt	= 0, 1
Cg	= 1, 0
Cl	= 0, 0
Ex	= 0, 0
Fd	= 0, 0
Fi	= 0, 0
Ge	= 0, 0
Hh	= 1, 1
Ls	= 2, 0
Na	= 0, 0
Sc	= 0, 0
Sx	= 0, 0
Xy	= 0, 0
Id	= 0, 1

S-CONSTELLATION

NO ... FV+VF+V+FD>2
NO ... Col-Shd Bl>0
NO ... Ego<.31, >.44
NO ... MOR>3
YES ... Zd>+−3.5
YES ... es>EA
NO ... CF+C>FC
YES ... X+%<.70
NO ... S>3
NO ... P<3 or>8
NO ... Pure H<2
YES ... R<17
4 ... TOTAL

SPECIAL SCORINGS

		Lv1	Lv2
DV	=	0x1	0x2
INC	=	0x2	0x4
DR	=	0x3	0x6
FAB	=	0x4	0x7
ALOG	=	0x5	
CON	=	0x7	
SUM6	= 0		
WSUM6	= 0		

AB = 0		CP = 0	
AG = 0		MOR = 1	
CFB = 0		PER = 0	
COP = 1		PSV = 0	

RATIOS, PERCENTAGES, AND DERIVATIONS

Core

R = 11	L = 0.83	
EB = 2 : 0.5	EA = 2.5	EBPer = N/A
eb = 2 : 2	es = 4	D = 0
	Adj es = 4	ADj D = 0
FM = 2	C′ = 1	T = 1
m = 0	V = 0	Y = 0

Affect

FC : CF+C	= 1 : 0
Pure C	= 0
Afr	= 0.38
S	= 3
Blends : R	= 2 : 11
CP	= 0

Interpersonal

COP = 1	AG = 0
Food	= 0
Isolate/R	= 0.27
H : (H)Hd(Hd)	= 2 : 1
(HHd) : (AAd)	= 1 : 0
H+A : Hd+Ad	= 5 : 2

Ideation

a : p	= 2 : 2	Sum6	= 0
Ma : Mp	= 1 : 1	Lv2	= 0
2AB+Art+Ay	= 0	WSum6	= 0
M−	= 0	Mnone	= 0

Mediation

P	= 3
X+%	= 0.55
F+%	= 0.60
X−%	= 0.00
S−%	= 0.00
Xu%	= 0.45

Processing

Zf	= 8
ZD	= 6.0
W : D : Dd	= 5 : 5 : 1
W : M	= 5 : 2
DQ+	= 5
DQv	= 0

Self Perception

3r+(2)/R	= 0.36
Fr+rF	= 0
FD	= 1
An+Xy	= 0
MOR	= 1

SCZI = 1	DEPI = 3	CDI = 4*	S−CON = 4	HVI = NO	OBS = NO

〈표 6-31〉 특수 지표

SCZI(정신분열병 지표) :

아래 조건 중 4개 이상 만족하는 경우 해당됨:

- YES ... EITHER : (X+%<.61) AND (S−%<.41)
  OR... : (X+%<.50)
- NO ... (X−%>.29)
- NO ... EITHER : (FQ−≧FQu)
  OR... : (FQ−>FQo+FQ+)
- NO ... (Sum Level 2 Sp. Sc.>1) AND (FAB2>0)
- NO ... EITHER : (Raw Sum6 Spec. Scores>6)
  OR... : Weighted Sum of 6 Sp. Sc.>17
- NO ... EITHER : (M−>1)
  OR... : (X−%>.40)

DEPI(우울증 지표) :

아래 조건 중 5개 이상 만족하는 경우 해당됨:

- NO ... (FV+VF+V>0) OR (FD>2)
- YES ... (COl-Shd Blends>0) OR (S>2)
- NO ... (3r+(2)/R>.44 and Fr+rF=0) OR (3r+(2)/R<.33)
- YES ... (Afr<.46) OR (Blends<4)
- NO ... (SumShading>FM+m) OR (SumC′>2)
- NO ... (MOR>2) OR (2AB+(Art+Ay)>3)
- YES ... (COP<2) OR (Isolate/R>.24)

CDI(대응손상 지표) :

아래 조건 중 4개 또는 5개가 만족하는 경우 해당됨:

- YES ... (EA<6) OR (Adj D<0)
- YES ... (COP<2) AND (AG<2)
- YES ... (Weighted SumC<2.5) OR (Afr<.46)
- NO ... (Passive>Active+1) OR (Pure H<2)
- YES ... (SumT>1) OR (Isolate/R>.24) OR (Food>0)

HVI(과잉경계 지표) :

조건 (1)을 만족하는 동시에 나머지 조건들 중 적어도 4개가 만족하는 경우 해당됨:

- NO ... (1) FT+TF+T=0

- NO ... (2) Zf>12
- YES ... (3) Zd>+3.5
- NO ... (4) S>3
- NO ... (5) H+(H)+Hd+(Hd)>6
- NO ... (6) (H)+(A)+(Hd)+(Ad)>3
- YES ... (7) H+A : Hd+Ad<4 : 1
- NO ... (8) Cg>3

OBS(강박성향 지표) :

- NO ... (1) Dd>3
- NO ... (2) Zf>12
- YES ... (3) Zd>+3.0
- NO ... (4) Populars>7
- NO ... (5) FQ+>1

아래 조건 중 1개 이상 만족하는 경우 해당됨:

- NO ... 조건 (1)에서 (5)까지 모두 만족함
- NO ... 조건 (1)~(4) 중에서 2개 이상을 만족함 AND FQ+>3
- NO ... 조건 (1)~(5) 중에서 3개 이상을 만족함 AND X+%>.89
- NO ... FQ+>3 AND X+%>.89

〈표 6-32〉 채점 순서

CARD	NO	LOC	#	DETERMINANT(S)	(2)	CONTENT(S)	POP	Z	SPECIAL SCORES
I	1	WSo		Fu		A		3.5	MOR
	2	Dd+		Mpu	2	H		4.0	
II	3	D+		FMp.FC′o	2	Ad	P	5.5	
III	4	D+		Ma.FTo	2	H, Hh	P	3.0	COP
IV	5	Wo		Fo		(H)	P	2.0	
V	6	Wo		Fo		A		1.0	
VI	7	Do		Fu		Ls			
VII	8	Do		FMpo	2	Ad			
VIII	9	Do		FCu		Cg			
IX	10	WS+		Fo		Hh, Bt		5.5	
X	11	WS+		FDu		Ls, Id		5.5	

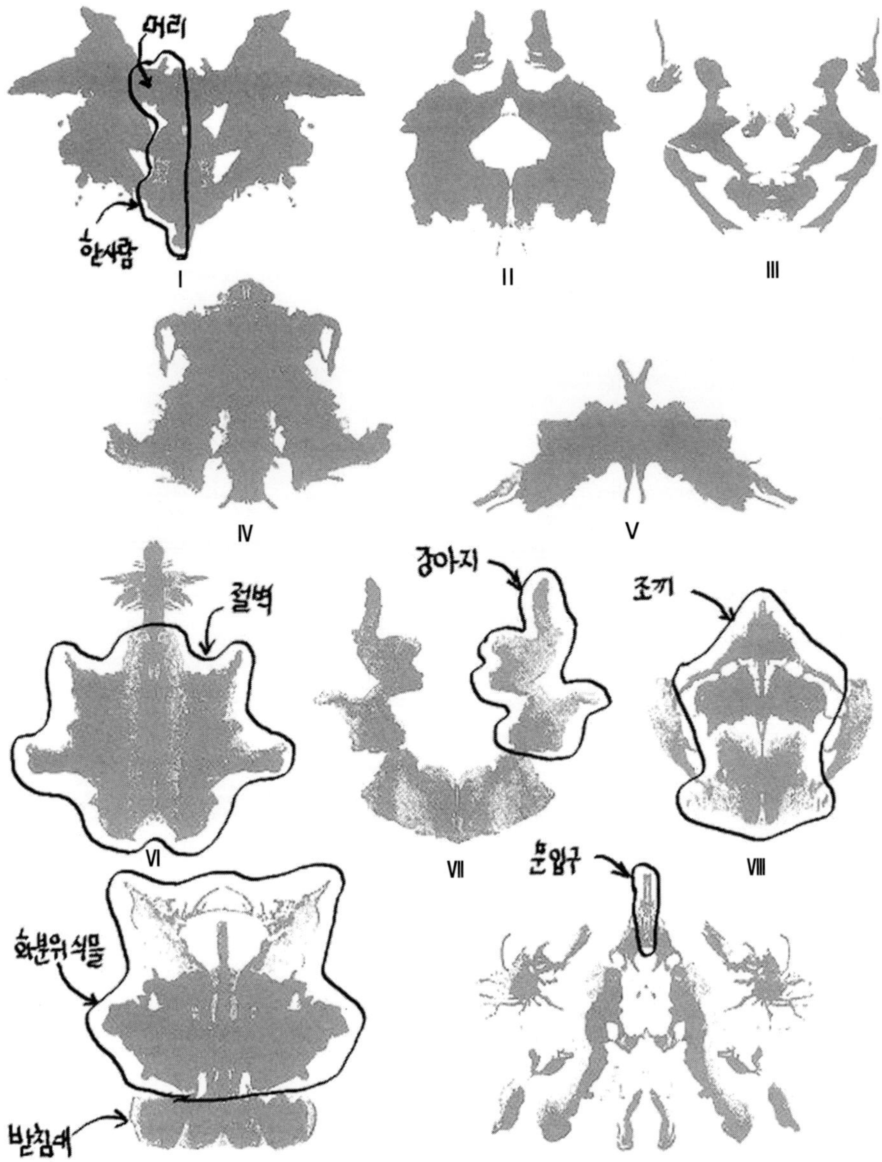
머리
한사람
I
II
III
IV
V
절벽
강아지
조끼
VI
VII
VIII
문입구
화분위 식물
받침대
IX
X

(2) 결과 해석

우선 환아의 전체 반응 수가 11개에 불과하여 Exner의 해석체계에 따르면 타당도의 문제가 생기므로 구조적인 해석을 적용하기 어려운 감이 있다. 하지만 우리나라의 경우 정신과 장면에서 환자들을 대상으로 한 로샤 검사의 총 반응 수가 평균 15개를 넘지 않는 것으로 보고되고 있다. 또한 방어적 양상을 띠기는 하나 상기한 프로토콜 자체가 강박 장애 환자의 특성을 잘 반영한다고 보여지므로 여기서는 보다 보수적이고 신중하게 지표들을 해석하되 질적 해석을 추가하도록 하겠다. 환아에게 있어 유의미한 핵심 변인이 대응손상 지표(CDI)이므로 군집 분석은 통제, 정서, 자기지각, 대인지각, 인지적 특성 순으로 진행되어야 하나, 앞서 강박 장애 관련 지표로 개관한 '처리 및 중재' 영역이 보다 일차적이고 중요하게 여겨지는바 이를 우선적으로 살펴본 후 군집 분석의 순서를 따랐다.

① 인지적 특성: 처리 및 중재

카드 I을 제외하고는 한 카드에서 한 개의 반응만을 보고하고 있어 개념 형성이 억제되어 원활하지 못한 편이다. 하지만 이는 지적 능력의 제한을 시사하기보다는 F 반응이 많고 람다가 상승되어 있어 환아가 로샤와 같은 모호한 자극 상황에서 상당한 불안감을 경험하고, 이를 차단하기 위하여 과도하게 인지적 통제에 몰두함에 따라 사고활동이 위축되고 경직되는 것으로 여겨진다. 반응의 형태질이 우수한 것도 이를 지지한다. 즉, 환아가 정확성에 집착하여 조금이라도 부적절하거나 부정확한 반응은 피하고 카드마다 하나의 반응만을 엄선하여 보고하였을 가능성이 있다. 게다가 반응마다 자극과 개념 간의 사소한 차이에 몰두하여 '좀 희한하게 생긴, 너무 억지같이 봐서, 어떻게 보면 그런데 어떻게 보면 아닌 것 같기도 하고' 등 정확성을 비판하는 언급이 많아 완벽주의적인 성향과 더불어 우유부단함(indecisiveness)이 두드러져 보인다(R=11, L=.83, F+%=.60). 이처럼 정확성에 대한 지나친 집착과 완벽주의적 성향은 '정해진' 위치에 '정해진' 순서대로 물건을 정리정돈하고 씻는 환아의 강박 증상과도 일치하는 것이다. 구조화되고 정렬된 환경을 선호하며 그것이 조금이라도 흐트러질 때는 모호하고도 강렬한 불안감에 휩싸이고 있어, 특정한 강박 사고가 없이도 정리정돈이라는 외적인 통제 행동이 지속되는 것으로 보인다.

정보처리 측면에서도 과다통합자(overincorporator)로서 자신이 효율적으로 처리할 수 있는 양보다 지나치게 많은 정보를 탐색하고 있다. 이때 드문 부분 반응(Dd)이 많지는 않으나 대부분의 반응에서 파편화되고 지엽적인 영역에 몰두하여 이를 통합하고자 하는 노력을 보이고 있어 세부적인 것까지 집착하여 전체를 조직화하려는 완벽주의적 성향이 엿보인다(ZD=6.0, W : D : Dd=5 : 5 : 1). 하지만 이 때문에 전반적인 반응시간은 더욱 느려지고 우유부단한 태도로 과제를 지연시키기도 하는바, 실제적인 성과물(production)은 매우 빈약한 것으로 생각된다. 이로 인해 지적 능력에 걸맞은 학업 성취가 곤란해 보인다. 치료적 측면에서도 자신이 선호하는 방식으로만 행동하고 융통성이 결여되어 부모의 갖은 회유와 처벌에도 자신의 행동을 고집하고, 마찬가지로 치료에도 저항할 것으로 예상된다.

관습적인 개념 형성 능력이 양호하게 유지되고 있고 자극의 형태질도 우수한 편이므로 현실 판단력의 장애가 있어 보이지는 않는다. 하지만 심리적 갈등이나 강한 정서적 자극 상황에서는 극도로 불안감이 상승되어 다소 개인 특유적이고 독특한 방식으로 세상을 지각할 소지가 있다(P=3, Xu%=.45).

② 통제 및 스트레스 관리

CDI가 positive로 일상적 경험에 대응하는 방식이 부적절하고 비효율적이며, EA가 매우 낮아서 어떠한 문제 상황에서 대처 가능한 내 · 외적 자원들이 적절하게 발달하지 못한 상태다. 일상생활에서 발생하는 사소한 요구에도 강한 스트레스를 경험하며, 광범위한 영역에서 대처 능력의 결함을 보이고 있어 생활 전반에 걸쳐 무력감이 현저할 것으로 생각된다. 특히, 정서를 경험하고 표현하는 능력이 제한되어 있어 가족 갈등과 같은 정서적 자극 상황에서 부적절한 방식으로 대처하며, 이에 따른 불쾌한 정서를 통제하기가 어려워 감정 조절의 문제가 시급해 보인다(EB=2 : .5, SumC′ > WSumC).

"저에게는 아무런 문제가 없어요."라는 환아의 보고처럼 자신의 심리적 문제에 대해 인식하기를 회피하고 부정하고 있어 주관적인 심리적 고통은 그리 커보이지 않는다. 이는 환아가 극도로 자신의 환경을 통제하려 하고 생활 유형을 위축시켜(hunkered-down) 스트레스에 대한 경험을 최소화하기 때문으로 여겨진다. 이러한 심리적 차단에도 불구하고 일정 수준 이상의 스트레스가 부과되는 경우에는 제한된 대처 자원과 경직된 사고로 인하여 스트레스에 압도당할 소지가 다분해 보인다. 더불어 환아의 증상이 만성화되고 자아 동질적(ego-syntonic)이 되어 심리적 불편감을 야기하지 못함으로써 치료 시 바람직한 성격 및 행동 변화를 방해할 수도 있다(D=0, Adj D=0).

③ 정서

환아에게 있어 가장 문제되는 영역 중 하나는 과도한 인지적 통제로 인하여 자신의 풍요로운 정서 경험을 향유하고 조절할 수 있는 능력을 희생시킨 것이다. 전체 프로토콜에서 색채 반응(WSumC)이 하나에 불과하여 환아가 자신의 감정을 인식하고 다른 사람에게 적절히 표현하는 능력이 극히 제한적이며, 자신을 보호하기 위하여 적극적으로 정서적 촉발 상황을 회피하고 자신의 감정에 대해서도 거리를 두거나 고립시키는 방식을 사용하고 있다. 카드 II에서 붉은색 자극으로부터 '불곰'이라는 반응이 촉발된 것으로 예상되나, 이를 부인하고 오히려 '새까매서' 불곰이라고 표현하는 것은 환아가 정서 조율에 어려움이 있어 심한 긴장감이나 양가감정 및 부적절감을 경험하는 것을 의미한다. 또한 카드 VIII에서 나온 유일한 색채 반응(FC)조차 형태질이 unusual로 빈약하므로, 환아가 정서를 인지적으로 조율하여 통합하지 못하고 통제력을 상실하거나 판단력이 약화될 가능성이 있다(WSumC=.5, Afr=.38, FC : CF+C=1 : 0).

그렇다면 이처럼 환아가 과도하게 통제하고 억압하려는 정서 경험의 정체는 무엇일까? 환아의 내면 세계를 지배하는 모호한 불안감은 어디에서 비롯되는 것일까? 공백 반응의 상승은 지시사항에 반하는 거부감이나 반항적 경향과 관련되며, 환아가 욕구 충족이나 목표 달성이 방해되는 경우 지나친 분노나 적개심을 경험할 수 있음을 보여 준다(S=3). 특히, 권위적인 존재를 연상시켜 '아버지 카드'라고도 불리는 카드 IV에서 '상상 속의 괴물'을 보며 방어적으로 거리 두기를 시도하고 있고, 이후 생김새가 끔찍하다는 이유로 가장 싫어하는 카드로 고르기도 하는바, 권위자(특히, 아버지)에 대한 불편감이나 분노 등 심리적 갈등을 중요하게 살펴볼 필요가 있다.

강박 장애 환자들에게서 흔히 발견되는 정신역동은 복종과 반항, 두려움과 분노 사이의 갈등이다. 항문기 배변훈련으로 상징되는 부모-자식 간의 힘겨루기(power struggle)가 이러한 심리적 갈등의 기원이 된다. 강박 장애 환자들은 자신의 잘못이 드러나 처벌을 받을 것이라는 두려움과 자신의 욕망을 포기한 채 권위에 복종하는 데 대한 분노감을 번갈아 경험하며, 이러한 양가감정에 따른 불안이나 내적 긴장감을 다루기 위해 자신이나 환경에 대한 통제에 몰두하게 된다는 것이다. 불안이 심하고 걱정이 많은 환아의 아버지 또한 어린 시절부터 환아를 과보호하여 과도하게 통제하고(overcontrolling) 간섭하는 면이 두드러졌던 것으로 짐작된다. 환아가 밥을 거부하여 뱉어 내는 행위, 자신의 물건에 집착하고 정리하는 행동들은 모두 강렬한 분노감의 표출인 동시에 자신의 사적 공간(personal space)을 확보함으로써 경계를 유지하고 주도권을 행사하려는 힘겨루기 측면에서 이해될 수 있다. 하지만 '화분 속의 식물(카드 IX)' 처럼 양육되어 자기 확신이 결여되고 독립된 주체성을 확보하지 못한(passive-dependent) 환아에게 분노감은 죄책감 및 처벌받을지 모른다는 공포심을 유발할 수 있겠으며, 이에 따라 자신의 분노감을 통제하고자 하는 시도로서도 여러 가지 강박 행동들이 자아 동질적으로 지속되어 왔던 것으로 추측된다.

이런 맥락에서 '숲 속에 있는 외딴 집에 가는 길목(카드 X)' 이라는 서미서명(sign out) 반응은 후기 청소년기에 놓여 있는 환아에게 특히 의미심장하다. 즉, 복종과 반항의 양가적 갈등 사이에서 '외롭고 소외되더라도 혼자 살고 싶다.' 는 환아의 '독립' 에 대한 소리 없는 외침이 느껴지기도 한다. 이처럼 환아의 강박 증상의 형성과 유지에 부모의 역기능적인 양육방식 및 가족 갈등이 기여하는 바가 큰바, 증상에 대한 부모교육 및 환아의 자립심을 키워 주고 적응적인 대처 자원을 양육해 주는 심리치료가 환아에게 보다 도움이 될 것으로 사료된다.

④ 자기지각

자기중심성 지표가 낮게 나타나 자기 자신에게 충분한 주의를 기울이지 않으며 의도적으로 자신에 대한 주의 초점을 회피하는 것으로 보인다. 그 이면에는 개인적 가치를 낮게 평가하고 자신을 실패자나 무능한 사람으로 생각하는 등 만성적으로 낮은 자존감이 관여되어 보인다. 카드 I에서 서두서명(sign in) 반응으로 '날개 사이가 뚫린 기형 나비'로 병적 반응(MOR)을 보고하기도 하는바 (긍정적인 자기지각을 유지하기가 어렵고 특히 신체와 신체 기능에 대한 부적절감이나 자기상의 손상이 나타나고 있다.) 외모에 집착하여 피가 날 정도로 씻는 세척(washing) 증상도 '날개가 뚫린(손상된)' '기형의(이상한, 부적절한)' 신체상 및 자기상과 관련지어 생각해 볼 수 있다(Egocentricity index=.27, MOR=1).

⑤ 대인지각

'삐쭉삐쭉한 절벽(카드 VI)' 반응에서 엿볼 수 있듯이 환아는 친밀한 관계를 위협적이고 불안하게 지각하며, 어떠한 진솔한 감정도 표현하지 못하고 통제함에 따라 사회적 상황을 적극적으로 회피하고 고립되는 것으로 보인다. 상대방의 욕구에 맞추어 다분히 수동적이고 무기력한 태도를 취하기도 하지만, 그 이면에는 분노감이나 강렬한 통제 욕구가 있어 '대꾸도 없이 자기 하고 싶은 대로만 하는' 등 수동 공격적인 방식으로 표출되기도 한다. 이는 오히려 적응적인 의사소통을 어렵게 만들어 대인 갈등을 더욱 심화시킬 수 있다(SumH=2, Isolation index=.27, a:p=2:2). 하지만 타인에 대한 공감 능력을 보유하고 있으며 상호작용 및 협동에 대한 긍정적 태도를 견지하고 있는 점, 정서적 친밀감을 원하고 기대한다는 점은 환아의 치료에 있어서 상당한 자원으로 여겨진다(M=2, T=1, COP=1).

⑥ 인지적 특성: 관념화

비논리적이고 비현실적인 사고 장애는 관찰되지 않는다. 하지만 문제해결에 있어 현실적이고 과제지향적인 방식으로 사고를 활용하지 못하며, 인지적 융통성이 결여되어 기존의 신념에 집착하고 자신의 관점을 수정하려 하지 않아 새로운 상황에 대한 유연한 적응이나 심리치료의 진행이 어려워 보인다(a:p=2:2).

참고문헌

Exner, J. E. (2003). *The Rorschach: A Comprehensive System* (4th ed.). John Wiley & Sons.

Meyer, R. G. (1996). *The Clinician's Handbook* (4th ed.). Allyn and Bacon.

Schafer, R. (1948). *The Clinical Application of Psychological Tests*. International Universities Press.

Swedo, S. E., Leonard, H. L., Garvey, M. A., & Mittleman, B. B. (1996). PANDAS: Pediatric Autoimmune Neuropsychiatric Disorders Associated with Strep—Is this a new species of childhood-onset obsessive-compulsive disorder and Tourette's syndrome? *European Neuropsychopharmacology*, *6*(4), S4.

Weiner, I. B. (1998). *Principles of Rorschach Interpretation*. Lawrence Erlbaum Associates Publishers.

경계선 성격 장애

1. 이론적 배경

경계선 성격 구조를 가진 환자들은 사고 영역, 정서 영역, 대인관계 영역 전반에 걸쳐 광범위한 문제를 나타내는 경우가 많으며, 이는 로샤 지표들에도 잘 반영된다. 사고 영역에서는 현실 판단력이 불안정하여 스트레스가 가중되는 상황에서 일시적으로 정신증적 증상을 나타낼 수 있으며, 정서 영역에서는 정서를 조율할 수 있는 능력이 결여되어 매우 불안정하고 충동적이며 강렬한 양상을 보인다. 억누를 수 없는 자기혐오감, 분노감, 우울감 등이 많으며, 이러한 부정적으로 부하된 정서적 급박감을 충동적인 자해 행동이나 자살 시도를 통해 표출한다. 또한 매우 혐오스럽고 병적인 자기상을 가지고 있으며, 정체감의 혼란으로 인해 자신의 삶에서 뚜렷한 목표를 갖지 못하고 방황하며 공허감, 권태감을 자주 느낀다. 대상표상이 매우 악의적이고 적대적이어서 대인관계에서 타인의 의도를 쉽게 오해하게 된다. 한편으로는 불안정하고 통합된 대상표상을 유지할 수 없기 때문에 쉽게 분열이 일어나 타인을 이상화했다가도 곧 평가절하하는 양가적이고 극단적인 경향이 두드러진다. 또한 타인에게 버림받을지도 모른다는 유기 공포(abandonment fear)가 극심하여 호의를 베풀었던 타인에 대해 실제적이거나 가상적인 거절이 예상되면 지나치게 집착하고 매달리는 모습을 보인다.

이러한 경계선 성격은 대상관계 이론가들에 의해 개념회되었다. 대상관계 이론에서는 경계선 성격 장애(borderline personality disorder)가 유아가 어머니와의 공생관계에서 자신을 분리시켜 외부를 탐색하는 시기인 분리-개별화 단계(separation-individuation phase)에서 갈등을 해결하지 못한 경우 이 단계에 고착됨으로써 형성된다고 설명하였다. Malher(1975)는 16개월부터 25개월까지의 유아가 어머니로부터 떨어지려는 과정에서 이것이 위험하다는 것을 갑자기 깨닫고 다시 초기의 유대관계로 돌아가고 싶어 하는 모습을 보인다고 주장하였다. 이렇듯 분리불안을 경험하는 동시에 어머니로부터 벗어나고 싶어하며 자신이 획득한 자율성을 상실하는 것에 대해 저항하는 양가적 경향을 보인다고 하였다. 만일 어머니가 부재할 때에도 편안함과 지지를 제공할 수 있는 통합된 어머니 표상을 내적으로 형성하게 되면, 보다 덜 의존적이 됨에 따라 엄마와는 독립적으로 기능할 수 있게 되며, 엄마가 곁에 있는지 여부와 상관없이 자신의 정서나 충동을 잘 통제 · 조절할 수 있게 됨으로써 자아 기능이 향상되고 타인에 대한 고려가 가능한 성숙한 관계로 발달할 수 있다고 보았다. 이는 유아가 어머니를 마음속에 내재화시킨 '대상항상성(object consistency)' 능력이 존재하기 때문에 가능한 것이다. 어머니가 유아의 독립에 대한 욕구와 의존 욕구를 적절히 만족시켜 주지 못하거나 유아가 대상항상성을 획득할 만한 자질이 부족한 경우에는 어머니에 대한 통합적인 전체상(whole object)을 내재화하지 못하게 된다. 이러한 경우 유아는 '좋은 어머니(good mother)' 와 '나쁜 어머니(bad mother)' 가 사실은 동일한 존재라는 것을 수용하지 못하고 심한 갈등을 경험할 수 있으며, 엄마가 때로는 좋게 느껴지다가도 때로는 나쁘게 느껴지며 불안정하고 극단적인 감정이 교차되어 나타나게 된다. 이러한 불안정한 어머니상은 결국 불안정한 자기상과 빈약한 정서 및 충동 통제 능력 등을 가진 취약한 자아 기능을 초래하게 된다. 따라서 경계선 환자는 성인이 된 후에도 애착 대상에게 과도하게 매달리게 되며, 혼자 남겨지는 시간을 참을 수 없어 하는 동시에 자신을 돌보아 주는 인물로부터의 분리에 직면할 경우 분리불안을 강렬하게 경험하게 되는 것이다(Kernberg, 1975).

로샤 검사는 경계선 성격 장애를 진단 내리는 데 유용한 도구이자 이 장애를 가진 사람들의 내적 갈등을 이해하는 데 도움을 주는 도구라 할 수 있다. Exner(1986)는 경계선 환자의 로샤 지표들을 연구하였는데, 스트레스 상황에서 독특하고 비논리적인 사고, 정신증적인 와해의 취약성, 극도로 긴장되고 감정적인 경향성 등이 정신분열형 성격 장애 환자나 정신분열의 연장선상에 있는 환자들보다도 더 현저하게 나타남을 보고하였다. 또한 경계선 성격 장애에서 가장 중요한 대상표상에 관련하여서는 적대적이고 악의적인 측면이 두드러지게 드러나며, 적대성과 악의성이 무엇보다도 경계선 성격 장애의 특성과 상관이 높음을 알려 준 연구 결과들도 많이 보고되었다(Blatt, Tuber, & Auerbach, 1990). 로샤 검사를 통해 경계선 성격 장애의 내적 대상표상을 밝히려는 시도로 대상표상과 대상관계의 성숙도를 평가하는 척도가 개발되었다. 가장 대표적인 것으로는 Urist의 '상호자율성 척도(mutuality of autonomy: MOA)' 와 Blatt과 그의 동료들에 의해 개발된 '대상 개념의 발달적 분석(developmental analysis of the concept of object)' 척도다.

일반적으로 경계선 성격 구조를 가진 아동·청소년들이 로샤 검사에 반응하는 전형적인 방식은 관념화 활동이 지나치게 활성화되어 풍부하고 다양한 반응을 충동적이고 유동적으로 쏟아낸다는 점이다. 경계선 아동은 반응 수가 정상아동 규준치상에서 평균 이상이며 반응시간이 짧은 경향이 있다. 또한 처음에는 열광적으로 반응하기 시작하다가 원초적 공포와 불안으로 인해 혼란스러운 공상으로 가득 찬 반응 내용을 보고한다. 이러한 연상 과정에서 반응의 형태질은 매우 약화되며 아동은 지각에 대해 정서적으로 거리를 두고 객관적인 입장을 유지하기가 매우 어려워져서 점점 마치 현실인 듯 접근하는 경향이 있다. 비록 경계선 성격 구조를 지닌 아동·청소년들이 로샤에서 쉽게 반응을 하기는 하나, 검사자가 반응의 위치나 결정인에 대해 질문하면 상대방이 자신의 생각을 자세히 살펴봄으로써 무언가가 드러나는 것에 대해 불안해할 뿐만 아니라 검사와 관련된 작업을 싫어하고 회피한다.

앞서 언급했듯이 경계선 성격 장애는 사고, 정서 및 대인관계 영역 전반에 걸쳐 증상을 보이고 이러한 특성은 로샤 반응에 반영되기 때문에 여기서는 세 영역과 관련된 로샤 특징들을 살펴보고자 한다.

1) 사고 영역

경계선 성격 장애 환자들의 로샤 프로토콜을 살펴보면, 처음에는 대체로 정확하고 형태질이 좋은 반응을 보이다가, 정교화하는 과정에서 형태질이 좋지 못하게 되거나 전체 잉크반점을 정교화하지 못하고 빈약하게 반응하는 경향이 있다(Lerner, 1991). 일차 과정적 사고와 기이하고 기괴한 내용이 많으며, 연상의 이완과 침투적 사고로 인해 사고의 흐름이 혼란해지는 경향이 있다. 이로 인해 로샤 지표에서는 자폐적 논리(ALOG) 등의 오류가 많은 반응이 나타나며, 통제 불가능한 침투적 사고를 의미하는 동물운동과 무생물운동 반응(FM+m)의 빈도가 증가한다. 때로는 현실과 공상 간의 경계가 와해되어 개념 간에 혼합이 일어나거나 서로 다른 수준의 의미가 중첩되는 반응인 오염 반응(CONTAM)이 나타나게 된다. 또한 기이한 어구나 신조어, 독특한 방식의 문장 사용 등으로 인해 이탈적 언어 표현(DV) 및 이탈적 반응(DR)이 채점되는 경향이 있다.

경계선 아동의 경우 대체로 작화적이고 역동적인 특성을 갖는 반응을 많이 하기 때문에 M 반응의 빈도가 높아진다. 또한 전능적 공상(omnipotent fantasy)을 가지는 경우가 많다. 현실을 일탈한 공상을 의미하는 수동적인 인간운동 반응(Mp)의 빈도가 높으나, 공격적인 내용을 담고 있는 경우 능동적인 인간운동 반응(Ma)으로 채점되어 Ma 반응의 빈도도 높은 경향이 있다. 또한 처음에는 적절히 형성한 부분적인 개념들을 공상을 진행하는 과정에서 부적절한 방식으로 조합하는 경향이 현저하여 우화적 조합 반응(FABCOM)이 증가한다. 잉크반점의 한 부분만을 근거로 전체로 일반화하는 작화 반응(CONFAB)이 관찰되기도 하는데, 이는 경계선 아동의 세상에 대한 공상이 어떻게 전개되는지를 보여 주는 특징적인 반응이라 할 수 있다. 어떤 경우에는 자신의 정서에 근거하여 한 주제에 집착하며 반복적으로 반응하는 보속증적인 사고를 보이나, 이는 만성 정신분열병 환자나 자폐 장애 환자들처럼 인지적 경직성이나 사고의 빈곤에 기인된 것은 아니다.

이렇듯 경계선 성격 구조를 가진 아동 · 청소년의 로샤에서는 사고장애의 지표들이 상승하나 이는 그 자체가 심각한 사고 장애를 시사하는 것은 아니다. 보통 경계선 아동 · 청소년은 성인에 비해 폭넓은 범위의 사고 장애의 지표를 보이며, 심한 불안에 휩싸여 '미친 척하는' 경향이 있거나 일시적으로 정신병적 증상을 보이기 때문에 아동기 정신병이나 정신분열병 환아보다도 더 혼란스러워 보이기도 한다. 하지만 로샤 반응을 자세히 살펴보면 아동기 정신증 혹은 정신분열병에 비해서는 덜 병리적임을 알 수 있다. 그리고 대부분 정서적 색채가 강하게 담긴 반응에 대한 연상활동이 활성화되어 이를 빠르게 쏟아냄으로써 이러한 사고 장애의 지표가 상승하게 되는 것이다. 경계선 장애 아동 · 청소년이 보이는 기이한 사고도 심각한 와해의 증거라기보다는 임의적인 관념화나 현실적 제약에 대한 무관심을 반영하는 경우가 많다.

사고 내용으로는 적대감과 공격성이 두드러지게 나타난다. 주로 공격을 하거나 당하며, 칼로 찢긴 대상이나 갈고리, 이빨, 턱, 협공, 무기 등과 같은 반응이 동반된다. 화산 폭발, 홍수와 같이 통제력을 벗어난 본능적이고 자연적인 힘을 의미하는 주제들도 빈번하다. 경계선 아동 · 청소년들이 이러한 내용을 말하는 방식도 직접 로샤 카드에 공격을 가하거나 화를 내면서 기술하는 등 자극과의 거리를 상실하여 '마치 현실인 듯' 반응하는 경우가 빈번하다.

2) 정서 영역

경계선 아동, 청소년의 반응에서는 색채 반응이 운동 반응과 작화 반응에 비해서는 적은 편이나 번번히 나타나고 있다. 인지적으로 잘 통합되고 조절된 정서 표현을 의미하는 FC 반응의 빈도보다는 충동적이고 인지적으로 통제되지 않은 정서 표현을 의미하는 CF+C 반응이 우세하다. 또한 '빨간 곰' 과 같이 어울리지 않는 색채와 형태의 자의적인 통합 반응이 종종 관찰되고 있어 정서를 경험하는 방식이 피상적이고 부적절함을 시사한다. 우울감과 혼란감이 상당한 경계선 성격의 아동 · 청소년 환자의 경우에는 음영 반응이 지배적으로 나타날 때도 있으며, 특히 상황적 스트레스와 부동 불안을 의미하는 Y 반응의 빈도가 높아지기도 한다. 또한 S 반응의 빈도도 높은데, 이는 분노감, 적개심, 초조감과 관련된 것으로 해석된다.

3) 대상관계

Mayman(1967)은 대상표상을 "자기 혹은 타인에 대한 지속적으로 내재화된 이미지" 로 보고, 로샤 내용이 자아 기능의 수준, 대상관계에 대한 상대적인 능력, 대인관계 투쟁의 본질을 반영한다고 하였다. 로샤 반응을 통해 심리성적 발달 수준, 인간다움의 정도, 타인을 묘사하는 데 있어 갈등이나 분노가 스며들어 있는 정도, 분열 및 상실에 대한 개인의 취약성 정도, 타인과 공감적 교류를 맺을 수 있는 능력에 대한 중요한 개인적 의미 등을 이해할 수 있다고 보았다. 이러한 Mayman의 제안을 바탕으로 로샤에서 대상관계의 질과 수준을 측정하는 지표들이 개발되었는데, 대표적인 것이 Urist(1973)의 '상호자율성 척도' 다. 이 척도에서는 "한 개인이 자신과 타인을 서로의 관계 속에서 상호 자율적인 것으로 경험하는 능력의 정도"를 평가하며, Malher가 제안한 "개인의 분리-개별화(separation-individuation)를 향한 발달적 진행, 특히 자신에 대한 타인의 자율성과 타인에 대한 자신의 자율성"을 강조하였다. 이 척도는 1점부터 7점까지 점수를 채점하도록 되어 있다. 가장 높은 점수(7점)는 한 대상의 자율성을 다른 대상이 완전히 해치고 압도하는 것을 의미하며, 가장 낮은 점수(1점)는 적절히 분리된 두 대상이 상호 자율적으로 관계를 맺는 것을 의미한다.

한편, 로샤에서 나타난 인간 반응의 구조적인 특징(형태의 정확성, 정교화의 적절성, 분화의 정도 등)을 측정하는 '대상개념의 발달적 분석' (1976) 척도도 개발되었다. 이 측정치를 사용한 연구에서는 경계선 환자들이 좀 더 대상관계를 정교화(elaboration)하고, 인간활동을 동기화된 것으로 지각하며, 대인관계를 악의적으로 해석하려는 경향이 압도적인 것으로 나타났다(Stuart, Westen, Lohr, Silk, Becker, Vorus, & Benjamin, 1990). 이와 더불어 로샤 반응에서 경계선 환자가 정신분열병 환자, 신경증 환자에 비해 가장 악의적인 대상관계 표상을 나타낸다는 많은 연구 결과들이 보고되었다. 이러한 경향이 Exner의 지표상에서는 공격적 내용 반응(AG)이 높은 것으로 드러날 수 있으며, 질적 분석에서도 쉽게 관찰될 수 있다. 또한 병적인 내용 반응(MOR)이 빈번하다. 이는 공격당하는 대상이 파괴되고 피를 흘리는 내용 등으로 흔히 나타나기도 하며, 한편으로는 무력하고 혐오적인 자기상으로 나타나기도 한다.

한편, 경계선 환자의 경우 유사 인간 반응((H), (Hd))과 부분 인간 반응(Hd)을 보이는 경향이 높다. 이는 실제 인간이 아닌 천사, 악마, 만화 인물과 같은 가상의 인간이나 인간의 신체 일부만을 지각함으로써 대상에 대한 거리를 유지하기 위한 시도로 해석된다. 만약 대상과 거리를 둔다면 대상을 평가절하하거나 이상화하기 쉬울 것이며, 이와 같이 극단으로 치닫는 분열과 같은 방어기제를 사용하기 쉽기 때문인 것으로 보인다. 또한 유사 인간 반응 및 부분 인간 반응의 빈도가 순수 인간 반응(H)에 비해 높은 것은 친밀하고 지속적이고 규칙적인 상호작용이 가능한 부모, 형제, 교사 등의 실제적인 인물보다는 유명한 인물들, 연예인과 같은 가상적 인물에 동일시하거나 인물의 한 측면만을 바라보고 동일시함을 의미한다. 그러한 의미에서 안정된 정체감이 형성되지 못하였음을 시사한다. 아동 · 청소년기는 정체감이 형성되어 가는 과정에 있는 시기나, 경계선 성격 구조를 가진 아동 · 청소년은 특히 분명한 목표의식이 부재하고 또래에 비해 정체감의 발달이 불안정하거나 혼란된 모습을 보인다.

2. 사례 이해

1) 증상

수애는 현재 17세 여학생으로 중학교 3학년 때부터 친한 친구가 손목에 자해한 상처를 보고 예쁘다는 생각을 한 이후로 손목을 칼로 긋는 자해행위를 시작하였다. 이후 가족 갈등 등으로 스트레스를 받거나 우울하거나 심심할 때면 자해행동을 통해 부적응적으로 대처하면서 일주일에도 몇 번씩 자해행동을 보였다고 한다. 심지어는 피나 다친 것을 보면 좋다는 생각이 들고 주변 사람들에게도 손목 긋는 것을 권해 주고 싶을 정도였다고 한다. 고등학교 때부터는 다른 사람들에게 피해를 주지 말고 빨리 죽어야겠다는 생각이 자주 들었고, 밤에는 이런저런 생각으로 잠을 잘 이루지 못하였다. 친구들과도 잘 어울리지 못하였고 가족들과도 자주 싸우기 시작하였다. 싸울 때면 소리를 지르거나 주변의 물건을 던져 형광등, 유리창 등을 깬 적도 많았다. 특히, 환아의 어머니가 자해행동을 말리면 화가 나서 참을 수가 없었고, 가족들이 아무리 조심하여도 환아가 화를 낼 만한 일이 늘 생겼다고 한다. 고등학교 1학년 무렵에는 학교를 다니기 싫다며 가방을 싸서 그냥 집으로 오는 일이 잦았고, 아이들도 환아가 "약간 이상하다." "독특한 정신세계를 가졌다." 고 이야기하며 환아와 어울리기를 꺼려하였으며 환아 또한 "친구들이 나를 무서워하고 싫어한다." 며 피하는 측면도 있었다. 남자친구를 한 번 좋아하게 되면 너무나 빨리 빠져들어 연락하고 만나러 나가곤 하였으나, 남자친구 쪽에서 헤어지자고 이야기하는 편이었다. 그럴 때마다 환자는 며칠 동안 매우 괴로워하고 보고 싶어 하다가 또 다른 남자친구를 사귀는 식으로 이성관계에서도 깊이가 없고 기복이 심하였다. 또한 집에 와서는 피아노나 인형에 이름을 붙이고 실제 사람인 듯 상상하며 노는 것을 즐기기도 하였다.

2) 개인력 및 가족력

환아의 아버지는 불의를 보면 못 참는 다혈질적인 성격이다. 가족끼리 모이면 항상 잘 싸우고 성격이 급하여 생각 없이 무조건 행동으로 옮긴다고 한다. 환아와도 많이 부딪치면서 때리고 소리지르곤 했지만 자신 때문이라고 자책하는 측면도 있다. 환아의 어머니는 가게를 운영하여 환아를 돌볼 시간이 별로 없었다고 한다. 아이들의 잘못된 행동을 고쳐 주기보다는 좋은 게 좋다고 생각하는 성격으로, 활동적이지 않고 내성적인 편이고 표현이 별로 없다고 한다. 어머니는 환아와의 관계가 괜찮은 편이라고 표현하였으나, 환아는 어머니가 자신에게 거의 관심도 없었다고 생각하고 있으며 자신을 사랑하지만 은근히 미워한다고도 표현하였다. 환아는 2녀 1남 중 둘째로 태어났으며, 공부를 잘하는 언니와 남동생 사이에서 자신의 존재감이 크지 않다고 느끼며 자라왔다고 한다.

3) 로샤 검사 결과 및 해석

(1) 행동 관찰

수애는 큰 키에 외모도 예쁜 영리해 보이는 여학생이었다. 첫 방문에서는 검사에 흥미 있다며 재잘재잘 말수가 많은 편이었고, 간혹 평가자의 말을 가로막거나 검사 도중 과제를 벗어나서 평가자의 직위, 수입, 자신의 심리검사 결과 등에 대해 묻곤 하는 등 평가자에게 관심을 표하기도 하였다. 하지만 두 번째 찾아갔을 때에는 침대에 누운 채 화가 난 표정으로 평가자를 쳐다보지도 않았으며 검사를 거부하였다. 세 번째 만남에서도 두 번째와 비슷하였으며, 평가자가 설득하려 하자 "이런 검사 내가 다시 하느니 차라리 죽어 버리겠다!"며 문 쪽을 향해 물건을 집어던지고 소리지르는 모습을 보였다. 네 번째 만남에서는 면담을 하면서 매우 기분좋은 표정이었으며, 사소한 이야기까지 재잘거리듯 이야기하였다. 하지만 자신의 기분이나 불편감에 대해 표현할 때도 남 이야기하듯 다소 냉소적으로 반응하여 환아가 기분 변동이 심하고 고통스러운 감정을 직면하기를 회피하고 있음을 알 수 있었다. 타인에 대해서도 "엄마는 이상한 인간이에요."라는 등 부정적으로 말하는 모습이 냉소적으로 느껴지기도 하였다.

〈표 6-33〉 검사 반응

카드	반응 단계	질문 단계	채 점
I	① 늑대나 여우. 반씩, 반씩 한 마리(Lt. Wing), 두 마리(Rt. Wing) ② 루돌프	① 반 딱 갈라서 보면 여기가 다리고(Low $\frac{1}{2}$ of Wing), 꼬리(Up $\frac{1}{2}$ of Wing), 얼굴(Dd of Wing)이에요. (여우나 늑대?) 주로 만화 그릴 때 이런 식으로 다리를 그리잖아요. ② 루돌프의 코(Dd of Wing) 같아서 그렇게 말했어요. 모양이 동그란 것이 비슷해요. (루돌프 전체, 아니면 코?) 코만 봤어요. 떡볶이 먹고 싶어요.	① Do F− (2) A ② Ddo Fu (Ad) DRI
II	① 비행기긴 한데요. 여객선 말고 제트기 같은 걸로 보여요. ② 다친 동물 같아요. ③ 동물이 사람 다리를 먹어요.	① 제트기(Inner Space). 튀어나갈 때 불이 나가잖아요(Low Red). (제트기?) 생김새가 군인들이 타고 다니는 전투기 같은 것. (불?) 색깔도 그렇고 이륙할 때 뿜는 불. ② 동물 같고(Side D), 다른 건 피 같아서요(Up Red, Low Red). (동물?) 얼굴, 귀, 다리 겹친 것, 몸(Popular). (피?) 빨간색이 피 같아 보였어요. 그리고 몸에 난 상처(Side D 안의 Red). (T/L, 왜 피가 나나?) 싸운 거예요. ③ 이게 사람 발 같잖아요(Up Red). 이걸 동물이(Popular) 먹고 있는 거예요. (먹고 있다?) 입으로 다리를 딱 물고 있는 거예요.	① DS+ ma.CFo Sc, Fi 4.5 ② W+ FMa.Co (2) A, Bl P 4.5 AG, MOR ③ D+ FMa− A, Hd 3.0 AG, MOR
III	① 세면대에서 손 씻으며 거울 보는 사람	① 얼굴, 목, 몸 윗부분. 치마 입었네요(Popular). 여기가 세면대예요(mD). 뒤에는 박쥐가 피범벅이 돼서 죽어 있는 거예요(Out R). (손을 씻는다?) 죽였으니까 손이 더러워서 씻는 거라고 생각해도 재밌을 것 같아요. 그리고 이건(In Red) 죽여서 묻은 피라고도 할 수 있겠네요. 그런데 이게 거울 속의 세상이라고도 할 수 있을 것 같아요. '거울 속으로'라는 영화 보셨어요?	① W+ Ma.Fr.CFo H, Bl, A, Cg P 5.5 FAB1, MOR

〈계속〉

III	② 곤충 같은데, 곤충 중에 어떤 건지 잘 모르겠어요. 주로 바퀴벌레에 가깝다고 해야 하나.	② 여기가 눈이고(mD), 여기가 손(Dd). 여기가 대충 다 곤충(DdS). 흰색 부분은 몸에서 광택이 나는 거예요. 바퀴벌레 같은 걸 보면, 반들반들한 부분. 아니면요, 이런 것도 재밌을 것 같은데, 현실에선 없지만 껍질이 투명해서 심장이 비치는 거예요. (심장?) 심장이 두 개예요(In Red) 하트 모양으로 생긴 심장. 왜 이렇게 생각나는 게 많지? 딱 가운데를 갈라 반쪽밖에 없는 바퀴벌렌데, 거울에 비친 거예요. 말도 안 되는 생각들이죠? (둘 중 무엇?) 거울에 비친 반쪽 바퀴벌레.	② DdS+ FT.Fr− Ad, An 4.5 FAB2, MOR
IV	① 전설의 거인인데, 큰, 수염 막 난, 히말라야에 사는 거인. 아래서 위로 쳐다본 것. ② 데드 캠프란 영화에서 괴물이 사람을 잡아먹는데, 거기서 나오는 괴물들 같아요.	① (수염?) 털복숭이. 털로 둘러싸여 있고, 꼬리(Bottom D)도 있어요. 설인이라고 그런다, 설인. (어디에요?) 머리, 팔, 몸, 다리(Popular). 아랫부분이 더 커 보이죠? (털?) 이걸 봤을 때 털로 뒤덮혀 있는 걸로 보였어요. 설인이라는 이유 하나만으로 털이라고 말한 거예요. ② 아까 거랑 비슷하게 봤는데, 그 사람들이 덩치가 크고 생긴 게 이상해요. 혐오감을 주는 얼굴. (혐오감?) 모르겠어요. 그냥 그런 생각이 들었어요. 단지 큰 데서 그런 게 떠올랐어요.	① Wo FD.FTo (H) P 2.0 ② Wo Fo (H) P 2.0 PER
V	① 배. 전쟁 중에 폭탄 맞아서 불이 나서 연기가 올라가는 배. 침몰해 가는 배(>). ② 날아가려고 날갯짓을 하는 새 같아 보이기도 해요(>).	① 강에 비친 거구요. 이순신의 거북선 같은 배요(Dd). 이게 연기예요(Side D). (연기?) 형태가 뚜렷하지 않고 흐물흐물 위로 솟아져 가는 느낌. (전쟁 중에 폭탄 맞아서? 불이 나서?) 그래서 연기가 나는 거예요. (침몰?) 결국은 침몰하겠죠. ② 머리(Bottom), 꼬리(Top), 날개(Side D). 강에 비친 모습. (날아가려고 날갯짓?) 날개가 몸에 붙어 있지 않으니까. 그리고 저는 날고 있는 거보다 날아오르는 게 더 좋거든요.	① W+ rF.mp.YFu Fi, Sc 2.5 MOR ② W+ FMp.Fru A 2.5
VI	① 거인의 얼굴	① 코, 입, 입술, 턱(Large D). 그런데 거인의 목에 뭔가 박혔어요(Top D). 수정 같은 것. (수정이 박힌 것?) 결국 살인을 당한 것. (수정?) 뾰죽뾰죽한 게 그런 거죠. 저는 또 이야기를 만들고 싶은데, '콩나물 잭'에서 하늘로 올라갔을 때 자기가 가진 수정으로 거인의 목을 찌른 거예요. 그 이야기랑 맞추면 재밌어요.	① Dd+ Fu (Hd), Id 2.5 FAB1, MOR

〈계속〉

VI	② 강에 안개가 낀 것 같아요.	② 강이고요(Vertical). 숲도 있는데, 안개(Large D)가 희미하게 쭉 꼈어요. (안개?) 뭔가 희미하니까. (숲?) 안개에 가렸어요. 외국의 강가 같은 곳.	② Wv/+ YF.VFu Ls 2.5
VII	① 인간은 인간인데요, 돌연변이 인간. 그래서 팔이 이렇게 달렸어요. 그리고 허리가 잘린 거예요. ② 목이요. 토끼 죽일 때 목을 돌리잖아요. 탁 돌려서 다시 반대쪽으로 탁 돌리면 이렇게 꺾여요. 목이 돌려진 토끼.	① (인간?) 얼굴(Top D), 그리고 귀는 토끼 귀(Up Proj). (돌연변이?) 이상하게 팔(Side Proj) 달리고 허리(Mid D)도 잘리고. (T/L 허리가 왜 잘리나?) 누가 와서 자른 거죠. 이 사람들도 결국은 살인을 당한 거죠. ② 토끼는 아까랑 같고요. 결국은 목뼈가 부러진 거죠. 그래서 이쪽으로 목이 돌아가 버렸어요(Out S 방향). 여기가 원래 등이었는데(In S 방향).	① Do Fo (Hd) P INC1, MOR ② Do Fo A MOR
VIII	① 얘가요(Side D) 하이에나거든요. 하이에나가 시체 주위를 어슬렁어슬렁거리는 거요.	① 시체(Side D를 제외한 영역). 그냥 시체 취급해 버렸어요. (하이에나?) 발 네 개. (시체?) 그냥 시체라 하고 싶었어요. 인간을 먹는다면 재밌을 것 같아서요.	① W+ FMp- (2) A, Hd P 4.5 MOR
IX	① 사람이 막 비명지르는 것(∨). ② 거대해진 사마귀. 돌연변이 사마귀가 몸집이 진짜 커요. 식인사마귀라 하면 좋겠어요(∨).	① 여기가 손 같고(Green의 contour), 여기는 눈 같고(Pink). 그래서 막 비명을 질러서 목젖이 보이는 거예요(DdS). 너무 놀란 나머지 눈이 튀어나오려고 해요. 팔(Green), 치마(Orange S). ② 이게 사마귀 눈 같잖아요(Red). 여기는 사마귀 얼굴(S). 제가 사마귀를 잘 모르지만, 딱 이 눈을 보는 순간 얘가 사마귀다. (거대한 식인 돌연변이?) 이만한 사마귀가 있겠어요? 그냥 그렇게 하고 싶어요.	① WS+ Ma- Hd, Cg, Hx 5.5 ② DdSo F- (A) 5.0
X	① 인간인데 여왕 같아요. 모피라 그래야 되나? 그런 걸 아래까지 둘러쓴 여왕. 근데 이 여왕이 시체라, 주위엔 시체를 먹으러 달려온 동물들이에요. ②개구리 해부한 것 같기도 해요.	① 모피(Red), 여왕들만이 걸치는 빨간색 모피. 얼굴(Up Space). 또 뭐 쓰고 있는 것(Gray). 여기가 다리(In Green). 손(Orange)을 모으고 있는 것 같아요. (모피?) 쭉 내려뜨려져 있잖아요. (뭐 쓰고 있는 것?) 얘네 동네에서는 이런 게 왕관이겠죠. (시체?) 죽었어요. (죽었다고요?) 그냥 그러고 싶었어요. 그리고 주변에 거미(Out Blue)같이 생기고 새(In Yellow)처럼 생긴 애들이 와서 시체를 먹는 거예요. ②개구리 몸을 딱 연 거 같아요(Red S). 이게 장기들(In Green, In Yellow, In Blue). (개구리?) 배가 갈라진 것처럼 보이고, 개구리 해부를 했거든요. 그것뿐이 안 해 봤어요.	① WS+ mp.FMa.FC- Hd, Cg, A P 5.5 AG, MOR, FAB1 ② DdSo F- An, Ad MOR

〈표 6-34〉 구조 요약

LOCATION FEATURES	DETERMINANTS BLENDS	DETERMINANTS SINGLE	CONTENTS	S-CONSTELLATION
				NO ... FV+VF+V+FD>2
Zf = 15	m.CF	M = 1	H = 1, 0	NO ... Col-Shd Bl>0
ZSum = 56.5	FM.C	FM = 2	(H) = 2, 0	YES ... Ego<.31, >.44
ZEst = 49.0	M.Fr.CF	m = 0	Hd = 2, 2	YES ... MOR>3
	FT.Fr	FC = 0	(Hd) = 2, 0	YES ... Zd>+−3.5
W = 10	FD.FT	CF = 0	Hx = 0, 1	YES ... es>EA
(Wv = 0)	rF.m.YF	C = 0	A = 6, 2	YES ... CF+C>FC
D = 5	FM.Fr	Cn = 0	(A) = 1, 0	YES ... X+%<.70
Dd = 5	YF.VF	FC′ = 0	Ad = 1, 1	YES ... S>3
S = 6	m.FM.FC	C′F = 0	(Ad) = 1, 0	NO ... P<3 or>8
		C′ = 0	An = 1, 1	YES ... Pure H<2
DQ		FT = 0	Art = 0, 0	NO ... R<17
.......(FQ−)		TF = 0	Ay = 0, 0	8 ... TOTAL
+ = 11(5)		T = 0	Bl = 0, 2	
o = 8(3)		FV = 0	Bt = 0, 0	
v/+ = 1(0)		VF = 0	Cg = 0, 3	
v = 0(0)		V = 0	Cl = 0, 0	
		FY = 0	Ex = 0, 0	
		YF = 0	Fd = 0, 0	
		Y = 0	Fi = 1, 1	
		Fr = 0	Ge = 0, 0	
		rF = 0	Hh = 0, 0	
		FD = 0	Ls = 1, 0	
		F = 8	Na = 0, 0	
			Sc = 1, 1	
			Sx = 0, 0	
			Xy = 0, 0	
		(2) = 3	Id = 0, 1	

FORM QUALITY

	FQx	FQf	MQual	SQx
+	= 0	0	0	0
o	= 7	3	1	1
u	= 5	2	0	0
−	= 8	3	1	5
none	= 0	−	0	0

SPECIAL SCORINGS

	Lv1	Lv2
DV	= 0x1	0x2
INC	= 1x2	0x4
DR	= 1x3	0x6
FAB	= 3x4	1x7
ALOG	= 0x5	
CON	= 0x7	
SUM6	= 6	
WSUM6	= 24	

AB	= 0	CP	= 0
AG	= 3	MOR	= 11
CFB	= 0	PER	= 1
COP	= 0	PSV	= 0

RATIOS, PERCENTAGES, AND DERIVATIONS

Core

R = 20	L = 0.67	
EB = 2 : 4.0	EA = 6.0	EBPer = N/A
eb = 8 : 5	es = 13	D = −2
	Adj es = 10	Adj D = −1
FM = 5	C′ = 0	T = 2
m = 3	V = 1	Y = 2

Affect

FC : CF+C	= 0 : 3
Pure C	= 1
Afr	= 0.33
S	= 6
Blends : R	= 9 : 20
CP	= 0

Interpersonal

COP = 0	AG = 3
Food	= 0
Isolate/R	= 0.05
H : (H)Hd(Hd)	= 1 : 8
(HHd) : (AAd)	= 4 : 2
H+A : Hd+Ad	= 12 : 9

Ideation

a : p	= 6 : 4	Sum6	= 5
Ma : Mp	= 2 : 0	Lv2	= 1
2AB+Art+Ay	= 0	WSum6	= 21
M−	= 1	Mnone	= 0

Mediation

P	= 7
X+%	= 0.35
F+%	= 0.38
X−%	= 0.40
S−%	= 0.63
Xu%	= 0.25

Processing

Zf	= 15
Zd	= 7.5
W : D : Dd	= 10 : 5 : 5
W : M	= 10 : 2
DQ+	= 11
DQv	= 0

Self Perception

3r+(2)/R	= 0.75
Fr+rF	= 4
FD	= 1
An+Xy	= 2
MOR	= 11

SCZI = 4*	DEPI = 5*	CDI = 4*	S−CON = 8*	HVI = No	OBS = No

〈표 6-35〉 특수 지표

SCZI(정신분열병 지표) :

아래 조건 중 4개 이상 만족하는 경우 해당됨:

YES ... EITHER : (X+%<.61) AND (S−%<.41)
OR... : (X+%<.50)
YES...(X−%>.29)
YES ... EITHER : (FQ−≧FQu)
OR... : (FQ−>FQo+FQ+)
NO ... (Sum Level 2 Sp. Sc.>1) AND (FAB2>0)
YES ... EITHER : (Raw Sum6 Spec. Scores>6)
OR... : Weighted Sum of 6 Sp. Sc.>17
NO ... EITHER : (M−>1)
OR... : (X−%>.40)

DEPI(우울증 지표) :

아래 조건 중 5개 이상 만족하는 경우 해당됨:

YES ... (FV+VF+V>0) OR (FD>2)
YES ... (COl-Shd Blends>0) OR (S>2)
NO ... (3r+(2)/R>.44 and Fr+rF=0)
OR (3r+(2)/R<.33)
YES ... (Afr<.46) OR (Blends<4)
NO ... (SumShading>FM+m) OR
(SumC′>2)
YES ... (MOR>2) OR
(2AB+(Art+Ay)>3)
YES ... (COP<2) OR
(Isolate/R>.24)

CDI(대응손상 지표) :

아래 조건 중 4개 또는 5개가 만족하는 경우 해당됨:

YES ... (EA<6) OR (Adj D<0)
NO ... (COP<2) AND (AG<2)
YES ... (Weighted SumC<2.5)
OR (Afr<.46)
YES ... (Passive>Active+1) OR
(Pure H<2)
YES ... (SumT>1) OR
(Isolate/R>.24) OR
(Food>0)

HVI(과잉경계 지표) :

조건 (1)을 만족하는 동시에 나머지 조건들 중 적어도 4개가 만족하는 경우 해당됨:

NO ... (1) FT+TF+T = 0

YES ... (2) Zf>12
YES ... (3) Zd>+3.5
YES ... (4) S>3
YES ... (5) H+(H)+Hd+(Hd)>6
YES ... (6) (H)+(A)+(Hd)+(Ad)>3
YES ... (7) H+A : Hd+Ad<4 : 1
NO ... (8) Cg>3

OBS(강박성향 지표) :

YES ... (1) Dd>3
YES ... (2) Zf>12
YES ... (3) Zd>+3.0
NO ... (4) Populars>7
NO ... (5) FQ+>1

아래 조건 중 1개 이상 만족하는 경우 해당됨:

NO ... 조건 (1)에서 (5)까지 모두 만족함
NO ... 조건 (1)~(4) 중에서 2개 이상을 만족함
AND FQ+>3
NO ... 조건 (1)~(5) 중에서 3개 이상을 만족함
AND X+%>.89
NO ... FQ+>3 AND X+%>.89

〈표 6-36〉 채점 순서

CARD	NO	LOC	DETERMINANT(S)	(2)	CONTENT(S)	POP	Z	SPECIAL SCORES
I	1	Do	F−	2	A			
	2	Ddo	Fu		(Ad)			DRI
II	3	DS+	ma.CFo		Sc, Fi		4.5	
	4	W+	FMa.Co	2	A, Bl	P	4.5	AG, MOR
	5	D+	FMa−		A, Hd		3.0	AG, MOR
III	6	W+	Ma.Fr.CFo		H, Bl, A, Cg	P	5.5	FAB1, MOR
	7	DdS+	FT.Fr−		Ad, An		4.5	FAB2, MOR
IV	8	Wo	FD.FTo		(H)	P	2.0	
	9	Wo	Fo		(H)	P	2.0	PER
V	10	W+	rF.mp.YFu		Fi, Sc		2.5	MOR
	11	W+	FMp.Fru		A		2.5	
VI	12	Dd+	Fu		(Hd), ld		2.5	FAB1, MOR
	13	Wv/+	YF.VFu		Ls		2.5	
VII	14	Do	Fo		(Hd)	P		INC1, MOR
	15	Do	Fo		A			MOR
VIII	16	W+	FMp−	2	A, Hd	P	4.5	MOR
IX	17	WS+	Ma−		Hd, Cg, Hx		5.5	
	18	DdSo	F−		(A)		5.0	
X	19	WS+	mp.FMa.FC−		Hd, Cg, A	P	5.5	AG, MOR, FAB1
	20	DdSo	F−		An, Ad			MOR

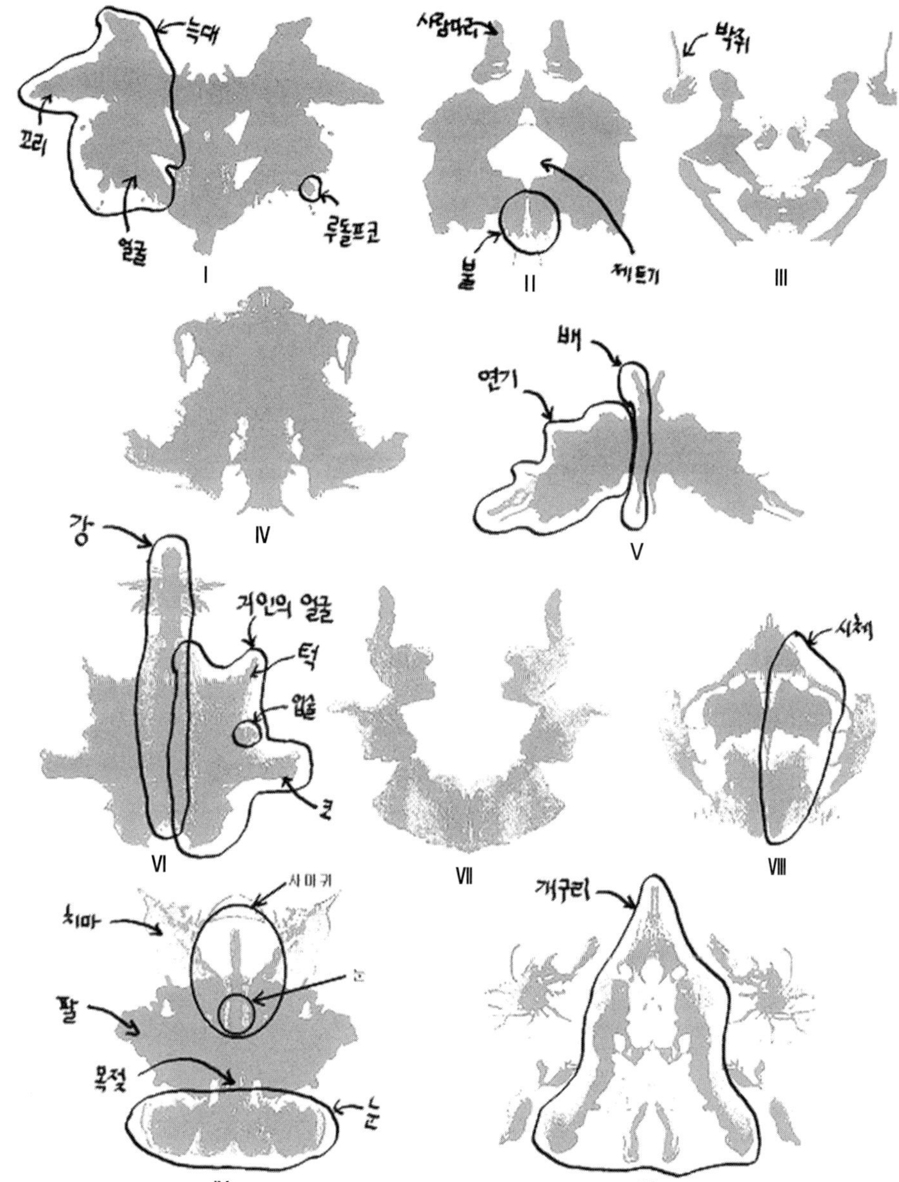
늑대
꼬리
얼굴
루돌프코
I
사람머리
불
제트기
II
박쥐
III
IV
배
연기
V
강
거인의 얼굴
턱
입술
코
VI
VII
시체
VIII
시미귀
치마
팔
목젖
눈
IX
개구리
X

(2) 결과 해석

우선 환아의 전체 반응 수가 20개이므로 타당한 검사 결과로 볼 수 있다. 군집 분석에 들어가기에 앞서 핵심 변인을 살펴보면 자살 지표(S-CON)를 비롯한 정신분열병 지표(SCZI), 우울증 지표(DEPI)와 대응손상 지표(CDI)가 모두 유의미한 것을 알 수 있다. 이러한 결과는 환아가 현재 상당한 혼란 상태에 빠져 있어 대처 능력에 결함이 있고 우울 장애에 부합할 정도로 고통스러운 정서들이 내재해 있음을 시사한다. 정신분열병 지표가 상승한 로샤 프로토콜이 모두 자아 기능의 와해나 현실 검증력의 손상을 의미하지는 않으나, 적어도 현재 현실 검증력이 불안정하고 자아 기능이 취약한 것을 의미할 수 있다. 이렇듯 모든 특수 지표가 상승하는 프로토콜은 경계선 성격 장애 환자들이 스트레스 상황에서 보이는 극도의 혼란감 및 우울감, 충동성, 현실 검증력의 약화 등을 반영해 준다. 경계선 성격 장애에서는 사고 영역, 정서 영역, 대상관계 영역을 아우르는 복합적인 문제 양상을 띠게 되므로 군집 해석의 순서는 크게 중요하지 않을 수 있다. 그러나 환아의 경우 기준을 충족시키는 첫 번째 핵심 변인은 정신분열병 지표였으므로 군집 해석의 순서는 인지적 특성, 통제, 정서, 자기지각 및 대인지각의 순서로 진행할 수 있다.

① 인지적 특성

먼저 환아의 관념화 영역을 살펴보면, M 반응이 2개에 그친 데 반해 FM 반응은 5개, m 반응은 3개로, 현재 신중하고 통제된 사고활동이 감소해 있으며 원초적인 욕구나 충동이 충분한 관념화 과정(ideational channel)을 거치지 않고 침투적 사고의 형태로 떠오르는 양상이 지배적인 것으로 보인다(카드 V '전쟁 중에 폭탄 맞아서 불나서 연기 올라가는 배'). 이로 인해 욕구나 충동을 지연시켜서 사회화된 형태로 여과시켜 표현하지 못하고 그대로 충동에 휩싸여 방출함으로써 심한 적응상의 문제를 겪을 것으로 예상된다. 또한 현재 자신의 충족되지 못한 욕구들에 대해 지나치게 관심을 기울이고 집착하며 불편감을 느끼고 있는 상태로 여겨진다. 이렇듯 떨쳐버리려 해도 잘 떨쳐지지 않는 불필요한 관념들로 인해 주의가 산만해짐으로써 지속적인 주의가 필요한 과제나 학업에 몰두하기 어려운 상태로 보인다.

환아의 인간운동 반응 및 동물운동 반응의 특징은 반응 모두가 비현실적인 공상으로 연상이 전개된다는 것이며, 이 과정에서 비현실적인 논리와 지각적 왜곡이 빈번히 동반되고 있다. 특히, M− 반응은 환아가 인간관계에 대해 왜곡되고 부정확한 판단을 내리고 있음을 의미하며, 타인의 의도에 대해 잘못된 추론을 함으로써 망상적 사고를 형성할 수 있는 취약성을 의미한다. 그러나 인지적인 융통성을 지니고 있는 점이(a : p=6 : 4) 잘못된 관념을 형성하더라도 망상 수준까지 이르지는 않으며 이를 극복할 수 있는 회복력, 즉 탄력성(resilience)을 제공해 주는 것으로 보인다. 그러나 강력한 스트레스 상황에서는 일시적으로 현실적인 판단이 약화되고 정신병적인 수준의 사고 장애(micropsychotic episode)를 보일 가능성이 있다. WSum6 점수는 21점으로, 사물들 사이의 비현실적인 관계를 설정하고 추론하는 FABCOM 반응이 4개로 연상의 흐름에서 서로 관계없는 것끼리 자의적인 관계를 설정하거나 간혹 객관적인 근거를 무시하고 비논리적으로 사고가 전개되고 있음을 알 수 있다. 하지만 그중에서도 심한 사고 장애의 경향성을 의미하는 FABCOM2 반응은 1개뿐이고 지리멸렬한 반응까지는 나타나고 있지 않는 점을 고려할 때, 이는 현실 검증력이 와해된 증거라기보다는 강한 정서성 및 분노 조절의 어려움으로 인해 매우 혼란스러운 상태에서 충동적이고 임의적으로 사물의 관계를 설정하고 공상으로 일탈하는 경향성을 반영하는 것으로도 생각된다. 또한 이는 현실 검증력이 불안정해질 소지가 있음을 시사하는 정도로 여겨진다. M− 반응은 타인과의 공감 능력이 결여되어 있음을 시사하기도 하는데, 이는 환아가 또래 집단과 어울리지 못하고 '특이하다' 는 이야기를 듣는 등 적응상의 문제와 관련된 것으로 보인다. 더불어 환아의 경우 인간운동 및 동물운동 반응의 내용에서 인간관계에 대한 악의적이고 적대적이며 비우호적인 표상을 반영하는 경우가 빈번하다. 이는 환아가 타인에게 피해를 입지 않을까 하는 위협적인 시각으로 외부 현실을 조망하고 있음을 의미하며, 한편으로는 타인 및 자신에게 해를 입히고 싶은 원초적이고 공격적인 충동과도 관련되어 있을 것으로 보인다.

중재 영역에서 주목되는 점은 X−%가 .40으로 높게 나타나 지각의 왜곡이 빈번하다는 것이다. 특히, 마이너스 반응은 공간(S) 반응과 함께 나타나는 빈도가 높아(S−%=.63), 환아가 특히 분노감이 유발되는 상황에서는 현실적인 판단력이 흐려지는 경향이 있음을 알 수 있다. 또한 정서적 스트레스가 커지는 상황, 혹은 대인관계 상황에서는 악의성 및 공격성, 분노감과 함께 지각적 왜곡이 나타나는 양상이 관찰된다. 한편, 평범 반응(P)은 7개로 환아가 대체로 관습적이고 보편적인 판단력과 개념 형성 능력은 지니고 있는 것으로 보이며, 보통 수준의 형태질이 20개의 반응 중 7개를 차지하고 있어 비교적 안정된 상황에서는 현실적인 판단력을 유지할 수 있는 자원이 있음을 알 수 있다. 따라서 분노와 적개심을 다루는 상황에서 현실검증력이 불안정해지고 경계선상에 있음을 알 수 있다.

처리 영역에서는 주변의 상황들을 지나치게 전체적으로 관련짓고 추론하는 인지패턴이 관찰된다(Zd=7.5). 즉, 서로 무관한 현상을 지나치게 관련시켜 생각하거나 서로 간의 숨은 의미를 찾아내려는 경향이 있다. 앞서 관념화 영역에서 살펴보았듯이 이러한 과도한 조직화를 통해 개인 특유적인 해석들이 도출되고 있어, 이런 과도하게 통합하려는 정보처리 경향성이 잘못된 관념 형성에 취약하게 만드는 요인이 될 수 있을 것으로 보인다. 또한 D 반응의 비율이 정상 규준치에서 기대되는 수치보다 적게 나타나고 있다. 이는 상황의 명확한 측면에는 주의를 기울이지 못하고 전반적인 인상 혹은 관념에 의해 사물을 지각하거나, 혹은 부적절하고 주변적인 특정 자극에 주의를 두고 이를 통해 전반적으로 조직화하려는 경향성이 동시에 나타나 경험에 대한 객관적이고 분명한 지각이 어려울 소지가 있어 보인다(W:D:Dd=10:5:5).

② 통제 및 스트레스 내성

통제 및 스트레스 영역에 대해 살펴보면, EA가 6으로 대처 자원이 풍부한 편은 아니나 어느 정도 유지되고 있는 상태로 보인다. 하지만 이에 비해 es는 13.0으로 현재 받고 있는 스트레스가 환자가 보유한 자원을 압도하고 있음을 알 수 있으며, D=−2, Adj D=−1로 현재 감당하기 어려운 심한 스트레스에 압도당하고 있는 상태로 여겨진다. 또한 이로 인해 불안, 긴장, 초조감을 경험하는 가운데 이에 대한 인내력이 부족하고, 특히 좌절에 대한 참을성이 결여되어 충동적으로 대처하거나 사소한 자극에도 극도의 혼란감에 빠지면서 일순간 자기통제력의 상실을 보일 수 있겠다. 환자가 이러한 급박한 감정을 다루는 방법 중 하나는 자해 행동인 것으로 여겨지며, 피를 보는 순간만은 긴장감이 완화되면서 약간의 해방감을 느끼는 것으로 보인다. 일상적 경험에 대응하는 방식이 부적절하고 비효율적일 가능성이 높으며, 이러한 만성적인 대처 능력의 결함으로 인해 전반적인 무력감을 겪을 수 있을 것으로 보인다(CDI=positive).

③ 정서

환아의 주된 정서적 특징은 분노감과 공격성이 크다는 것이며(S=6), 이를 적절히 사회화된 형태로 여과하지 못하고 충동적으로 표출한다는 것이다(FC:CF+C=1:3, Pure C=1). 내면의 감정을 다루는 능력이 매우 미숙하여 부정적인 감정을 주로 회피하고 부인하는 것으로 여겨진다. 또한 인지적으로 적절히 감정을 조율하고 통제하며 자신의 감정이 적절히 수용될 때까지 담아 두는 능력이 부족하다. 따라서 부정적인 자극에 직면해서는 이를 무시해 버리려고 노력하거나, 혹은 고통스러운 감정에 대한 방어 수단으로 강렬하고 극적이지만 피상적인 방식으로 표현하는 정서조절의 장해(emotional dysregulation)를 보이는 것으로 생각된다. 더불어 이러한 부인과 회피의 방어기제가 효력을 발휘하지 못하여 강력한 정서가 폭발될 위험이 높으며, 현재 우울감 및 공허감이 큰 점과 함께 정서적 스트레스 상황에서 분노감이 상승하고 현실적인 판단력이 흐려진다는 점과 정서적 충동성을 고려할 때 자살위험성에 대해 주의 깊게 관찰할 필요성이 있다(S-CON=positive).

현재 매사에 의욕이 없고, 우울하며, 쉽게 짜증이 나고, 사소한 문제에도 과도하게 걱정하는 등 스트레스에 압도당하고 있는 상태로 보인다(D=-2). 특히, 환아는 애정 욕구에 대해 정서적으로 허기진 상태로 원하던 관심과 인정을 충분히 받지 못했다고 생각하는 경향이 있는데, 이로 인해 대인관계에서 늘 인정과 관심을 원하는 급박감과 불안감이 있는 것으로 보인다. 기대가 큰 만큼 필연적으로 좌절감도 크기 때문에 욕구가 충족되지 않았을 때 '공허하다'는 마음을 쉽게 느끼는 것으로 보인다. 또한 허전하기 때문에 '누군가를 좋아하지 않고는 못 배기는' 상태가 되어 이성 친구들의 관심을 얻고자 노력하고 있으나, 너무 빨리 거리를 좁히고 집착해서 오히려 거절을 초래하고 있다. 상대편이 부담스러워하고 떠나가 버리면 '배신당했다'고 생각하여 강한 분노감을 느끼는 한편, 공허해하고 우울해하는 모습이 되풀이되는 악순환이 거듭되고 있는 것으로 보인다.

④ 자기지각

반사 반응이 4개나 관찰되며 자기중심성 지표도 .75로 매우 높아, 현재 자신에게 몰두되어 자신의 욕구나 흥미를 우선적으로 생각하고 자신이 실패한 책임을 외부로 돌려 타인이나 상황을 탓하는 특성이 있을 것으로 생각된다. 이 때문에 타인과 협동하기보다는 경쟁적이고, 때로는 후회나 자책감 없이 자신의 목적만을 위해 다른 사람을 조종하는 특징을 보일 수 있다. 개인력에서 승인과 인정에 대한 욕구가 강하고 타인의 평가에 매우 예민하며 자신을 인정해 주고 수용해 주는 타인과만 관계를 맺어 왔던 점은 이러한 특성과 일치되며, 장기적으로 환아의 또래관계에서 부적응을 초래하였던 것으로 보인다.

환아가 이렇듯 자신이 사랑받을 만한지에 대해 끊임없이 외부적인 확인을 갈망하게 된 데는 자신에 대한 짙은 혐오감과 자기애의 결여 및 빈약한 자기 개념이 자리하고 있는 것으로 여겨진다. 병적 반응(MOR)이 11개로 대상관계 표상이 매우 부정적이고 병적인 것으로 나타나고 있는데, 이러한 대상관계 표상은 타인을 향한 것이기도 하지만 병적이고 혐오적인 자기 인식에 일부 기인하는 것으로 보인다. 환아가 "공부를 잘하지 않으면 나는 살 가치조차 없다."는 조건적인 신념이 강하며, 사소한 실패도 인정하지 못하고 완벽한 자기 모습을 추구하는 이면에는 자신의 부정적인 측면 또한 자신의 일부로 통합하여 수용하지 못하고 선과 악으로 분열된 불안정한 자기 개념이 자리 잡고 있는 것으로 추측된다. 한편, 개인력에서 화가 날 때면 심한 말을 하고 뺨을 때리는 등 기분 변화가 급격하였던 아버지의 감정처리 방식을 모델링한 것으로 보이며, 이는 자기감(sense of self)을 형성하는 데에도 부정적인 영향을 주었을 것으로 추측된다.

⑤ 대인지각

대응손상 지표가 유의미하므로 환아가 현재 겪고 있는 심리적 고통과 혼란감에 기여하는 것 중의 하나가 애착관계를 비롯한 대인관계에서의 어려움과 관련된 문제일 것으로 예상할 수 있다. 환아는 어린 시절부터 또래관계 및 가정에서 충분한 관심과 애정을 받아오지 못한 것으로 여겨지며 애정 욕구에 대한 박탈감이 매우 심한 것으로 보이는바, 친밀감의 결핍에 따른 정서적 배고픔 또한 상당해 보인다

(T=2). 더불어 T 반응이 나오는 맥락이 '설인(카드 IV)' '바퀴벌레의 광택(카드 III)'과 같이 따뜻하고 보살핌을 제공하는 대상과는 거리가 먼 것이어서 애정 욕구의 좌절을 경험하고 있는 것으로 추측되나, 이를 적절히 채워 줄 수 있는 대상에 대한 기대는 부정적일 가능성이 시사된다. 실제로 환아는 T 반응을 가장 빈번하게 유발시키는 카드 VI에서 '수정으로 거인의 목을 찌른 것'과 같은 병적이고 공격적인 공상 내용을 보이거나 '강에 안개가 낀 것'과 같은 확산 불안 반응이 나타나고 있다. 이는 환아가 자신의 애정 욕구를 인식하며 느끼는 절망감과 함께 대인관계에 대한 불안감도 상당한 것으로 보인다. 자신이 애정과 관심을 받을 수 있을까 타인의 눈치를 살피며 전전긍긍하면서도 막상 바라던 애정을 받게 되면 불안해하고 두려워하며 '신경쓰고 있는 사실이 드러나는 게 너무 싫어서' 학교도 가지 못하는 모습도 이와 동일한 맥락으로 생각해 볼 수 있다. 또한 애정 욕구의 상실에 대한 상당한 분노감이 누적되어 온 것으로 여겨지며(AG=3, COP=0), 깊이 있는 친밀감을 경험하지 못하고 타인을 믿지 못하여 인형과 같은 가상적인 대상을 통해 애정 욕구를 대리만족하고 실제적인 대상들에 대해서는 친밀한 관계 형성을 회피하는 것으로 보인다 (H:(H)Hd(Hd)=1:8). 환아는 실질적인 대인관계를 추구하지 못하고 자신만의 공상 세계로 일탈하여 사회적으로 고립되고 소외되고 있으며, 한편으로는 애정 욕구를 채워 줄 수 있는 대상을 끊임없이 추구하고 있다. 결과적으로 깊이 있는 충족감을 줄 수 있는 관계 형성의 기회는 계속 제한하면서 일시적으로 만족감을 줄 수 있는 피상적인 관계를 추구하는 것으로 여겨진다.

참고문헌

Blatt, S. J., Tuber, S. B., & Auerbach, J. S. (1990). Representation of interpersonal interactions on the Rorschach and level of psychopathology. *Journal of Personality Assessment, 54*(3-4), 711-728.

Exner, J. E., & Weiner, I. B. (1995). *The Rorschach: A comprehensive system. Volume 3: Assessment of Children and Adolescents*. John Wiley & Sons.

Kernberg, O. F. (1975). *Borderline Conditions and Pathological Narcissim*. New

York, Jason Aronson.

Lerner P. (1991). The anlysis of content revisited. *Journal of Personality Assessment, 56*, 145-157.

Malher, M. S., Pine, F., Bergman, A. (1975). *The Psychological Birth of the Human Infant: Symbiosis and Individuation*. New York, Basic Books.

Mayman, M. (1967). Object representations and object relations in Rorschach responses. *Journal of Personality Assessment, 31*, 17-24.

Stuart, J., Westen, D., Lohr, N. E., Silk, K. R., Becker, S., Vorus, N., & Benjamin, J. (1990). Object relations in borderlines, depressives, and normals: Analysis of Rorschach human responses. *Journal of Personality Assessment, 55*, 296-318.

Weiner, I. B. (1998). *Principles of Rorschach Interpretation*. Lawrence Erlbaum Associates Publishers.

찾아보기

◑ 인 명

◑ 내 용

저자 소개

신민섭

서울대학교 대학원 심리학과 임상심리학 석사

연세대학교 대학원 심리학과 임상심리학 박사

서울대학병원 신경정신과 임상심리전문가 과정 3년 수료

하버드 의과대학 소아정신과 방문교수 역임

현재 서울대학교 의과대학 정신과학교실/서울대학병원 신경정신과 교수

임상심리전문가 및 1급 정신보건임상심리사

김은정

서울대학교 대학원 심리학과 임상심리학 석사

서울대학교 대학원 심리학과 임상심리학 박사

서울대학병원 신경정신과 임상심리전문가 과정 3년 수료

삼성 사회정신건강연구소 선임연구원 역임

현재 아주대학교 심리학과 교수 및 아주 심리상담센터 소장

임상심리전문가 및 1급 정신보건임상심리사

김지영

서울대학교 대학원 심리학과 임상심리학 석사

서울대학교 대학원 심리학과 임상심리학 박사과정

서울대학병원 신경정신과 임상심리전문가 과정 3년 수료

현재 서울대학교 대학생활문화원 카운슬러

임상심리전문가 및 1급 정신보건임상심리사

아동 · 청소년 심리장애 및 진단시리즈 4
아동 · 청소년 로샤의 이론과 실제

2007년 1월 10일 1판 1쇄 발행
2025년 1월 20일 1판 9쇄 발행

옮긴이 • 신민섭 · 김은정 · 김지영
펴낸이 • 김 진 환
펴낸곳 • ㈜ 학지사
04031 서울특별시 마포구 양화로 15길 20 마인드월드빌딩 5층
대표전화 • 02) 330-5114 팩스 • 02) 324-2345
등록번호 • 제313-2006-000265호
홈페이지 • http://www.hakjisa.co.kr
인스타그램 • https://www.instagram.com/hakjisabook

ISBN 978-89-5891-380-1 93180

정가 18,000원

역자와의 협약으로 인지는 생략합니다.
파본은 구입처에서 교환하여 드립니다.